本书是 2015 年度国家社会科学基金项目（项目批准号：15BYY125）的结项成果。

本书出版也得到河南省汉语国际推广汉字文化基地、安阳师范学院特色骨干学科群中国语言文学一级学科的大力支持。

汉语V定N中构式的形成与语法化研究

全国斌 ◎ 著

中国社会科学出版社

图书在版编目（CIP）数据

汉语 $V_{定}N_{中}$ 构式的形成与语法化研究 / 全国斌著 . —北京：中国社会科学出版社，2022.7

ISBN 978-7-5227-0638-2

Ⅰ.①汉… Ⅱ.①仝… Ⅲ.①汉语—句法结构—研究②汉语—语法结构—研究 Ⅳ.①H146.3②H14

中国版本图书馆 CIP 数据核字（2022）第 134789 号

出 版 人	赵剑英	
责任编辑	宫京蕾	郭如玥
责任校对	王佳玉	
责任印制	郝美娜	

出　版	中国社会科学出版社
社　址	北京鼓楼西大街甲 158 号
邮　编	100720
网　址	http：//www.csspw.cn
发 行 部	010-84083685
门 市 部	010-84029450
经　销	新华书店及其他书店

印刷装订	北京君升印刷有限公司
版　　次	2022 年 7 月第 1 版
印　　次	2022 年 7 月第 1 次印刷

开　　本	710×1000　1/16
印　　张	27.5
插　　页	2
字　　数	475 千字
定　　价	135.00 元

凡购买中国社会科学出版社图书，如有质量问题请与本社营销中心联系调换
电话：010-84083683
版权所有　侵权必究

目　　录

绪　论 ……………………………………………………………（1）
第一章　研究框架 ………………………………………………（10）
　1.1　相关研究概述 ……………………………………………（10）
　1.2　问题讨论 …………………………………………………（21）
　1.3　研究初步 …………………………………………………（26）
　1.4　将 VN 定中结构视为构式的理由 ………………………（57）
第二章　定语动词与动词定语 …………………………………（62）
　2.1　能直接作定语的不同价类动词 …………………………（62）
　2.2　不同价类动词的 VN 结构语料统计与采样分析 ………（68）
　2.3　动词定语的性质 …………………………………………（120）
　2.4　定语动词的性质 …………………………………………（125）
第三章　动词定语的限制性与非限制性 ………………………（131）
　3.1　从定语的区别与描写纠葛说开去 ………………………（131）
　3.2　问题的症结 ………………………………………………（138）
　3.3　处理对策 …………………………………………………（139）
　3.4　异质分类与同质归类 ……………………………………（147）
　3.5　粘合式动词定语的属性值和属性特征表达 ……………（149）
　3.6　本章小结 …………………………………………………（154）
第四章　领属关系和属性关系：语义的与语用的 ……………（156）
　4.1　领属关系与属性关系的对立 ……………………………（156）
　4.2　由格关系角度看 VN 非价组合 …………………………（160）
　4.3　领属定语和属性定语 ……………………………………（165）

4.4 句法空位与结构关系 ……………………………………（169）
4.5 "参照体—目标"构式：VN 构式的认知基础 …………（172）
4.6 构式话题成分的参照体性质 …………………………（189）
4.7 VN 构式的称谓性 ………………………………………（190）

第五章 "$V_{双}^1+N_{双}$"构式类指 ………………………………（194）
5.1 从名词的物性结构入手考察定语动词的功用角色、
施成角色特征 ……………………………………………（194）
5.2 从动词的基础论元结构入手考察"$V_{双}^1+N_{双}$"
构式类指型式 ……………………………………………（200）
5.3 本章小结：广义领属关系框架与构式类指 …………（252）

第六章 "$V_{双}^2+N_{双}$"构式类指 ………………………………（254）
6.1 V^2N 构式的形成 ………………………………………（254）
6.2 二价定语动词容纳的 VN 构式类指型式 ……………（258）
6.3 本章小结 ………………………………………………（322）

第七章 "$V_{双}^3+N_{双}$"构式类指 ………………………………（324）
7.1 构式中的与事成分配位问题 …………………………（324）
7.2 V^3N 构式的形成 ………………………………………（331）
7.3 本章小结 ………………………………………………（366）

第八章 VN 定中构式的语法化 ……………………………（368）
8.1 VN 构式的粘合度 ………………………………………（368）
8.2 构式语法化 ……………………………………………（388）

参考文献 …………………………………………………………（424）
后　记 ……………………………………………………………（436）

绪　　论

0.1　研究对象

我们把"雇工、复写纸、拌黄瓜、救援物品"等由动词直接作定语构成的具有称代功能的复合词和粘合式结构统称 $V_{定}N_{中}$ 构式（以下简称 VN 构式），构式意义表达事物动态属性类指。从音节配合上分，VN 构式有如下四种格式：

a. $V_{单}+N_{单}$：
飞鸟　挂钩　爬虫　游鱼　浮萍
存款　挂件　烧鸡　雇工　切面　用料　吃相
跑道　病猪　烂杏

b. $V_{双}+N_{单}$：
补给品　安慰话　装卸工　辅导员
复写纸　参照物　冲积面　勾兑酒

c. $V_{单}+N_{双}$：
烤羊腿　炒鸡蛋　腌萝卜　拌黄瓜
死疙瘩　睡美人　冻豆腐　烂苹果

d. $V_{双}+N_{双}$：
滚动轴承　储蓄银行　旅游景点
救援物品　打击力度　检验结果　发行规模　保护组织

上述各类均可有 N_1VN_2 扩展式：

乳制品用料　医药补给品　政治辅导员　汽车修理工　军马饲养方法

私人存款　海军补给品　校外辅导员　企业自筹资金　学校保卫部门

以上四种格式是 VN 定中结构能指形式的类型分布。"去动词化"（周韧，2006：305—307）了的定语动词功能会发生不同程度的增殖（张国宪，1994：48）或游移（陈宁萍，1987/1989：62）变化，结构限定了动作属性义的提取，光杆名词中心语 N 的类指限制了整个结构的类指性质。以往的研究虽在构式的生成、构成成分的类、定语动词与中心语名词的语义关系、构式的称谓性或分类性及结构的语法化、词汇化等方面展开了较为广泛深入的讨论，其中也还有些悬而未决的分歧问题，如中心语 N 的论元性质问题、结构类指的分类和归类问题、概念组合规约度强弱与类指结构的典型性问题等。我们选取动词直接作定语的 VN 定中结构的类指形式为研究对象，以构式语法理论的基本构想入手重新审视 VN 定中结构的形成与语法化问题，以期能为定中构式生成与表达的共性问题的讨论提供一个具体的研究个案。

各种语言中都有用定中结构来指称事物次范畴类别的表达方式，定语充当事物的属性分类标准。事物可有动态属性特征的次范畴类别，汉语中用动词直接作定语的 VN 构式来表示。汉语中指称事物次范畴类别的还包括区别词、形容词、名词等能直接作定语、从内涵上限定事物范围的定中结构；定语与中心语的认知基础是参照物和目的物，定中结构的认知基础是物体的空间关系；汉语中存在着一个参照物先于目的物的语序原则，决定了偏正结构先偏后正的语序一致性；VN 构式是非典型的"参照体—目标"构式，定语动词从事物的某种运动特性方面限制中心语名词事物的范围。

构式的生成着眼于"源"，构式语法化着眼于"流"或"用"，"源"与"流"相辅相成。VN 构式的语义合成与表达需要通过定语动词"后台"运行着的一个降格表述得到识解，因 V 的参照体事物功能实际由构式的类指对象话题论元承担，构式的认知基础同样是物体的空间关系。我们以 VN 构式为考察对象，可以就不同性质定语的构语情形进行考量，为定中结构典型范畴的生成与表达提供一个具体的研究个案；又可由结构共性入手考察物体空间关系观照下的 VN 构式的类指差别及语序共性原则约束下的结构生成机制；也是语言类型学及自然语言信息处理等研究领域关注的一个典型结构范畴问题。

讨论着重围绕如下几个方面的问题展开：

（一）从自下而上与自上而下两个角度重新审视构式的生成（"源"）与构式的功能（"流"），着重讨论作为构式的生成与通常的语义合成的区别和联系、构式生成的解释力；将 VN 构式类指区别分类类指与归类类指两种情形，能表达分类类指是语义能指，分类类指或归类类指的实现是语义所指，分别对应语义能指结构与语用所指结构（语义能指与语用所指的界定参看 4.3.1 节）。

$V_定N_中$ 构式类指已成共识，通常的把 N 视为动作论元和非论元成分的处理方法实际抹杀了中心语事物类指共性的存在。把 VN 构式类指分出下位的分类类指和上位的归类类指情形，将 N 视为类指对象话题事物动作属性的宿主，类指对象话题事物由动词降格表述中的论元或论元角色成分充任，往往作为句子的结构组成成分存在或默认缺省。

类指对象话题事物与构式宿主事物间广义领属关系的存在是类指构式形成的前提，这一广义领属关系可表述为语义能指结构，可实现为属性关系和狭义的领属关系两种语用所指结构。如果构式话题与宿主事物间存在同一性领属关系，则定语动词属性义提取的是作为事物次范畴分类标准的属性值，这是语用上的属性关系结构；如果构式话题与宿主事物间存在个体与类别事物的属种关系，则定语动词属性义提取的是选择已定的事物属性特征，这是语用上的狭义的领属关系结构，因而构式话题与宿主的领属关系或属性关系侧面的凸显是构式类指分别的决定因素。属性关系所指结构与领属关系所指结构分别对应构式的分类类指与归类类指表达。

（二）讨论不同价类动词直接作定语的 VN 构式的语义能指结构与语用所指结构的区别和联系，描写语义层面的分类与归类实现为语用层面的分类与归类的制约因素，解释语义能指结构与语用所指结构的生成机制。

能直接作定语的动词与类指对象事物有规约性和非规约性语义联系，相应地，VN 类指结构可分为恒定的强规约性系联、恒常的次规约性系联和临时的非规约性系联情形，对应事物类指性的强弱及定语动词的不同类别，也与结构的语法化或词汇化程度相关。

（三）从语用法的语法化角度描述 VN 定中结构共时层面上的范畴化

结构与去范畴化结构分别，界定 VN 构式的去范畴化结构性质，指出构式语法化的动因和机制。

VN 类指构式有去范畴化结构与范畴化结构两个源结构，"$V_双+N_双$"粘合而成的去范畴化结构与组合而成的范畴化结构都属由句法模式生成的能产性很强的自由短语，有单双音节搭配限制的"$V_单+N_双$""$V_双+N_单$"构式有进一步词汇化的倾向。

本项研究借鉴构式语法理论、认知语法理论、配价语法理论及情景语义理论等的相关理论基础与方法论意义，通过语料库中能直接作定语的不同价类动词的构语语料的定量统计及采样分析，就不同价类动词直接作定语的 VN 构式的类指情形进行分类描写，在此基础上对构式的生成与语法化问题做出进一步的解释。我们就 VN 构式的生成与语法化问题讨论中的如下一些值得关注的方面提出了自己的一些建设性意见：

（一）VN 定中粘合式结构属非典型的定中分类构式，构式意义表达事物的动态属性次范畴分类。

（二）传统意义上的定语有限制性的和描写性的两类，人们已注意到了定语的限制性和描写性应在语义的和语用的两个层面进行解释。缘此我们将 VN 构式分语义能指结构和语用所指结构两类，能表达事物的动态属性次范畴分类的 VN 构式是语义能指结构，可实现为事物的下位分类类指和上位的归类类指两种语用所指结构。

（三）以往的研究将 VN 构式中的 N 作 V 的论元和非论元两种处理，我们把 VN 构式视为一种去范畴化结构，只提取属性义的 V 不再拥有支配 N 的能力，N 只是事物动态属性的拥有者宿主，构式类指对象称为构式话题，属 V 的降格表述中的论元成分，因构式表达语义关系侧面的凸显可与构式同现或在句中默认缺省；宿主事物的多样性与作为话题事物的定语动词词义理想认知模型中的与动作相关的参与者角色的语义类别对应。

（四）类指对象话题事物与构式宿主事物间广义领属关系的存在是类指构式形成的前提，语义上的广义领属关系可实现为语用上的同一性领属关系（属性关系）和个体与类别事物间的属种关系，对应构式的分类类指与归类类指表达；分类类指构式中的定语动词提取事物的功用义属性值，归类类指构式中提取事物的施成义属性特征。

（五）VN 构式结构成分概念间的规约性联系与构式的典型性相关。

（六）分类和归类是以同类异质或异类同质事物的存在为前提的，分类类指用于同类事物的异质分拣，归类类指用于异类事物的同质认定，对立存在于语用所指结构中。

（七）VN 类指结构属非典型的"参照体—目标"构式，V 的参照体事物功能实际由构式的类指对象话题成分承担，构式的认知基础是物体的空间关系。

0.2　研究思路

不同语言都可用定中结构指称事物属性次范畴类别，限制性定语可有缩小中心语事物范围的作用，因而可作用于事物的次范畴分类；描写性定语有增加事物属性内涵确认功能，可以作用于事物属性归类，也可作用于单一指称的确认。汉语动词定语属内涵定语，可以是限制性定语也可以是描写性定语；概念内涵增加所指对象范围缩小的是限制性定语，概念内涵与所指范围相等的是描写性定语。限制性定语和描写性定语都可作用于语义的和语用的两个层面。定语语义层面的表达作用称语义能指，语用层面的表达作用称语用所指。描写性定语的语义能指与语用所指表达一致，都只是事物属性内涵确认；限制性定语的语义能指只是具有缩小所指对象范围作用的分类性定语，语用所指可实现为表达属性值为事物提供下位分类标准的分类性定语，也可实现为表达属性特征为事物提供上位归类标准的描写性定语。事物可依动态属性特征进行分类和归类。简述如下：

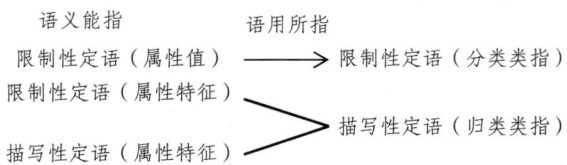

VN 构式是粘合式定中结构的下位类型，典型的粘合式定中结构是区别词作定语的语义分类类指结构，其次是形容词充当定语的形名组合；定中式名名组合与定中式动名组合内部语义关系都很丰富，组合语义关系的分别通常需要通过名名组合中隐含谓词的获取、动名组合中隐含论元的获取才得以识解；受 VN 构式意义约束，构式类指对象论元或论元角色话题成分的获取是识解结构语义关系的关键。

$V_定N_中$构式类指已成共识，通常的把N视为动作论元和非论元成分的处理方法实际上抹杀了中心语事物类指共性的存在。把VN构式类指分出下位的分类类指和上位的归类类指情形，将N视为类指对象话题事物动作属性的宿主，类指对象话题事物由动词降格表述中的论元或论元角色成分充任，往往作为句子的结构组成成分存在或默认缺省。

类指对象话题事物与构式宿主事物间广义领属关系的存在是类指构式形成的前提，这一广义领属关系可表述为语义能指结构，可实现为属性关系和狭义的领属关系两种语用所指结构。如果构式话题与宿主事物间存在同一性领属关系，则定语动词属性义提取的是作为事物次范畴分类标准的属性值，这是语用上的属性关系结构；如果构式话题与宿主事物间存在个体与类别事物的属种关系，则定语动词属性义提取的是选择已定的事物属性特征，这是语用上的狭义的领属关系结构。因而构式话题与宿主的领属关系或属性关系侧面的凸显是构式类指分别的决定因素。属性关系所指结构与领属关系所指结构分别对应构式的分类类指与归类类指表达。

能直接作定语的动词与类指对象事物有规约性和非规约性语义联系，相应地，VN类指结构可分为恒定的强规约性系联、恒常的次规约性系联和临时的非规约性系联情形，对应事物类指性的强弱及定语动词的不同类别，也与结构的语法化或词汇化程度相关。

VN类指构式有去范畴化结构与范畴化结构两个源结构，"$V_双+N_双$"粘合而成的去范畴化结构与组合而成的范畴化结构都属由句法模式生成的能产性很强的自由短语，有单双音节搭配限制的"$V_单+N_双$""$V_双+N_单$"构式有进一步词汇化的倾向。

0.3 研究内容

各章节内容与整体逻辑结构安排如下：

第一章"研究框架"通过对这一课题研究现状回顾概括前人对构式生成与构式表达方面的共性的认识与分歧存在的可能性因素，在以往研究简要评述的基础上提出自己的讨论切入角度与总体研究思路。

第二章"定语动词与动词定语"界定能直接作定语的不同价类动词范围；就范围内的不同价类动词在国家语委现代汉语平衡语料库中穷尽式检索可能存在的NV、VN、N_1VN_2定中结构形式，根据统计结果指出不同属性动词的构语能力强弱分别；从动词前后名词的性质及构式类指看定语动词的性质。

第三章"动词定语的限制性与非限制性"从定语的限制性和非限制性语义特征分别入手考察限制性定语与描写性定语在语义能指和语用所指上存在的对立现象，通过粘合和组合式结构的构成与表达、动词的性质类别和定语限制性与描写性的对应关系等的问题的讨论考察构式类指表达分别。

第四章"领属关系和属性关系：VN构式的语义基础与语用实现"以定中结构语义上的领属关系与属性关系的分别入手，将VN构式视为语义上的非典型的属性关系结构，这是结构语义能指；可实现为领属关系结构和属性关系结构两种表达结果，这是结构语用所指。指出VN构式属非典型的借助参照体来指称目标的定中结构，V作为非典型的参照体的功能其实是由类指对象话题事物来充当的。

第五章"'$V_{双}^1+N_{双}$'构式类指"首先在特定的语料范围内把VN构式中N的物性角色大致分为机构、内容、范围、质量、活动、条件、人员七类，每一物性角色类别中依构式意义表达将定语动词V的物性角色分为两类：构式分类类指表达中V通常是N的功用角色，V是N的功能分类标准；构式归类类指表达中V通常是N的施成角色，N是具有V属性特征的事物类别。"$V_{双}^1+N_{双}$"构式意义只有表达施事论元话题事物的类指和施事论元角色话题事物的类指两种情形，因话题事物与宿主事物领属关系的存在，我们在特定的语料范围内将外扩展$N_1V^1N_2$结构可能存在的领属关系大致分为属性、领有、范围、处所、时间、状况、方式、事件八类，分别考察每一类领属关系结构的分类类指与归类类指表达情形。

第六章"'$V_{双}^2+N_{双}$'构式类指"主要从定语动词的论元结构入手讨论V^2N构式的分类或归类类指表达，构式可表达施事论元或施事论元角色话题事物的类指，也可表达受事论元或受事论元角色话题事物的类指情形。不同属性定语动词存在构语能力强弱之别，与类指构式类别的典型性相关，也与定语动词事物化方式及动词词义的理想认知模型分别相关。

第七章"'$V_{双}^3+N_{双}$'构式类指"讨论V^3N构式的类指情形。因难以话题化的与事成分不能充任构式类指对象话题，构式也只有施事论元或施事论元角色、受事论元或受事论元角色事物充当构式话题事物的类指表达情形，但 V^3N 构式都构不成能产的施事论元和受事论元话题事物的类指情形，一般都能构成能产的施事论元角色和受事论元角色话题事物的类指情形。不同属性次范畴类别的三价动词也存在构语能力强弱的不同。

第八章"VN 定中构式的语法化"从 VN 构式组成成分概念间语义联系的紧密度将 VN 构式分为强规约系联、次规约性系联与非规约性系联结构。强规约性系联结构因动词定语并未使中心语事物的外延发生改变即不能作为事物分类标准存在，构式通常只实现为语用上的归类类指；能使事物外延发生改变的是次规约性系联与非规约性系联结构，次规约性系联结构通常是能表达事物语义恒常分类的截搭组合，可实现为语用上的分类或归类类指；非规约性系联结构因概念组合成分语义特征不能互析，语义上表达事物的临时分类，通常实现为语用上的临时分类或归类类指。典型的 VN 构式是次规约性系联结构。

VN 构式的形成是结构形变滞后、语义先行和语用驱动等各种因素相互作用的结果。"$V_双+N_双$"粘合而成的去范畴化结构与组合而成的范畴化结构都属由句法模式生成的能产性很强的自由短语，有单双音节搭配限制的"$V_单+N_双$""$V_双+N_单$"构式有进一步词汇化的倾向。

0.4 语料来源

本课题研究所需的资料多是已出版的国内外相关学术论著与"中国知网系列数据库""读秀学术搜索""人大复印报刊资料"等中文数据库中的相关文献，部分源于兄弟院校图书馆馆藏资料及学术访问。

我们以李晋霞（2008：187—189）从孟琮等（1999）编著的《汉语动词用法词典》中分拣出的可以直接作定语的 526 个双音节动词为语料收集范围（兼价动词因增加了义项选择限制分别处理，这样可直接作定语的动词的实际统计数量范围由 526 个增至 531 个），在国家语委现代汉语平衡语料库"语料库在线"9487 个篇章样本中对 V^1N 构式的 VN 和 NV 结构样本、V^2N 构式、V^3N 构式的 VN、NV、N_1VN_2 结构样本进行穷尽式检索，从中得出不同价类动词的构语能力强弱分别前提；文中例句一般取自北京大学中国语言学研究中心（CCL）语料库，部分取自北京语言大学大数据与语言教育研究所研制的BCC语料库（不再一一标出），不在此列的例句另行标明出处。第八章"VN定中构式的语法化"中的部分例句源自"殷国光语料库"。

为便于阅读，所用例句分章统一排序，页下注采用每页重新编号形式。

第一章

研究框架

不同语言都用定中结构来指称事物次范畴类别，定中分类法是语言中的一种表达事物次范畴类别的普遍词汇表达方式。事物可有动态属性特征的次范畴类别，汉语用动词直接作定语的定中结构形式（下文用 VN 结构或 VN 构式表示）来表达。

VN 结构的生成及功能研究由来已久，汉语动词性成分跟区别词、名词、形容词等又都有定语类别共性，因而在前人研究成果的基础上选取一个新的可行的切入点，对这一传统意义上的课题重新进行审视既有理论上的可行性，也有实践上的可操作性。

1.1 相关研究概述

1.1.1 构式生成

1.1.1.1 语义关系与句法成分性质

人们更多地把注意力集中在定语动词与不同类别中心语名词的语义关系上来讨论 VN 结构生成。VN 结构有非价组合说，有受限的论元结构说；相应地就有中心语名词是否论元、是哪种性质的论元或非论元成分的不同解释，定语动词也就有了是否还是具有基本功能的范畴化成分，或者是在结构生成的哪一层面上起作用的范畴化成分的不同解释。

（一）非价组合说

邵敬敏（1995）把四种音节搭配形式的 VN 结构的配价组合和非价组合进行了对比分析，指出配价组合构成的是"动作—对象"的支配关系，非价组合构成的是"属性—实体"的分类关系，判断 VN 是否非价组合的语义框架可用"用于（进行、作为）V 的 N"表示。而在词序排列相同的条件下，动词与名词的语义关系决定了支配关系和分类关系的不同；某些条件下名词也可以起主导作用。邵先生给出的非价组合形成的条件是名词语义上具有抽象性且与动作有着相当密切的联系。

董秀芳（2009：409）提出了类似的分析结果，但把名词中心语视为配价成分。认为表面上看似乎表达的是"动作+受事"的语义关系的"学习材料、研究资料"等这类短语中的名词中心语分析为工具，是非核心论元成分，"学习材料"义为"供学习用的材料"，"研究资料"义为"供研究用的资料"。郭锐（1995：171）把除主体和客体外的其他论元如与事和作宾语的处所、时间、工具等语义角色当作与主论元和宾论元并立的辅论元，把作主语、状语的处所、时间当成非论元的环境语。

（二）词库与句法界面生成说

顾阳、沈阳（2001）从词汇概念层面的论元结构理论出发对"汽车修理工"这样的"VP-N"合成复合词的构造过程展开讨论，把所有类型的中心语 N 都归为广义的施事或域外论元（域外论元通常带有施事者的论旨角色，见顾阳 1994：3），整个合成复合词的生成过程是通过动词和域内论元相继提升和并入域外论元，域外论元作为中心语的渗透作用而成为名词的一部分，用动宾倒装和主语提取之类的句法操作无法得到这样的构造结果。"（肠道）寄生虫、（装甲）穿透弹、（电视）遥控器、（交通）指挥灯、（皮肤）滋润霜、（空气）清新剂、（汉字）输入法、（眼睛）保健操、（食品）加工厂、（电影）放映厅"里的中心语可分别称为主体义施事主语、工具义施事主语、材料义施事主语、方法义施事主语、场所义施事主语，都与施事存在某种一致性，即施事要么依靠自身动作完成某个动作，要么借助工具、材料、手段或方法等来完成，这些论元都间接表示施事。"复印件、出租汽车、非法出版物"之类结构里的中心语是从域外论元即被动结构的主语位置移来的，所以与上述情形便具有了构造上同为域外论元的一致特性。随后沈阳、顾阳（2001）依词汇完整性理论进一步证明合成复合词的内部组合特征与外部扩展特征都不同于词组结构形式，与词汇不同层次的句法操作不能进入词汇内部，合成复合词的结构变化处于词库和句法之间的界面层次上。

针对石定栩（2003：485—491）提出的这种办法只能生成语序为"受—动—施"的复合词，至少工具、处所、客体等不能算作施事或主语且存在 SV-N 类的合成复合词的质疑，沈阳、洪爽（2014：150—152）用增加轻动词的办法对合成复合词的基础论元结构进行调整，用结构中轻动词的不同来解释工具、材料、处所、方法等非典型主语也都是从句法结构主语位置上移来的，只不过在构造复合词前在基础论元结构中通过删除介词和施事完成的，同时用轻动词的不同也能解释"服装设计大师/服装设计总监"中"大师"可设计服装、"总监"并不设计服装这两类复合词的差异。

（三）修饰结构说

石定栩（2003）认为最简单的做法是采用形式句法的修饰关系结构，也就是建立一套词汇生成规则，在短语规则把词条组建成短语前应用。词汇规则的原料是从词库里挑选出来的成分，包括语素和无法分解的复合词，词汇规则的功能是将这些原料组合成复合词。表修饰关系的"修理工"由修饰成分附加到被修饰成分上去，两个成分由一个新的、与被修饰成分相同的节点统辖，即：

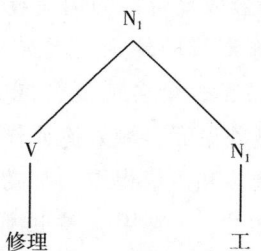

表示修饰的附加关系中两个成分的句法类别相同，要么都是词，要么都是短语（表核心—补足语关系如介宾关系、动宾关系时是短语）。被修饰成分在结构中占主导地位，形成的新成分取决于被修饰成分。如"汽车修理工"表示动词"修理"受到论元"汽车"的修饰，同"修理"组成复合词，然后一起修饰"工"。

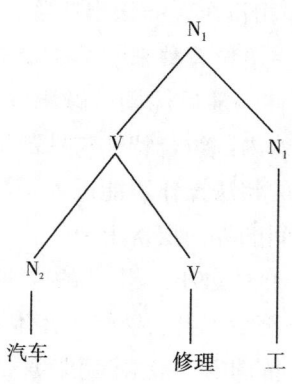

而"本地修理工"表示另一种叠加关系。"本地"因并非"修理"的论元,所以不与"修理"发生关系,而是直接修饰复合词"修理工"。

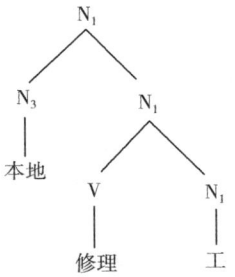

如果复合词的定语较长,除动词外还有其他成分,如"检修费用"—"汽车检修费用"—"汽车定期检修费用"—"汽车定期电脑检修费用",可以依照这些成分与动词的关系依次叠加。按石文观点,动词论元成分直接修饰动词,非论元成分直接修饰定中复合词。

何元建(2004)不同意顾阳、沈阳(2001)的"词库与句法界面"生成说,认为即使是只能生成 OVS 型合成复合词中的 OV 本身也是向心结构,"病毒传播者"是典型的词结构,左向分支,只按中心语素右向原则生成,即 X→YX;遵守"题元指派统一论",即题元跟动词的相对结构位置在词法和句法中一样。题元顺序不同是因为词结构是左向分支,而句法结构是右向分支。"句法结构入词"是句法把生成好的结构回环进入词库再做构词用,或者说句法结构直接凝固成了词根。句法结构入词受限制,VOS 型复合词如"操作计算机者"可以特指,因 VO 是回环过来的短语(=VP);而 OVS 型复合词如"计算机操作者"只能泛指,因 OV 是词结构。何元建(2013)从类型学角度把英语里的合成复合词分词根复合和合成复合两类,指出英语的词根复合的语序跟句法一致或相反,合成复合的动词须有屈折形态,语序一定跟句法相反,而且非常能产。同是 SVO 型语言的汉语因动词没有屈折形态合成复合词都只有词根复合形式(又可分语序跟句法相反的、历史遗留的语序跟句法一致的双音节的句法入词结构、跟句法语序既一致又相反的回环结构),语序也是与句法一致或相反,只是同类结构有不同的音节模式。跟英语相同的是,语序与句法一致的一般不是很能产,跟句法相反的相对能产。跟句法语序既一致又相反的如"制造谣言者、贩卖毒品集团"和带边缘成分的结构如"拖鞋、地震区、洗手间、工人俱乐部、贵宾签名册、新闻播音室、定向爆破技术"是英语里没有的或少见的。

因同持分级向心结构说,我们把石定栩的分层叠加模式与何元建的词根修饰模式概括为修饰结构说。

(四) 造名结构说

邢福义(1994)把"军马饲养方法""首长保卫人员"之类的结构叫作"对象 N_1+V+管界 N_2"结构,简称"N_1VN_2"造名结构。邢先生称这种造名结构有两个简省形式"对象 N+V"和"V+管界 N"。独用的"对象 N+V"隐匿着管界 N,有名词化倾向;独用的"V+管界 N"隐匿了对象 N,对象 N 为逻辑宾语。反过来说,如果"V+管界 N"隐匿了对象 N,语表上就出现及物动词直接修饰名词的特殊模式。依邢先生的界定,两种简式在相同的语境条件下应该与造名结构"对象 N+V+管界 N"表达一致,即 NVN≈对象 N+V≈V+管界 N,即 NV 与 VN 都是 NVN 的一种语境变式或简式。

邢先生已经明确独用的 NV 与 VN 变式是由 N_1VN_2 造名结构简省而来的,问题在于汉语里是否存在非 NVN 造名结构简省而来的 NV 与 VN 名词性结构。理论上,汉语动词可以充当名词性短语的中心语,也经常充当名词性短语里的定语;及物动词与不及物动词都可作定语,及物动词作定语解码环节显然需补出缺省的受事成分来。吴为善、高亚亨(2015)直接把 NV 构式当成一种事件性称谓,属在线构成,是粘合定中称谓构式类推的结果。V 是"行为名词",是动词本体隐喻激活指称用法产生的"自指"现象。如"排放污水/污水排放属于环保部门监管"中"污水排放"指称一种现象,表达中却未必也通常不把中心语名词"现象"说出。VN 名词性结构中受事性成分也能充当中心语,如把"保护动物、攻击目标"等看作与"饲养方法、保卫人员"视作不同的生成方式又是学者们通常不愿接受的,因名词中心语的多样性与语义结构完整性的要求似不允许仅将受事成分一类剔除出规则的范围之外,这样处理也抹杀了结构的共性。

如此便有了独立的和独用的 NV 和 VN 两种结构存在。独用的 NV 和 VN 已知共有一个源结构 NVN,独立的 NV 和 VN 是否与独用的结构同源或语料统计并未将源结构 NVN 的出现环境排除在外?认为 NV 构式是"五四"以来受欧化格式影响才大量产生的贺阳(2008:52—64)在说明古代汉语中业已出现 NV 名词性结构时就用到了"牛羊供应所""盐引批验所""茶引批验大使"的用例；吴为善、高亚亨（2015）研究现代汉语中具有较强能产性的 NV 构式时也未把 2+2 格式的语料统计排除出"人口普查员、废品回收站、地质勘查队、信息发布栏"的出现环境之外；储泽祥、王艳（2016：323）谈及具有指称化效用的 OV 语序手段时同样不排除 N_1VN_2 的出现环境，将 N_1VN_2 称为 OVN，指明 OVN 是 OV 结构作定语的结构，并指出有的 VN 单独成立时会有歧义或与 OVN 结构中的语义不一致。

独立的和独用的 NV 和 VN 结构间的界限很难说清楚。以后的讨论中我们关注的是哪种性质的名词性成分可粘附于动词前后表达指称的问题。不同动词关联的与动作相关的语义角色的数量、性质及表达功能等会有差别，结构及结构成分的同类异质与异类同质是我们观察结构生成与结构表达的两个角度，因为分类和归类是以同类异质或异类同质事物的存在为前提的。

（五）联系项居中原则模式

刘丹青（2008：6）曾指出汉语关系从句前置是比其他定语前置更加独特的特点。陈玉洁（2006：51—52）认为表指称的 N_1VN_2 从带有定语小句的 NP 结构转化而来，如"服装加工企业"和"加工服装的企业"存在转化关系，指出 N_1VN_2 结构中 N_1 一定要是 V 的论元，而 N_2 可以是也可以不是 V 的论元，N_1VN_2 结构的形成源于语义驱动的句法移位、受制于联系项居中原则的作用。非典型性语义特征表达使得动词有了替代"的"成为结构新的居中联系项的地位和可能。陈文指出表达类指意义的光杆名词或者和类指特征不矛盾的专名都可进入 N_1、N_2 位置，有时语境可赋予 N_1VN_2 表示现场性较强的特指意义（如"车辆丢失现场、证件遗失声明"），生命度高低并不影响结构的生成。这样就在更高层次上扩大了规则运用的范围，避免了更多例外情况的产生。

1.1.1.2 韵律相关

结构生成与韵律相关，韵律和谐结构如单对单、双对双音节结构是能自由类推的典型结构形式，韵律不和谐结构如单对双、双对单音节结构是类推受限的非典型结构形式。人们更多地讨论了与韵律相关的现象类别与不同结构生成的韵律制约因素，也得出了一些重要的韵律构词/语现象规律。

吕叔湘（1963）注意到汉语句法组合与韵律之间的关系："三音节的

语音段落，大多数是由一个双音节加一个单音节（2+1）或是一个单音节加双音节（1+2）构成的。从结构关系上看，除少数情况外，都属于偏正或动宾两类。……（偏正组合）中，2+1 式（如'动物学，示意图，辩证法，可见度'）比 1+2 式（如'副作用，手风琴'）要多得多，……"

Lu and Duanmu（1991）讨论重音与词长的关系时涉及动宾和偏正结构的区别，其重音理论有两个要点：第一，由两个词组成的结构中，辅助词比中心词重。第二，重的词不能短于轻的词。"种植大蒜、种大蒜、种蒜"都好，"种植蒜"中宾语短于动词，所以不好。"技术工人、技术工、技工"都好，"*技工人"左边短于右边，所以不好。王洪君（2001）把这种单双音节搭配选择与语法结构类型的相关现象称为"节律常规"。端木三（Duanmu, 1997）进一步指出汉语单双音节成分在合成复合词中的位序问题：以述宾结构做定语的复合名词，如果动词和宾语是单音节的就取 VON 的语序，如"碎纸机"；如果动词和宾语是双音节的，则取 OVN 语序，如"纸张粉碎机"。王洪君（2001）把这种单双音节与成分次序的关系描述称为"辅名前移"。节律常规与辅名前移在端木三看来都是重音制约的结果。Duanmu（1997）强调成分音节与汉语重音的联系：双音成分可吸引重音，而单音成分不能吸引重音。1+2 的定中"*技工人"或"*煤商店"和 2+1 的述宾"*种植蒜"之所以不是好的节律，是因为它们的辅助成分定语和宾语是不能吸引重音的单音节，而中心成分又是双音节，重音无法按规则落在辅助成分上。王洪君（2001）称这一论断为"辅重必双"。

王洪君（2000, 2001）认为辅重必双把三音节的语音段落如"大房间"这样正常的定中结构排斥在了规则之外。VON 与 OVN 的次序调整虽与重音制约、单双音节的不同语法功能等多种因素有关，但重音的体现是声调音域的展敛而不是音节的单双。音节搭配常规是汉语史上双音化历程中名词、动词与形容词的发展差异和单双音节的语法功能分化造成的，与重音无关；"大房间"在连调和停延方面与没有内部语法结构的三音单纯词（如"索马里"）完全不同，形名定中与名名定中的单双音节搭配常规与述宾接近。韵律短语可分为类词短语和自由短语两种，类词短语才"左重"，内部停延总是小于外部停延；自由短语则"等重"或"右重"，内部停延可大于外部停延。类词短语的节律层次与语法上两分的直接成分结构有对应关系，自由短语的节律层次则在许多条件下与两分的语法结构层次不一致。

吴为善（2005）把粘合式偏正结构视为类词韵律短语，类词韵律短语的两个音步单说时总在一个停延段内，在更大的组合中也从不中插停延，以节律凝固与自由韵律短语相别。同一类成分处在核心成分前与核心成分之间的音联（间隙、停延、停顿）较松，处在核心成分之后则音联较紧。

冯胜利（2004）从"军马饲养方法、首长保卫人员、纸张粉碎机"与"修车铺、售票员、碎纸机"组合形式的不同入手，指出"*饲养军马方法、*马养法"非法的原因是违背了"右向构词、左向为语"的构词造语规律，这一原因无法从句法、语义或是重音上得到解释；合法结构"军马饲养方法、养马法"的生成是音步组向"左起构词""右起为语"以及"无向音步"之间交互作用的结果。

周韧（2007）也从辅重原则和音步组向原则解释不了的1+2定中组合入手，借鉴 Selkirk（1984）对英语名名组合的重音分析，引入 Cinque（1993）提出的"深重"原则，讨论了汉语定语语序的排列与定中组合的韵律模式的关系，指出深重原则与辅重原则都只是形式上的描写手段而非解释，汉语句法组合中信息量大的成分将得到重音，而信息量小的成分得不到重音。至于韵律如何制约句法与为什么会制约句法，周韧（2010）认为与其借助在汉语中表现不明显的重音概念，不如借助汉语中相对表现明朗的韵律节奏概念来说明问题，韵律短语等大于音步的单位不能够进行中心词移位。韵律单位和句法单位的不对称性关系导致韵律与句法存在着一种相互牵制和影响的关系，为韵律制约句法提供了条件和基础。语音上的拼读在句法的推导分部分完成之后，语言机制会根据韵律特性将某些成分的句法性质改变，韵律单位从中调节完成对句法的制约。

张国宪（1989，1997）指出，汉语动名定中结构中除某些单音节一价动词可以充当单音节名词的定语（如"飞鸟""来人"）和表示烹饪义的单音节动词可以构成"炖豆腐"和"烧鸡"之类的食物名称外，单音节动词一般不能作定语，只有双音节动词才能充当定语形成偏正结构。李晋霞（2004）认为对于理解上倾向性不十分显著的"$V_双+N_双$"如"排列顺序"而言，重音与停顿也是制约"$V_双+N_双$"优先理解方式的一个重要因素。动宾"$V_双+N_双$"与定中"$V_双+N_双$"有不同的重音方式，语速较快重音倾向前移优先理解为定中结构，语速较慢重音倾向后移优先理解为动宾结构。

1.1.2 结构功能

结构指称与结构组成成分的性质与结构方式直接相关。

朱德熙（1982：148）根据构成成分的不同将句法结构分为粘合式和组合式两类，指出粘合式偏正结构的功能相当于一个单个的名词。但朱先生未列举动词直接作定语的粘合式和组合式偏正结构情形。陆丙甫（1993：40、2015：40）认为粘合式定名结构同词级单位完全一样，应看作复合词，将朱德熙的粘合定语与"称谓性定语"对应，指出其有分类功能，带"的"的定语为非称谓性定语。但陆先生（2003：16）同时又指出，"一个定语可能语义上既有描写功能，语用上又有指称功能。""'区别性'是定语的功能，而'指称性'是整个名词短语的功能。"用"指别性"统辖定语不同层面的功能意义。张敏（1998：237，242）将陆丙甫的称谓性描述为"可命名性"，指出粘合式定中结构是给某类事物赋予一个类名，其作用像一个表类指的单个名词；粘合式定语虽具分类性，却较少在话语中负载确定指称的功能，因它体现的是事物固有属性，更多地作用于概念的内涵而不是外延，能帮助形成类名，除非带上对比重音，否则较少用来确定个体的指称。描写性定语往往带有潜在的指称作用。刘丹青（2008：13—14）在此基础上进一步用句法分类标准描述粘合式定语与称谓性定语、组合式定语与非称谓性定语的对应，指出用是否加"的"区分的粘合式/称谓性定语和组合式/非称谓性定语是极有价值的分类：凭是否可带"的"可在句法上确立内涵和外延两大类定语，凭是否已带定语标记将内涵性定语再分为称谓性和非称谓性大类。

科姆里（1989：231）给出一个生命度的基本等级序列：人类＞动物＞无生命物，张国宪（1997：178—179）将这一序列转化为语言学概念的生命度序列：指人专有名词＞指物专有名词＞指人具体名词＞指物具体名词＞无生具体名词＞抽象名词，指出高生命度名词首先激活动宾关系而抑制偏正关系，低生命度名词首先激活偏正关系而抑制动宾关系。不仅如此，名词的定指度、控制度与语义角色的差异都会影响到"$V_{双}+N_{双}$"的理解问题。动词的及物性、动性强弱、语义制约会形成不同性质的共现约束结构，有着不同的理解诱因：狭义共现约束激活动宾关系，广义共现约束激活偏正关系。之后李晋霞（2004）通过问卷调查统计分析证明了这些制约"$V_双+N_双$"优先理解方式因素存在的可能性。

顾阳、沈阳（2001：130）谈到合成复合词对动词和名词形式上的要求时说，动词或域内论元其中之一如是双音节的，都要求域内论元移到动词前；反之如果二者本来都是单音节的，就不要求域内论元前移。依此，凡复合词的动词前面有或可以加上域内论元，动词一定是及物动词，没有或不能加上域内论元，动词就可看作不及物动词（动宾式动词）。"售票员、阅报栏"中的"售票、阅报"是不及物动词，"机票销售点、快报阅览室"中的动词是及物动词。

尹世超（2002a：52—58）认为音节、及物性和构造等因素对动词能否直接作定语并无实质性的影响。他根据能否直接作定语把动词分为可定动词和不可定动词，可定动词又分为强定动词和弱定动词，其中强定动词都是双音节的，又可依中心语的多样性和单一性选择标准分为多定动词和专定动词，专定动词离非谓形容词近或逐渐变为非谓形容词。之后从动词不同小类的语义特征入手描述了粘合式动名结构成立的制约条件。在其（2002b）另文中又把结构里的名词中心语分为施事中心语、受事中心语、处所中心语、时间中心语、类属中心语、方式中心语、工具中心语、数量中心语、度量中心语、程度中心语、状态中心语、结果中心语、原因中心语和目的中心语等不同小类，对不同小类名词中心语的语法语义特点及有关问题进行了说明。

傅雨贤（1988）"V_t+N"偏正结构后的 N 的语义类别，从几百个常见的及物动词与多样性的中心语间的语义搭配将 N 分为抽象名词与类名词两类，指出表示实物的类名词比抽象名词出现的概率低得多，表个体的具体实物名词一般不与 V_t 构成偏正结构，V_t 前后多有隐含，某一中心语事物名词能与哪些及物动词搭配构成偏正结构有搭配场大小问题，搭配场的大小要同时受到语法、语义与语用习惯等的制约。古川裕（1989：12—13）讨论了不及物动词直接作定语的结构表达问题。他把"VP 的$_t$+N"中 V 和 N 的关系视为及物关系，把"VP 的$_s$+N"中 VP 与 N 的关系视为补充关系；认为补充关系短语成立的关键不是 N 的抽象性，而是 N 类名词所具备的内容补充的吸引力。因为补充关系短语中 N 可以是一些个别的表示具体事物的名词，如"他推车送信的照片、'茶钱先付'的纸条"。

1.1.3 结构语法化或词汇化

通常认为词汇化是语法化的一种结果。结构语法化与结构成分的去范畴化性质相关。因 VN 结构指称事物次范畴类别，从词汇化角度关于结构粘合生成制约因素的讨论更为深入。

词汇化可以从共时和历时两个角度定义（蒋绍愚，2015：28；董秀芳，2009：399，2017：1—2）。概念转化为词、语言生成过程中根据表达意图对合适的词的选择属共时词汇化，从非词的单位变为词的过程是历时词汇化（董秀芳，2017：1—2）。

关于 VN 构式词汇化问题的讨论大多集中在结构生成与结构表达研究即共时研究方面。吕叔湘（1979：25）把"干净衣服"这类扩展不自由的组合形式看作一种"语法的词"或"短语词"与"词汇的词"进行区分。这种语法词可能很长，如"同步稳相回旋加速器""多弹头分导重入大气层运载工具"等。《现代汉语八百词》（增订本）（2003：11）将"短语词"定义为"词汇化了的短语"。"一个短语词不论多长，在句法分析中也只占一个词的位置。"（陆丙甫，2015：42）"$V_{单}+N_{单}$"与"$V_{双}+V_{单}$"有很强的词化趋向（张国宪，1989：188；石定栩，2003：494），"$V_{单}+N_{双}$"是介于词组与词之间的一种中间状态结构，主要是一些菜肴名称（邵敬敏，1995：218），三种结构都允许不成词语素进入，有了词化或惯用语趋向；"$V_{双}+N_{双}$"能类推或具有能产性通常被视为双音节动词易于做定语，相比前三种结构双音节动词又有功能增殖的后果①。

李晋霞、刘云（2003）认为语义核心、构词法、模式构词、歧义、组配显义、使用频率等多种因素的影响会使定中"$V_{双}+N_{双}$"中构成成分之间的句法边界逐渐消失，"修饰与被修饰"的关系逐渐由"句法关系"演变为"词法关系"，形式上会因语音侵蚀（phonetic erosion）致使语形缩短，构成成分由独立的词逐步降格为构词成分，自由的词可能变为构词语素或粘附于词干的词缀。

董秀芳（2002，2009：400，408）指出词汇化的源头很多都是具有内部结构关系的句法形式，从句法形式变为词汇形式，其中一个重要诱因是句法系统在某方面所发生的演变。词汇化可以看作一种从规则的、可分

---

① 参看张国宪（1994：48）。

析的形式变为不规则、不可分析的形式的变化，其可分析性的消失与相关句法结构的变化应该存在自然的关联。句法演变造成的不再是合法的句法形式中的一部分通过词汇化的方式进入了词库。董秀芳（2007：62）从历时角度讨论了动词直接作定语的用法变化，从动词定语与中心语的语义关系将动词直接作定语的粘合式定中结构分为"动作+受事""动作+施事""动作+非直接论元成分"三种类型，指出"动作+受事"型在现代汉语中的使用最为受限，通常只存在于词汇层面；"动作+施事"型古汉语中允许及物动词作定语，现代汉语及物动词定语受限；"动作+非直接论元成分"型是现代汉语中使用最为广泛的一种类型。

1.2 问题讨论

VN结构生成集中在定语动词与中心语名词的语义关系及由此带来的构成成分的类别及功能性质的讨论上。近些年来许多学者注意区分了定语限制性和描写性语义特征表达的语义和语用两个层面（陆丙甫，2003；陈玉洁，2009；石定栩，2010；张伯江，2011；贺阳，2013），把结构的语义合成与结构指称结合起来考察。一个显见的事实是，结构称谓性类指不只与定语的限制性相关，也与定语的描写性相关。事物类别表达有分类和归类两个角度，则结构类指也有分类类指和归类类指的不同。语义上的限制性关系结构既可实现为语用功能分类也能实现为语用功能归类；而语义上的描写性关系结构只实现为语用功能归类。

邵敬敏（1995）指出非价组合形成的条件是名词语义上具有抽象性且与动作有着相当密切的联系，邢福义（1994）给出过中心语的具体名词用例，石定栩（2003）、陈玉洁（2006）指出具体名词充当中心语的情形不在少数，明确说明中心语名词可以是动词的论元也可以不是。"炒鸡蛋、学习文件"之类的同形结构的存在似乎意味着中心语名词与论元相关联。具体与抽象、论元与非论元矛盾的消除需要对中心语名词的类指性质进行更高层次上的概括。

论元关系作用于结构的语义生成，指称属性作用于结构或结构成分功能。说语义结构能表达分类类指或归类类指是语义能指，分类类指或归类类指的实现是语用所指。从定语的性质来看，限制性定语和描写性定语的语义语用二分能有效地解释结构能指与所指的分别，而结构能指和结构所指的分类或归类类指问题又需要界定不同层面上的限制性定语和描写性定语的性质和范围；从中心语的性质来看，具体名词和抽象名词充任中心语也只是概率分布上的差别。至于中心语名词与动词间的"相当密切的联系"，邵先生并未给出联系的紧密度差别，张国宪（2006a，10—11）区分过规约性和非规约性两个术语，用于说明现实世界中结果达成的两种情状，认为动补结构高能产性的原因不仅在于动补之间体现了规约性关系，更导源于包容了大量的非规约关系。张先生把这两种概念组合称为规约性系联和非规约性系联。如果承认 VN 类指构式的典型性与结构的规约性相关，则可在为结构成分间"相当密切的联系"加上注脚的同时也能自上而下进一步审视把握定语的限制性与描写性。

以论元结构为支点讨论 VN 构式成分间的语义联系，把 VN 构式当作句法模式生成的词法结构，自然便有了词库与句法界面生成说。顾阳、沈阳（2001：130）指出合成复合词中的动词把原本具有的论元带入了复合词内，域外论元跑到动词右侧，域内论元跑到了动词左侧，二者同时移位且改变了结构的性质；与词汇不同层次的句法操作不能进入词语内部，删除介词、删除论元都得在句法操作之前完成。何元建（2004）也同意（O）VN 构式是词法结构，但认为句法结构可以入词，词法结构中题元顺序的改变是因为词结构是左向分支、句法结构回环进入词库成为词根。语序与句法一致的结构受限。这里有个语序核心问题无法得到很好的解决。首先是词法结构与句法结构构造原则的一致性受到挑战，由词汇规则指定的成分移位与古今汉语都允许受事定语存在的事实相悖，或者说取消了受事定语的存在；其次，受事之外的语义成分也能进入该词汇结构位置，如石定栩（2003：488）指出的论元成分和非论元成分都可以成为复合词的定语，加长的或复杂的复合词是依照这些成分与动词的关系依次分层叠加的结果。

将（O）VN 构式中的 N 作论元或非论元两可的处理不仅不能很好地解释 N 的多样性，还带来了认识上的诸多矛盾。首先是将两个不同层面上结构成分混淆在了一起，使得相同性质的成分表达共性抽取附加上了许多约束限制条件甚至例外的因素；其次，定语动词的及物性已经消蚀，仅凭中心语成分的具体与抽象分别让定语动词重拾及物性，则结构的功能无从解释，也混淆了中心语与定语动词概念结构中充当类指对象的论元角色之间的分别。

将(O)VN构式中的N视为论元,凭句法位置的不同区分词法结构和句法结构,应该无法在二者之间画出一条明晰的界线来,因词法结构与句法结构成分间的概念语义联系是一致的,即使加上这样那样的句法限制条件,"法"外依然会存在着各种"例外"。邢福义(1994)把"N_1VN_2"造名结构分出两个简省形式"对象N+V"和"V+管界N",独用的"V+管界N"隐匿了对象N就形成了及物动词直接修饰名词的特殊模式。如果把及物动词直接修饰名词看作动词携带着删除了的对象N进入了造名结构,又如何概括与不及物动词直接修饰名词这类定中结构之间的类指共性呢?就独用的"V+管界N"来说,如果因具体与抽象的差别将N分为论元和非论元两种性质不同的语义成分,如何统一解释二者同样行使的"管界"作用?论元成分是动作的及物性关系成分[1],作用于结构生成;"管界"功能作用于结构表达层面,属结构运用。如果把VN类指结构置入交际语境中可以清楚地看到,与N类指匹配的动作的及物性关系成分即类指对象在话语中是明确存在着的,VN动态属性类指需要先有类指对象,类指对象才是动作的及物性关系成分。

石定栩(2002、2003、2011)依定语的形态对定中复合词生成路径的处理能概括不同类别动词直接修饰名词的定中结构间的类指共性,独立的动词定语与独用的动词定语同属修饰关系。石先生不承认词法结构中的句法操作,坚持修饰只能在同类的成分之间进行,中心语是词则修饰成分也不能是短语。当中心语的修饰语是二价动词时,前面还可以再叠加另一个与动词有关的体词,叠加的体词与受修饰的体词都必须满足动词的选择关系,理论上定语的叠加可以反复进行,这样可形成如"精选顶级日本进口海水人工养殖彩色珍珠"类的加长复合词(石定栩,2002:39、44;2011:111—112)。对于"制药厂、售票员"之类的定中复合词的生成,石先生直接把单音节动词带单音节宾语的动宾结构"制药、售票"视为复合词,然后才获得词法结构中修饰语的地位(石定栩,2003:494;2011:117)。加长的定中复合词从结构类指表达的整体功能上说可以让人接受,但不同性质的叠加成分未必都能满足动词的选择关系,与表达匹配的逻辑重音成分很难说没参与句法操作,起码典型的定中复合词的韵律

---

[1] Halliday(1994:106—161)认为人的经验世界是由物质、心理、行为、言语、关系和存在六个过程体现的,发生过程中牵涉到一定的实体(参与者)、时间、空间和方式(环境因子),这就是及物性。

格局会受到影响。关键的问题是，将受修饰的体词与叠加的体词设定为都必须满足动词的选择关系，则还是模糊了语义层面和语用层面的界限。

邢福义（1994）应该是把"对象 N+V+管界 N"造名结构看作有"造名"用途的句法结构看待的，邢先生通过"的"的插入位置和句法层次切分的不同描述动词与对象 N 和管界 N 的语义紧密度联系，指出一般的情形是"对象 N+V"修饰管界 N，而 V 能靠前切分也可靠后切分更多地受制于非句法因素。邢先生（1994：3）同时指出，"罂粟种植技术"孤立地看似乎不是不能切分为"罂粟｜种植技术"，但全面地看还是切分为"罂粟种植｜技术"更为适宜。"罂粟｜种植技术"是把"罂粟"同别的植物的种植技术相对待；"罂粟种植｜技术"是把"种植"与"养护"等之类的情形相对待，动作属性成为分类属性值，"罂粟"只是指明行为活动的对象范围，两种情形在语料中都应不乏实际用例存在。当然，两种情形都不妨碍造名结构的合格度。这样，对同为修饰语的"对象 N"和动词的属性值表达的选择便成为造名结构不同类别区分的重要因素。

邢先生（1994：8）将"罂粟种植｜技术"这样通常的切分描述为受事性主谓结构充当定语，"对象 N+V"只有在独立使用特别是用作书名、文章名时整体功能才相当接近于名词性短语。这与石定栩（2003）的分层叠加模式不同。吴为善、高亚亨（2015）把定中 NV 归入名词性短语，称为事件称谓性 NV 构式，是粘合定中称谓构式类推的结果和构式能产性的表现。不赞同定中 NV 构式是述宾 VN 构式换序的结果，认为定中 NV 构式的生成受动词次范畴类的制约，与 VN 构式在宾语位置上表现比较来描述二者的功能差异。储泽祥、王艳（2016：323）认为 OV 结构作定语的结构就是"对象 N+V+管界 N"造名结构，同意邢先生语义上的"OV+N"分析，进一步指出 OVN 结构中的 VN 是定中关系，因 OV 结构中的 V 的动词范畴受到磨损，动词性不强，表现出修饰功能。独立的 VN 则可能是定中关系也可能是动宾关系。OV 独立结构中的 V 都是双音节，一定程度上受韵律影响，但更重要的是双音节动词动作性弱，与结构的指称功能相适应。因而 OV 语序是汉语的一种重要的具有指称化效用的语法手段。

邢福义（1994）的受事性主谓结构定语，吴为善、高亚亨（2015）的事件称谓性 NV 构式，储泽祥、王艳（2016）OV 语序手段等都不赞同成分移位说，汉语关系从句前置其实有使一个具体的行为过程转化为事件称谓的作用，动词动性在及物性关系结构中得以消蚀，与中心语事物的类指语义匹配。刘丹青（2005：194）把作定语的主谓短语及部分动词短语称为关系从句，指出关系从句的限制条件是从句所修饰的中心名词在从句中也有一个句法位置，包括主语、宾语等，可能是空位，也可能有代词复指。如"他开［t_i］的车$_i$"中"车"与"开"的空位潜宾语同指，"我给他$_i$书的那个人$_i$"中"那个人"与"给"后的代词宾语"他"同指。而并非所有作定语的从句都是关系从句，如果被从句修饰的中心词在从句中没有同指的空位或代词便不是关系从句。如"我们去旅游的计划"，"计划"在从句"我们去旅游"中没有同指的空位或代词。陈玉洁（2006：56）把 N_1VN_2 中的 N_1V 看作一个关系从句，认为是由于语义限制 V 代替"的"成了关系从句与核心之间的联系项，关系从句的作用是限制核心的语义，与核心之间有较近的概念距离。联系项居中首先是指论元成分的关系化，陈文指出动词的非论元也可以被关系化，只是采用介词结构在从句中留下了同指成分。动词联系项居中说是赞同成分移位的，N_1V 整体作修饰语，但动词的地位明显是提升了的，作为论元的核心名词地位也应该与动词平行，如果说关系化了的论元成分核心名词与 N_1V 中的同指空位地位不同，同指空位不同的关系化了的非论元成分核心名词又与论元成分核心名词有同等的地位作用，核心名词的论元与非论元成分和联系项关系的共性特征与个性差异需要进一步加以解释。

　　非句法因素如音节的多少、重音、停顿与节律等对结构的形成尤其是结构形式如语序等的选择上已经证实具有较为重要的作用。需要进一步讨论的问题是这些形式因素与可能的意义选择在多大程度上具有一致的对应关系，也就是结构形式与结构识解问题。同一种意义可以与多种不同的表现形式相联系，同一种形式也可有多种不同的意义表达，结构的多义性往往通过结构形式与结构意义对应关系上的不对称现象表现出来，结构意义的层次性与结构语用表达频率大小、与概念组合的规约性联系强弱自然相关，结构语法化、词汇化又与结构的识解相关。如讨论非句法因素对 VN 定中结构语法化、词汇化的影响时可以假设存在着至少一个结构成分意义上的变化会带来结构类别差异的前提，单音节成分的语素化意味着结构的词汇化，而语素化需在语用法的语法化结构中进行识解。如把 VN 构式视为共时层面上的去范畴化结构，则与范畴化结构并存分立现象的区别又需对结构生成的多种制约因素分别进行描写与解释，其中历时变化因素往往最为直接、可靠。如"作文"在"一篇作文"中可分析为述宾式复合词或重新分析为定中式复合词，但在"作文的乐趣"与"属予作文以记之"中"作文"用法并不因结构方式的不同而发生改变。前者是结构的词汇化问题，后者是结构的识解问题。

1.3 研究初步

1.3.1 去范畴化结构与范畴化结构

去范畴化结构可表述为结构组成成分的基本功能的缺失及由此产生的功能增殖变化（动词的功能增殖见张国宪，1994、1997），结构意义并非结构成分意义的简单相加，即整体大于部分之和。如"飞人、飞雷、飞机"，定语动词的时间性意义缺失，中心语名词只是具有［+飞］属性的宿主[①]事物，结构没有可扩展性，扩展后要么结构不成立要么意义变了，如"会飞的人、会飞的地雷、*飞行的机器"；范畴化结构可表述为结构组成成分的基本功能没有缺失或没有完全缺失，成分功能增殖变化可以用词的非基本功能来统括，结构意义与成分组合意义大致相同，结构具有可扩展性。如"飞鸽、飞燕、飞鹰"都是"飞鸟"，"飞蛾、飞蝶、飞蚁"都属"飞虫"，"飞鸟"与"会飞的鸟"、"飞虫"与"能飞的虫"虽表述功能有别但都有类指意义，则"飞鸟""飞虫"中的"飞"依然携带动作时间特征背景意义，"鸟、虫"仍旧指称事物主体（即事物的空间性意义并未消失），是动作的施事论元而不能作为事物动作属性的宿主存在。指称形式"飞鸟""飞虫"可转换为相应的陈述形式"鸟飞""虫飞"。

能体现去范畴化结构与范畴化结构对立的最好的样本是扩展的 N_1VN_2 类指结构，或者说 N_1VN_2 类指结构可作为 VN 定中结构构式典型性的鉴定格式。N_1VN_2 类指结构作"$N_1 | VN_2$"切分且 N_1V 又能作为 N_1VN_2 的简式存在时是典型的去范畴化结构，V 只能是事物化了的动词。这是马庆株（1995：363）界定的多重定名结构，如造名结构"首长保卫人员""军马饲养方法"等；N_1VN_2 类指结构如作"$N_1V | N_2$"切分可有定中结构作定语、主谓结构作定语、状中结构作定语三种可能的结构方式存在，N_1V 不是造名结构的"对象 N+V"简式，可统一归入范畴化结构，虽然定语位

[①] 拥有某一属性或状态的事物是该属性或状态的宿主（参看张国宪，2006b：15）。

置上不同类型结构中的 V 也存在不同程度的去范畴化特征，如"物质鼓励问题""供求变化情况""野外调查任务"等。前者是 VN_2 的外扩展形式 N_1VN_2 类指结构，后者是 N_1V 的外扩展形式 N_1VN_2 类指结构。（详见 2.2.2.2.3 节）

VN 去范畴化结构是我们定义的 VN 构式，构式分类和归类表达源于构式交际环境中 V 与 N 的语义特征互向选择而来的语义合成现象。动词在与句式及包括所指对象在内的语义成分的互动中通常可能发生词义游移和功能转变，由此制约影响共现名词意义和功能的相应变化。词语在与相关结构成分的互动中语义才最终得以实现（任鹰，2007a：29）。构式中心语事物的宿主性质界定和定语动词的属性义提取及语义合成过程是我们关注的焦点。

1.3.1.1 从物性结构看中心语名词的词汇表征

VN 构式中 V 表达事物的动态属性，N 是拥有该属性的事物宿主。宿主事物的相关属性也可以通过物性结构描写揭示出来。Pustejovsky（1995：85—86）将与事物密切相关的属性分为构成角色（constitutive role）、形式角色（formal role）、施成角色（agentive role）和功用角色（telic role），分别描写事物与其组成部分之间的关系及事物的形成，事物的区别属性，事物的构成因素，事物的用途和功能。生成词库论基于物性结构区分了自然类（natural type）、人造类（artifactual type）与合成类（complex type）名词（Pustejovsky，2001：91—123）。自然类名词与形式角色和构成角色相关（如"飞鸟、飞虫"），人造类名词与功用角色和/或施成角色相关（如"飞人、飞雷、飞机"），合成类是包含两三个自然类和/或人造类的概念（宋作艳，2016：45）。生成词库论通过为词项建立多层面的语义分类和表达系统，试图解决词怎样能够在不同的语境中具有不同的意义、组合中浮现意义的表达以及语义类型的句法表现预测等（Pustejovsky，1998：289）。

定语动词表达事物的用途和功能，与事物物性结构中的功用角色匹配。事物的功用义包含了目的义，因人类制造某物总是为了某种目的（宋作艳，2016：45）。我们主要借鉴名词的功用角色来讨论词项的语法表现（相应的介绍与讨论参见袁毓林，2013、2014），通过自然类、人造类、合成类事物名词词义的分别重新审视定语动词与中心语名词的语义合成现象。

物性结构为概念知识和词义提供了接口。宋作艳（2016）讨论了功用义会造成语义类的多重继承，对汉语名词的范畴化、语义类体系、词义引申、词汇化和构词（"功用+名"是汉语中很能产的复合词构造方式）等方面都有系统性影响，是具有重要的语言价值和语言学价值的一种普遍性语义特征。将定语动词的用途和功能特征与中心语名词功用义的某个特征匹配对应，揭示概念语义特征及概念语义类别在结构生成与结构变化等方面的选择限制因素，也就拓宽了构式研究视角，便于认识词法结构与句法结构成分间的语义联系和句法表现共性。

袁毓林、詹卫东、施春宏（2014：19）提倡建立一个基于概念结构的"词库—构式"互动的语法描写体系的做法，因与人类语言的生成和理解相关的词汇化和语法化了的概念结构，是隐藏在词库中的词语和由词语组合固化出的构式之中的。作者把汉语语法的特点提炼为主要采用"意合法"，即词语或小句直接组合、缺省某些结构成分来表情达意的结构方式，指出要把握词语或小句如何直接组合来表情达意并且保证听话人能够正确接收，只在中观层次用论元结构理论和配价语法揭示和描写汉语语法的意合机制是不够的，还应在更底层的词库平面上建构和描述词语的物性结构（qualia structure）等基本的概念结构，在高层的构式（construction）平面上描述构式的形式—意义配对关系，再辅之以语义的扩散性激活和缺省推理等动力学机制进行解释。

如果把 VN 构式中的 N 分为自然类、人造类和合成类三种情形，我们似乎首先可以建立 VN 语义组合模式的释义模板。如"水"是自然类名词，VN 语义类组合模式有两种："施成义+自然类"与"功用义+自然类"。前者如"沸水、开水；活水、死水"，后者如"洗澡水、饮用水"。作为合成类名词的"水"也分同样的两种情形。如"桶装水、蒸馏水"定语动词表施成义，"洗发水、化妆水"定语动词表功用义。再如"刀"是人造类名词，定语动词通常表功用义，如"砍刀、剪刀、刻刀、飞刀、锉刀、铲刀、解剖刀、缝合刀、切割刀"，也有定语动词表施成义的情形，如"折叠刀、佩刀"。有的名词代表的事物类别界限不好界定，如"人员"是"担任某种职务或具有某种身份的人[①]"，跟自然类的"人"相比多了功用类别因素，从动态属性分出的类别一般只有功用义范围特

[①] 凡词语释义统一采用《现代汉语词典》第 7 版（商务印书馆 2017 年 4 月第 589 次印刷）。

征。如"工作人员、研究人员、保卫人员、管理人员、行刑人员、办事人员、巡逻人员、救援人员、护理人员"等。邵敬敏（1995）判断 VN 是否非价组合的语义框架"用于（进行、作为）V 的 N"其实是作为功用特征类别的动名组合模式的释义模板。如"洗澡水"是用于洗澡的，"解剖刀"是用于解剖的，"保卫人员"是负责保卫的等。而作为施成义类别的动名组合模式的释义模板可以用"通过 V 的相关行为方式形成的 N"或"通过 V 的方式做成的 N（或简称'V 成的 N'）"来表示。如"沸水"通过"烧"的方式达成，"桶装水"用桶装方式达成，"蒸馏水"用蒸馏方式达成，"折叠刀"是做成能折叠的，"佩刀"是做成能佩带的等。

这样我们从 VN 构式中 N 的功用角色和施成角色把 V 的属性义表达分出功用义特征和施成义特征两类，功用义是就物体的用途和功能进行描写，施成义是就物体的来源或产生的因素进行描写（袁毓林，2014：32）。

1.3.1.2　定语动词的属性义提取

1.3.1.2.1　动词义是构式义的一个实例

Goldberg（1995/2007：63—64）谈到动词义与构式义关系时指出一个典型的和普遍的原则是动词表示的事件类型是构式事件类型的一个子类，动词事件类型表示构式事件类型的前提条件、方式或结果与具体构式有关，表示手段的则与具体语言有关。沈家煊（2000：296）直接把动词进入句式的条件描述为动词义须是句式义的一个实例。如：

（1）a. Sally baked Harry a cake.（Goldberg1995/2007：63）
　　　b. 嘴唇上的确抹着点儿胭脂，使虎妞也带出些媚气。（《骆驼祥子》）

Goldberg 认为（1）a 中 bake 并不造成构式义"转移"，"转移"也不造成烤蛋糕这一行为，但蛋糕的制作却是转移的必要前提条件。（1）b 中"抹"也不造成句式义"存在"，"存在"也不造成抹胭脂这一行为，但"抹"却是"存在"的方式或结果或者说是"存在"义的一个实例。就 VN 构式来说，V 的属性义表达是种抽象的上位义，与相应的具体的下位动作义相对待而言可看作词义的纵向游移。而动词在与其配项的互动中产生的词义变化或者说受构式类指压制使得词义因搭配对象的异同而产生的变化可视为横向游移（参见任鹰，2007b：423—424）。纵向游移情形从动词义是构式类指义的一个实例角度关联动作属性的属性值表达和属性特征表达，横向游移情形从动词与其配项的互动关系关联动作属性的构式选择限制。

朱德熙（1986：82）把句式意义称为高层次的语义关系意义[①]，构式成分动词和名词的及物性关系意义属低层次的语义关系意义。而指称意义又是一种语用关系意义，受其制约，构式成分还会携带有某种句位义，即处于某一句法位置上的词语会沾染上句位所赋予的某些影响说话人和听话人对事件的认知组织或解读模式的更为抽象的话语信息（参看张国宪，2006b：2）。如张先生（参看张国宪，2006b，5—8）把补语的句位义描述为"非可控"，是把动补结构看作一个动作事件和一个变化事件整合而成的复合事件，施动者的控制范围只触及动作事件，变化事件不在施动者的控制之内。句位义其实也是把成分的浮现意义看作构式义的一个实例。如此，同一种形式范畴内不同意义层次间的与同一种意义范畴内不同形式层级间的异同分别需要我们构建一个能涵盖这些异同分别的高层平台来描述结构的形式和意义的对立联系，定中复合词或粘合式结构的形式范畴与指称意义范畴的配对筑就了 VN 名词性结构这一构式范畴，凭借构式范畴研究范畴成员的原型性便具有了理论上的可行性与实践上的可操作性。

1.3.1.2.2 论元关系侧面的凸显与动词属性义的属性值和属性特征表达

把动词义视为构式义的一个实例，是从构式出发自上而下观察动词和相关名词的组配关系。动词有价类的不同，构式的合格性还可从动词的配价推导出来，即动词浮现意义是在一个基础的论元结构中通过及物性的消蚀或者说去动词化的结果，这是一种自下而上的通过把握组成成分的差异来把握构式的分类或归类类指（参看沈家煊，2000：293）。通过论元关系侧面的凸显确定类指对象，这一类指对象是构式外部话题，话题与中心语事物宿主如具有领属关系，动词属性义表现为事物的属性特征；如具有属性关系，动词属性义表达属性值（详见下章分析）。

不同的概念所具有的属性集或特征束是不同的。刘春卉（2008：45）、张梅、段建勇（2012：134）都注意到概念属性的属性值和属性特

[①] 范开泰（1999，1—10）称高层次语义关系为型式语义。

征表达问题。张、段文把一个词汇概念视为一个<属性名，属性值>对的集合。属性名限定对概念进行刻画的方面，属性值是概念在某个方面的特定表现。如"苹果"有颜色、光洁度、品种等各种不同属性，每种属性名下又有不同的属性值（颜色：红、黄、绿，品种：富士、国光……，光洁度：细腻、光滑）等。"苹果脸"中凸显或提取了苹果的<颜色，红>与<光洁度，细腻>等的属性，而"苹果醋"中提取了苹果的<价值，酿造>的凸显属性。可以说中心语名词类指限制了定语属性义表达，而分类和归类类指的分别又与定语属性义表达的属性值和属性特征表现匹配对应。刘春卉（2008：45）很好地描述了这种对应关系，她给出的例子是：

(2) a. 我们要用选举方式确定班长。(方式是选举)
　　 b. 我们的选举方式是不记名投票。(方式是不记名投票)
(3) a. 他们要用革命方式求得解放。(方式是革命)
　　 b. 我们的革命方式是农村包围城市。(方式是农村包围城市)

刘文认为上述 VN 结构（"选举方式、革命方式"）中的动词既可能表示动作属性所依附的属性主体，又可能表示该属性的属性值。(2) a、(3) a 中"选举""革命"是"方式"的属性值，其属性主体分别为"确定班长"和"求得解放"；(2) b、(3) b 中"选举""革命"表示的是"方式"所依附的属性主体（即表达属性特征），属性值分别为"不记名投票"和"农村包围城市"，可以说成"选举方式是不记名投票"和"革命方式是农村包围城市"。两式中的 VN 离开语境虽都有 [−VN]（"非选举方式""非革命方式"）语义类比前提，但 a 式中 VN 的语用表达选择凸显这一类比前提，说话人从 VN 和−VN 的对立中选择了 VN，V 成为 N 的下位动态属性类别中的一种分类指标；b 式里中心语事物的下位类别是"不记名投票""农村包围城市"，相应的表达环境如：

(4) 1951 年，阿罗……采用数学的公理化方法对通行的投票选举方式能否保证产生合乎大多数人意愿的领导者或者说"将每个个体表达的先后次序综合成整个群体的偏好次序"进行了研究。
(5) 选举可采用差额选举，也可采用等额选举方式。

（1）a"选举"是"方式"的分类属性，（4）、（5）的"投票"与"等额"却是"选举方式"的分类属性（或者说"投票""等额"是"选举方式"的属性值），受"投票""等额"的类别限定，"选举方式"是说话人选择已定的事物"方式"的下位类别，"选举"不再是具有分类作用的限制性定语，而应是具有归类作用的非限制性定语了。

事物有属性特征，但并非所有的属性特征都能成为可用于事物类别的属性值。从属性特征升格为属性值的必要条件是该属性特征为同类事物所共有。

唐正大（2018：159—160）把"狗灵敏的嗅觉""山下沁人心脾的香味""冬日寒冷的风"类的名词短语中的"狗""山下""冬日"看作名词短语内部的话题，话题多为领有者、处所和时间等，排斥其他语义角色；并指出这种名词性短语结构和句子层面的话题—述题结构具有高度平行性。依此我们把（2）两例中"选举方式"的领有者"我们"都视为这一名词短语的外围话题修饰语，句法位置差异不影响语义关系一致；把"方式"看作拥有"选举"属性的事物宿主。可以看出，（2）a 中"选举"与"-选举"相对，表达同一宿主"方式"的不同属性值，属性特征为"确定班长"，"选举方式"是事物的动态属性分类。（2）b 中"方式"与"-方式"对立，"选举"表达不同宿主"方式"的相同属性特征，属性值为"不记名投票"，"选举方式"是事物的动态属性归类，动词属性义表达选择已定的事物下位类别的属性内涵确认。话题与宿主的属性关系限定属性值表达，话题与宿主的领属关系限定属性特征表达。两例中的构式话题"我们"提供宿主分类或归类的所指对象，即构式话题提供构式属性类指对象，通常是动词论元结构中的施事角色或受事角色实例；宿主是属性类指结果。构式话题与宿主有上下位的隶属关系，宿主可以是话题的下位属性分类也可以是上位属性归类。

结构凸显或提取的未必是单一属性（值）。如"保卫体系"可以是人员构成，可以是设施、措施构成，也可以是人员、设施措施构成等，表达的单义性需在构式表达环境中选择确认。无论如何，"保卫"词义的理想认知模型（参见沈家煊，2000：294）中能够或允许提取出这些基于"保卫者"动态属性分类或归类的不同方面的属性值或属性特征，现实现象中又需要对这些属性值或属性特征的不同表现进行刻画。

可见 VN 构式的分类或归类表达取决于构式意义对动词属性义的属性

值或属性特征表达的选择限制，有赖于构式语境中所指对象构式话题与中心语事物宿主的领属关系或属性关系侧面的凸显。如（2）a 凸显所指对象"我们"与"方式"的属性关系，"方式"是"选举"而不是"指定、考试、协商"等；（2）b 凸显"我们"与"方式"的领属关系，"选举"限定的是"方式"而不是"程序、资格、过程"等。概念组合为表达提供可能性，词义的选择限制受交际语境约束，在可能性中进行取舍。

可能的语义类比前提成为表达背景，说话人只就其中的一种进行描述归类，即确认 VN 是 N 的下位属性类别成员，类似于张敏（1998：325）所说的对单一指称的确认。从语义上看两式中的 V 都是限制性的，从语用选择上看前者中的 V 是限制性的，后者中的 V 是非限制性的。这样我们可得出讨论的一个前提：

V 的属性值或属性特征提取与构式话题成分与宿主事物间的属性关系或领属关系分别对应，与 VN 构式的动态属性分类类指或归类类指分别对应。

董秀芳（2004：133）把不同类型定中式复合词的强势语义模式概括为"提示特征+事物类"，提示特征是提示所指对象与同类事物相区别的标志性特征。我们将这一结论加以扩展，动词定语的提示特征除上述标志性分类特征外，还包括提示所指对象与异类事物熔合（"熔合"的解释见 1.3.3.2）的标志性归类特征。前者是同类事物的因异而分，后者是不同类别事物的因同而合。

VN 构式中 V 的属性义表达可以说是通过动作及物性[①]的消蚀来实现的，最明显的是动作的时间性背景表现。V 如有缩小 N 指称范围作用，则 V 是表达属性值的限制性定语，VN 有次范畴分类功能，N 是话题事物的属性分类结果；如 V 并不缩小中心语事物所指的外延，便是表达属性特征的描写性定语，整个 VN 结构表事物的动态属性归类，N 是话题事物的属性归类结果。

动态属性义都能表达事物的属性特征，但并非所有的属性特征都能成为可用于事物次范畴类别表达的属性值。属性值表达的必要条件是该属性特征为同类事物所共有且通常与事物间存在较为稳定的次规约性系联情

---

① Halliday（1994：106—161）认为人的经验世界是由物质、心理、行为、言语、关系和存在六个过程体现的，发生过程中牵涉到一定的实体（参与者），时间、空间和方式（环境因子），这就是及物性。

形。强规约性系联与非规约性系联情形中的 V 通常只表达属性特征，因内在的本质特征可由事物概念析出、外在的临时特征往往不足以成为同类事物差别的异质存在，说话人编码时的认知取向受认知活动中的这些常规关系制约，进而形成不限定事物分类只有内涵确认功能的属性特征表达的常规范型（常规关系与常规范型见徐盛桓，2002：6）。

1.3.2 构式意义与句式意义

我们区别构式意义与句式意义两个概念，基于 VN 构式都只是作为不同场景句中的一个论元结构成分的性质存在。不同场景句的句式意义自然不同，作为句式结构构成成分的 VN 构式语义上都只是表达事物动态属性次范畴类别，受句式意义表达限制实现为语用上的分类类指或归类类指。定语动词只参与构式的形成，宿主事物的性质决定着构式的类指对象的选择，语义上是宿主事物的领有者，句法上要求与构式同现或可默认缺省，这是我们界定的话题事物。定语动词与话题事物语义关系侧面的凸显是构式类指分别的前提，这一语义关系结构可描述为一个论元结构实现的降格表述，则定语动词也就是这一论元结构的代体。能作为构式话题的事物应该是与宿主相对待的定语动词的论元结构成分，可以是 V 的施事论元或施事论元角色，也可以是受事论元或受事论元角色。如"军马饲养方法""首长保卫人员"必与某种具体的相对待的"饲养军马的方法"、某个（些）"保卫首长的人员"匹配相应才能获得结构类指意义，"方法"是动作施事论元"采取"的，属施事论元角色话题事物类指结构宿主；"人员"相应的类指对象是动作的施事论元，属施事论元话题事物类指结构宿主。再如：

（6）里根的保卫人员，几个壮汉，站在厅内，手背在后面，面向四处。

（7）经过长期观察研究，探索出新的饲养方法，利用动物的下脚料、牛奶、玉米面、菜叶等，配制混合配料喂养，采用这种荤素结合的新饲喂方式，养殖成本降低 70%。每只狐、貉年饲养成本只有 60 多元。

（6）中"保卫"的降格表述可分解为论元结构"几个壮汉—保卫—

里根",宿主"人员"相应的"几个壮汉"是施事论元话题,与"人员"构成语义上的"个体—类别"领属关系,受事论元"里根"个指因而构式表达施事论元话题事物的归类类指。(7)中"饲喂"的降格表述可分解为"施事—饲喂—狐、貉",宿主"方式"相应的个体事物是"荤素结合",与"方式"同样构成语义上的"个体—类别"领属关系,因是与"饲喂"行为相关的参与者角色,构式表达施事论元角色话题事物的归类类指。与"军马饲养方法""首长保卫人员"不同的是受事论元的个体和类别性质,类指受事可作为 N_1VN_2 结构的外扩展粘合成分存在,构式表达话题事物的分类类指或归类类指;如受事个指,则通常要变换为"军马的饲养方法""首长的保卫人员",构式只表达归类类指情形。

情景语义理论把语词的意义视为情景与(所指)内容之间的关系,每个词都以一组使用规则和搭配关系构成词义的抽象情景,能够实现的部分是现实情景,不能实现的部分是可能的组合。词义是情景规则中不同项目之间的一种关系,人类语言表现了话语和客观实体之间的关系(章宜华,2009:31—32)。崔希亮(2001a:37、2001b:7—8)把自然语言的句子所指涉的场景分为活动场景、叙事场景和关系场景三类,"老张在体育馆打篮球""老张在体育馆买篮球""老张在体育馆管篮球"中"打篮球"是一项活动,"买篮球"是一个事件,"管篮球"则是一种关系,不同的 V-NP$_2$ 构成了不同的场景,不同的场景可分解为不同的要素:"打篮球"的行为主体是"老张",活动场所是"体育馆",游戏规则和行为过程是隐性的;"买篮球"的事件主体是"老张",事件客体是"体育馆"("体育馆"既是事件发生的场所,又是事件的参与者),事件对象是"篮球",事件过程是对象所有权的转移;而"管篮球"的关系主体是"老张",关系客体是"体育馆",关系性质是"老张"与"体育馆"之间的隶属关系,场景不具有过程性。崔文由此得出了一些重要认识:活动场景总是凸显行为主体与空间方位的关系,叙事场景一般会把焦点信息放句尾凸显 NP$_2$。活动场景是即时发生的,具有现场性;叙事场景是追述的,不具有现场性;而关系场景可以是即时的也可以是追述的,也即可以被活动场景和叙事场景所涵盖,因而只需要把场景分活动场景和叙事场景两大类对应现场句与非现场句的对立即可。

(6)显然是具有现场性的活动场景句,(7)是不具有现场性的叙事场景句,不同的句式意义并不影响 VN 构式的类指表达,或者说都凸显了个体构式话题与降格表述中管界 N 的领属语义关系侧面。典型的领属关系结构是句法上的可让渡（如"我的哥哥"）与不可让渡（如"我的书包"）的定中结构，如此我们可以把 VN 构式的降格表述语义最简表达式抽象化为 SN_1VN_2 多重定中结构（S 指 V 的施事论元角色或与施事论元行为相关的参与者角色）。相应的另一个假设是，汉语中存在着以 V 的受事论元角色或与受事论元行为相关的参与者角色（用 O 表示）充任一个降格表述的外围话题修饰语的多重定中类指结构，不同的句式场景意义也不影响结构的语义类指表达。只是以受事论元角色及与受事论元角色行为相关的参与者角色充当构式话题的 $OSVN_2$ 类指结构有领属关系和属性关系两种下位类型，分别与构式的归类类指与分类类指对应。

句子有主动句与受动句之分，相应的降格表述也应有主动、受动表达的分别，与降格表述相应，多重定中类指结构也应有由施事论元角色或与施事论元行为相关的参与者角色充任话题的 SN_1VN_2 类指结构和由受事论元角色及与受事论元角色行为相关的参与者角色充当构式话题的 $OSVN_2$ 类指结构降格表述存在。

1.3.3　限制性和描写性：语义的和语用的

我们赞同限制性和描写性兼属语义和语用两个层面的结论（陆丙甫，2003；陈玉洁，2009；石定栩，2010；张伯江，2011；贺阳，2013），将 VN 构式表达分为限制性分类和描写性归类两种情形。VN 构式中的 V 与其他粘合定语一样语义上只充当 N 的属性分类标准，而这种语义上的限制性分类在语用表达中可实现为与语义表达一致的限制性分类，也可实现为与语义表达不一致的描写性归类，即语用上的分类或归类都有语义上的分类前提。由动词性成分作定语构成的语义上的归类结构只能是组合式结构形式"V（P）的 N"，虽然组合式结构具体语境中也可以实现为语用上的限制性分类表达情形。语用表达实现受构式表达环境制约。

通常所谓的定中构词法采用了逻辑定义中"属加种差"的形式，用"属"来体现生命层次概念或中位类别层次概念，用下义物的某一特征来表示"种差"（王寅，2007：146）。陆丙甫（1993：65—66）从语义上把向心结构的核心视为代表某类事物的"属概念"，从属语表示"属种之差"，其作用是"种化"、某种广义的"次范畴化"，或者说缩小核心所指事物的外延，"从属语+核心"则表示"种概念"所有的从属语都有某种类次范畴化功能；而非限制性的从属语，如"由三条边构成的三角形"中的定语，其属种之差为零。限制性定语和描写性定语的对立可体现为种差之别，因而构式的分类与归类与定语（从属语）的限制性和描写性相关。限制性定语表示属种之差，能缩小中心语所指事物外延，有类次范畴化功能，是表达属性值的分类定语；非限制性或描写性定语属种之差为零，而中心语所指事物又代表属概念，则只能是表达属性特征的归类定语。

名词性、动词性、形容词性定语都有限制性和描写性之分，朱德熙（1956）限制性和描写性定语分别的界定是围绕形容词性定语展开的，施春宏（2001：212）曾讨论过名词性定语关涉性和描写性的相应类别划分，都说明了结构表达中两类不同性质定语及语义特征共性的客观存在。

汉语动词定语属内涵定语，内涵和外延密切相关，双方存在着逻辑上的反比关系：内涵越丰富外延越小（陆丙甫，2003：15）。因而内涵定语也有描写性定语和限制性定语之分（刘丹青，2008：3）。石定栩（2010：325—327）甚至认为汉语中所有的定语都是限制性的，但不否认汉语中有对名词性成分进行描写的手段，整个定中结构的描写作用与定语的限制性并不矛盾。限制性定语和描写性定语的根本区别在于前者会缩小中心语所指事物范围，后者不改变相关集合的范围。贺阳（2013：149）仍把限制性定语与描写性定语并指，明确决定二者分别的是定中结构与中心语的外延关系，人对客观事物以及属性与事物之间现实关系的认识是限制性与描写性理解的认知基础。唐正大（2006：224）沿用限制性与非限制性对立的称谓，限制性是指概念内涵增加所指对象范围缩小但缩小后的概念还适合表示一个类，非限制性指概念的内涵与所指范围相等，也就是陆丙甫先生所谓的属种之差为零情形。

从属语属种之差的不同表现与中心语的语义特征束对定语动词次范畴化功能选择限制说明"从属语+核心"结构的分类和归类表达源于构式交际环境中 V 与 N 的语义特征互向选择而来的语义合成现象。动词在与句式及包括所指对象在内的语义成分的互动中通常可能发生词义游移和功能转变，由此制约影响共现名词意义和功能的相应变化。词语在与相关结构成分的互动中语义才最终得以实现（任鹰，2007a：29）。

1.3.3.1 领属关系和属性关系

限制性与描写性定语语义上的分别表现为粘合式结构和组合式结构的

对立,语义上的限制性定语可以实现为语用上的限制性定语或描写性定语,语义上的描写性定语与语用上的描写性定语表达一致。这样也就把动词属性义的属性值与属性特征表达分作了语义的和语用的两个不同的层面,粘合式结构中的定语语义上表达属性值,语用上可实现为属性值表达也可实现为属性特征表达,组合式结构中的定语语义和语用上的属性特征表达一致。语用上的属性值表达结构是我们界定的去范畴化结构,语用上的属性特征表达结构(包括粘合式结构和组合式结构)是我们界定的范畴化结构。范畴化结构和去范畴化结构只作用于语用层面。

类指对象话题事物与构式宿主事物间广义领属关系的存在是类指构式形成的前提,这一广义领属关系可表述为语义能指结构,可实现为属性关系和狭义的领属关系两种语用所指结构。如果构式话题与宿主事物间存在同一性领属关系,则定语动词属性义提取的是作为事物次范畴分类标准的属性值,这是语用上的属性关系结构;如果构式话题与宿主事物间存在个体与类别事物的属种关系,则定语动词属性义提取的是选择已定的事物属性特征(下文称内涵确认),这是语用上的狭义的领属关系结构。因而构式话题与宿主的领属关系或属性关系侧面的凸显是构式类指分别的决定因素。属性关系所指结构与领属关系所指结构分别对应构式的分类类指与归类类指表达。

施事论元或施事论元角色、受事论元或受事论元角色成分都可以作为构式话题存在(三价动词的与事论元不能作为构式话题存在,详见第七章),我们以上述标准来说明不同的话题成分与宿主事物间不同语义关系侧面的凸显带来的构式类指变化。如就二价动词"设计"而言,动词词义的 ICM 中包括两个与动作相关的参与角色"设计者""设计物",分别与施事论元、受事论元熔合[1],句式凸显话题与宿主的不同语义关系侧面才能决定 VN 构式的分类或归类类指:

  (8) a. 皮尔·卡丹是世界级服装设计大师。
    b. *皮尔·卡丹是世界级服装设计总监。
  (9) 突破障碍的吉祥物设计作品必须定位在高、新、奇上。
  (10) 中国视觉传达设计专家彭波为时装发布会担任视觉艺术设

---

[1] Goldberg(1995/2007:56)指出合并的参与者角色只与一个论元角色熔合,然后再与一个语法功能项连接。

计总监。

(8) a 中的"服装设计大师"语义上的分类属性关系并未实现为语用上的限制性关系,"世界级"表达属性值,限定"设计"的属性特征表达,或者说"服装设计大师"这种下位类别选择已定,表达上成为已知信息。句式凸显作为构式话题的施事论元"皮尔·卡丹"与宿主的领属关系侧面,构式表达施事论元话题事物的归类类指。语用归类首先得有语义分类的基础,(8) b 不成立的原因是现实中一般不存在"世界级""服装设计""总监"的语义属性分类,自然也就没有相应的语用归类。(9) 中的"吉祥物设计作品"语义上的分类属性关系实现为语用上的限制性关系,作为构式话题受事论元"吉祥物"与宿主"作品"语义同指,句式凸显话题与宿主的属性关系侧面,构式表达受事论元话题事物的动态属性分类,语义分类与语用分类表达一致。(10) 中"视觉艺术设计总监"是"设计"的施事论元"彭波"的身份归类,"设计总监"相对于"创意总监""制作总监""营销总监"等虽也还有职责分工的语义类别,但句式表达只在选择已定的语义类别中凸显个体施事论元话题事物与宿主的领属关系,"总监"自然不是"设计"出的分类结果,客观上也没有这样的下位事物类别。

石定栩(2003:486—488)在声称没有穷尽所有可能性的前提下把 N_1VN_2 复合词概括为"OV-N"与"SV-N"两种基本的大类①,除证明动词属性义的提取有一个下位的基础论元结构的存在前提外,也意味着领属关系与属性关系表达侧面的凸显与施事或受事论元与 VN 的粘合或组合形式相关。似乎可以得出这样一个假设,粘合的"OV-N"与"SV-N"是语义上的属性关系结构,可实现为语用上的属性关系结构或领属关系结构。

依限制性和描写性兼属语义和语用两个层面的前提(陆丙甫,2003;陈玉洁,2009;石定栩,2010;张伯江,2011;贺阳,2013),上述分析则可概述为:

VN 构式表达有限制性分类和描写性归类两种情形。语义上的限制性分类可实现为语用上的限制性分类,也可实现为语用上的描写性归类;语

---

① "OV-N"与"SV-N"中的 O 和 S 分别对应 V 的受事和施事论元,可以是构式话题也可以不是。

义上的描写性归类与语用上的表达一致。语用上的分类或归类有语义上的分类或归类前提，语用表达实现受构式表达环境制约。

施事论元或施事论元角色、受事论元或受事论元角色话题事物与中心语事物宿主的领属关系或属性关系决定了构式类指分别。张敏（1998：324）指出了领属构造和属性构造的对立，对应我们界定的话题与宿主间存在的领属关系和属性关系。领属关系侧面凸显构式表达事物动态属性的语用归类，定语动词属性义表现为属性特征；属性关系侧面凸显构式表达事物动态属性的语用分类，定语动词属性义表现为属性值。

1.3.3.2 构式配价与句式配价

构式类指对象话题成分由动词降格表述中的论元或论元角色成分充任，往往作为句子的结构组成成分存在或默认缺省。类指对象话题事物与构式宿主事物间广义领属关系的存在是类指构式形成的前提。

1.3.3.2.1 构式论元与动作相关参与角色

构式语法将与动词联系的语义成分分为具体的框架角色即参与者角色和跟构式相联的论元角色，把参与者角色当作论元角色的实例（Goldberg,1995/2007：41）。如果一个动词是与构式规约相连的某类动词的成员，则该动词的参与者角色可以在语义上与论元结构构式的论元角色熔合。熔合指与动词相联的参与者角色和构式的论元角色熔合（Goldberg, 1995/2007：47）。沈家煊（2000：293—294）将配价看作句式的属性，区分了句式论元和与动作相关的参与角色。"句式配价"是指抽象的句式配备的、与谓语动词同现的名词性成分的数目和类属（指施事、受事、与事、工具等）。确定的句式论元构成了不同的句式，而动词的参与角色要具体得多，动词的参与角色是句式论元的一个实例，包括在动词词义的"理想认知模型"（ICM）中。

我们依此把 VN 构式中与动词联系的语义成分参与者角色当作论元角色的实例。（8）a 中动作参与角色实例"皮尔·卡丹"与施事论元熔合，凸显参与角色话题的个体属性归类；（9）中动作参与角色实例"吉祥物"与受事论元熔合，凸显参与角色话题的动态属性分类。需要指明的是，参与角色实例"吉祥物"也须类指，不能带量化成分和限定词（陈玉洁，2006：52），因分类得先有类可分，分类对象排斥［+个体性］。再如：

(11) 三岛代表在未来科摩罗国家名称、总统选举方式、中央政府和各岛权力分配等问题上各持己见，争执不下，分歧依然十分严重。

（12）a. 在村党支部的选举方式上实行"两票制"，即：先进行民意测验，再由党员进行投票正式选举。

b. 本届梅花奖以所谓流动选举方式增加了4名演员。

（11）中"方式"的类别选择已定，可与"名称""分配"的类别选择情形互证，"选举"与"-选举"对立表达属性值，凸显构式话题受事角色"总统"与宿主"方式"的属性关系。（12）a中表达属性值的"两票制"约束"选举"的对立选择已定，凸显构式话题施事角色"党员"与宿主"方式"的领属关系侧面，这是基于施事角色的动态属性归类情形，与受事论元熔合的"村党支部"成为领属定语①也能间接证明动词的属性特征表达；（12）b同样凸显构式话题施事角色"本届梅花奖"与宿主的领属关系侧面，"流动"的属性值表达也约束了"选举"的内涵确认属性。

以上讨论的是OV-N情形。SV-N型类指结构通常的出现环境是：

（13）布莱尔拼写出错成媒体攻击目标。
（14）中华鲟鱼属国家一级珍稀保护动物。
（15）案发后陈孝空潜逃，被福建省公安厅列为重要追捕对象。

三例均为典型或非典型的个体受事充当陈述对象，分别凸显受事话题"布莱尔拼写出错""中华鲟鱼""陈孝空"与宿主"目标""动物""对象"间的领属关系，动词"攻击""保护""追捕"的典型或非典型的施事"媒体""国家""福建省公安厅"充当VN结构的外扩展成分N_1，作为动作施事的N_1的施动性消失，与非典型的施事一起并称为作用于受事话题的活动的主体成分，提供与行为属性类指相匹配的已知的确定的必有论元信息或具体化活动内容侧面。后者的情形如"经济联系—经济联系工作""野外调查—野外调查任务""产销变化—产销变化情况""社会

---

① 陈玉洁（2006：56）曾指出N_1VN_2类指结构N_1和V之间不能有"的"出现。但这并不意味着无"的"的N_1VN_2类指结构一定是基于受事动态属性的次范畴分类。

选择—社会选择主张"等均可表示为"N₁方面的 V（N₂）"。而这一表达式可统一解释主客体成分性质不明显的 N₁ 的语义特征提取，如"技术应用—技术应用领域—应用技术领域""语言表达—语言表达能力—表达语言的能力"可分别说成"技术方面的应用（领域）""语言方面的表达（能力）"，也可以解释作为施事、受事成分的 N₁ 的语义特征提取，如"媒体攻击—媒体攻击目标""天体测量—天体测量仪器"可分别说成"媒体方面的攻击（目标）""天体方面的测量（仪器）"。能作这样理解的 N₁VN₂ 结构除典型的施事论元充当的活动内容指示成分 N₁ 外，通常都有"N₁的 VN₂"和"N₁V 的 N₂"两种扩展式，N₁ 为典型的施事时则只有"N₁的 VN₂"没有"N₁V 的 N₂"的扩展式，如"首长保卫人员—首长的保卫人员—*首长保卫的人员"（邢福义，1994：5），因后者客观上有提取施事施动性的可能。

受事话题事物的［+个体性］也约束了事物动态属性的归类表达。能证明这种个体归类表达的一种常见的情形是用数量成分指明个体事物的数量范围：

（16）a. 国际上确定的全球 10 种濒危保护动物中，熊猫占第一位，东北虎占第二位。
　　　b. 那里还生长着大鲵、鹿獐、羚牛、果子狸等一大批国家保护动物，以及西镇牛等地方优良动物品种。
　　　c. 仅福建省就查获野生动物案 330 起，其中，国家一级保护动物 16 种。

（17）出席这次大会的还有 207 名特邀代表和 28 名列席代表。

以上讨论的是二价动词情形。一价动作动词关联一个必有施事论元，施事角色与 VN 构式的中心语事物宿主语义上往往存在广义的领属关系：

（18）国务院副总理兼外长钱其琛等主要随行人员陪同参观。
（19）水的固体存在方式有两种：一是物理结晶，比如冰块；二是化学结晶，像明矾、钙矾石。
（20）有的旅游胜地不一定是避暑胜地，避暑胜地又不一定是旅游胜地，吉林市则兼而有之。

三例都只凸显参与角色实例与施事角色与宿主的领属关系侧面,"随行人员""避暑胜地""旅游胜地""存在方式"都是施事角色实例的动态属性归类,动词只表属性特征。物体也很少会因领有者不同而产生出不同的类别(张敏,1998:324)。

三价动词关联行为的施事、受事和与事三个必有论元,我们就典型的给予类动词"奖励"为例说明 VN 构式的类指情形。先看 OV-N 型:

(21)恭王府管理中心为此特制定了文物捐赠奖励办法,并保证每年从自身收入中拿出不低于 500 万元来征集和对捐赠者给予奖励。

(22)学校还另有引进优秀人才的奖励办法,符合相关标准者,可另外享受奖励办法规定的待遇。

(23)这种积分奖励方法,在麦当劳内部营造了良好持久的竞争气氛,为客户提供高质量的服务奠定了基础。

(21)中"文物捐赠"是"奖励"的默认受事"奖金"的代体,"捐赠+的"转指受事可为佐证。[①]"文物捐赠奖励办法"在提供新信息的宾语位置上,"文物捐赠"与受事论元熔合,"奖励"的属性值表达侧面凸显,句式凸显构式话题施事角色"恭王府管理中心"与宿主的属性关系侧面,"奖励办法"是施事角色的动态属性分类。(22)中构式话题"学校"与施事论元熔合,"奖励办法"凸显施事角色的动态属性归类;"优秀人才奖励办法"是与事角色作领属定语,可能转换为"奖励优秀选手的办法",但"优秀人才"也只是获得者转指获得物,不影响"学校"成为构式话题,因而"优秀人才奖励办法"是施事角色的动态属性归类。(23)中"积分"是"奖励方法"的分类属性值,限定"奖励"的内涵确认属性,句式凸显施事角色实例"麦当劳"与宿主的领属关系,整个结构是施事角色的动态属性归类。

再看 SV-N 结构:

(24)省纪委拟用"581"廉政账户存款,设立"反腐倡廉奖励基金",奖励反腐败先进个人和廉洁奉公先进个人。

[①] 张伯江(2009:66)认为受事无法从名词角度独立论证,受事的论证要从支配它的动词跟它的语义着眼。因动作的显著性先于受事的显著性,用动词来转指受事比较合乎情理。

（25）这场晚会的全部门票收入捐献希望工程，设立一项优秀教师奖励基金。

（26）宋涛教授已将十几年来的全部稿费47720元捐献出来，设立宋涛奖励基金，以鼓励年轻的理论工作者。

（24）中凸显受事角色实例"反腐倡廉"与宿主"基金"的属性关系侧面，"反腐倡廉奖励基金"可转化为带定语小句的"奖励反腐倡廉的基金"，因而是受事角色的动态属性分类。（25）中与事"优秀教师"虽可作为奖金获得者与受事论元熔合，但"一项"凸显了"奖励"的属性特征表达①，因而是受事角色的动态属性归类；（26）中"宋涛"是施事角色，"宋涛奖励基金"不能转化为带关系从句的NP结构，其中的"宋涛"失去了指人性质，显而易见是个体受事角色"全部稿费47720元"的动态属性归类。分类和归类的限制前提是受事的［±个体性］②，（24）、（25）中的"廉政账户存款""全部门票收入"也是类指成分，一是分类情形、一是归类情形。可见参与角色实例类指只是构式分类指称的必要条件，话题单指则只能构成归类类指结构。

如此，容纳VN构式分类类指结构的句式凸显施事或受事论元角色动态属性的属性值表达，容纳构式归类类指结构的句式凸显施事或受事论元角色动态属性的属性特征表达。定语动词语义上的描写性与语用上的描写性表达一致，语义上的限制性既可实现为语用上的限制性，也可实现为语用上的描写性。分类和归类表达受制于构式话题与中心语事物宿主的领属关系或属性关系侧面的凸显。

张敏（1998：324）认为从原型的领属构造到原型的属性构造可看作一个连续统。原型的领属定语表单指，原型的属性定语表类指。我们借用这种区别来描述VN构式环境制约因素。单独看"实习指导老师"如有"论文指导老师"等的类比前提，这是基于受事的动态属性归类，因"指导老师"是已知信息，"指导"只是内涵确认；如只是针对实习，表达在于"指导"与"带队"等的分别，则"实习指导老师"是基于受事动态

---

① 陈玉洁（2006：52）曾指出过N_1VN_2类指结构的N_1、N_2位置排斥带量化成分和限定词的名词形式。

② 陈玉洁（2006：52）指出N_1VN_2类指结构成立的条件之一是N_1、N_2都具有类指意义，是结构类指义限制了N_1、N_2位置上名词形式的范围。

属性分类的造名结构。可见构式出现环境制约分类和归类表达分别。

通过上节分析我们发现不同价类动词进入 VN 构式后与不同论元语义关系的一致性倾向，VN 构式出现在一个上位的属性构造环境里，动作相关的参与角色与受事论元熔合，构式凸显所指对象受事的分类；VN 构式如出现在一个上位的领属构造环境里，动作相关的参与角色可以和施事论元熔合，也可以和受事论元熔合，构式凸显所指对象施事或受事的归类。上位属性构造或领属构造环境规定着 V 的属性义表达侧面的凸显。施事和受事都是一种原型范畴，如动作相关的参与角色可视为论元的一个实例则语义一致（沈家煊，2000：295），并入论元范畴。

VN 构式对所指对象施事或受事的选择或者说受领属构造或属性构造约束的情形可再用下例加以说明：

（27）……有 9 项高新技术已受国家专利保护，其中 3 项在国际上首次引入医疗设备，等高线加彩测量方法在信息处理学科首次提出并成功应用。

"等高线加彩测量方法"虽有其他领域测量方法的默认前提，但因首次提出、应用缺乏相对待的分类表达前提我们倾向于作领属构造处理。受事越具体越靠近单指，越易构成领属构造。再如"语言学研究方法"倾向于领属构造识解，而"语言研究方法"的确定恐要借助更大的语言环境。

域外论元说与动词联系项居中原则两种处理模式都在寻找处于一个基础论元结构中的定语动词与中心语事物语义关系的共性概括，期望得出结构生成规则的合理性解释。域外论元说认为 N 绝大多数都体现施事作用，是通过论元结构的变化跑到动词右侧中心语位置的，表受事或客体的中心语是从域外论元即被动结构的主语位置移来（顾阳、沈阳，2001：125—126）。沈阳、洪爽（2014）用轻动词的不同补证广义施事或广义主语说，因只有轻动词出现才有施事角色，没有轻动词就没有什么施事（邓思颖，2008：13、16）。域外论元说与邵敬敏（1995）判断是否非价组合标准其实是一致的，都只是说明 N 与 V 潜在的基础论元结构相关，增加轻动词其实是描述 VN 构式的出现环境，从这一意义出发甚至都可由轻动词带出 VN 出现环境中表达默认的支配动词来，或者说这些只在理解中析出而并不实现为句法成分的动词成就了 V 的属性义表达。如"保卫人员"需要"遴选、安排""保卫工作"要有人"负责""保卫问题"需要首先做好"研究"等。陈玉洁（2006）的动词联系项居中原则只是讨论 OV-N 结构与带定语小句关系从句的 NP 结构间存在的转化关系，指出类指的 N 也可以是域内论元。但如把（N）VN 类指结构放在具体的表达环境中可以看出，能作域内论元理解的 N 事实上只是域内论元 S 或 O 的归类或分类指称：

（28）今天海峡两岸的专家学者 60 余人在北京聚集一堂，……这是两岸古籍整理专家，在继 1996 年 4 月在台北聚会研讨后的再度重逢。

单独看"古籍整理专家"可表述为"整理古籍的专家"，受事"古籍"类指，这是小类归大类问题。但句式表达限制"专家"只是个体事物施事"专家学者 60 余人"的归类，相应地，基于受事的分类表达侧面不被凸显而只是归类的前提。从这一意义上说，一个二价动词存在的句式中一个必有的施事者论旨角色指派的域外论元与一个必有的受事者论旨角色指派的域内论元的隐现前提都得到了满足，N 自然是与 V 的基础论元结构有直接关系的高层次的语义成分，V 的属性义表达必须满足其作为一个基础论元结构代体的前提（详见 5.2.1.4.2.1 节）。反过来，VN 构式要得到确切的解释，也需要根据 V 和 N 的语义联系激活 V 的论元结构隐含的与动作相关的参与角色。

归类类指表达符合 Berlin 的三层次分类法①的高位类别层次。而 N_1 为施事时只有"$N_1 \mid VN_2$"一种切分形式：

N_1VN_2　　　　　N_1V　　　　VN_2　　　　N_1N_2
媒体攻击目标—* 媒体攻击—攻击目标—媒体目标
资方聘用人员—* 资方聘用—聘用人员—资方人员

可以看出其中的 N_1V 不是造名结构简式"对象 N+V"。两式中的 VN_2

---

① Berlin 1978 年将生物中用语言表达的类别简化为高位的生命层次、中位的类别层次与低位的具体层次（王寅 2007：142）。

都是 N_1N_2 的下位类别，都处于 N_1N_2 的"中位类别层次"，符合 Berlin 的三层次分类法，只不过 N_1 为受事作 N_1V/N_2 切分时 VN 才是邢先生界定的造名结构的简式，只能作 N_1/VN_2 切分无论 N_1 为施事还是受事整个结构是领属构造，有类指作用但不是事物动态属性的下位类别。"媒体攻击目标"运用中并不关注是否存在"非攻击目标"，"资方聘用人员"不与资方的非聘用人员相对，即语义上没有其他同类事物相对待的表达前提，表达作用是为个体事物界定类别范围。

表受事参与者角色归类的类指对象事物可以是个体事物，也可以个体事物的类别。类指对象指称个体事物类别的 VN 类指结构前不允许出现个体量词。如：

（29）新一代信息病毒的攻击目标将是手机。
（30）车牛山岛是国家二级保护动物白鹭天然栖息、繁衍之地。

"手机"是"攻击目标"的一种，"白鹭"是"保护动物"的一种。句义表达与同位语表达形式"攻击目标手机""保护动物白鹭"的一致性还是能让我们把"目标"与"动物"归为相同性质的受事参与者角色类别，这是小类归大类问题。这得与能与个体量词同现的情形区别开来：

（31）a. 出席这次大会的还有 207 名特邀代表和 28 名列席代表。
　　　b. "两航"起义人员代表和特邀代表等 400 人出席了纪念大会。

定语通常分为限制性定语和描写性定语两类，贺阳（2013：149）就二者的作用作了重新界定，认为限制性定语的作用在于缩小中心语的外延，描写性定语则不改变中心语的外延。受个体量词作用限制，（31）a 中的"特邀"与"列席"因作用于"代表"的具体数量，表达上描述"代表"的范围而不是中心语事物的外延，因而作用是个指也不再是归类的类指，这可从（31）b 中的两个定语"'两航'起义人员""特邀"并举的情形加以验证。

因而我们同意邢先生（1994：3）从结合的紧密度上进行的"军马饲养｜方法、首长保卫｜人员"倾向性切分，周韧（2006：128）从复合词生成角度认为只能做"纸张粉碎｜机"处理，否则就否认 V 和 N_1 有动宾关系的处理以及储泽祥、王艳（2016：323）直接把 N_1VN_2 视为 OV 结构作定语的结构，与我们分析独用的 VN 简式的结论一致。王洪君（2001：250）基于"粉碎机"可以不要"纸张"单独使用作"纸张｜粉碎机"这样的切分，固然有中心语名词语素化的动因影响，但这样处理显然与结构的下位分类表达意义相悖。

这样 VN 的出现环境可概括为两种或者说 VN 的两种源结构分别是"受—动—施"（"首长保卫人员"）和"施—动—受①"（"媒体攻击目标"）。"受—动—施"有属性构造与领属构造两种表达形式，"施—动—受"只领属构造一种：

（32）受—动—施
a. 首长保卫/人员～首长保卫～保卫人员～负责首长保卫工作的人员（属性构造）
b. 首长/保卫人员～*首长保卫～保卫人员～首长的保卫人员（领属构造）
"警方保卫人员"动词论元结构里蕴含着一个受事语义成分：
c. 警方/保卫人员～*警方保卫～保卫人员～警方的保卫人员（领属构造）
（33）施—动—受
媒体/攻击目标～*媒体攻击～攻击目标～媒体目标（领属构造）
资方/聘用人员～*资方聘用～聘用人员～资方人员（领属构造）

典型的造名结构须满足一个域内论元受事隐含的必要条件，如果缺乏了支配对象事物的行为无由提取行为属性，"动词—受事"是能够表达"现象"也能表达"事例"的结构②。现象越典型越易构成属性构造，事例越典型越易构成领属构造。同样具有中位类别层次 VN 形式的"施—

---

① 这里依石定栩（2003）对二价动词构成的 N_1VN_2 结构描述。"受—动—施"和"施—动—受"中充任 N_2 的"施"和"受"本书分别指代施事的参与者角色实例和受事参与者角色实例。

② 杉村博文（2006：59）认为，与别的语言相比，现代汉语语法更倾向于采用 VN（动宾）形式给"现象"取名；汉语述宾结构既可表"现象"也可表"事例"。这可为"动作—受事"作为论元结构凸显侧面提供一种间接证据。现象是为行为命名，是"事例"的概括。

动—受"作用于高位类别层次的归类情形，这种中位类别 VN 不属我们界定的表达事物动态属性的类的 VN 构式。

VN 作为两种源结构中位类别层次的存在说明了 VN 构式中的 V 须是一个基础论元结构的代体：V 作为属性定语的前提条件是从这一低位的论元结构提升而来的，构式中的 N_2 是基础论元结构中施事或受事论元抽象化的参与者角色实例："受—动—施"中是施事参与者角色实例，"施—动—受"中是受事参与者角色实例。这样可以较合理地解释参与角色 N 的类别的多样性。

只有施事一种论元角色的一价动词作定语的情形如"游览胜地、奔跑速度、会谈结果"是只有归类作用的领属构造。光杆名词短语都有类指属性，类指的核心语义是非个体性（刘丹青，2002：411）。如：

(34) 废纸和纸杯在马路上飞舞着。就像假日之后游览胜地的早晨一样脏乱不堪。

"游览胜地"也有自然与人文景观之分。但这种类指同样不是基于事物动态属性的类别表达，因动词认知域中缺乏一个规约性的支配对象"事物"。但如果与量化成分或限定词组合，动词定语的性质就不再是限制性的而是描写性的了，整个 VN 结构是个指性的：

(35) 浙江省最古老的游览胜地之一五泄，位于忍辱报国的绝代佳人西施故里诸暨市西北约 23 公里处……

而满足了受事论元同现条件的三价动词有了"动词—受事"这一前提条件后也能生成合格的属性构造"委托手续、赠予程序"：

(36) a. 合同委托手续～委托 {委托人，委托物，委托对象}
　　　b. 物品赠予程序～赠予 {赠予人，赠予物，赠予对象}

依论元结构决定构式意义的前提，我们可得出 VN 构式形成的一个前提原则：
如果描述基于动态属性的事物类别，则作为限制性成分的 V 须是一个及物性关系结构（论元结构）的代体；N 是论元结构中施事的参与角色实例，与论元受到相同的语义限制。

1.3.3.2.2 构式类指与降格表述

VN 构式只是具体语境中的一个指称成分或论元，因动词义是构式义的一个实例，构式成分间的语义合成现象需要在动词的论元结构的基础上进行解释，论元结构实现为一个降格表述结构，降格表述结构中的动作论元及相关的参与者角色成分可以通过 VN 构式的扩展形式得出。张国宪（2018：62—63）指出，扩展"$V_{双}+N_{双}$"中的中心语整个结构只能识解为两个认知板块，板块意义从修饰限制关系变为支配关系，如"申报项目—申报科研项目""保卫人员—保卫机要人员"；而外扩展体词性成分不改变板块数目，也并不改变 N 的类指性质，如"申报项目—科研申报项目""保卫人员—机要保卫人员"，结构意义上仍是一个凝固的整体，所以可以作为一个记忆块保存在短时记忆中。石定栩（2003：488）也给出过"汽车定期电脑检修费用"这样一个例子，认为定中动—名复合词的定语可不断加长，只要同动词相关的成分都可以加进来。从降格表述来看，"汽车定期电脑检修费用"有两种可能的语用表达结果：如"检修费用"对应的话题事物"具体的消费数目"凸显与动作的受事论元"汽车"的领属关系侧面，属于受事论元角色话题的类指情形；如凸显与动作的施事论元（"我的汽车定期电脑检修费用"中的"我"与"费用"）的领属关系侧面，则属施事论元参与者角色话题的类指情形。

由于构式话题成分兼有句式配价成分和构式配价成分两种性质，所以便有了由话题成分充当 N_1 的 N_1VN_2 结构与有关系从句定语的 NP 结构存在转化关系的看法。将句式配价成分和构式配价成分分别对待，如把 V 的论元结构作为 VN 构式意义表达的基体，可以发现作为构式配价成分的 N_1 与 V 的组配成为这一基体凸显的某一侧面（基体和侧面详见沈家煊，1994：14）。

这种跳出域外论元、域内论元限制的分析思路无疑有更广泛的解释力。参与角色进入构式实际是凸显了活动或事件的某个"侧面"。如"保卫"事件涉及包括行为施予者和受益者在内的方方面面的动作参与角色，也涉及动作过程的准备、实施与善后等环节要素，受百科知识场景辖制。我们在 CCL 语料库"保卫"的前 1000 条语料中选取出独用的 VN 合格样本数量有：

(37) a. OV-N 式：保卫部门/保卫力量/保卫组织/保卫部队/保卫委员/保卫人员/保卫工作/保卫任务/保卫条例/保卫计划/保卫措施/保卫体系/保卫手段/保卫设施

b. SV-N 式：保卫目标

(37) a 可以说是"保卫"由不同的参与角色进入 VN 后得出的基于句式论元施事的动态属性的不同角色的分类或归类，如"人员"是与动作相关参与角色实例"保卫者"的分类或归类，与施事论元熔合；"工作"是保卫者具体工作如"站岗、巡逻"等的分类或归类，"问题"是保卫者需要解决的问题的分类或归类。依"角色合并"原则，"人员、部门、工作、任务、条例、措施、手段、问题"等可统一解释为不同参与角色合并来的与施事论元熔合①的相关参与者角色实例的类指情形；(37) b "目标"则是与受事论元熔合的相关参与者角色实例的类指情形。

依构式配价说，构式论元是确定的，动词的参与角色依"语义一致原则"②可视为论元的一个实例，句法成分之间的关系与论元之间的匹配对应或象似。如"首长保卫人员"这一造名结构论元与动词的参与角色的匹配式如下：

(38) 构式论元　　　[施事　受事]
"保卫"的参与角色　[保卫者　首长]

"首长"是受事论元的一个实例，"保卫者"是施事论元的一个实例，二者都属动词 ICM 中的一个角色。Goldberg（1995/2007：42）指出是动词的词汇意义决定其框架语义知识中的哪些方面必须得到侧重，这种侧重是高度规约的，不受语境的影响。可见角色的规约性是进入构式的前提。而实例可以在角色层面加以概括，取决于人们认知中对动词不同参与角色分类说明的需要。如"人员、工作、问题"均为"保卫"ICM 中的不同的规约性参与角色。"人员"是保卫者实例的分类或归类，"工作"是保

---

① Goldberg（1995/2007：56）指出合并的参与者角色只与一个论元角色熔合，然后再与一个语法功能项连接。

② Goldberg（1995/2007：53）把"语义一致原则"描述为：当且仅当一个角色可以被理解为另一个角色的实例，这两个角色在语义上一致。沈家煊（2000：295）将其扩展为：如果动词的 ICM 中有一个角色（不一定是参与角色）可视为论元的一个实例，则两者在语义上一致。

卫者参与角色实例如"站岗、巡逻"等的分类或归类,"问题"是保卫者需要解决的问题的分类或归类。依"角色合并"原则,"人员、工作、问题"都是与施事论元熔合的角色实例的分类或归类类指情形。

1.3.4 下位分类与上位归类：构式类指功能的对立

对事物进行下位分类或上位归类均可概括为类指。语言中为事物的下位类别命名通常有构造新词和在事物名词前添加有区别作用的限制性定语构成定中结构两种方式。就事物分类而言,王寅（2007：136—144）将Brown（1958，1973）、Rosch & Mervis（1975，1976）及Dirven & Verspoor（1998）关于基本层次范畴的三个主要层次（上义层次、基本层次和下义层次）与Berlin（1978）的生物"三层次分类法"类别（高位的生命层次、中位的类别层次与低位的具体层次）进行对比：

（39）Brown
　　　Rosch & Mervis　　　　　　　Berlin
　　　Dirven & Verspoor

　　　上义层次　　植物
　　　基本层次　　树　　　　　　　高位生命层次
　　　下义层次　　松树　　　　　　中位类别层次
　　　　　　　　　美国黄松　　　　低位具体层次
　　　　　　　　　北方美国黄松

认为英语广泛使用后缀（包括部分前缀）表示词性,定中构词现象虽不及汉语范围广、频率高,但更注重突出了词性这一语法范畴；汉语更注重词语的意念范畴,构词时多用定中构词法,常用基本层次词作义类标记来构词,突出表示其"义类范畴"（2007：148—150）：

（40）博物馆 museum　　　　图书馆 library
　　　旅馆 hotel；inn　　　　大使馆 embassy
　　　宾馆 guesthouse　　　　领事馆 consulate
　　　茶馆 teahouse　　　　　饭馆 restaurant

理发馆 barbershop	体操馆 gymnasium
展览馆 exhibition hall	照相馆 photo studio
文化馆 cultural center	美术馆 gallery
天文馆 planetarium	档案馆 archives
水族馆 aquarium	咖啡馆 café
殡仪馆 mortuary	科技馆 science and technology center

汉语的定中构词法可出现在从高位生命层次到中位类别层次上，或从中位类别层次到低位具体层次上，也可从高位生命层次直接到低位具体层次上：

猫—花猫—狸花猫　　树—桃树—蟠桃树

能体现范畴类别层次差别的定语都是表示"属种之差"能缩小核心所指事物的外延的从属语（陆丙甫，2015：65—66）。相应的讨论如秦裕祥（2008：113）认为英语的前置修饰语对名词所指事物具有次范畴化功能，这种次范畴化功能具有暗含对立次范畴和以恒久性属有特征为参照的认知特点。唐正大（2018：165—166）指出是中心语的语义特征束限制了定语动词次范畴化功能的选择。"我所知道的"不能使"医院"次范畴化，因为在常识世界中"我所知道的"并非"医院"内涵的一部分，没有重要到可以对"医院"进行分类；而"治疗肿瘤的医院"更容易发生次范畴化，如可以有"肿瘤治疗医院"甚至"肿瘤医院"这样的类词汇化形式。

事物的下位分类是下义物的特征分类，具有类次范畴化功能的从属语表属种之差。(39) 从上往下看着眼于事物的下位分类，而从下往上看处于高位生命层次的基本层次范畴成员都是中位类别层次或低位具体层次里的词的范畴归类，结构中如作为属种之差为零的从属语的核心，所指事物的外延并未发生改变，则结构类指往往成为事物的上位归类表达选择。

汉语中区别词意义上表示的是一种分类标准（朱德熙，1982：53），代表事物的本质属性分类，构成典型的分类定中结构。如"男人、慢性病、金首饰、大型商场"。而同样是分类定语表"属种之差"的名词、动词、形容词由原来的指称事物、行为、性状本身转而表达事物某方面的提示特征，与区别词共同构成事物的属性范畴，成为地位不平等的范畴成员。

事物有运动的属性，因而属性类别中可有动态属性的类。绝对的运动是通过多种多样的形式表现出来的。机械运动、物理运动、化学运动、生物运动和社会运动五种基本运动形式每一种又包括无限多样的具体运动形式，交际中自然有了指称它们的类指需要。"挖掘机"用于挖掘，"运载火箭"是有运载功能的火箭，"设计大师"是"大师"拥有"设计"属性的分类，也是懂设计的人的归类。与运动有关的运动单元如工具、使成结果及驱使运动使用的运动方式方法等由于是运动实现的不可或缺的一环也负载上了运动属性，自然会被赋予了运动的显著性，人们习惯上便也会对这些运动衍生的或抽象的事物进行指称。从根本上说这些源于运动作用于运动的衍生的或抽象的事物是由运动物体的运动模式决定的。如"方法"，不同的运动有不同的运动方法，不同的方法类别自然而然会用不同的运动属性来表达。所以尽管不是 VN 原型范畴中的典型成员，"研究方法""辨别方法""承包方法"类的指称结构具有很高的能产性①。再如"维修电话"是供维修用的电话，"研究机关"是负责研究的。显而易见，时间、处所、数量、原因等非核心格参与角色不能作用于运动本身，故不应有典型的运动属性的分类，但并不影响种差为零的运动变化属性归类。

1.3.5 规约性系联与非规约性系联：构式的典型性

既然类指结构是规约性的，则从构式组成成分概念间语义联系的紧密度可检测构式的典型性程度。

种差之别又与概念结构相适应。VN 构式中 N 的类指特征如何匹配 V 的次范畴化功能或内涵确认功能从而实现语义合成，从规约性系联和非规约性系联②的概念组合关系来看，规约性系联的两个成分的组合语义特征都能从彼此的语义特征束中离析出来。如"样本"能离析出"测试"，"测试"中能离析出"样本"，则"测试样本"为规约性粘合结构。如果把规约性系联大致分为强规约性系联、次规约性系联，则可知强规约性系

---

① 傅雨贤（1988：162）指出"方法"搭配场大，可与几百个动词构成名词短语，因做事都有种方法问题。

② 张国宪（2006a，10—11）区分过规约性和非规约性两个术语，用于说明现实世界中结果达成的两种情状，认为动补结构高能产性的原因不仅在于动补之间体现了规约性关系，更是源于包容了大量的非规约关系。张先生把这两种概念组合称为规约性系联和非规约性系联。

联如"飞鸟、爬虫、游鱼、浮萍、滚动轴承、储蓄银行、旅游景点"等的情形动词定语并未使中心语事物的外延发生改变。能使事物外延发生改变的是次规约性系联与非规约性系联结构。次规约性系联结构如"肿瘤/妇科/儿童医院""保卫人员/设施/体系",组合中两个概念的语义特征也可互析,但并非基于概念间本质的必然联系,这可表述为属性定语语义特征的 [+可有性]。非规约性系联结构如"苹果脸""洗脏",两个概念不能互析,但"脸"能析出"形状""颜色""光洁度"等特征,"苹果"能提供这些特征;"洗"能析出"脏"能提供的"结果"义。这是通过概念隐喻建立起来的联系。人们在对事物进行属性分类或归类时出于多样化表达需要往往会把关注点聚焦于大量的次规约性和非规约性系联上,因强规约性成分信息可从交际者的百科知识语境得到补足,交际中强规约性成分往往缺省。

动态属性具有变化性,有的还凸显临时变化。最稳定的变化是强规约性的体现,强规约性系联 VN 构式只表达不改变事物外延的属性归类;非规约性系联具有临时性特征,反过来属性临时性越强越易形成非规约性系联情形,事物次范畴化能力减弱归类性增强;次规约性系联是最适宜于事物次范畴分类的语义模式,可实现为语用上的分类或归类。

分类表达和归类表达分别对应 Berlin 三层次分类法的不同类别层次。

1.3.6 异类同质与同类异质:分类与归类的基础

分类和归类是以同类异质或异类同质事物的存在为前提的。同类异质情形如"白纸"和"红纸","白"和"红"构成同类事物"纸"的不同属性(异质),从上往下看是把二者异质差别作为比较前提的事物分类,典型表达形式是"用红纸(比白纸)好";从下往上看是着眼于个体存在,二者的异质差别成为表达背景(即语用归类有语义分类的前提),典型环境"拿张白纸过来"客观上有其他颜色的纸的存在基础,但表达并不关注不同颜色纸的差别,这时"白"为内涵确认,"白纸"是个体归类。作为纸的颜色属性"白"和"红"的对立通常表现为人们普遍认可的标准属性值(张国宪,2007:34),这是词义的纵向游移。二者的差别可表述如下(黑体表凸显属性):

[白—白] 着眼于异质选择 "纸是白的"(与"-白"相

对)　下位分类

[白—白]着眼于同质认定　"白纸是纸"（与"-纸"相对)　上位归类

异类同质情形如"白纸"和"白布"，"白"是异类事物"纸"和"布"的相同属性（同质），"白纸"与"白布"并提是异类分拣，"白"是属性内涵确认共性，因而内涵确认有异类分拣的前提。内涵共性"白"的提取存在于人们认识体系中"纸"和"布"不同颜色分别的客观存在基础，即"白"的属性选择已定。"白纸"和"白布"的"白"有颜色深浅等的变化，这是词义的横向游移。

因而事物的下位分类有事物同类异质的表达前提，上位归类有事物异类同质的表达前提。即不同类别事物的存在前提限定了结构的上位归类表达，同类事物不同属性的对立限定了结构的下位分类表达。

就 VN 构式而言，"旅游胜地"也有自然与人文景观之分，就游客的"旅游"同质是基于事物动态属性的归类。"选举方式"如着眼于"方式"与"程序、资格、过程"等的对立是"方式"的归类，如着眼于"选举"与"指定、考试、协商"等的对立是"方式"的分类。

当然，VN 构式表达事物的分类或归类类指，句式凸显的类指对象与类指结果 N 之间往往存在广义的领属关系或属性关系，N 的多样性石定栩（2003：485—488）已有详细分列，但我们不同意他把 N 看作 V 的论元的做法①，因为构式本身是只表指称的名词短语，V 的论元结构成分在句式中与动作相关的参与角色实例熔合，一个句式中不应容许两个性质相同的论元并存，论元参与角色实例与 N 只是上下位的类属关系。众多类型的其他语义成分如时间、处所、工具、原因、方式、结果等都能成为类指结果宿主，分类或归类类指基于施事角色的话题化或受事角色的话题化，受制于话题事物与宿主事物的语义关系侧面的凸显。如"旅游胜地"只是凸显施事角色话题与活动场所宿主领属关系的归类类指构式。"论文指导老师"如分析为"论文/指导老师"，宿主与施事角色话题有领属关系，这是"论文"基于"指导"行为内涵确认的指导者的归类，潜在的比较前提是"论文指导老师"与"实习指导老师"等相对；如分析为

---

① 陈玉洁（2006：52）也认为 N_1VN_2 类指结构中的 N_2 可以是 V 的论元。

"论文指导/老师",潜在的比较前提是"论文指导老师"与"论文评阅老师"等相对,宿主"老师"是施事角色话题"指导"属性侧面的分类。事物动态属性分类的同类异质比较前提和归类的异类同质比较前提的存在与动词词义理想认知模型中受到凸显的动作参与角色与不同论元的熔合关系相关。

凸显同类异质比较前提的 VN 构式显见是种表达语义分类的常规范型,但语义分类可实现为语用分类和语用归类两种不同的指称类型;相应地,凸显异类同质比较前提的 VN 构式是种表达语义归类的常规范型,因只提供异类分拣,语义归类与语用归类表达一致。受语用表达凸显作为构式话题的施事角色或受事角色与宿主之间的领属关系或属性关系的存在是构式类指分别的决定因素,不同语义关系侧面的凸显限定了动词属性义的属性值表达或属性特征表达。能作为话题出现的论元角色是类指对象,构式中心语事物宿主是类指结果,构式表达事物的动态属性分类或归类。

1.3.7 参照体—目标:VN 构式的认知基础

刘宁生(1994、1995)论证了汉语偏正结构的认知基础是物体的空间关系,修饰语与中心语的认知基础是参照物和目的物,汉语中存在着一个参照物先于目的物的语序原则,决定了偏正结构先偏后正的语序一致性;参照物和目的物概念都可在非物质意义上进行拓展。空间性是名词的基本特征,偏正结构可在表达物体的空间关系意义上得到统一解释,空间有物质空间与非物质空间之分,则粘合式定中结构类指实际可表述为事物的物质空间类指与非物质空间类指两种情形。

VN 类指结构属非典型的"参照体—目标"构式,V 的参照体事物功能实际由构式的类指对象话题成分承担,话题成分是构式表达凸显的定语动词的论元结构成分,存在于 V 的降格表述之中。

1.4 将 VN 定中结构视为构式的理由

动词直接作定语的 VN 定中结构既包括句法结构和词法结构形式,语义上表达事物动态属性的类指或具有了称谓性,且作为句法结构的 VN 具有较强的能产性。把定中复合词或粘合式定中结构①统称为 VN 构式，能统一解释不同形式间的表达共性，避免了不必要的术语分歧。

一、VN 定中复合词或粘合式定中结构形式具有了称谓性表达意义。

无论是分类类指还是归类类指 VN 结构，语义上都能表达事物的次范畴类别，统一于同一个原型表达范畴，具备了构式成立的形式与意义配对的基本条件。

Adele E. Goldberg（2006/2013：5）提出了她修正了的构式定义：

任何语言格式，只要其形式或功能的某些方面不能从其组成部分或其他已经存在的构式中得到完全预测，就应该被看作一个构式。此外，即使有些语言格式可以得到完全预测，只要它们的出现频率很高，这些格式仍然会被语言使用者存储为构式。

独立的 VN 构式概念组合满足了指称所需要的信息后生成的动词直接作定语的定中结构，信息量不够则会生成 NVN 造名结构；独用的 VN 是 NVN 造名结构的简式，从构式分布上说其实也是语用结构的一种简省形式。

二、具备词汇项特征，VN 构造受制于非句法因素，无法扩展。

NVN 造名结构的原型形式通常表现为动词的受事成分前置，施事成分后置（参看顾阳、沈阳，2001）。储泽祥、王艳（2016：322）认为汉语表现出的强烈的 VO 语序倾向使得汉语将 OV 作为构词的首选语序②，OV 独用时具有指称功能，作定语时具有修饰功能；肖娅曼（2007：25）直接将"冰雕、祖国颂、环境污染"类的结构称为由 OV 逆序构词法构成的复合名词，是上古就已出现的一种与句法对立的专表指称的构词法，不是结构词汇化的结果。另外结构的不能扩展也就意味着语法化乃至词汇化的开始，或具有了词汇项特征。从意义上说，把一个句式或结构看作一个心理上的完形，整体意义从根本上制约着组成部分的意义表达。沈家煊（2000：31）明确指出了这一点："与其说句式的整体意义取决于组成部分的意义，不如说组成部分的意义取决于句式的整体意义。"组成部分意义的耗损与功能的增殖也意味着结构形式或功能的某些方面不能从其组成部分或结构中得到完全预测。

---

① 朱德熙（1982：148—149）指出"粘合式定中结构的功能相当于一个单个的名词"。

② VO 式名词构词限制在一个狭小的范围内，构造中倾向于选择粘着语素且当动宾关系不凸显时，如"司令、知己、垫肩、管家"。

三、具有一定程度的可类推性或能产性。

能提取事物动态属性的动词源于 VN 概念组合指称整合的需要，独立的和独用的 VN 意味着 VN 结构具有一定程度的能产性，是定中分类法可类推性的体现①。可类推性或能产性是结构出现频率的体现。

吴为善（2016：4）将 Goldberg（1995）构式语法理论的三个特征概括如下：

（一）构式语法中词库和句法之间不存在严格的分界线。词汇构式和句法构式的内部复杂性和语音形式的表述上虽有所不同但实质上是同一类明确表达的形式和意义的配对。

（二）构式语法中语义和语用之间也不存在严格的分界线。焦点成分、话题性以及语域等语用信息和语义信息一起都会在构式中得到表达。

（三）构式语法力图解释为什么语法允许无穷的合乎语法的表达式存在，也力图解释为什么还有无数的其他表达式不合语法。在构式语法中不存在底层句法形式或语义形式，不存在底层向表层的转换，因而是生成性的而非转换性的。

可以假设，定中复合词与定中粘合式结构提供了一个具备词汇项特征的定中分类框架，结构表达经过概念整合形成了一个原型指称范畴，复合词与句法结构的范畴意义趋同。而要研究这一原型范畴的生成，形式上一方面要考虑构式作为一个整体在话语语境中的分布情形，这涉及语用法；另一方面又要考虑构式的内部结构构成，找出能进入构式的结构成分的类。

基于构式语法理论的基本思想及上述关于研究思路的讨论，我们给出一个将动词直接作定语的粘合式定中结构作为构式进行结构生成及语法化研究的出发点：

VN 构式指动词直接作定语的粘合式定中结构，如"吃相、烤红薯、复写纸、保护动物"等，光杆名词 N 的类指限制了整个结构的类指性质。能指形式粘合式结构与所指内容类指是我们将其归为构式的前提。

类指有分类与归类两种功能。VN 构式意义可概括为基于事物动态属性的分类和归类。用作分类或归类的事物是我们界定的行为所指对象，可由 V 的基础论元结构中析出，受制于构式出现的领属构造或属性构造环

---

① 郭锐指出现代汉语中 31% 的动词可以直接作定语，其中的 45% 是名动词。莫彭龄、单青统计得出动词定语的比率是 6.52%。

境。这可归结于参与角色、论元与句法成分三者间的匹配。

表达事物次范畴分类的 VN 构式中的 V 是有缩小 N 指称范围作用的限制性定语。如 V 并不缩小中心语事物所指的外延则是非限制性定语，只是事物动态属性的内涵确认，VN 构式表事物的动态属性归类。典型的内涵确认情形是"飞鸟、爬虫、游鱼、浮萍、滚动轴承、储蓄银行、旅游景点"之类的强规约性动名组合，与构式的典型性相关。

构式话题成分的[±个体性]语义特征决定着构式的分类或归类指称。如"衣物洗涤方式"能指称事物次范畴类别，"上衣"通常没有固定的"洗涤方式"类别，因而表达中不存在相应的分类类指形式"*上衣洗涤方式"，而具有[-个体性]概括了"上衣、裤子、袜子"等的"衣物"的洗涤方式与"-衣物"的显然不同，话题事物类指是分类的前提。因而具有[+个体性]语义特征的构式话题事物只有相应的归类类指表达。

构式成立受动词的理想认知模型约束。如"首长保卫人员"能说，因"首长"通常需要保卫，"*秘书保卫人员"不合常理；"首长保卫部门/条例/体系/目标/设施"不成立，因现实中通常不会有为某位"首长"专门成立的保卫部门、专门制定的保卫条例等。那么如何解释语言中"学习文件、出租汽车"这样的同形结构呢？李铁根（1995：14）将多义的原因归结为其中的 V 大都兼动词名词两类。依上所述，如果这种同形结构受到一个上位的领属构造或属性构造限制，动作相关的参与角色与施事或受事论元熔合，则形成事物的动态属性分类或归类情形。N 如单指（如"研究佛教"），则只能识解为支配关系结构。

动词进入句式的条件可描述为动词义须是句式义的一个实例（沈家煊，2000：296），相应地，定语动词进入 VN 构式的条件也须是构式义的一个实例。定语动词提取属性值受分类类指表达约束，提取属性特征受归类类指表达约束。属性提取与构式表达凸显的语义结构关系侧面及动词的事物化方式相关，也与动词词义的 ICM 相联系。如"保卫"能提取施事论元角色共性的类别包括机构设置、职能义务、职责范围、方法手段等；而凸显或提取的未必是单一属性，如"保卫体系"可以是人员构成，可以是设施、措施构成，也可以是人员、设施措施构成等。无论如何，"保卫"的 ICM 中能够或允许提取出"保卫者"实例的论元或论元角色属性，现实现象中又需要对这些属性的不同表现进行刻画。事物动态属性类指表达正是动词与所指对象某种语义关系侧面的凸显或者说是不同动作属性义提取的后果。

  角色合并将动作的施事论元与施事论元参与者角色、动作的受事论元与受事论元参与者角色①分别进行熔合，如动作相关的参与角色可视为论元的一个实例则语义一致，合并的参与者角色只与一个论元角色熔合，然后再与一个语法功能项连接。VN 构式表达施事论元或施事论元角色话题事物的分类类指和归类类指、表达受事论元或受事论元角色话题事物的分类类指或归类类指，都是依角色合并得出的范畴类别。将构式中心语宿主事物与施事论元或施事论元角色话题事物、受事论元或受事论元角色话题事物分别对应，能很好地解释中心语事物类别的多样性。

  构式语法理论的出发点是形式与意义的对应关系。动词直接作定语有句法结构和词法结构两种存在形式，二者有修饰关系共性，共性中存在个性差异。从特征共性上建立起一个结构范畴的语法化连续统，从个性差异中讨论结构范畴的生成与表达是我们的预期研究目标。非句法因素不是结构生成的决定因素，因作用于结构表达同样也进入我们讨论的视野。

---

  ① 我们将能与施事论元熔合的其他施事论元参与者角色（简称"施事论元角色"）与施事论元、能与受事论元熔合的其他受事论元参与者角色（简称"受事论元角色"）与受事论元区别开来，分别讨论施事论元充当类指对象、与施事论元存在领属关系的动作相关参与者角色实例充当类指对象、受事论元充当类指对象、与受事论元存在领属关系的动作相关参与者角色实例充当类指对象的类指情形。

第二章

定语动词与动词定语

本章讨论如下几个与能直接作定语的动词相关的问题：

（一）能直接作定语的动词范围与属性分类；与动词相关的 VN、NV、N_1VN_2 定中结构语料统计及构语倾向。

（二）"参照体—目标"关系同样是能直接作定语的动词构成的 VN 名词短语结构关系的认知基础；正如 NV 构式中的 V 可描述为非典型的目标事物一样，VN 构式中的 V 也可以作为非典型的参照体事物存在，其参照体事物功能实际由构式的类指对象话题成分承担，话题成分是构式表达凸显的定语动词的论元结构成分，存在于 V 的降格表述之中。

（三）从语义上看，VN 构式通常是以定语 V 为分类标准的 N 的下位分类，可表述为 VN 是 N 的一种（分类虽是规约性的但强规约性定语动词除外①），这是语义能指问题。但这种语义能指在即时语言加工过程中因参照体事物性质的不同既可以实现为语用分类类指又可以实现为语用归类类指表达情形。这是指称的实现即语用所指问题。

2.1 能直接作定语的不同价类动词

2.1.1 能直接作定语的动词范围

朱德熙（1958：10）曾指出，无论是单音节的还是双音节的动词作名词"法儿"的定语时都不带"的"，傅雨贤（1988：162）指出"方

---

① 石定栩（2010：323）认为汉语的各种定中结构都表示事物的集合，中心语表示一个集合，整个定中结构表示其中的一个子集，所有定语因此都是限制性的。我们依通常的限制性定语与描写性定语对立情形将强规约性动词定语归入不改变中心语事物外延的描写性定语。

法"搭配场大,可与几百个动词构成名词短语,因无论做什么事都有个方法问题。尹世超(2002a:161)认为如果承认"V+法儿"中的动词是直接作定语则绝大多数动词都是可定动词。我们把能直接作定语的动词都限定在不加"的"的VN构式范围之内,则音节不同、规约性程度不同的VN构式显然有典型性强弱之分。

张国宪(1989:186,2016:14)指出在动名结构中只有双音节动词才能充当定语,单音节动词一般不具备光杆充当定语的语法功能,很难构建偏正关系的"$V_{单}+N$"结构。沈家煊(2016:60)也认为单音节动词一般要带上宾语才能直接修饰名词,如"跨世纪人才""印假钞机器""留美博士""打拐民警"等。这是将词法结构搁置就句法结构构成的一般情形而言的。包括张先生在内的许多学者都认为音节的限制会对词汇化有一定的影响。"$V_{单}+N_{单}$"与"$V_{双}+V_{单}$"有很强的词化趋向(张国宪,1989:188;石定栩,2003:494)[①],"$V_{单}+N_{双}$"是介于词组与词之间的一种中间状态结构,主要是一些菜肴名称(邵敬敏,1995:218)。王光全(1993b:25)经过对《普通话三千常用词表(初稿)》和《常用字和常用词》(北京语言学院语言教学研究所编)两本材料中的1019个动词逐一测试后得出结论认为只有极少数单音节的状态动词和烹调动词可以直接作定语,如"疯狗、瘸牛、活鱼、死水、烧鸡、瞎眼睛、炒鸡蛋、烤羊腿"之类,也证明了"$V_{单}+N_{单}$""$V_{双}+V_{单}$""$V_{单}+N_{双}$"具有词汇化倾向的说法。汉语中自然存在由句法结构词汇化而来的定中结构,如果从结构语法化角度讨论结构的生成,则有词汇化倾向的单音节动词直接作定语的情形应该置于语法化结构的连续统之中。

如想统计出一个单双音节动词直接作定语的确定的数字比例是极为困难的,即使划定语料范围,结论的普适性也会大打折扣。而"$V_{双}+N_{双}$"已知是现代汉语里动词直接作定语的典型表现形式(李晋霞,2008:7),因不影响结论的可靠性,为直接充当定语的动词典型性与讨论的效度及信度计,我们也首先把定语动词的讨论范围限于双音节动词范围。"$V_{单}+N_{单}$""$V_{单}+N_{双}$"只在语法化一章与"$V_{双}+N_{单}$"一起讨论。

目前主要有三家有关能直接作定语的动词数量范围统计数字。齐沪扬等(2004:97—99)从五十万字的语料中统计出能进入定中短语的零价

---

① 音节的限制对词汇化有一定的影响,但不应该成为某种类型复合词形成的动因(参看周韧,2006:4)。

动词只有"空防"和"日落"两个，一价动词有 196 个，约占语料的 18%①；三价动词有 78 个，约占语料的 8%；二价动词约占全部语料 80% 以上。李晋霞（2008：187—189）从孟琮等（1999）编著的《汉语动词用法词典》中分拣出的可以直接作定语的 526 个双音节动词，其中惟定中动词 28 个，可以直接作定语的动词 498 个。王淑华（2014：192—193）以俞士汶等著《现代汉语语法信息词典详解》（第 2 版）的动词库中的 2147 个动词（包括单音节情形）为考察范围，依能否受名词直接修饰构成定中结构（标识为"前名"）和能否直接修饰名词构成定中结构（标识为"后名"）的标准分为如下四个小类：

A 类：可受名词直接修饰，但不能直接修饰名词；（记为 NV）
B 类：不能受名词直接修饰，但可直接修饰名词；（记为 VN）
C 类：既可受名词直接修饰，也可直接修饰名词；（记为 NV/VN）
D 类：既不能受名词直接修饰，也不能直接修饰名词。（记为 V）

撇开 D 类动词，作者得出的统计结果如下：

	特征	及物	不及物	合计	比例
A 类	[+前名][-后名]	15	2	17	0.79%
B 类	[-前名][+后名]	581	114	695	32.37%
C 类	[+前名][+后名]	177	21	198	9.22%
合计		773	137	910	42.38%

王淑华（2014：194—204）分别就 A、B、C 三类动词作定语的情形在国家语委语料库和北京大学中国语言学中心语料库中检索的结果显示，《信息词典》中 17 个不具有"后名"属性的动词中只有"折磨"一例符合要求；695 个不具有"前名"属性动词的 4 个及物动词、2 个不及物动词采样标本中"复习、呼吸、辞职"三例符合要求，但都可以构成 N1VN2 结构；198 个具有"前名"和"后名"属性动词的 6 个采样标本都符合要求，只是不同动词形成名词性结构的能力有强弱之分。这或许也是尹世超（2002a：164）将可定动词区分出强定动词和弱定动词、强定动词又有多定动词和专定动词分别的前提。

---

① 我们持多数学者不承认有零价动词的看法，把"空防"和"日落"也归入一价动词，计 198 个。

2.1.2　能直接作定语的动词的价类分别

能直接作定语的动词都是能表达事物动态属性的属性动词，有的属性动词功能单一，如"保健""参赛""任课""与会""专卖""特制""祖传""军用"等；有的属性动词可以是某些事物共有的属性，可以直接充当多种语义类型中心语名词的定语，如"接待"可以与"人员""机构""对象""时间""地点""方式""方法""过程""条件""意图"等的行为属性。尹世超（2002a：164—165）把这两种情形都视为强定动词，前者是强定动词里的专定动词，后者是强定动词里多定动词。尹文指出强定动词都是双音节的，与强定动词相对待的弱定动词是只能直接修饰"法儿""声"或"时候"等个别名词的许多单音节名词以及一些双音节动词（如"示意""嘶鸣""体惜""综观"等）。尹文（2002a：161）把与上述可定动词相对待的不可定动词定义为不能直接作定语的动词。由于中心语事物的多样性，我们实际上不可能通过设定一个类似"V+法儿"的识别框架来界定可定动词与不可定动词的范围，可行的分拣策略还应该与定语动词和中心语名词的语义合成现象有关，比如"认为""以为""辱没""纵览"等无"法儿"可设，也无机构、态度、依据、方式、原因、时间、处所等的分别，理论上如果能把中心语名词的类别固定化当可用统计的方法设立界定框架，很显然这样做的可操作性很弱。

能直接作定语的动词又有构成能力强弱的分别，同样地，从构成能力角度为定语动词划出一个确定的范围也殊为不易。稳妥的做法是以特定范围内的能直接作定语的动词作为样本展开讨论，界定范围内的动词有不同价类之分，也有强定动词和弱定动词、强定动词又有多定动词和专定动词等的构成能力强弱之别，采样讨论不影响结论的普适性。

因而我们选取不同价类的定语动词作为讨论的出发点，采用通行的价类界定标准将能直接作定语的动词也分为一价动词、二价动词和三价动词，把李晋霞（2008：187—189）从孟琮等（1999）编著的《汉语动词用法词典》中分拣出的可以直接作定语的 526 个双音节动词（包括惟定中动词）依价类不同重新整理成表 2-1，《汉语动词用法词典》标注为［名宾］［存现］或不带宾语的归为一价动词，标注为［名宾］（带名词宾语）、［动宾］（带动词宾语）、［形宾］（带形容词宾语）、［小句宾］

(带小句宾语）的归为二价动词，标注为［名宾］［双宾］（带双宾语）的归为三价动词。① 不同价类动词界定标准按张斌（2010：118—119）：

一价动词（动¹）：强制要求与一种性质的名词性词语相关联，通常是行为动作的施事或主体成分；

二价动词（动²）：强制要求与两种性质的名词性词语相关联，通常一种是行为动作的施事或主体成分，另一种是行为动作的对象、受事或结果成分；

三价动词（动³）：强制要求与三种性质的名词性词语相关联，通常一种是行为动作的施事成分，另一种是行为动作的受事成分，还必须出现与行为动作相关的与事成分。

表 2-1

价类	例词	数量
动¹	爆发 奔跑 毕业 闭幕 冲突 出差 出发 答应¹ 到达 倒退 道歉 斗争² 躲藏 分别¹ 复员 工作 互助 昏迷 活动⁴ 降落 结婚 觉悟 服务 奋斗 考试 来往 劳动 离婚 恋爱 流传 流行 旅行 开幕 咳嗽 破裂 前进 忍耐 散步 生活 生长 失败 失望 衰亡 逃走 叛变 停顿 停留 妥协 完毕 洗澡 下降 相等 相同 消失 醒悟 挑战 休养 旋转 游行 游泳 战斗 自习	63
动²	爱好 爱护 爱惜 安排² 安慰 安置 把握 办理 包围 保存 保护 保留 保卫 保证 报复 报销 比较 比赛 变化 辩论 表达 表决 表示 表现 表演 表扬 剥削 驳斥 布置 采购 采集 采纳 采用 参观 参加 参考 呈现 操心 测量 测验 抄写 超过 陈述 称赞 成立 承担 重复 促进 促使 打击 代理 代替 逮捕 登记 传达 传染 创造 刺激 筹备 出版 出现 处罚 处理 等待 抵抗 惦记 调查 调动 动员 斗争¹ 督促 断绝 锻炼 对待 对抗 兑换 发表 发动¹²³ 发挥 发明 发生 发现 发行 发展 翻译 反对 反抗 反省 防备 防守 访问 放松 放心 分别² 分裂 分析 粉碎 讽刺 否认 服从 抚养 负责 改变 改革 改进 改良 改善 改造 改正 干扰 感谢 告别 跟随 公布 攻击 巩固 贡献 鼓动 鼓励 关心 观察 管理 贯彻 广播 规定 害怕 号召 核对 合作 轰动 呼吸 护理 化装 怀念 怀疑 欢迎 恢复 回忆 汇报 活动¹²³ 获得 积累 集合 计算 记录 纪念 忌妒 继承 寄存 加入 驾驶 监督 监视 检查 检验 减少 建设 建议 建筑 鉴别 降低 交换	

---

① 如"休息"注为"［名宾］~星期天"，就归入二价动词；"休养"注为"［动时量］［动结］［动趋］"，就归入一价动词；"退还"注为"［名宾］~原主［双宾］~退还他百分之一的利息"，归入三价动词。需要说明的是，像张斌（2010）把"安排、布置"等归为三价动词，我们严格按照《汉语动词用法词典》标注的情形来归类，"安排"按义项不同分别归入二价、三价动词，"布置"归入二价动词。

续表

价类	例词										数量
动²	交际 节约 纠正 扣留 联系 灭亡 派遣 剽窃 启发 轻视 认识 实践 说服 探望 替换 团结 慰问 羡慕 信任 摇晃 拥抱 增长 争论 指责 阻挡	交流 结合 举行 夸大 练习 模仿 判断 品尝 迁移 清理 实现 容纳 说明 逃避 挑选 推测 侮辱 相信 形成 寻找 依靠 拥护 展开 整顿 治疗 阻止	交涉 结束 拒绝 扩充 了解 没收 谋害 培养 聘请 谦让 清洗 散布 实行 思考 淘汰 调剂 推动 误解 享受 修改 训练 依赖 预备 占领 整理 制定 组成	校对 解放 决定 扩大 领导 谋害 佩带 评论 签订 庆祝 散发 使用 搜查 提拔 调解 推广 吸收 想念 修理 压迫 移动 预防 占有 证明 制造 组织	教训 解决 开除 朗读 领取 拟定 佩服 迫害 强调 区别 商量 试验 搜集 提高 调整 推荐 吸引 响应 休息 压制 遗留 阅读 召开 支持 重视 尊敬	教育 解散 开展 浪费 埋葬 虐待 配合 破坏 抢劫 驱逐 设计 损害 提供 停止 脱离 牺牲 消除 叙述 延长 议论 运输 召开 支配 尊重	接待 解释 抗议 离开 埋怨 挪用 批发 期待 屈服 申请 收获 损失 提供 同情 拖延 希望 消化 宣布 研究 隐藏 运用 赞成 照料 转变	接见 介绍 考验 理解 满足 排除 批改 期望 劝解 适应 缩小 体会 统一 完成 袭击 消除 协商 宣传 掩盖 隐瞒 召开 镇压 执行 转移	接收 进攻 恐吓 利用 弥补 排挤 批判 敲诈 切除 审问 收集 贪污 体谅 投入 挽救 喜欢 协助 选举 掩护 迎接 责备 吵架 指导	接受 进行 控诉 联合 迷信 排练 批评 欺骗 侵略 热爱 生产 熟悉 谈论 体贴 投降 限制 泄露 选择 掩饰 影响 增产 指定 综合	揭发 警惕 控制 联络 描写 排列 批准 歧视 侵占 忍受 生气 顺从 坦白 体现 突击 维护 陷害 欣赏 削弱 邀请 应用 增加 争夺 指挥 总计	446
动³	安排¹ 奖励	帮助 救济	补充 赔偿	补助 请教	偿还 请示	答应² 通知	答复 退还	分配 委托	奉承 优待	辅导 招待	回答 支援	22

由于增加了义项选择限制，我们统计的定语动词数量结果由李文的526 个增至 531 个。不同价类动词的占比数重新统计为表 2-2：

表 2-2

	数量	占比
动¹	63	11.86%
动²	446	84%
动³	22	4.14%

按各家统计，能直接作定语的二价双音节动词的数字比例均在 80%以上，这也就意味着超过 80%的能同时具有 [+前名]、[+后名] 属性双音节动词构成 NVN 造名结构（邢福义，1994），王淑华（2014：194—

204）的统计结果很好地说明了这一点。

2.2　不同价类动词的 VN 结构语料统计与采样分析

2.2.1　V¹N 结构

2.2.1.1　V¹N 结构语料统计

一价动词强制要求与一种性质的名词性词语相关联，通常是行为动作的施事论元或主体成分。V¹N 构式表达施事论元话题事物的类指情形时类指对象施事论元可默认缺省，构式表达施事论元角色话题事物的类指情形时则通常要求类指对象的领有者施事论元与构式同现。为讨论的普适性计，我们把表 2-1 中的 63 个一价动词在国家语委现代汉语平衡语料库"语料库在线"的"现代汉语语料库检索"中分拣出 VN、NV 定中结构的所有出现样本（输入例词在"模糊匹配"的语料查询结果里进行人工分拣，重复样本不计；语料查询结果超过 4000 条的只取前 500 条；4 个兼价动词另表统计，因涉及动词不同义项的运用情形）；也为属性动词提取核心格名词的能力比较考虑，将语料范围中的 NV 定中结构样本一并列出。因 NV 有定中和主谓两种结构模式，我们只取主宾语（包括介词宾语）位置上的样本（谓宾动词的宾语位置上的样本不计入内）。

统计结果如下：

表 2-3

例词	语料范围	VN 样本	NV 样本
爆发	531	爆发过程　爆发强度　爆发前夕	火山爆发　战争爆发　辐射爆发　内战爆发　耀斑爆发　（太阳）射电爆发
奔跑	121	奔跑速度	无
毕业	612	毕业资格　毕业典礼　毕业证书　毕业论文　毕业实践　毕业考试　毕业水平　毕业实习　毕业程度	无
闭幕	51	无	无
冲突	680	冲突事件　冲突问题　冲突结果　冲突双方　冲突内容	武装冲突　戏剧冲突　矛盾冲突　战争冲突　利害冲突　地区冲突　外部冲突　国际冲突　理论冲突　法律冲突　国共冲突　宁粤冲突

第二章 定语动词与动词定语 69

续表

例词	语料范围	VN 样本	NV 样本
			权力冲突　局部冲突　社会冲突 利益冲突　性格冲突　心理冲突 喜剧冲突　阶级冲突　情感冲突 道德冲突　悲剧冲突　事件冲突 戏剧冲突　军事冲突　性格冲突 边境冲突　国内冲突　两伊冲突 海湾冲突　暴力冲突　意见冲突 中日冲突　军警冲突　中苏冲突 种族冲突　部落冲突　动机冲突 教育冲突　文化冲突　内心冲突 思想冲突　流血冲突　意识形态 冲突　奥塞梯冲突　伦理学冲突
出差	71	出差补助　出差干部　出差介绍信	无
出发	1080	出发海区	无
到达	563	到达路程　到达时刻	无
倒退	99	倒退现象	复辟倒退　复古倒退
道歉	85	无	无
躲藏	31	无	无
奋斗	453	奋斗目标　奋斗精神　奋斗历程 奋斗口号	个人奋斗
服务	2342	服务守则　服务车组　服务柜组 服务小组　服务质量　服务部长 服务体系　服务工作　服务组织 服务态度　服务学校　服务人员 服务公司　服务对象　服务事业 服务条件　服务项目　服务规范 服务活动　服务水平　服务范围 服务时间　服务网点　服务中心 服务作用　服务价格　服务问题 服务设施　服务意识　服务单位 服务环节　服务人数　服务目的 服务方式　服务体制　服务领域 服务功能　服务方向　服务手段 服务协会　服务事项　服务作风 服务机构　服务部门　服务店摊 服务关系　服务人才　服务面貌 服务计划　服务门路　服务过程 服务方面　服务性质　服务队伍 服务能力　服务技能　服务标准 服务阵容　服务职能　服务实体	咨询服务　广告服务　技术服务 翻译服务　售后服务　接送服务 食宿服务　货运服务　公共服务 劳动服务　社会服务　生产服务 情报服务　产后服务　信息服务 饲料服务　生活服务　售销服务 商业服务　修理服务　配套服务 政策服务　法律服务　经济服务 科技服务　市场服务　时间服务 气象服务　导航服务　信托服务 家庭服务　劳务服务　文化娱乐 服务　水文资料服务　海况预报 服务　产供销服务　无痛穿耳 服务
复员	41	复员问题　复员人员　复员工作	无

续表

例词	语料范围	VN 样本	NV 样本
工作	10531（取前500条）	工作会议　工作制度　工作方向 工作能力　工作岗位　工作重心 工作方法　工作作风　工作任务 工作人员　工作效率　工作机构 工作干部　工作态度　工作单位 工作经验　工作计划　工作时间 工作语言　工作小组　工作中心 工作方式　工作状态　工作条件 工作人数　工作机会　工作期间 工作台本　工作成绩	调处工作　申办工作　政治工作 科技工作　建设工作　妇女工作 经济工作　清查工作　军事工作 改造工作　战备工作　外事工作 建交工作　研究工作　科学工作 机关工作　领导工作　重建工作 管理工作　审判工作　宣传工作 起草工作　试点工作　登记工作 民政工作　编修工作　考订工作 整理工作　开发工作　政权工作 思想工作　出版工作　学术工作 理论工作　研讨工作　教育工作 普及工作　麻醉工作　动员工作 女工工作　家属工作　招生工作 教师工作　救济工作　科技工作 农村工作　立法工作　书记工作 清理工作　传播工作　拓荒工作 报道工作　刻瓷工作　创作工作 文艺工作　电影工作　制片工作 群众工作　准备工作　交易所工作　班主任工作　文化娱乐工作
互助	204	互助组织　互助条约　互助团体 互助代表　互助骨干　互助组长 互助习惯　互助运动　互助形式 互助单位　互助关系　互助活动 互助储金　互助委员会	劳动互助
昏迷	108	昏迷状态　昏迷现象　昏迷时间	无
降落	162	降落地点　降落区域	无
结婚	755	结婚条件　结婚移民　结婚礼品 结婚日期　结婚用品　结婚仪式 结婚伴侣　结婚高潮　结婚津贴 结婚喜帖　结婚生活　结婚问题 结婚请帖　结婚东西　结婚年龄 结婚手续　结婚形式　结婚周年 结婚当事人　结婚登记册	近亲结婚
觉悟	332	觉悟程度　觉悟水平　觉悟分子 觉悟问题　觉悟群众　觉悟工人 社会主义觉悟　共产主义觉悟 爱国主义觉悟	思想觉悟　群众觉悟　政治觉悟 斗争觉悟　学生觉悟　路线觉悟 社员觉悟　工人觉悟
开幕	136	开幕典礼　开幕酒会　开幕仪式 开幕招待会	无
考试	362	考试成绩　考试制度　考试通知 考试时间　考试地点　考试前夕 考试科目　考试方法　考试态度 考试内容　考试分数　考试细则 考试人员　考试卷子　考试资格	评委考试　学科考试　语文考试 能力考试　文化考试　化学考试 国家考试　理论考试　期末考试 资格考试　数学考试　教师考试 科目考试　学业考试　科举考试

续表

例词	语料范围	VN 样本	NV 样本
		考试计划　考试要求　考试范围 考试日期　考试课目　考试分数 考试命题　考试观念　考试次数 考试试卷　考试委员会	素质考试　英语课考试　外国语 考试　研究生考试　体育课考试
咳嗽	226	咳嗽药水　咳嗽痰沫　咳嗽患者 咳嗽中枢	无
来往	207	来往信件　来往客商　来往信札 来往行人　来往香客　来往汽车 来往路线　来往游人　来往飞机 来往客机　来往大车　来往客人 来往关系　来往使者　来往职工	书信来往　业务来往　经济来往 通信来往
劳动	4127 （取前 500条）	劳动效率　劳动人民　劳动实践 劳动产品　劳动妇女　劳动热情 劳动群众　劳动过程　劳动果实 劳动分工　劳动习惯　劳动纪律 劳动观点　劳动热情　劳动领域 劳动技艺　劳动技能　劳动工具 劳动经验　劳动对象　劳动时间 劳动强度　劳动资料　劳动组织 劳动报酬　劳动尺度　劳动歌曲 劳动态度　劳动精神　劳动成果 劳动英雄　劳动观念　劳动态度 劳动能手　劳动工资　劳动部门 劳动总局　劳动条件	生产劳动　农业劳动　家务劳动 社会劳动　私人劳动　精神劳动 人类劳动
离婚	219	离婚登记　离婚证件　离婚手续 离婚程序　离婚要求　离婚自由 离婚现象　离婚影响　离婚典礼 离婚意念　离婚案子　离婚双方 离婚案件　离婚问题　离婚诉讼 离婚请求　离婚申请书　离婚登 记册	无
恋爱	273	恋爱方式　恋爱道德　恋爱故事 恋爱场面　恋爱关系　恋爱对象 恋爱过程　恋爱悲剧　恋爱史话 恋爱生活　恋爱问题　恋爱小说 恋爱情调　恋爱阶段	无
流传	293	流传情况	故事流传
流动	508	流动形式　流动工厂　流动现象 流动机会　流动基金　流动负债 流动展览　流动制度　流动空间 流动过程　流动结果　流动生活 流动红旗　流动沙丘　流动方向 流动小贩　流动速度　流动摊点 流动理论　流动售货亭 流动购买力　流动图书室 流动食品车	资金流动　意识流动　画面流动 兵员流动　社会流动　成员流动 国际流动　资本流动　暗力流动 人才流动　代际流动　代内流动 空气流动　能量流动　海水流动 血液流动　细胞质流动

续表

例词	语料范围	VN 样本	NV 样本
流行	490	流行服装　流行式样　流行歌舞 流行观点　流行观念　流行病症 流行音乐　流行歌手　流行思潮 流行区域　流行时尚　流行风气 流行风尚　流行画家　流行盛况 流行地域　流行剧目　流行小说 流行趋势　流行样式　流行时装 流行发型　流行款式　流行感冒 流行现象　流行模式　流行过程 流行艺术　流行辞典　流行情况 流行性质　流行高峰　流行季节 流行势态　流行地区　流行病学 流行期间　流行菌株　流行菌群 流行规律　流行报告　流行前期	性病流行　文化流行　疫病流行 疾病流行　天花流行　俗讲流行 传染病流行
旅行	270	旅行凭证　旅行水壶　旅行背包 旅行餐具　旅行费用　旅行口袋 旅行客车　旅行支出　旅行见闻 旅行轿车	考古旅行　假期旅行　星际旅行
叛变	57	无	无
破裂	145	无	感情破裂　水管破裂　家庭破裂 脑底破裂　会阴破裂　核膜破裂 水滴破裂　表皮破裂　膈肌破裂 膀胱破裂　胃肠破裂　器官破裂 血管破裂　塑料袋破裂
前进	1034	前进目标　前进路上　前进方向 前进据点　前进运动　前进道路 前进路标　前进阵地　前进动力 前进速度　前进过程　前进步伐 前进分子	历史前进　社会前进　文化前进
忍耐	122	忍耐精神	无
散步	148	无	无
生活	9525 （取前 500 条）	生活琐事　生活条件　生活问题 生活环境　生活功能　生活方式 生活小节　生活需求　生活知识 生活道路　生活经验　生活理想 生活状况　生活习惯　生活技能 生活道德　生活服务　生活单位 生活领域　生活需要　生活用品 生活水平　生活程度　生活指数 生活斗争　生活航向　生活素材 生活情趣　生活内容　生活实感 生活实际　生活历程　生活体验 生活本质　生活节奏　生活能力 生活福利　生活空间　生活基调 生活现象　生活图景　生活习性 生活流程　生活期间　生活私事 生活常态	现实生活　文化生活　人类生活 社会生活　政治生活　经济生活 物质生活　家庭生活　农业生活 生活经历　生活情景　生活用水 生活态度　生活情形　生活目标 个人生活　感情生活　都市生活 大学生活　精神生活　农民生活 斗争生活　乡村生活　黑人生活 群众生活　部队生活　狩猎生活 冤狱生活　卧房生活　单身生活

续表

例词	语料范围	VN 样本	NV 样本
生长	1685	生长周期 生长特征 生长规律 生长速度 生长姿态 生长环境 生长历程 生长习性 生长方式 生长季节 生长情况 生长状态 生长阶段 生长期间 生长状况 生长现象 生长条件 生长势力 生长旺期 生长初期 生长后期 生长高峰 生长优势 生长强度 生长中心 生长激素	生物生长 庄稼生长 树木生长 肿瘤生长 毛发生长 婴儿生长 林畜生长 机体生长 心理生长 蔬菜生长 晶体生长 根系生长 营养生长 生殖生长 植物生长 棉花生长 蔬菜生长 草类生长 新梢生长 林木生长 幼苗生长 秋梢生长 海带生长 地壳生长 人体生长 病原物生长 珊瑚礁生长 （农）作物生长
失败	776	失败主义 失败教训 失败英雄	起义失败 革命失败 变法失败 敌人失败 运动失败 实验失败 经营失败 竞争失败 六月失败 学业失败 教育失败 反围剿失败
失望	318	失望情绪 失望神色 失望心理	无
衰亡	47	衰亡过程 衰亡阶段	道德衰亡
逃走	130	无	无
挑战	231	挑战条件 挑战计划 挑战精神 挑战直感	历史挑战 理论挑战
停顿	160	停顿状态 停顿问题	语音停顿 消化停顿
停留	267	停留时间	无
妥协	130	妥协条件 妥协空气 妥协政策 妥协态度 妥协行为	无
完毕	178	无	无
洗澡	121	洗澡习惯	无
下降	919	下降路线 下降装置 下降趋势 下降幅度 下降阶段 下降现象 下降密度 下降气流 下降动脉 下降运动 下降过程	生产下降 比重下降 价格下降 质量下降 储备下降 功能下降 流量下降 气压下降 温度下降 气温下降 食欲下降 听力下降 体温下降 生育率下降 死亡率下降 土地肥力下降 生活水平下降
相等	643	相等关系 相等席位	无
相同	1910	相同地位 相同情况 相同效果 相同比分 相同文献 相同数量 相同来源 相同素质 相同读音 相同路线 相同特性 相同谓词 相同体系 相同次数 相同能量 相同电池 相同表型 相同程度 相同纬度 相同质点 相同电量 相同活性 相同结构 相同功能	无

续表

例词	语料范围	VN 样本	NV 样本
响应	165	响应时间　响应速度　响应系统 响应特征	辐射量电响应
消失	721	消失过程	毒性消失　额纹消失　症状消失
醒悟	39	无	无
休养	72	休养生活　休养期间　休养干部 休养设施	旅游休养
旋转	337	旋转气流　旋转时间　旋转幅度 旋转动作　旋转天线　旋转椭球 旋转磁场　旋转运动　旋转速度 旋转曲线　旋转系统　旋转绞丝机	无
游行	170	游行大队　游行队伍　游行群众 游行学生	迁葬游行　示威游行　群众游行 国庆游行　集会游行　罢工游行 罢课游行
游泳	218	游泳技能　游泳技术　游泳训练 游泳运动　游泳选手　游泳健将 游泳衣服　游泳比赛　游泳项目 游泳纪录　游泳知识　游泳方向 游泳运动员　游泳俱乐部	无
战斗	1110	战斗热情　战斗动员　战斗任务 战斗口号　战斗作用　战斗精神 战斗岗位　战斗英雄　战斗风貌 战斗情绪　战斗故事　战斗命令 战斗舰队　战斗班组　战斗机型 战斗联盟　战斗豪情　战斗动员 战斗人员　战斗保障　战斗经验 战斗性质　战斗经历　战斗特色 战斗作风　战斗热情　战斗部队 战斗集体　战斗洗礼　战斗生活 战斗檄文　战斗武器　战斗意志 战斗作用　战斗场面　战斗节奏 战斗洗礼　战斗方针　战斗疲劳 战斗态势　战斗损失　战斗历程 战斗间隙　战斗方案　战斗传统 战斗情况　战斗小组　战斗雄姿 战斗期间　战斗号召　战斗状态 战斗技术　战斗情景　战斗风采 战斗行动　战斗全貌　战斗环境 战斗信号　战斗文章　战斗序幕 战斗原则　战斗实物　战斗气魄 战斗歌声　战斗设备　战斗准备 战斗气氛　战斗条例　战斗骨干 战斗队形　战斗胜负　战斗编组 战斗素质　战斗作风　战斗士气 战斗堡垒　战斗司令部	抢险战斗　攻城战斗　观测战斗 海上战斗　灭火战斗　扑火战斗 抢险救灾战斗
自习	11	自习时间	无

2.2.1.2　V¹N 结构样本说明

从表2-3里59个一价动词的语料检索结果的基本统计信息可以发现：

（一）如果把 VN 和 NV 粘合式定中结构的生成都看成构语，则不同动词的构语能力有高低强弱之分。这与语料检索结果的样本类型和样本数量有关。能检出 VN 样本和 NV 样本的动词有"爆发、冲突、倒退、奋斗、服务、工作、互助、结婚、觉悟、考试、来往、劳动、流传、流动、流行、旅行、前进、生活、生长、失败、衰亡、挑战、停顿、下降、响应、消失、休养、游行、战斗"计29个；只检出 VN 样本的动词有"奔跑、毕业、出差、出发、到达、复员、昏迷、降落、开幕、咳嗽、离婚、恋爱、忍耐、失望、停留、妥协、洗澡、相等、相同、旋转、游泳、自习"计22个；只检出 NV 样本的动词只"破裂"1个；没检出 VN 样本和 NV 样本的动词有"闭幕、道歉、躲藏、叛变、散步、完毕、醒悟"7个。

（二）VN 和 NV 构式均表类指，NV 表示某种活动（储泽祥、王艳，2016：322），因 V 是一价动词，NV 中的 N 都只是活动的主体事物。詹卫东（1998：25）把能进入"N 的 V"中的 V 描述为动作性弱事件性强表示抽象的行为活动动词。沈家煊、王冬梅（2000：29—32）认为"N 的 V"是汉语中诸多"参照体—目标"构式的一种，参照体名词要有较高的信息度、可及度及相应的凸显度，目标动词已经事物化，指称"关系"这类抽象事物。"的"的出现增加事物属性的描写性，这样 NV 和"N 的 V"差别通常表述为称谓性和分类性的对立（参见陆丙甫，1998、2003；张敏，1998；完权，2016）。VN 和"V 的 N"的差别与此相同，区别在于分类对象指称事物本身还是事物关系。

（三）有的动词既能检出 VN 样本又能检出 NV 样本，有的只检出 VN 样本，有的两种样本均未检出。从"参照体—目标"关系性质而言，既能检出 VN 样本又能检出 NV 样本的动词既可作为参照体又可作为目标存在的能力都强，只检出 VN 样本的动词通常作为参照体存在的能力强，两种样本均未检出的动词作参照体或目标的能力弱。能检出 VN 样本和 NV 样本的动词中 VN 样本数量远超 NV 样本数量的"劳动、流行、战斗、生活、结婚、奋斗、来往"等说明作为参照体的能力强于作为目标的能力，NV 样本数量远超 VN 样本数量的"冲突、工作、失败、下降"等说明作为目标的能力强于作为参照体的能力。这是目前我们能做出的表达倾向性强弱的初步预测。

（四）表达的强弱倾向和活动与事件的性质有关，也与动词词义的理想认知模型有关。沈家煊（1995：372—375）把时间上有内在终止点的有界动作称作"事件"，把没有内在终止点的无界动作称作"活动"。从关系化的抽象意义上说，事件动词因有界动作内部异质性的存在表达难以关系化，而活动动词因无界动作内部同质性的存在更易于关系化表达。V作为目标其实是指称一种没有内在终止点的无界动作活动。及物动词可以构成NV结构也可以用VN形式来指称活动，如杉村博文（2006：59）认为讨论汉语述宾结构时应该分别对待"现象"和"事例"，指出与别的语言相比，现代汉语语法更倾向于采用VN形式给现象取名。如"洗衣服"代表一种高度概括的抽象行为时是现象，在"洗了一件衣服"或"把衣服都洗了"中则代表现象的一个事例。如果把现象看成一种活动，事例看成一个离散性的事件，则现象其实是一种关系化了的活动。关系化有抽象程度之分，兼动词、名词两类"编辑、发明、领导"等可视为事物化了的非VN形式的活动现象，惯常句如"食堂老飞进来苍蝇"。"除了会客，念念经，打打坐，在家里一句话也不说。"（沈文例）等可视为活动现象的陈述，N只是无指性质的宾语，或者说容纳无指性质宾语的动词是关系化表达的一个重要特征。

"破裂"指"[完整的东西]出现裂缝"（词语释义取自孟琮等1999，下同）。"完整的东西"可以有很多，"破裂"与事物的非破裂状态形成对立即有把一个具体的行为过程抽象化为一种相对待的关系的可能，则"破裂"构成NV构式的数量可以有很多，包括参照体N隐喻为抽象域里的"感情、关系、家庭"等"完整的东西"。"冲突"有两个义项，一是指矛盾表面化而发生的激烈争斗，二是互相矛盾、不协调的性质。带有矛盾性质的方方面面的争斗使得"冲突"关系事物化的侧面凸显，因"冲突"本就是指矛盾双方的不和谐关系而言；而"冲突"的互相矛盾、不协调的性质又与互相统一、协调的性质对立，又可作为处于矛盾对立统一体的事物的分类属性值存在，所以又有"冲突事件、冲突问题、冲突内容、冲突结果"等VN构式表达。但相对于有冲突关系的方方面面的事物而言作为矛盾对立统一体的事物或事物矛盾对立的两个方面概括力更强，这样指称事物"冲突"关系的NV样本数量远超VN样本就自然而然的了。

再如"工作"指从事体力或脑力劳动，也泛指机器、工具受人操纵而发挥生产作用，本就是不同领域的一种种具体劳动行为的抽象化概括，具体的劳动行为可以有很多，因而"工作"构成 NV 构式的数量可以有很多；"工作"又与"生活、学习"等常规化活动认知域相对待，所以又可充当事物的分类属性值为动作相关的参与者角色进行分类，如人们可以为"工作"设立机构、配备干部、提供设施和条件、制定方向和目标等，"工作"与"生活、学习"等常规化活动一样又都有方法、方式、结果、依据、时间、地点等的分别，所以 VN 样本的数量也不少。这是表达强弱倾向的另一个方面。

如果把动词构成名词性短语 VN 或 NV 构式的能力称为构语能力，可以发现，一价动词的构语能力的强弱与动词词义理想认知模型中的动作相关的参与角色实例的数量范围和行为关系的抽象化程度有关。行为关系的抽象化程度已见上述，动作关涉的必有论元只有施事成分，但不同动词的施事论元参与者角色的数量范围可以有大小。活动动词本就有与其他活动分别的意义存在，也就可以作为一种分类标准来分别与活动相关的参与角色，因而相应的参与角色指称类别 VN 样本的数量也会因参与角色的数量多少而变化；相反事件动词跟特定的时间相联系，动作越具体关系化的能力就越弱，如果没有与其他同类动作相对的情形充当事物动态属性的分类标准的能力也弱。如没检出 VN 样本和 NV 样本的 7 个动词中，"闭幕"是"一场演出、一个节目或一幕戏结束时闭上舞台前的幕；会议等结束"，"道歉"是"表示歉意、认错"，"躲藏"是"把身体隐藏起来让人看不见、避开"，"叛变"是"背叛自己的一方所采取的敌对行动"，"完毕"是"完结、结束"，"醒悟"是"在认识上由模糊而清楚、由错误而正确"。这些动词都表示行为主体的瞬时动作行为，很难作为事物分类需要的稳定的动态属性值或指称一种具有较为稳定的关系性质的事物存在，或者说不具有能提取出事物的类的共性特征的可能性。"闭幕"与"开幕"行为相对，所以有"闭幕式""开幕式"的分类表达。"散步"是随意闲行，是一种常规化活动，但人们通常不用为"散步"这种具体的活动设立一个机构、装备一套设施、规定一种方法、制订一个计划或一种相应的策略措施等，因而与"散步"相关的参与角色极少，也就很难成为参与角色的分类属性值。不同的人有不同的"散步"方式、姿势，但人们没有把这种分别表达出来的需要，所以"散步方式、散步姿势"会成为接受度弱的 VN 样本。而"散步"与"跑步"等相对待的行为抽象化的上义词是"活动",构语工作便由能作为分类属性值和抽象化关系的"活动"来承担了。

如"劳动"有三个义项,基本义是人类创造物质或精神财富的活动,也可以专指体力劳动和进行体力劳动。与"劳动"这种活动相关联的事物多种多样,也就意味着指称具有"劳动"特征的事物的 VN 样本会有很多;作为抽象活动的"劳动"可事物化为"关系"①,因而也会有一定数量的 NV 关系类别样本;而专指体力劳动和进行体力劳动则与行为主体的具体行为相关,很难抽象出具有这种行为特征的相关事物的类别或关系指称类别来。

再如"战斗"是敌对双方进行武装冲突,泛指斗争。"武装冲突"是"冲突"的一个具体范围,而一价动词"斗争"义为"努力奋斗","战斗"的事物化表达功能实际由"冲突"和"斗争"两个上义词来分担了,这样就把"战斗"的事物化表达限制在一个狭小的范围内,我们检索到的主宾语位置上的"抢险战斗、攻城战斗、观测战斗、海上战斗、灭火战斗、扑火战斗、抢险救灾战斗"多数情形还是出现在一个隐喻的认知域里。而涉及"武装冲突"和多样化的隐喻认知域里的"战斗"行为的相关参与者角色会有很多,这些参与者角色与非战斗行为相关的参与者角色分别对应,这样以"战斗"作为参照体或分类标准的 VN 样本自然会有很多。

V_1N 构式表达施事论元或施事论元角色话题事物的类指情形,V 用作参照体其实是凸显 V 属性特征的事物为参照体②,而参照体事物是动词论元结构中充当话题成分的事物。这从造名结构中可以清楚地看出。"药物测试样本"有"药物测试""测试样本"两个 NV 和 VN 简式,其实都是一种"药物样本","测试"作参照体等于提取"药物"的可"测试"属性特征;"药物测试"指称以"药物"为参照体进行的"测试"活动,表达前提是"-药物"测试活动的存在。由此可知 VN 和 NV 都是以话题事物为参照体的定中构式,只不过及物动词有受事论元或受事论元角色成分充当话题事物的对立,一价动词只有施事论元或施事论元角色成分充当话题事物罢了。这样指称一种活动的 NV 构式成立的前提是作为参照体事

---

① 动词由陈述一种"关系"转变为指称一种"关系"可表述为动词的指称化、事物化或关系化。

② 完权(2018:93—94)从"一个实体越是内在地描述另一个实体的特征,它就越有可能被用作参照点"。(Langacker,1993)的论述中指出形容词和各种动词短语定语也能充当参照体的原因是因为特征比事物本身凸显。

物 N 的话题性的存在，动词的事物化其实是话题事物 N 与 V 语义关系结构的抽象化。

只表专门活动（如"散步"）的动词事物化程度弱，NV 构式的生成很受限制。能事物化的动词的参照体 N 须有与其他同类事物类比表达前提，如"水管破裂、情报服务、经济工作、语音停顿、血液流动、肿瘤生长"等都以"能 V"的对象事物为参照体，这是施事论元充当话题成分；更多的情形是"能 V"的对象事物的"矛盾运动"方面（如"经济工作"与"思想工作""军事工作"等相对待）或"矛盾运动"的不同存在形式（如"武装冲突"与非武装冲突方式相对待，"海上战斗"与陆上战斗的对象事物存在的处所位置不同相对待，"研究工作、申办工作、编修工作"等是对象事物行为类别的具体化等）。这是施事论元角色充当话题成分。如把施事论元话题事物和施事论元角色话题事物统称为"对象 N"，可以发现作为参照体的对象 N 都有与同类事物现象互相区别开来的前提也就是充当事物化了的目标 V 的分类标准的作用。

有界的事件动词不能事物化。只检出极少 VN 样本的"奔跑、出差、出发、到达、昏迷、降落、开幕、咳嗽、离婚、忍耐、失望、停留、妥协、洗澡、相等、相同、旋转、游泳、自习"等说明存在有话题事物与其他同类事物互相区别开来的表达前提，样本数量极少说明动词通常以有界事件表达为常态，事物化或关系化表达能力弱。这是一般和特殊的关系问题。

不能检出 NV 结构样本不一定不能检出 VN 结构样本，能检出 NV 结构样本就应该能检出相应的 VN 结构样本，而能检出 VN 结构样本的不一定就能检出相应的 NV 结构样本。因 VN 结构中的动词可以是活动动词也可以是事件动词，而 NV 结构中的动词一定是事物化了的活动动词。

表 2-1 中的 4 个兼价动词在"语料库在线"中的检索结果我们单列为表 2-4，因 VN 和 NV 样本包含了不同价类动词共有的组合情形：

表 2-4

例词	语料范围	VN 样本			NV 样本		
斗争	3183（取前 500 条）	斗争时期 斗争经验 斗争过程 斗争浪潮 斗争影片 斗争性格 斗争艺术	斗争问题 斗争局面 斗争历程 斗争风浪 斗争形式 斗争形势 斗争组织	斗争策略 斗争锋芒 斗争历史 斗争生活 斗争行列 斗争骨干 斗争情况	生产斗争 群众斗争 民族斗争 反清斗争 儒法斗争 社会斗争	阶级斗争 武装斗争 当前斗争 革命斗争 反元斗争 反谣斗争	抗日斗争 反战斗争 群众斗争 政治斗争 反抗斗争 生活斗争

续表

例词	语料范围	VN 样本			NV 样本		
		斗争方面	斗争舞台	斗争模式			
		斗争经历	斗争方法	斗争方针			
		斗争方式	斗争纲领	斗争范围	解放斗争	现实斗争	禁烟斗争
		斗争条件	斗争意志	斗争冲动	反帝斗争	绝食斗争	专项斗争
		斗争热情	斗争信心	斗争规模	经济斗争	文化斗争	思想斗争
		斗争道路	斗争对象	斗争理论	罢工斗争	反霸斗争	城市斗争
		斗争观点	斗争学说	斗争规律	军事斗争	矛盾斗争	爱国斗争
		斗争决心	斗争业绩	斗争原则	自卫斗争	党派斗争	反袁斗争
		斗争原因	斗争知识	斗争学校	谈判斗争	动机斗争	反右斗争
		斗争历程	斗争场面	斗争实践	生活斗争	游击斗争	历史斗争
		斗争工具	斗争大会	斗争精神	批判斗争	宫廷斗争	暴力斗争
		斗争哲学	斗争哲理	斗争场所	种内斗争	外交斗争	抵抗斗争
		斗争情绪	斗争目的	斗争目标	观念斗争	党内斗争	议会斗争
		斗争工作	斗争力量	斗争余波	劳资斗争	权力斗争	抗暴斗争
		斗争风暴	斗争烈火	斗争阵线	夺权斗争	抗法斗争	爱国斗争
		斗争环境	斗争格局	斗争业绩	反盗窃斗争	反酗酒斗争	反走私斗争
		斗争成果	斗争年代	斗争口号	反腐败斗争	反逮捕斗争	反洋教斗争
		斗争手段	斗争事迹	斗争能力	反独裁斗争	反封建反侵略斗争	
		斗争协会	斗争矛头	斗争火种			
		斗争情绪	斗争传统	斗争前列			
		斗争任务	斗争内容	斗争现实			
		斗争焦点					
分别	1999	无			支出分别	虚妄分别	事项分别
					契约分别	小节分别	变化分别
					图案分别	男女分别	遗传分别
					密度分别	轻重分别	所有权分别
活动	6569（取前500条）	活动程序 活动能力 活动场所 活动状态	活动地区 活动中心 活动情况 活动现象	活动小组 活动经费 活动情景 活动医院	科研活动 创造活动 破坏活动 审判活动 文艺活动 创新活动 传教活动 神经活动 经济活动 歌咏活动 心理活动 礼仪活动 政治活动 捐款活动 采访活动 盗窃活动 小组活动 战斗活动 发掘活动 神经活动 致富活动 贪污活动 便民活动	实践活动 生产活动 教育活动 司法活动 侵略活动 社交活动 自治活动 储蓄活动 借贷活动 创作活动 演出活动 偷窃活动 纪念活动 学生活动 间谍活动 思维活动 熔岩活动 生产活动 业务活动 军事活动 示范活动 文学活动 服务活动	评议活动 阴谋活动 宗教活动 文娱活动 空运活动 网络活动 精神活动 经营活动 商业活动 破坏活动 外事活动 竞选活动 革命活动 犯罪活动 航天活动 火山活动 考察活动 教学活动 运销活动 团日活动 庆祝活动 违法活动 竞赛活动

续表

例词	语料范围	VN 样本	NV 样本
		活动形式　活动日程　活动范围 活动地域　活动时间　活动基地 活动组织　活动房间　活动场地	立志活动　科技活动　文体活动 第二课堂活动　勤工助学活动 反革命活动　恐怖主义活动 水下作业活动
答应	626	无	无

由表 2-4 的样本统计结果可以看出：

"答应"表示"应声回答"义时是一价动词，表示"允许；同意"义时是二价、三价动词，没有检出符合条件的 VN 样本和 NV 样本。这是因为"答应"以瞬时动作事件表达为常态，与关联的论元数目多少没有直接关系。"答应"如表达活动属特殊现象。

"斗争[1]"是二价动词，指群众用说理、揭发、控诉等方式打击敌对分子或坏分子，概念义中集成了不同方式类别的"打击"义，或者说是"打击"动作的上义词，自然表达指称化了的一种抽象活动，参照体对象 N 包含了对象事物和对象事物的不同存在形式，指称关系化事物 V 的下位类别"斗争"形式也多；"斗争"表达活动的性质又与非活动的性质相对待，自然可以作为分类标准生成多种多样的动作相关的参与者角色类别。"斗争[2]"是一价动词，指努力奋斗，由于只表动作主体的一种运动状态，缺少对象 N 的参照体作用，理论上只构成指称动作相关的参与者角色类别的 VN 构式。这或许是包含了不同价类的"斗争"的 VN 构式样本多于 NV 构式样本的可能性存在。

"活动"有四个义项，"活动[1]"指"（物体）运动"，能带动作主体致使的对象宾语；"活动[2]"指动摇，不稳定，带施事宾语；"活动[3]"特指钻营、说情、行贿，带相应不同动作的受事宾语；"活动[4]"是一价动词，指为达到某种目的而采取行动。不同价类的"活动"都概括了不同的具体动作行为或者说"活动"可以表达关系化事物，除"活动[4]"理论上因缺少对象 N 的参照体作用只构成指称动作相关的参与者角色类别的 VN 构式外，"活动[123]"关涉不同动作主体的不同参照体对象 N 的存在决定了多种多样的动作相关的参与者角色类别指称需要，NV 构式样本数量远超 VN 构式便成为合理性存在。

"分别"有两个义项，"分别[1]"指离别，是一价动词；"分别[2]"指辨别，是名谓宾动词。从检索到的语料来看没有 VN 构式样本，NV 构式样本只有"分别^2"的表达情形，说明"分别^2"具有指称关系化事物的能力，因事物间的分别、事物的不同行为或行为的不同方式、事物的不同性状或性状的不同程度间的分别都是一种客观存在；而"离别"是较长时间地跟熟悉的人或地方分开，"分别"时间长了人们自然会产生一种思念情愫，这种常态化的主观化因素的存在凸显了"分别"的特定时间因素，语言系统用一个专门的"离别"指称这种特定的"分别"行为，客观上便没有以"分别"为分类标准的基于时间长短的行为类别，这样"分别^1"指称关系化事物的能力就弱，构成指称动作相关的参与者角色类别就弱。

2.2.1.3 《信息词典》数据统计验证

俞士汶等著（1998）《现代汉语语法信息词典详解（第 1 版）》（以下简称《信息词典》）的动词表收入表 2-1 里的 63 个一价动词中的 34 个，我们按词典标注的"前名、后名"属性①分为既有前名又有后名属性的［+前名、+后名］、只有前名属性的［+前名］、只有后名属性的［+后名］和既无前名属性又无后名属性的［-前名、-后名］四类。列为表 2-5：

表 2-5

+前名、+后名	+前名	+后名			-前名、-后名		
奋斗　劳动　流动 旅行　游行　战斗	觉悟　来往	爆发 道歉 降落 生活 下降	奔跑 服务 咳嗽 停留 休养	出发 活动^4 流行 妥协	到达 昏迷 散步 洗澡	答应^1 流传 停顿	斗争^2 前进 消失	工作 失败

以动词能否受名词直接修饰构成定中结构和能否直接修饰名词构成定中结构为标准分出的具有［+前名、+后名］属性的动词应该有 VN 和 NV 两种构式表达情形，只有［+前名］属性的动词应该只有 NV 构式表达情形，只有［+后名］属性的动词应该也只有 VN 构式表达情形，具有

---

① 俞士汶等（1998：77）将动词的前名属性描述为"可以受名词直接修饰构成定中结构"，构成我们所谓的 NV 样本，如"研究（语法~）、演出（文艺~）、分析（逻辑~）"等；动词的后名属性为"可以直接修饰名词构成定中结构"，构成我们所谓的 VN 样本，如"研究（~成果）、演出（~时间）、生存（~空间）、学习（~进度）、开车（~技术）"等。

[-前名、-后名]属性的动词应该没有 VN 和 NV 构式表达情形。就《信息词典》所收表 2-1 里 63 个一价动词中的 33 个动词的检索结果来看，6 个 [+前名、+后名] 属性动词都能检索出 VN 样本和 NV 样本，且 VN 样本数量远高于 NV 样本；只有 [+前名] 属性的"觉悟、来往"也都能检索出 VN 样本和 NV 样本，VN 样本数量只是略高于 NV 样本；只有 [+后名] 属性的 17 个动词中，"奔跑、出发、到达、道歉、降落、咳嗽、散步、停留、妥协、洗澡"没有 NV 样本（"道歉""散步"也没检索出 VN 样本），但其余动词都检索出 VN 和 NV 两种语料样本，"下降"和"活动"的 NV 样本数量要高于或远高于 VN 样本数量（"活动"样本中二价动词情形参与了构式生成）；具有 [-前名、-后名] 属性的动词除"答应"没有检索出 VN 样本和 NV 样本外，其余 7 个动词都有相应的 VN 和 NV 样本（"斗争"样本也包含了不同价类的动词情形），但样本数量存在多与少的显著差别。

《信息词典》属性标注无疑是概率统计结果，指示动词构语表达倾向。王淑华（2014：201—203）从《信息词典》所收 198 个具有 [+前名、+后名] 属性动词中就比较常用的 4 个及物动词"培训、调查、污染、预测"和 2 个不及物动词"奋斗、冒险"在国家语委语料库和北大 CCL 语料库中的检索结果表明，6 个动词都有 VN、NV、N_1VN_2 名词性短语样本；又以在国家语委语料库和北大 CCL 语料库前 1500 条实例中是否组成 10 个以上名词性结构作为能产性标准，得出的结论是 4 个及物动词都能构成能产的 VN、NV 和 N_1VN_2 名词性短语，两个不及物动词都只构成能产的 VN 名词性短语，但这并不排除 6 个动词都能检索到以 VN_2 或 N_2 为中心语的 N_1VN_2 样本。有一点是清楚的，二价动词 NV 构式中的 N 通常是受事成分但不仅仅是受事成分，否则无法解释一价动词何以能有相同性质的 N_1VN_2 活动表达的情形存在。这似乎能说明作为 VN 构式外扩展结构的 N_1VN_2 并非带有定语小句的 NP 结构转化而来的，从根本上说是由活动的广泛性决定的。受事论元 N_1 只是不同性质的外扩展结构成分中的一种，如果承认由非受事论元 N_1 作外扩展成分的 N_1VN_2 不由带有定语小句的 NP 结构转化而来，也就应该承认受事论元 N_1 作外扩展成分的 N_1VN_2 不是由带有定语小句的 NP 结构转化而来的。从时间顺序上说，V 后是活动的结果位置，表达活动属性分类结果或属性归类结果的语义成分类别多种多样，对应（N_1）VN_2 的中心语 N_2 的多样化，表现为与施事论元或施事论元角色话题事物、受事论元或受事论元角色话题事物相应的宿主事物的不同类别。

VN构式或NV构式中的动词都是具有活动性质的动词。一价动词都是不及物动词，不及物动词关涉行为动作的施事或主体成分，没有可支配的逻辑上的行为对象，但并不意味着一价活动动词不能以VN形式为"现象"取名。杉村博文（2006：60）认为"教书、走路、吃食堂、坐茶馆儿、喊嗓子、晒太阳"之类的活动名称是以"现象"为中介才发生形式上的述宾关系的，语义上可以不存在述宾关系。而汉语为现象取名选择V和N的唯一标准是谁对"现象"最具象征性。如果把VN构式看作一种常见的现象表达结构，缺少了逻辑语义上的行为对象的VN结构无非缺少了一个逻辑上默认凸显的具体认知域中的重要的行为侧面。而活动具有广泛性，不同类别的活动动词都有相应的表达现象的VN形式。如"走路"是人和动物的脚交互向前移动，脚下能行走的路线可统称为路，"走"和"路"在"行走"活动的认知域中都具有突出的象征性，"走路"则是语义上不存在述宾关系的VN形式表达现象。二价动词也不仅仅只有受事论元才有突出的象征性。"吃"是人或动物用嘴咀嚼吞咽食物，"饭"是果腹的食物的统称，"吃饭"是语义上存在述宾关系的VN形式来表达现象；"吃食堂"能成为语义上不存在述宾关系的VN形式表达现象的结构是因为"食堂"成了具有突出象征性的吃饭场所，是为吃饭场所取名；"吃苹果"中的"吃"也是用嘴咀嚼吞咽食物，具有突出的象征性，但"苹果"只是食物的一种，在表达吃东西的常规化活动时不具备"食物"的突出的象征性，因而尽管是逻辑语义上的行为对象宾语也不是表达现象的VN结构。VN现象结构既然融结构述宾关系和语义定中关系于一体，似乎意味着VN构式与VN现象结构存在某种意义上的渊承关系，同形结构"学习文件、出租汽车、研究问题"等的存在可支持这一假设，结构类型的不同可由动词属性义的提取与名词语义角色类别的描述上进行识解。

现象可定义为一种常规化活动（仝国斌，2009：173—175）。"洗衣服、洗脸、洗澡"都是一种常规化活动，"洗"在用水去掉物体上面的脏东西这一基本义表达上具备突出的象征性，"洗衣服"可以包括"洗床单、洗袜子"，而"洗床单、洗袜子"都不能代替"洗衣服"，"衣服"具备突出的象征性的前提是可以表达类指；"脸"因是经常需要清洗的身体部位获得的突出的象征性；"洗澡"本是同义构词形式，因表达一种常规化活动而被视为语言系统中的一个离合词（"洗了个澡"），在现象取名方式上与 VN 取得了一致。如此，如果把 VN 构式看作表达常规化活动的通常形式，V 应该是能关系化的活动动词才能获得突出的象征性表现，这也是行为类指的前提；N 要有能概括同类事物现象或能凸显一种常规化活动的某个侧面作用的前提才具备突出的象征性，后者的 N 可视为由常规化活动中获得的类指，如"洗脸"可以描述为不同的人都具有的一种惯常行为，"洗把脸"常说，"洗把手"可接受度就弱。结构成分范畴功能的缺失是结构语法化的前提。

弗雷格组合原则指出句子的整体意义是它的部分意义以及它们组成方式的函数（引自方立，2000：4），一个构式的整体意义也可以说成是它的部分意义及其组成方式的函数。VN 构式表达事物动态属性类指，V 的活动性质及动词词义的理想认知模型、N 的类指义前提及突出的象征性、V 和 N 语义合成等都参与了构式意义的构成，VN 粘合式定中结构是构式组成方式的原型，单个动词与 N_1VN_2 名词性短语都可以表达没有内在终止点的无界动作活动。

2.2.1.4 V^1N、NV^1 构式中 V^1 前后名词的性质

撇开四个兼价动词（因检索出的语料中有受事 N 出现的样本），表 2-5 中其余的 29 个一价动词的 VN 和 NV 结构样本的存在说明 VN 和 NV 结构分别表达施事论元或施事论元角色话题事物的类指情形和行为关系化指称类别。

2.2.1.4.1 V^1N 结构中的 N 的性质

N 已知是与施事论元或施事论元角色话题事物相应的宿主事物，表达存在于动词词义的理想认知模型中的与特定动作相关的施事论元或施事论元角色话题事物类别，如指称凸显施事论元话题成分与特定动作语义关系侧面而来的行为施事成分类别、指称凸显施事论元角色话题成分与特定动作语义关系侧面而来的行为的时间、处所、工具、机构、现象问题、内容形式、方式方法、原因结果、方向趋势、过程经历、程度强度类别等。不同的动作涉及的能作为认知对象的参与角色的数目不等，检出的 VN 样本数量的便有了多少之别。如"劳动"有成果、效率、组织、机构、技能、条件、过程、强度、工具、时间等的参与角色分别，"生活"有方式、习惯、状况、用品、能力、目标、水平、节奏、经历等的参与角色分别，

"生长"有周期、特征、方式、环境、过程、速度、状态、阶段、规律等的参与角色分别，相应的 VN 样本数量就多；"流动"本义是液体或气体移动，能作为认知对象的参与角色数目极少，动作关系化程度也极弱，所检出的 VN 或 NV 样本数量本应极少，但在"经常变换位置"的隐喻义关涉的对象事物较多，因而相应概念组合中的 VN 或 NV 样本数量也多；"爆发"有过程、强度、时间、地点的参与角色分别，"奔跑"有速度快慢之分，"降落"有地点位置可选，"衰亡"的阶段分布有较高的信息度，"出发"的目标选择有较高的凸显度，构成 VN 结构样本的数量较少或较单一；"道歉、躲藏、叛变、散步、完毕、醒悟"既无凸显度高的规律、方法、目标、时间、状态等的关联成分角色类别，指称关系化行为类别的能力也极弱，很难检出相应的 VN 或 NV 结构样本；"奔跑、毕业、闭幕、出差、出发、到达、复员、昏迷、降落、开幕、咳嗽、忍耐、失望、衰亡、逃走、停留、洗澡、相等、相同、旋转、自习"或表示一个瞬时动作行为，或表示动作处于某个特定的过程或状态，或表示事物间的关系，指称关系化行为类别的能力极弱，则很难检出相应的 NV 结构样本。

N 与施事论元或施事论元角色话题事物语义上具有领属关系，V^1N 粘合式结构语义上可视为限制性关系结构，V^1N 本就是 N 的一种。事物都有分类表达和归类表达的需要，因而 V^1N 与及物动词直接作定语构成的 VN 结构一样，语义上的分类结构可实现为语用上分类类指结构或归类类指结构。V^1 既可以提取属性值作为 N 的分类标准存在，也可有对已定选择的 N 的类别进行属性特征认定。

2.2.1.4.2　NV^1 结构中的 N 的性质

N 为动作的施事论元时往往与 V^1N 构式中的 N 同形，这也是众多学者将 V^1N 构式的 N 视为施事论元的原因所在。如"人员服务—服务人员""资金流动—流动资金""来往业务—业务来往"等。但 N 靠前置放与靠后置放性质上发生了根本性的变化。从语用表达上看，V^1N 构式可实现为句子动词的类指施事论元或与动作相关的施事论元参与者角色，但其中的 N 并非 V^1 的施事论元，虽然 V^1 论元结构或降格表述中的施事论元可以与句子动词的施事论元重合，表达中句子动词的施事论元与 V^1N 构式又往往同现且 N 也并非只有施事论元的类指情形。因而我们把 V^1N 构式处理为只是句子动词的施事论元或施事论元角色话题事物的类指表达形式，N 是 V^1 的施事论元或施事论元角色成分动态属性的拥有者宿主，句中一定存在着与之相应的具体的施事论元或施事论元角色成分话题。有的 NV^1 构式只是光杆的施事论元与动词的粘合,光杆名词具有类指属性,看似与 V^1N 存在转换关系,但前置的 N 是具体事物类别并不抽象,是话题并非宿主;更多情形的 NV^1 构式中的 N 却是与 V^1 相关的参与者角色。从信息结构上说,名词靠前置放往往表达已知的确定的信息,靠后置放则通常表达新信息,则宿主作为新信息也应该有一个对应的已知的类指对象存在的前提,这一类指对象便是动作的施事论元或施事论元角色的构式话题成分。因而 NV 构式可视为 V 的论元结构或降格表述语法化而来的,其中的 N 可实现为已知的动作的施事论元或施事论元角色的构式话题成分;而 VN 构式中的 V 却只是一个降格的述谓结构或论元结构的代体,如果需要,前置的话题成分 N 都可以明确地补出来形成 N_1VN_2 外扩展结构,N_1VN_2 中的 N_1 与 N_2 处于结构生成的不同层次。

从语料检索结果看,靠前置放的 NV 结构中的 N 大多是与动作的施事论元相关的参与者角色成分,因我们的检索条件是不同句法位置上出现的 NV 定中结构。这与参与者角色类别的多样性一致。从 NV 结构的多义性上说,N 是施事论元的情形句法上有定中结构和主谓结构的交叉分别,如"战争爆发、业务来往、人类劳动、人才流动、天花流行、感情破裂、个人生活、道德衰亡"等(记为 NVⅠ结构);N 是与施事论元相关的参与者角色成分的情形句法上有定中结构和状中结构的交叉分别,如"商业服务、经济工作、文化考试、农业劳动、乡村生活、理论挑战、国庆游行"等(记为 NVⅡ结构)。有两个问题需要说明:

其一是 NVⅠ与 NVⅡ都能构成定中结构,两种结构中的 N 句法功能一致。NVⅠ结构中表类指的定中结构可以说是表陈述义的主谓结构语法化而来的指称形式,NVⅡ结构中表类指的定中结构可以说是表陈述义的状中结构语法化而来的指称形式,粘合式结构与成分范畴功能的缺失是语法化结构或去范畴化结构生成的动因。如"电话联系"中的"电话"由事物义转指"联系"行为的工具或方式,"微信联系"中的"微信"由事物义只转指行为的方式,都与"联系"的事物化匹配。可以说状语位置上的名词与动词能直接邻现组合可以视为动词事物化的重要标志之一,距离像似原则也能说明事物化了的动词才能与状位上的非空间性名词直接邻接组合。从信息结构上说 NVⅡ结构中的 N 无论是处于定语位置还是状语位置都表达已知的确定的信息,与话题成分具有表达上的一致性。如定中结构"商业服务、经济工作、文化考试、农业劳动、乡村生活、理论挑战、国庆游行"等都凸显动作施事论元的某个具体的行为关系侧面，N限制或指示行为的具体内容范围，如"商业服务"属商业方面的服务、"经济工作"是经济方面的工作、"文化考试"是文化内容的考试、"农业劳动""乡村生活"有别于非农业劳动、非乡村生活、"理论挑战"是理论上的挑战、"国庆游行"是国庆期间带有庆典意义的游行等。

其二是去范畴化NV结构表示的活动与一价动词施事论元间同样存在广义的领属关系，无论NV结构处于什么样的句法位置上：

（1）中央提出要搞横向经济联合，有的单位就把一些与外地的正常业务来往，甚至从农村换回几车黄瓜、茄子等情况也拉来凑数。（语料库在线）

（2）宋霭龄怎么也不会想到这善意之举，却导致了蒋介石和宋美龄的感情破裂。（语料库在线）

（3）各地区、各部门要认真贯彻这两次会议的精神，把明年的经济工作做好。（语料库在线）

（4）这天正好是"中华民国"十三周年纪念日，广州工农群众和黄埔军校学生举行国庆游行。（语料库在线）

（1）中的"业务来往"的领有者是"来往"的施事"有的单位"，（2）中"感情破裂"的领有者是"破裂"的施事"蒋介石和宋美龄"，（3）中"经济工作"的领有者是"工作"的施事成分"各地区、各部门"，（4）中"国庆游行"的领有者是"游行"的施事"广州工农群众和黄埔军校学生"。（2）中的施事成分作NV结构的定语，整个领属关系结构可由一个降格的述谓结构表述出来，因作谓宾动词"导致"的宾语，去"的"成主谓短语作宾语后句式意义表达并未受到影响。其余三例的施事成分都是句子的主语。可见语义上的施事话题可与句法成分主语重合，或者说整个领属关系结构与句子层面的话题—述题结构具有平行性。

NV可有相应的外扩展结构N_1VN_2，由表达一种活动NV构式转为表达这种活动的施事论元或施事论元角色话题事物的类指情形。也就是V^1N

的外扩展结构形式，只是扩展的方向相对而已。如：

（5）a. 劲松、团结湖住宅区又有四个商业服务网点开业。（语料库在线）

b. 长期的商品供不应求局面，严重地妨碍了人们对于商业服务问题的全局认识。（语料库在线）

c. 美国制造业职工只有 2000 万人，而商业服务职工就有 4300 万人。（语料库在线）

d. 迎接亚运会要把首都的商业服务工作推上一个新水平。（语料库在线）

e. 人民群众对商业服务质量的要求，首先表现为具体的使用价值。（语料库在线）

就"商业服务"而言，通常有服务机构"网点"、服务过程中会存在"问题"、有服务"职工"、服务"工作"与管理工作等相对、有服务"质量"等的分别，语义上自然会出现以"服务"为分类属性的 VN 类指结构。可见靠前置放与靠后置放的 N 性质上大不一样，表达活动与表达活动相关的语义成分类指，只以施事论元为构式话题和既可以施事论元又可以施事论元角色充当话题成分，类指对象不同，结构形式不同，结构所指也就不同。

同一动作作用于不同的主体有不同的运动属性，如人和马的"跑"的方式不同；同一动作作用于同一主体的不同行为方面也会提取出不同的运动属性。如人的"服务"基于不同的服务范围提取的行为属性自然有所不同，"商业服务"和"生活服务"的方式、方法、途径、成果等都会存在异同分别，这种差别通常只能以靠后置放的宿主 N 的类别中体现出来：

（6）a. 生活服务公司和工程公司成立后，克服了厂内过去不少人无活干、不少活无人干的弊病。（语料库在线）

b. 县城风景区除修复千岁白塔和独乐寺以外，继续修复鲁班庙、孔庙、关帝庙等古建筑，还将配套建设一些生活服务设施。（语料库在线）

c. 有些地方……在非生产性建设方面，如文教事业、卫生保健以及生活服务行业等方面也都出现供应不足和需求紧张的状况。（语料库在线）

d. 商业企业的各种工作，包括行政管理工作、政治思想工作、科技工作、生活服务工作等都应围绕购销业务这个中心开展活动。（语料库在线）

e. 解决家务劳动的拖累，其根本出路……是在发展社会经济基础上，改善社会生活服务条件，在于提高家务劳动社会化程度和家庭生活用具的现代化。（语料库在线）

再如"资金流动""人才流动"都有"流动方式"，但"流动方式"的方式显然有别；有"人才流动方案/制度"，相应地，"资金流动方案"成立，"资金流动制度"可接受度却极弱。这与动词词义的理想认知模型相关，同样与不同事物的行为方式的特异性差别有关。只有在话题事物的特定活动侧面确定的前提下才会有行为属性的宿主的类别，因而靠前置放的 N 是为靠后置放的 N 提供具体的类指对象或对象范围的。从理论上说，事物的具体运动决定了事物具体结构的形成。如石墨和金刚石都是由碳原子组成的，由于结构方式不同因而具有了不同的性质，而不同的结构方式又是由碳原子的运动量不同决定的。VN 粘合式定中结构语义上可以表示 N 的次范畴分类，这是概念组合成分语义选择限制的结果。但定语动词的属性义在与句式及包括所指对象在内的语义成分的互动中通常可能发生词义游移和功能转变，由此制约影响共现名词意义和功能的相应变化。词语在与相关结构成分的互动中语义才最终得以实现（任鹰，2007a：29）。N_1VN_2 中的 N_1 是 VN 结构的外扩展成分，外扩展成分的类别并不改变 N_2 的类指性质，因而外扩展成分 N_1 可以概括为 VN 构式的具体化活动侧面指示成分，显然与 N_2 不处于结构的同一层次。N_1 的具体化活动侧面是表达凸显的动词与话题成分的语义关系侧面。如"申办工作""咨询服务""流血冲突""经营失败""示威游行""抢险战斗""通信来往"等的所指需要与特定的话题成分相连才能得以识解。

秦裕祥（2008：113）认为英语的前置修饰语对名词所指事物具有次范畴化功能，这种次范畴化功能具有暗含对立次范畴和以恒久性属有特征为参照的认知特点。唐正大（2018：165—166）指出是中心语的语义特征束限制了定语动词次范畴化功能的选择。"我所知道的"不能使"医院"次范畴化,因为在常识世界中"我所知道的"并非"医院"内涵的一部分,没有重要到可以对"医院"进行分类;而"治疗肿瘤的医院"更容易发生次范畴化,如可以有"肿瘤治疗医院"甚至"肿瘤医院"这样的类词汇化形式。无论是前置修饰语具有的次范畴化功能还是中心语的语义特征束限制,都是动词与左邻右舍的事物名词互动中发生的词义游移和功能转变的语义合成现象。

2.2.2 V²N 结构

我们同样根据俞士汶等(1998)动词表所收表2-1中的二价动词按词典标注的"前名、后名"属性分为既有前名又有后名属性的[+前名、+后名]、只有前名属性的[+前名]、只有后名属性的[+后名]和既无前名属性又无后名属性的[-前名、-后名]四类。列为表2-6:

表2-6

+前名、+后名		+前名	+后名			-前名、-后名			
安排²	包围	保护	办理	保留	保卫	保证	爱好	把握	比赛	采纳	采用
变化	辩论	表达	比较	布置	采购	参观	拆除	称赞	呈现	承担	代替
表现	表扬	剥削	参加	产生	陈述	成立	等待	惦记	断绝	对待	发表
参考	测量	测验	抽查	出现	促进	代理	发动¹²³	发挥	发明	反省	放松
抄写	筹备	出版	逮捕	抵抗	督促	兑换	放心	粉碎	改变	改正	巩固
处罚	处理	传染	发生	发现	发行	反对	贡献	关心	贯彻	广播	害怕
创造	打击	登记	反抗	防守	讽刺	抚养	轰动	怀念	恢复	回忆	获得
调查¹	调动	动员	负责	改进	改良	改善	记录	加入	节约	降低	交涉
斗争	锻炼	对抗	感谢	公布	观察	规定	教训	接受	举行	结合	进行
发展	翻译	否认	号召	核对	呼吸	护理	警惕	纠正	控诉	拒绝	决定
分裂	分析	干扰	化装	怀疑	欢迎	活动¹²	开除	开展	拟定	挪用	埋怨
改革	改造	合作	集合	纪念	继承	寄存	满足	弥补	期待	期望	排除
攻击	管理	监督	驾驶	结束	接待	接见	佩服	批准	切盼	轻视	启发
汇报	积累	检验	揭发	恐吓	解放	浪费	抢劫	热爱	忍受	认识	驱逐
监视	检查	交换	抗议	联合	联络	练习	扰乱	适应	熟悉	顺从	实行
建设	鉴别	介绍	理解	领导	领取	迷信	适合	损失	缩小	坦白	说服
交流	教育	联系	了解	模仿	排练	判断	说明	提拔	提高	体谅	逃避
考验	控制	侵略	模仿	配合	评论	破坏	淘汰	停止	统一	投入	体贴
批评	迫害	生产	配合	敲诈	清洗	清洗	体现	推动	推广	脱离	团结
设计	审查	限制	强调	商量	申请	实现	推测	推动	喜欢	陷害	完成
试验	讨论	训练	庆祝	思考	搜查	搜集	误解	希望	协商	协助	羡慕
宣传	学习	议论	收获	贪污	替换	挑选	相信	想念	压制	掩护	泄露
研究	邀请	阅读	损害				欣赏	信任			掩饰
应用	预防										

续表

+前名、+后名	+前名	+后名			−前名、−后名			
运输 镇压 整顿 整理 指导 转移 准备	同情 推荐 慰问 吸收 吸引 袭击 修改 修理 休息 叙述 宣布 选举 选择 依靠 依赖 预备 运用 赞成 增长 占领 召集 执行 重视 注意 组织				隐藏 隐瞒 影响 拥抱 拥护 责备 增加 展开 掌握 争夺 证明 支持 支配 指挥 指责 制定 阻止 尊敬 尊重			

2.2.2.1 不同属性的二价动词构语语料统计

沈家煊、王冬梅（2000：27—28）把"N的V"定中结构看成非典型的"参照体—目标"构式，把事物化了的目标动词视为指称"关系"，有凸显两个关联事物中的主体、凸显宾体与凸显"关系"这一整体（包括"关系"关联的主体和宾体事物）三种事物化方式，相应的"N的V"结构中N和V关系的四种情形为，凸显两个关联事物中的主体的A类结构，N只能是V的主语不能是V的宾语；凸显宾体事物的B类结构，N只能是V的宾语不能是V的主语；凸显"关系"这一整体的C类结构，N可以是V的主语也可以是V的宾语；另外还有与C类结构相对待的一类N不能是V的主语也不能是N的宾语①的D类结构。

沈、王文四种结构只是就N作为动词论元情形来考察的，而俞士汶等（1998）则是以粘合式结构形式为标准进行构语频率统计的，N未必一定是V的必有论元。这样俞著中的［+前名、+后名］动词不仅仅是包括沈、王文中的N可以是V的主语也可以是V的宾语类别表达情形，［−前名、−后名］动词不仅仅是包括其中的N不能是V的主语也不能是N的宾语的类别表达情形，［+前名］动词不仅仅是包括其中的N只能是V的主语不能是V的宾语的类别表达情形，［+后名］动词也不仅仅是包括其中的N只能是V的宾语不能是V的主语的类别表达情形，理论上每种

---

① 沈家煊、王冬梅（2000：26）把N不能是V的主语也不能是V的宾语的D类结构中的动词界定为大多表示领属、等同等关系的动词，如"成为、等于、类似、号称、作为、值得"等，也包括"相信、遇到"之类的动词。我们循此思路将所有四类动词分拣的前提界定为：凡语境中能概括或替代整个动词基础论元结构表达的"N的V（活动）"获得结构句法语义允准，N能作为目标V的参照体角色存在，否则结构不成立。如"老张陈述看法"配用"老张的陈述"不能用"*看法的陈述"概括，则"陈述"属N只能是V的主语不能是V的宾语的类别情形。关系化了的V只有活动的性质。

属性动词都应该可以包括沈、王文的以基础论元结构标准分出的四种情形，俞著中动词前后的名词粘合式成分则包含了包含论元在内的所有动作参与者角色。我们将相应的 NV 粘合式定中结构也视为非典型的"参照体—目标"构式（见下章详述），因与动词的概念组合选择及动词的理想认知模型有关，同样辅以粘合式结构形式标准，作粘合式成分的 N 包括论元在内的所有动作相关的参与者角色，将二价动词也分为相应的四种类别：

　　a 类：[+前名、+后名] 动词，N 可以是 V 的主语也可以是 V 的宾语（标注为 [+主、+宾]）属典型情形；
　　b 类：[+前名] 动词，N 只能是 V 的主语不能是 V 的宾语（标注为 [+主、-宾]）属典型情形；
　　c 类：[+后名] 动词，N 只能是 V 的宾语不能是 V 的主语（标注为 [-主、+宾]）属典型情形；
　　d 类：[-前名、-后名] 动词，N 不能是 V 的主语也不能是 N 的宾语（标注为 [-主、-宾]）属典型情形。

不同类别动词通常都能检索出 VN、NV、NVN 的情形，规约性程度差别明显，以语料数量多少表现出构语倾向分别。我们从表 2-6 所列二价动词的不同属性类别中每一类挑选出若干高频动词在教育部语言文字应用研究所"语料库在线"的"现代汉语语料库检索"中分拣出 VN、NV 及 N_1VN_2 定中结构的所有出现样本（语料查询结果超过 1500 条的只取前 1500 条），以此考察不同属性类别二价动词的构语倾向。

2.2.2.1.1　a 类：[+前名、+后名] 动词

a 类动词应能构成典型的 N_1VN_2 构式，我们选取其中的 12 个进行语料统计，选取标准为：N 可以是 V 的主语也可以是 V 的宾语的"保护、研究、测量、调查、设计"，N 只能是 V 的主语不能是 V 的宾语的"攻击、指导"，N 只能是 V 的宾语不能是 V 的主语的"出版、应用"（增加一例以非可控语义特征为常态的动词"变化"），N 不能是 V 的主语也不能是 V 的宾语的"包围、联系"。依据如下：

　　国家保护动物——国家的保护（主）——动物的保护（宾）

领导研究对策—领导的研究（主）—对策的研究（宾）
小组测量土地—小组的测量（主）—土地的测量（宾）
单位调查情况—单位的调查（主）—情况的调查（宾）
张三设计草图—张三的设计（主）—草图的设计（宾）
敌军攻击阵地—敌军的攻击（主）—*阵地的攻击（宾）
老师指导论文—老师的指导（主）—*论文的指导（宾）
高校出版教材—*高校的出版（主）—教材的出版（宾）
企业应用技术—*企业的应用（主）—技术的应用（宾）
队伍变化阵形—*队伍的变化（主）—阵形的变化（宾）
农村包围城市—*农村的包围（主）—*城市的包围（宾）
理论联系实际—*理论的联系（主）—*实际的联系（宾）

表 2-7

动词样例	语料范围	构语类型 VN	构语类型 NV	构语类型 N₁VN₂
保护	1649	保护动物　保护目的 保护对象　保护工作 保护作用　保护气体 保护条例　保护范围 保护工作　保护措施 保护价格　保护任务 保护单位　保护神灵 保护规定　保护文物 保护机制　保护意义 保护前提　保护意义 保护状况　保护组织 保护细胞	行政保护　现场保护 法律保护　外交保护 环境保护　劳动保护 资源保护　文化保护 版权保护　生态保护	贸易保护浪潮　文物保护单位 预警保护措施　行政保护证书 行政保护申请　行政保护年费 文物保护工作　文物保护单位 贸易保护政策　外交保护问题 森林保护条例　关税保护政策 动物保护协会　环境保护规划 谷物保护条例　法律保护期限 漏电保护开关　文物保护单位 文物保护对象　国际保护问题 国际保护方面　法律保护措施 环境保护活动　安全保护工作 环境保护会议　环境保护方面 环境保护工作　环境保护措施 视力保护制度　巴黎城保护女神 野生物保护协会　未成年人保护条例 未成年人保护工作　未成年人保护委员会
研究	8657	研究对象　研究体制 研究领域　研究工作 研究论著　研究范畴 研究结果　研究范围 研究重点　研究时期 研究成果　研究成绩 研究方法　研究报告 研究环境　研究材料	专题研究　学术研究 科学研究　历史研究 问题研究　社会研究 家庭研究　集体研究 个别研究　记忆研究 经济研究　农村研究 工艺研究　小说研究 服装研究　生理研究	哲学研究范围　历史研究工作 清史研究工作　学术研究工作 集体研究计划　科学研究活动 艺术研究工作　圣经研究小组 海洋研究中心　飞碟研究分子 医学研究专利　飞碟研究组织 科学研究单位　农业研究机关 科学研究仪器　军事研究方面

第二章 定语动词与动词定语

续表

动词样例	语料范围	构语类型 VN		构语类型 NV		构语类型 $N_1 V N_2$	
		研究单位	研究小组				
		研究活动	研究能力	军事研究	应用研究	武器研究专家	军事研究项目
		研究课题	研究资源	长波研究	课题研究	军事研究对象	武器研究工作
		研究难点	研究热点	工作研究	技术研究	激光研究工作	气功研究单位
		研究机构	研究人员	工程研究	集邮研究	科学研究能力	科技研究成果
		研究中心	研究态度	物理研究	未来研究	航宇研究部门	教学研究活动
		研究价值	研究项目	价值研究	思想研究	学术研究团体	逻辑研究方法
		研究笔记	研究经验	基础研究	专业研究	法学研究机构	科学研究事业
		研究基础	研究机关	调查研究	鲁迅研究	科学研究过程	科学研究工作
		研究优势	研究方向	断代研究	周史研究	科学研究成果	古代研究系统
		研究情况	研究心态	金文研究	断代研究		
		研究中心	研究规划	气功研究			
		研究现状	研究内容				
		研究性质	研究专著				
		研究贡献					
		测量系统	测量工作	心理测量	温度测量	温度测量技术	实验测量结果
		测量仪器	测量数字	女裤测量	微压测量	电学测量仪表	天体测量卫星
		测量结果	测量队伍	矿产测量	行为测量	天体测量仪器	偏振测量仪器
		测量数据	测量方法	发展测量	创造测量	大地测量方面	大地测量工作
测量	551	测量范围	测量长度	天文测量	天体测量	重力测量技术	
		测量项目	测量技术	大地测量	重力测量	热释光测量元件	
		测量时间	测量手段	水深测量	地形测量	斑点干涉测量	
		测量精度	测量过程	肌电测量	地磁测量		
		测量工具	测量标志				
		测量机关	测量人员				
				活动调查	户口调查		
		调查过程	调查对象	土地调查	人口调查		
		调查内容	调查数字	化验调查	断面调查		
		调查期间	调查结果	野外调查	专题调查		
		调查材料	调查工作	记者调查	方言调查		
		调查活动	调查规划	通讯调查	个性调查		
		调查证据	调查提纲	抽样调查	定点调查	国势调查制度	污染调查计划
		调查人数	调查报告	典型调查	心理调查	历史调查材料	地貌调查规范
		调查手记	调查结论	民意调查	农村调查	地貌调查方法	野外调查任务
		调查概况	调查日记	外围调查	来信调查	海洋调查内容	深海调查报告
调查	1091	调查资料	调查手段	现场调查	市场调查	海洋调查活动	土壤调查过程
		调查成果	调查方式	问卷调查	数量调查	地质调查资料	土壤调查工作
		调查技术	调查人员	取样调查	资源调查	现场调查资料	
		调查例子	调查费用	地貌调查	地形调查	渔业资源调查活动	
		调查时间	调查速度	地质调查	水文调查	人工林调查材料	
		调查样本	调查方法	海洋调查	远洋调查	骨软病调查材料	
		调查任务	调查计划	浅海调查	环境调查		
		调查海区	调查规范	生物调查	面积调查		
		调查季节	调查区域	路线调查	深海调查		
		调查质量	调查范围	航行调查	气候调查		
		调查项目	调查方案	土壤调查	人格调查		
		调查情况		海岸带调查			
				地球物理调查			

续表

动词样例	语料范围	构语类型			
		VN		NV	N₁VN₂
设计	1140	设计草图 设计工作 设计图纸 设计水平 设计人才 设计竞赛 设计原理 设计方式 设计工作 设计能力 设计单位 设计角度 设计作业 设计面板 设计任务 设计成果 设计机构 设计数据 设计关键 设计方法 设计规模	设计标准 设计部门 设计程序 设计大师 设计中心 设计要求 设计工期 设计公司 设计人员 设计计划 设计图样 设计图案 设计方案 设计时速 设计思路 设计文件 设计结果 设计思想 设计难度 设计阶段	总体设计 包装设计 整体设计 插图设计 封面设计 产品设计 光学设计 工程设计 电脑设计 建筑设计 装帧设计 邮票设计 规划设计 软件设计 住宅设计 系统设计 政治设计 单元设计 实验设计 化工设计 机械设计 烟火设计 构图设计 创作设计 草稿设计 乐曲设计 主体设计 地毯设计 造型设计 装饰设计 外形设计 布景设计 动作设计 画面设计 道具设计 美术设计 舞台设计 纹样设计 车锁设计 橱窗设计 唱腔设计 技术设计 杆基设计 模型设计 酒店设计 拱桥设计 气动设计 电路设计 课程设计 毕业设计 方案设计 秋装设计 液压设计 市镇设计 给水设计 机器设计 色彩设计 谈话设计 教学设计 叙述设计 唱腔设计 布景设计 矿山设计 外观设计 勘察设计 地图设计 软件设计 颜色设计 间距设计 固位设计 分子设计 炸弹设计 概率设计 常规设计 线路设计 微机设计	花布设计工作 图纸设计要求 时装设计大师 邮票设计工作 机械设计部门 图纸设计任务 工程设计费用 冶金设计总院 科研设计单位 动力设计措施 飞机设计专家 工程设计方案 童装设计竞赛 机械设计手册 图案设计人员 勘察设计单位 科研设计能力 卫星设计寿命 技术设计过程 要素设计阶段
攻击	384	攻击时刻 攻击态势 攻击字句 攻击要点 攻击势头 攻击后卫 攻击目标 攻击任务 攻击时间	攻击能力 攻击矛头 攻击阵位 攻击力量 攻击武器 攻击目标 攻击行为	人身攻击 地面攻击	导弹攻击	

第二章 定语动词与动词定语

续表

动词样例	语料范围	构语类型 VN		构语类型 NV		构语类型 N$_1$VN$_2$	
指导	1652	指导意义 指导中心 指导方针 指导原则 指导工作 指导文件 指导方向 指导路线 指导规律 指导原理 指导小组 指导变元	指导思想 指导作用 指导教师 指导地位 指导计划 指导重心 指导方略 指导规范 指导方针 指导方法 指导理论	理论指导 路线指导 工作指导 个别指导 精神指导 政策指导 成人指导 理性指导 职业指导 战争指导 哲学指导 方针指导 知识指导 班级指导 现场指导 场外指导	计划指导 技术指导 认识指导 观念指导 行动指导 科学指导 战略指导 专家指导 主观指导 生活指导 意识指导 观点指导 健康指导 学习指导 用兵指导 教师指导	会议指导思想 战略指导问题 工作指导方面 工作指导思想 建设指导思想 战争指导规律 策略指导方针 立法指导思想 工作指导小组 作战指导原则	设计指导思想 抗战指导方针 技术指导人员 设计指导工作 战略指导思想 战争指导问题 策略指导原则 艺文指导纲要 作战指导思想
出版	595	出版机构 出版水平 出版事业 出版自由 出版史料 出版数量 出版形式 出版工业 出版预告 出版问题	出版工作 出版单位 出版书籍 出版报刊 出版总署 出版部门 出版协定 出版地区 出版中心	新闻出版	图书出版	文化出版工作 新闻出版事业	新闻出版系统 言论出版自由
应用	1543	应用开发 应用文书 应用场所 应用价值 应用阶段 应用范围 应用工具 应用能力 应用软件 应用信息 应用项目 应用机会 应用法则 应用效果 应用科学 应用人才 应用实例 应用方式 应用基础 应用理论 应用时期	应用过程 应用研究 应用领域 应用数学 应用技术 应用对象 应用部分 应用物资 应用物理 应用学科 应用方面 应用问题 应用文章 应用价值 应用工作 应用前景 应用报道 应用形式 应用设备 应用假说 应用条件	社会应用 机械应用 色彩应用 战术应用 加减应用 电视应用 花卉应用	技术应用 技巧应用 临床应用 工业应用 教育应用 遥感应用 工程应用	教育应用小组 阀门应用范围 人才	技术应用领域 计算机应用

续表

动词样例	语料范围	构语类型			
		VN		NV	N₁VN₂
变化	5077	变化法则 变化图景 变化过程 变化场地 变化规律 变化状态	变化情况 变化情报 变化趋势 变化结构 变化速度	发展变化 迁徙变化 政策变化 文法变化 增减变化 心情变化 历史变化 思想变化 地位变化 图案变化 色板变化 神态变化 天气变化 电流变化 成分变化 磁力变化 热能变化 大气变化 环境变化 重量变化 尺寸变化 色彩变化 感情变化 感觉变化 生态变化 病理变化 生理变化 地球变化 形势变化 阴阳变化 压强变化 深浅变化 气候变化 命运变化 社会变化 处境变化 运动变化 参数变化 生物变化 格局变化 市场变化 时空变化 资金变化 策略变化 体质变化 语音变化 人生变化 分子变化 种类变化 性格变化 反应变化 电阻变化 电位变化 心理变化 脑电变化 化学变化 内部变化 气质变化 物理变化 声调变化 形态变化 词形变化 联音变化 结构变化 历史变化 状态变化 要求变化 月相变化 比率变化 行情变化 地质变化 形势变化 供求变化 数量变化 品质变化 行情变化 雨量变化 价格变化 条件变化 需求变化 政治变化 规模变化 条件变化 情感变化 产销变化 起伏变化 力度变化 关系变化 选择变化 时间变化 音程变化 音色变化 衣着变化 整体变化 刀法变化 节奏变化 队形变化 情绪变化 对比变化	病理变化分析 心理变化规律 声调变化趋势 供求变化情况 市场变化规律 产销变化情况 音乐变化表演 流动变化过程 周期变化状况	运动变化发展 动态变化特性 语音变化规律 供求变化趋势 发展变化情况 发展变化趋势 环境变化过程 时间变化过程

续表

动词样例	语料范围	构语类型 VN	构语类型 NV	构语类型 N_1VN_2
			精神变化　形式变化 情况变化　表情变化 态度变化　婚姻变化 内分泌变化 想象力变化 重力场变化 产销率变化	
包围	393	包围战术　包围态势 包围办法	军事包围　势力包围 人群包围　思想包围 攻势包围　战略包围 战役包围　战术包围	
联系	3361	联系地址　联系因素 联系原则　联系形式 联系纽带　联系构件 联系工作　联系方式 联系范围　联系业务 联系地点	组织联系　通讯联系 神经联系　单线联系 因果联系　微波联系 水下联系　经济联系 精神联系　逻辑联系 历史联系　外部联系 内部联系　内在联系 本质联系　先后联系 表面联系　货币联系 通信联系　社会联系 客观联系　电话联系 感情联系　近义联系 等义联系　意义联系 血缘联系　技术联系 业务联系　体制联系 利益联系　血肉联系 纵向联系　横向联系 贸易联系　城乡联系 信息联系　协作联系 交通联系	神经联系系统　经济联系方面 经济联系系统　工作联系制度 经济联系工作

2.2.2.1.2　b类：[+前名] 动词

因粘合式成分 N 除动作的必有论元施事、受事外还包括了动作相关的参与者角色，理论上四类不同属性动词都有分拣出只依论元位置标准划分的四种类别情形的可能。表 2-6 中的 [+前名] 动词只有十个，因数量范围有限，我们没有发现依论元位置标准划分出来的 N 不能是 V 的主语也不能是 N 的宾语的类别情形。十个动词包括 N 可以是 V 的主语也可以是 V 的宾语的"收集、维护"，N 只能是 V 的主语不能是 V 的宾语的"安慰、鼓励、虐待、威胁、歧视、压迫"，N 只能是 V 的宾语不能是 V 的主语的"利用、享受"，依据如下：

老人收集废品—老人的收集（主）—废品的收集（宾）
警察维护治安—警察的维护（主）—治安的维护（宾）
医生安慰病人—医生的安慰（主）—*病人的安慰（宾）
老师鼓励学生—老师的鼓励（主）—*学生的鼓励（宾）
儿孙虐待老人—儿孙的虐待（主）—*老人的虐待（宾）
土匪威胁百姓—土匪的威胁（主）—*百姓的威胁（宾）
当地人歧视外来户—当地人的歧视（主）—*外来户的歧视（宾）
官吏压迫百姓—官吏的压迫（主）—*百姓的压迫（宾）
农民利用农闲—*农民的利用（主）—农闲的利用
顾客享受优惠—*顾客的享受（主）—优惠的享受

表 2-8

动词样例	语料范围	构语类型		
		VN	NV	N_1VN_2
收集	341	收集工作　收集方法 收集内容　收集装置	数据收集　材料收集 信息收集	垃圾收集办法　情报收集技术
维护	700	维护心理　维护功能 维护工作　维护干部 维护要求	城市维护　建设维护	城市维护建设
安慰	359	无	精神安慰　宗教安慰	无
鼓励	652	鼓励政策　鼓励作用 鼓励原则	物质鼓励　精神鼓励 国家鼓励	物质鼓励问题　物质鼓励作用
虐待	82	虐待行为		
威胁	477	无	洪峰威胁　心理威胁 失业威胁　火力威胁 外部威胁　外在威胁 战争威胁　武力威胁 军事威胁　侵略威胁 武装威胁　敌情威胁 低温威胁	坦克威胁方向
歧视	106		政策歧视　职业歧视 宗教歧视　民族歧视 性别歧视　部族歧视	民族歧视事件　民族歧视政策

续表

动词样例	语料范围	构语类型		
		VN	NV	N₁VN₂
压迫	693	压迫民族　压迫制度 压迫机关　压迫政策 压迫手段　压迫阶级	民族压迫　自然压迫 社会压迫　政治压迫 种族压迫　封建压迫 痛苦压迫　阶级压迫 宗教压迫　贵族压迫 人身压迫　阶级压迫 教会压迫　武力压迫 肿瘤压迫	民族压迫制度　民族压迫政策
利用	3892	利用效能　利用程度 利用能源　利用效果 利用形式　利用系统 利用方向　利用条件 利用效率　利用面积 利用外资　利用情况	信息利用　资源利用 核能利用　能源利用 技术利用　设备利用 光能利用　机械利用 资金利用　有机肥利用 无机肥利用	核能利用事业　能源利用效率 能源利用问题　设备利用情况 资金利用效果　资金利用效率 时间利用系数　土地利用方式 土地利用效率　能源利用效果 灌溉水利用性质　有机肥利用技术 太阳能利用设施 太阳能利用技术
享受	508	享受欲望　享受资料 享受需要	物质享受　艺术享受 精神享受　生活享受 美感享受　审美享受 心理享受　个人享受 现实享受　文化享受 感官享受	物质享受方面

2.2.2.1.3　c类：[+后名] 动词

依论元位置标准从表2-6众多的[+后名]动词中只排查出一例N不能是V的主语也不能是N的宾语的类别样例"赞成"，其余三种情形我们各抽取出3个样例进行语料统计。其中包括N可以是V的主语也可以是V的宾语的"保卫、采购、选择"，N只能是V的主语不能是V的宾语的"反抗、怀疑、理解"，N只能是V的宾语不能是V的主语的"产生、成立、改良"。依据如下：

军人保卫领土——军人的保卫（主）——领土的保卫（宾）
工厂采购木料——工厂的采购（主）——木料的采购（宾）
资方选择项目——资方的选择（主）——项目的选择（宾）
人民反抗侵略——人民的反抗（主）——*侵略的反抗（宾）
妻子怀疑丈夫——妻子的怀疑（主）——*丈夫的怀疑（宾）
经理理解员工——经理的理解（主）——*员工的理解（宾）
仪器产生误差——*仪器的产生（主）——误差的产生（宾）

企业成立工会——*企业的成立（主）——工会的成立（宾）
农民改良稻种——*农民的改良（主）——稻种的改良（宾）
先生赞成意见——*先生的赞成（主）——*意见的赞成（宾）

表2-9

动词样例	语料范围	构语类型		
		VN	NV	N_1VN_2
保卫	414	保卫干部　保卫工作 保卫科长　保卫业务 保卫设施　保卫人员 保卫部长　保卫部门 保卫制度　保卫细胞 保卫反应　保卫组织	安全保卫　治安保卫	治安保卫工作　安全保卫措施 安全保卫方面　公安保卫组织 治安保卫委员会
采购	165	采购市场　采购旺季 采购价格　采购合同 采购时间　采购人员 采购专业　采购部门 采购政策　采购物资 采购单位　采购商品 采购合同　采购企业	商品采购　农产品采购	国家采购部门　分项采购指标 商品采购合同　商品采购单位 材料采购成本　皮张采购规格 农产品采购价格　农产品采购单位　农产品采购指标　农产品采购计划
选择	1794	选择标准　选择余地 选择问题　选择对象 选择能力　选择范围 选择手段　选择机制 选择模式　选择变化 选择过程　选择方案 选择方法　选择意义 选择项目　选择规则 选择功能　选择意向 选择公理　选择观念 选择开关　选择定则 选择透性	特长选择　审美选择 电视选择　能源选择 技术选择　心理选择 课题选择　目标选择 社会选择　职业选择 战略选择　遗传选择 对象选择　节目选择 产业选择　分配选择 途径选择　项目选择 涨落选择　类型选择 教材选择　人工选择 地区选择　方案选择 工作选择　立法选择 人员选择　手段选择 价值选择　模式选择 知识选择　基地选择 厂址选择　消费选择 自然选择	电源选择开关　社会选择主张 法律选择条款　结果选择问卷 途径选择问题　基地选择位置 职业选择功能　厂址选择工作 自然选择学说
反抗	427	反抗精神　反抗斗争 反抗意识　反抗情况 反抗形式　反抗治疗 反抗运动　反抗力量 反抗性格　反抗怒潮 反抗情绪　反抗色彩 反抗事件　反抗意味 反抗思想　反抗行为		叛亡反抗事件　部落反抗斗争 人民反抗斗争　人民反抗起义

续表

动词样例	语料范围	构语类型 VN	构语类型 NV	构语类型 N₁VN₂
怀疑	549	怀疑态度　怀疑主义 怀疑顾虑　怀疑对象 怀疑疙瘩　怀疑精神		
理解	1941	理解记忆　理解能力 理解方式　理解问题 理解程度　理解因素 理解要素　理解对象 理解认识　理解方面 理解策略　理解错误 理解基础　理解识记 理解过程	片面理解　极端理解 狭义理解　错误理解 语言理解　信息理解	语言理解系统
产生	5563	产生过程　产生原因 产生条件　产生时期 产生之后　产生以后 产生以前　产生根源 产生地区　产生机制 产生根据	灵感产生　文化产生 情感产生	问题产生原因　理想产生之前 活动产生之日
成立	1494	成立大会　成立以前 成立登记　成立以后 成立以来　成立典礼 成立关系　成立要件 成立前后　成立初期 成立宣言　成立条件	同盟成立　帝国成立 公社成立　政府成立 军区成立　政权成立 民国成立　共产党成立 新中国成立	支部成立大会　民国成立以后 工厂成立初期　政府成立之后 协会成立宣言　遗嘱成立以后 企业成立关系　学会成立大会 政府成立前后
改良	282	改良技术　改良品种 改良行为　改良运动 改良主义　改良蚕种 改良土壤　改良分所 改良草场　改良主张 改良方法　改良过程 改良成效　改良作用 改良方案　改良方面	品种改良　文学改良 经济改良　土壤改良 土地改良　农业改良 体制改良	进步改良方面　土地改良事业 蚕种改良分所　保守改良思想 黄牛改良经验
赞成	277	无	无	无

2.2.2.1.4　d类：[-前名、-后名] 动词

我们从表2-6 [-前名、-后名] 动词中同样依基础论元结构标准分出的四种情形各抽取出3个样例进行语料统计。其中包括N可以是V的主语也可以是V的宾语的"发明、恢复、回忆"，N只能是V的主语不能是V的宾语的"爱好、称赞、体贴"，N只能是V的宾语不能是V的主语的"巩固、提高、缩小"，N不能是V的主语也不能是V的宾语的"结合、开除、相信"。依据如下：

仓颉发明文字——仓颉的发明（主）——文字的发明（宾）
病人恢复体力——病人的恢复（主）——体力的恢复（宾）
朱德回忆母亲——朱德的回忆（主）——母亲的回忆（宾）
张三爱好象棋——张三的爱好（主）——*象棋的爱好（宾）
老师称赞小王——老师的称赞（主）——*小王的称赞（宾）
老师体贴学生——老师的体贴（主）——*学生的体贴（宾）
亲王巩固势力——*亲王的巩固（主）——势力的巩固（宾）
企业提高待遇——*企业的提高（主）——待遇的提高（宾）
部队缩小包围圈——*部队的缩小（主）——包围圈的缩小（宾）
理论结合实际——*理论的结合（主）——*实际的结合（宾）
分厂开除工人——*分厂的开除（主）——*工人的开除（宾）
我们相信科学——*我们的相信（主）——*科学的相信（宾）

表 2-10

动词样例	语料范围	构语类型 VN	构语类型 NV	构语类型 N_1VN_2
发明	658	发明竞赛 发明活动 发明成果 发明专利 发明大王 发明项目 发明奖励 发明方法 发明工场 发明对象 发明教育 发明能力 发明过程 发明功绩 发明协会	科技发明 专利发明 技术发明 文字发明 职务发明 工艺发明 数学发明	文字发明过程 技术发明专利
恢复	1183	恢复阶段 恢复任务 恢复时期 恢复活动 恢复工作 恢复典礼 恢复功能 恢复工程 恢复过程 恢复产量 恢复速度	经济恢复 心理恢复	经济恢复时期 经济恢复工作 生产恢复时期 愈合恢复速度 金属恢复电阻 枝条恢复能力 种群恢复能力
回忆	407	回忆文章 回忆运动 回忆方式	幸福回忆 个人回忆 童年回忆 部分回忆 分类回忆 诉苦回忆	无
爱好	279	爱好程度	兴趣爱好 业余爱好 风俗爱好 个人爱好 消费爱好 音乐爱好 艺术爱好 习惯爱好	无

续表

动词样例	语料范围	构语类型 VN	构语类型 NV	构语类型 N_1VN_2
称赞	239	无	无	无
体贴	50	无	无	无
巩固	895	巩固过程　巩固工作 巩固阵地　巩固联系 巩固联盟　巩固情况 巩固阶段	无	无
提高	4955	无	无	理论提高阶段
缩小	356	缩小程度	无	无
结合	3003	结合趋势　结合方式 结合合同　结合地带 结合电场　结合情况 结合程序　结合关系 结合能力　结合轴线 结合问题　结合小组 结合理由　结合组织 结合体系　结合计划	土洋结合　种养结合 专群结合　内外结合 高快结合　包挂结合 理念结合　社会结合 劳动结合　叙论结合 点面结合　食医结合 经济结合　价格结合 板块结合　雕绘结合 虚实结合　刚柔结合 文理结合　粮林结合 快弧结合　调放结合	箱盘结合系统 产融结合方式
开除	115	开除处分	无	无
相信	1243	无	无	无

2.2.2.2　构语倾向

2.2.2.2.1　构语能力强弱倾向

王淑华（2014：§5）以能否组成十个以上名词性结构的数量界限考察动词构成名词性结构的能力强弱，我们也以同样的构语能产性标准将上节不同类别动词的语料产出情况统计如下：

[+主、+宾] 类动词构语能力强弱

表 2-11

动词	属性	构语类型 VN	构语类型 NV	构语类型 N_1VN_2
保护	[+前名、+后名]	+	+	+
研究	[+前名、+后名]	+	+	+
测量	[+前名、+后名]	+	+	+

续表

动词	属性	构语类型		
^	^	VN	NV	N₁VN₂
调查	[+前名、+后名]	+	+	+
设计	[+前名、+后名]	+	+	+
收集	[+前名]	-	-	-
维护	[+前名]	-	-	-
保卫	[+后名]	+	-	-
采购	[+后名]	+	-	+
选择	[+后名]	+	+	-
发明	[-前名、-后名]	+	-	-
恢复	[-前名、-后名]	+	-	-
回忆	[-前名、-后名]	-	-	-

[+主、-宾] 类动词构语能力强弱

表 2-12

动词	属性	构语类型		
^	^	VN	NV	N₁VN₂
攻击	[+前名、+后名]	+	-	-
指导	[+前名、+后名]	+	+	+
安慰	[+前名]	-	-	-
鼓励	[+前名]	-	-	-
虐待	[+前名]	-	-	-
威胁	[+前名]	-	+	-
歧视	[+前名]	-	-	-
压迫	[+前名]	-	+	-
反抗	[+后名]	+	-	-
怀疑	[+后名]	-	-	-
理解	[+后名]	+	-	-
爱好	[-前名、-后名]	-	-	-
称赞	[-前名、-后名]	-	-	-
体贴	[-前名、-后名]	-	-	-

[-主、+宾] 类动词构语能力强弱

表 2-13

动词	属性	构语类型		
		VN	NV	N_1VN_2
出版	[+前名、+后名]	+	-	-
应用	[+前名、+后名]	+	+	-
变化	[+前名、+后名]	+	+	+
利用	[+前名]	+	+	+
享受	[+前名]	-	+	-
产生	[+后名]	+	-	-
成立	[+后名]	+	+	+
改良	[+后名]	+	-	-
巩固	[-前名、-后名]	-	-	-
提高	[-前名、-后名]	-	-	-
缩小	[-前名、-后名]	-	-	-

[-主、-宾] 类动词构语能力强弱

表 2-14

动词	属性	构语类型		
		VN	NV	N_1VN_2
包围	[+前名、+后名]	-	-	-
联系	[+前名、+后名]	+	+	-
赞成	[+后名]	-	-	-
结合	[-前名、-后名]	+	+	-
开除	[-前名、-后名]	-	-	-
相信	[-前名、-后名]	-	-	-

2.2.2.2.2 构语能力强弱分析

(一) 从表 2-11 至表 2-14 的统计结果看,具有 [+前名、+后名] 属性的动词构成 VN、NV、N_1VN_2 三种结构的能产性趋势较为一致,具有 [-前名、-后名] 属性的动词构成三种结构的能力都很弱;只有 [+前名] 或 [+后名] 属性的动词构语能力普遍较弱,但也有构语能力较强的。[+前名] 属性的 8 个动词中 [+主、+宾] 与 [+主、-宾] 两类中构成三种结构的能力都很弱,而 [-主、+宾] 类中的 [+前名] 属性动词

"利用"却有较强的构成三种结构的能力,"享受"则有较强的构成 NV 结构的能力;[+后名]属性的 12 个动词的[+主、+宾]、[+主、-宾]、[-主、+宾]三类情形基本都能构成 VN 结构,[-主、+宾]属性动词"成立"则能构成 VN、NV 和 N_1VN_2 三种结构,[-主、-宾]属性动词"结合"能构成 VN、NV 两种结构,[+主、+宾]属性动词"选择"除 VN 结构外还能构成 NV 结构①。这也证明了我们前面的假设,不同属性的动词作定语的能力不仅与基础论元结构能凸显的语义关系侧面有关,也与动词的概念组合选择及动词的理想认知模型有关。比如以非可控语义特征为常态的动词"变化"构成 NV 结构的能力超强,事物及事物行为、性状等方面特征的多种多样的变化需要指称,而"变化"又有不同的形式、状况、过程和规律等,所以构成 VN 及 N_1VN_2 的能力也强。

(二)原初的基础论元结构对动词作定语的能力强弱的影响已见上述,V 的代体性质能很好地解释 N_1VN_2 结构的形成。除[+前名、+后名]属性动词外,其他属性动词构成 N_1VN_2 结构的能力普遍很弱。动词句有主动句与受动句两种基本的语义模式,主动句的基本语义模式是"施事—动作—受事",受动句的基本语义模式是"受事—动作—施事",动词作定语构成的 VN、NV 和 N_1VN_2 名词性结构通常的分布位置可与施事、受事的分布位置相同,当然也能占据施事或受事成分充任定语的中心语位置。占据施事、受事位置的 VN、NV 或 N_1VN_2 结构充当主宾语时客观上成为另一动作行为陈述或支配的对象,充当定语时修饰另一关联事物,宿主 N 与定语动词论元结构中的施事或受事论元通常构成广义的领属关系或属性关系结构;占据中心语位置的构式与充当定语的施事或受事成分同现,与宿主 N 通常构成广义的领属关系或属性关系结构。这也是我们把动作的施事成分或受事成分作为构式话题的理由,因为组合的某一位置上有替换关系的两个结构成分首先有着相同的语法功能,作定语的或作定语中心语的关系化或事物化了的二价动词同样关联着结构隐显的施事或受事成分。关系化或事物化了的动词不表达事件,作用在于凸显与施事或受事成分相关联的活动的形式或内容、对象或目标、方式或方法、时间或处所、原因或过程、机制或策略等的关系侧面。

---

① 王淑华(2014:200)从构成 N_1VN_2 结构的能力上给出的统计结论是,只有[+前名]或[+后名]属性的动词很难自由组成 N_1VN_2 结构,这与我们的统计结果一致。

2.2.2.2.3　V^2前后名词的性质

不同属性类别的 V^2 都有一些指称类别的受事成分作事物化了的动词的前置定语和后置中心语，从而构成与 N_1VN_2 结构同义的 NV 和 VN 简式。如"选择项目—项目选择""调查问卷—问卷调查""程序设计—设计程序""攻击导弹—导弹攻击""指导工作—工作指导""应用技术—技术应用""利用能源—能源利用""改良品种—品种改良""发明专利—专利发明"等。相应的能产性很强的 N_1VN_2 扩展结构如"项目选择途径""问卷调查方案""程序设计基础""导弹攻击位置""工作指导方针""技术应用措施""能源利用问题""品种改良经验""专利发明过程"等。我们把这种 N_1VN_2 情形标注为"OV-N"，其中 O 属原型范畴成员，包括受事论元与非典型的受事论元角色成分，OV-N 凸显定语动词论元结构的"受—动"语义关系侧面，形成 N_1VN_2 结构的典型形式。

动作施事论元也可以作为 N_1 凸显定语动词论元结构的"施—动"语义关系侧面，我们把这种 N_1VN_2 情形标注为"SV-N"结构，如"国家保卫部门""专家设计方案""政府指导方针""敌机袭击目标""警察追捕对象""企业采购人员""神经联系系统""箱盖结合系统""供求变化情况"等。S 同样属原型范畴成员，包括施事论元和非典型的施事论元角色成分，如"野外调查任务""科研设计单位""物质鼓励问题""言语表达技巧""预警保护措施"等，非典型的施事论元角色成分与施事论元也都存在广义的领属关系。

N_1VN_2 结构中的 V 主要由 [+前名、+后名] 属性动词充任，能出现在 V^2 前面的 N_1 可以是定语动词的受事论元或受事论元角色成分，也可以是定语动词的施事论元或施事论元角色成分。靠前置放都表示已知的确定的信息，与定语动词构成类指表达凸显的语义关系侧面。N_2 是类指对象话题的动态属性宿主，施事论元或施事论元角色充当构式话题通常凸显受事与动作的语义关系侧面；受事论元或受事论元角色成分充当话题通常凸显施事与动作的语义关系侧面。

进一步考察可发现上述两种 N_1VN_2 扩展形式可分为外扩展结构和内扩展结构两种。外扩展结构是 VN 结构的扩展形式。内扩展结构是 VN 结构成分的扩展形式，扩展 V 可有 N_1VN_2 和 VN_1N_2 两种结果，因中心语是光杆名词都依然表达事物类指；扩展 N 只有述宾结构一种结果。

张国宪（2018：62—63）指出自由短语"$V_双+N_双$"可以认知为一个

板块也可以认知为两个板块，前者通常和偏正类型对应，作为一个记忆块保存在短时记忆中；而后者一般与动宾类型对应，作为两个记忆块留在短时记忆中。但短语扩展会带来这种格局的变化从而影响短语的组块和理解。扩展 N 后短语由 "2+2" 音步变为 "2+4" 音步，板块由一个增加为两个，意义从修饰限制关系变为支配关系：

    登记日期——登记返程日期 救济物品——救济防寒物品
    申报项目——申报科研项目 保卫人员——保卫机要人员

  而外扩展体词性成分音步由 "2+2" 变为 "4+2" 后并不改变板块数目，结构关系也不发生变化，这是多重定名结构：

    申报项目——科研申报项目 保卫人员——机要保卫人员

  N 扩展后类指义变成了个指义，整个结构自然表示支配关系。外扩展结构并不改变 N 的类指性质，外扩展成分只是为行为属性提供对象范围前提，构成的形式上虽增加了音步，但意义上仍是一个凝固的整体，所以可以作为一个记忆块保存在短时记忆中。这也说明只有施事成分或受事成分充当的构式话题作用于 N_1VN_2 结构，语义上与整个扩展结构存在广义的领属关系。

  邢福义（1994：4—6）把 N_1VN_2 结构（N_1 为受事）称为 "对象 N+V+管界 N" 造名结构，认为 "的" 可有两个插入位置：N_1 和 VN_2 间的 a 位置和 N_1V 和 N_2 间的 b 位置，分三种情形：

    军马饲养方法——a. 军马的饲养方法 b. 军马饲养的方法（a、b 位置均可）
    首长保卫人员——首长的保卫人员（+）首长保卫的人员（-）（只插入在 a 位置）
    古迹介绍专家组——古迹的介绍专家组（-）古迹介绍的专家组（+）（一般出现于 b 位置）

  只插入 a 位置的情形是因为插入 "的" 后不改变 N_1 的受事对象性质，

插入 b 位置后 N_1 成为动作的施事成分，由此可能带来动词词义的理想认知模型的变化，因通常不存在有悖常理的"首长保卫的人员、研究生指导的教师"；a、b 位置均可的情形是两个插入位置都不改变 N_1 的受事对象性质，N_2 因未扩展类指性质也不发生改变；一般出现于 b 位置的情形邢先生已指出主要是音节上的原因。从表达的一致性上也可以证明 N_1VN_2 结构存在着 OV-N 和 SV-N 两种情形，前者是邢先生界定的"对象 N+V+管界 N"造名结构。

这样能表达事物类指的扩展结构可有外扩展和内扩展两种方式：

外扩展结构：由受事论元充当 N_1 的 N_1VN_2 结构，典型形式是邢福义先生界定的造名结构，都是作"$N_1 \mid VN_2$"切分的多重定名结构。如：

  首长保卫人员 军马饲养方法 时装设计大师 语言研究方法
熊猫保护组织

内扩展结构只是定语动词扩展为短语定语，又有如下几种类型：

定中结构作定语：外扩展结构如作"$N_1V \mid N_2$"切分便都作定中结构作定语的情形识解，也还有非典型受事成分充当 N_1 的情形。如：

  物质鼓励问题 语言理解能力 愈合恢复速度 理论提高阶段
技术发明专利
  主谓结构作定语：
  古迹介绍专家 语音变化规律 产融结合方式 资金利用效果
技术应用领域
  状中结构作定语：
  药物检测样本 微信联系方式 预警保护措施 野外调查任务
言语表达技巧
  述宾结构作定语：
  保护动物团体 改良品种问题 设计工作要点 测量数据精度
研究课题经费

可以看出，除述宾结构作定语的情形如作"$N_1 \mid VN_2$"切分要么不成立，要么只作述宾短语识解外，定中结构、主谓结构、状中结构作定语的情形其实很大程度上取决于"N₁V｜N₂"切分能站得住的因素,而作"N₁｜VN₂"切分似乎也都没有问题,甚至具体语境中也很难确定是否多重定名结构。如:

(7) a. 日本早稻田大学小林哲则教授等人开发出一款新型对话机器人,其语言理解能力非常强,可以听出对话者的"言外之意"。/早在人类开始张嘴说话之前,其他一些动物可能就已经独立地进化出了部分语言理解能力。

b. 只有将语义学、语用学的理论应用于医学英语词汇教学实践,才能有助于学生提高语言理解能力和运用能力。

(7) a 两例主宾语位置上的"语言理解能力"识解为定中结构作定语或多重定名结构感觉都没有问题,(7) b 中的"语言理解能力"受"运用能力"指示只能识解为多重定名结构。受事论元充当 N_1 的 N_1VN_2 结构也存在两可的识解问题,可以说定中结构、主谓结构、状中结构作定语的 N_1VN_2 结构与受事论元充当 N_1 的 N_1VN_2 结构受类指表达限制有了结构趋同的倾向,受事论元充当 N_1 的 N_1VN_2 结构是典型的造名结构,其他语义成分充当 N_1 的 N_1VN_2 结构是非典型的造名结构。造名结构属去范畴化结构,非典型造名结构是非典型的去范畴化结构。

如结构识解为定中结构、主谓结构、状中结构作定语的 N_1VN_2,则和述宾结构作定语的 N_1VN_2 一样归入范畴化结构。这是基于动词范畴功能的存在或不完全缺失。

范畴化结构与去范畴化结构处于一个语法化结构的连续统中,之间没有一个截然分明的界限。

2.2.3 V³N 结构

表 2-1 一共收集了 22 个三价定语动词,俞士汶等(1998)"动词表"中"补助、奉承、优待"三词未收录,其余 19 个动词具有 [+前名、+后名] 属性的有"安排、补充、答复、分配、辅导、回答、奖励、招待①、支援"9 个,具有 [+后名] 属性的有"帮助、偿还、救济、赔偿、请示、通知、委托"7 个,具有 [-前名、-后名] 属性的有"答应、请教、

---

① "招待"俞著中未归入双宾动词。

退还"三个，没有具有［+前名］属性的动词。我们同样以基础论元结构标准在"语料库在线"的"现代汉语语料库检索"中分拣出 VN、NV 及 N_1VN_2 定中结构的所有出现样本（语料查询结果超过 1500 条的只取前 1500 条），以此考察不同属性类别三价动词的构语倾向。

2.2.3.1 语料统计

2.2.3.1.1 ［+前名、+后名］属性动词

表 2-15

动词样例	语料范围	构语类型 VN	构语类型 NV	构语类型 N_1VN_2
安排	1348	安排情况　安排计划 安排顺序　安排思想 安排内容　安排要求 安排意见　安排工作	人事安排　课程安排 活动安排　日程安排 农事安排　情节安排 贸易安排　计划安排 财政安排　价格安排 节目安排　人物安排 舞段安排　空间安排 剧目安排　细节安排 伙食安排　车辆安排 教学安排　粮食安排 生活安排　婚姻安排 施工安排　人员安排 时间安排　代孕安排 剧情安排　治疗安排 内容安排　阵容安排 体裁安排　形式安排 结构安排　项目安排 收益安排　生产安排 训练安排　渔场安排 运动量安排	教材安排方法　生活安排工作 议程安排问题
补充	758	补充解释　补充因素 补充条款　补充作用 补充方法　补充部分 补充规定　补充教材 补充意见　补充指标 补充收入　补充计划 补充条件　补充报告 补充升力　补充手段 补充兵员　补充形式 补充来源　补充著作 补充条例　补充指定 补充资料　补充特征 补充关系　补充材料 补充场所　补充群体 补充速度　补充液体	装备补充　药物补充 兵员补充　插图补充	和解补充协议　经营补充计划 风化补充速率
答复	167	答复问题	书面答复	

续表

动词样例	语料范围	构语类型 VN		构语类型 NV		构语类型 N₁VN₂	
分配	1386	分配方式 分配法则 分配关系 分配领域 分配方面 分配比例 分配资源 分配账目 分配规则 分配条件 分配作用 分配情况 分配目标 分配体制 分配单位 分配手段 分配小组 分配方案 分配水平 分配指标 分配路线 分配时间 分配定律 分配部门 分配行为 分配工作	分配制度 分配状态 分配问题 分配计划 分配原则 分配方法 分配形式 分配约束 分配机制 分配格局 分配办法 分配过程 分配结构 分配规律 分配方向 分配角色 分配政策 分配总数 分配方案 分配渠道 分配工具 分配中心 分配系数 分配浓度 分配理论	资源分配 奖金分配 经费分配 社员分配 材料分配 分数分配 资金分配 收益分配 产品分配 计划分配 产物分配 价格分配 年终分配 麦收分配 财产分配 时间分配 盈利分配 电流分配 电压分配 体积分配 季节分配 实物分配	收入分配 毕业分配 物资分配 农业分配 编排分配 权力分配 能源分配 面积分配 利润分配 投资分配 财政分配 组织分配 原料分配 工作分配 土地分配 利益分配 奖金分配 功率分配 住房分配 降雨分配 月份分配 热能分配	资源分配概念 土地分配情形 利益分配格局 能源分配选择 农业分配结构 利润分配机制 土地分配状态 实物分配方式 计划分配体制 商品分配机构 利润分配制度 商品分配比例 财政分配关系 收入分配过程 物资分配计划 毕业分配问题 体力分配方案 资金分配体制 注意分配能力 财政分配制度 计划分配商品 容量分配系数 国家分配计划 年终分配方案 毕业生分配情况	利润分配关系 人均分配收入 资源分配机制 利润分配比例 收益分配方式 收入分配计划 留利分配制度 收入分配政策 生产分配关系 预算分配部分 利润分配形式 行政分配渠道 产品分配关系 财政分配手段 毕业分配方案 财务分配方案 产品分配形式 收入分配体制 奖金分配档次 盈利分配制度 住房分配标准 热量分配方式 设备分配计划 现金分配水平 消费品分配方式
辅导	59	辅导人员 辅导教师	辅导力量 辅导校长	学习辅导 技术辅导	课外辅导 教学辅导	政治辅导标兵 英语辅导讲座	函授辅导小组
回答	1636	回答原则		无		无	
奖励	250	奖励制度 奖励政策 奖励形式 奖励因素 奖励基金 奖励条例 奖励理论	奖励办法 奖励条件 奖励对象 奖励工作 奖励幅度 奖励标准 奖励证书	新人奖励 物资奖励 超产奖励 精神奖励 超销奖励	提成奖励 物质奖励 包产奖励 业务奖励 荣誉奖励	科技奖励大会 工资奖励工作 企业奖励基金 发明奖励条例 职工奖励基金 荣誉奖励问题	生产奖励制度 超产奖励问题 青年奖励基金 企业奖励办法 职工奖励工作
招待	170	招待人员 招待宴会	招待工作 招待晚餐	无		无	
支援	347	支援作用 支援办法	支援工作 支援单位	科技支援 财政支援 物资支援 物力支援	火力支援 工兵支援 群众支援 炮火支援	潜艇支援基地	

2.2.3.1.2　[+后名] 属性动词

表 2-16

动词样例	语料范围	构语类型		
		VN	NV	N₁VN₂
帮助	1876	帮助办法	技术帮助　布景帮助 领导帮助　咨询帮助 批评帮助　物质帮助 经济帮助	物质帮助权利
偿还	92	偿还问题　偿还行为 偿还能力　偿还年限 偿还方式	无	经济偿还能力　外汇偿还能力
救济	131	救济工作　救济机关 救济物资　救济总署 救济机构　救济面粉 救济物价　救济基金 救济移民　救济工分 救济食物　救济事业 救济方法	失业救济　国际救济 存粮救济　政府救济 社会救济　公共救济 慈善救济	农业救济机关　失业救济制度 公共救济事业　社会救济事业 社会救济工作　福利救济事业
赔偿	140	赔偿责任　赔偿金额 赔偿要求　赔偿款项	损失赔偿　经济赔偿 损害赔偿	民事赔偿责任　损失赔偿制度 损害赔偿问题　侵权赔偿责任 损害赔偿责任
请示	112	请示报告	无	无
通知	550	通知规定　通知精神	中央通知　否决通知 测试通知　考试通知 招考通知　政府通知 出航通知　上级通知 离任通知　省里通知 学习通知　病危通知 招领通知　文字通知 书面通知　电话通知 订货通知　价格通知	比赛通知精神
委托	236	委托办学　委托加工 委托送达　委托代销 委托收售　委托运输 委托付款　委托任务 委托权限　委托经营 委托代培　委托代理 委托合同　委托代订 委托企业　委托保管	无	财产委托关系　信用委托关系 基金委托公司

2.2.3.1.3　[-前名、-后名] 属性动词

表 2-17

动词样例	语料范围	构语类型		
		VN	NV	$N_1 VN_2$
答应	626	无	无	无
请教	107	无	无	无
退还	31	无	无	无

2.2.3.2　构语倾向

我们首先通过表 2-15 至表 2-17 中动词构成 "N 的 V" 结构的句法语义允准条件给出能作为目标 V 的参照体角色的论元 N 的几种情形，前提同样是语境中 "N 的 V" 能概括或替代整个动词基础论元结构表达。因与事成分（间接宾语 "宾 1"）都不能作为参照体角色存在，即三价动词在其基础论元结构中都不是与事凸显动词（"N 的 V" 结构中 N 不能是 V 的间接宾语）。我们把动词基础论元结构考察的结果依然标注为 N 可以是 V 的主语也可以是 V 的宾语（直接宾语 "宾 2"）的施事、受事凸显情形、N 只能是 V 的主语不能是 V 的宾语的施事凸显情形与 N 只能是 V 的宾语不能是 V 的主语的受事凸显情形（施事、受事均不凸显的情形未检出）。

施事、受事凸显的 [+主、+宾] 类动词有 "安排、答复" 两个：

　　国家安排工人工作—国家的安排（主）—*工人的安排（宾 1）—工作的安排（宾 2）

　　工会答复小王问题—工会的答复（主）—*小王的答复（宾 1）—问题的答复（宾 2）

只施事凸显的 [+主、-宾] 类动词较多：

　　老师辅导学生作业—老师的辅导（主）—*学生的辅导（宾 1）—*作业的辅导（宾 2）

　　学生回答老师提问—学生的回答（主）—*老师的回答（宾 1）—*提问的回答（宾 2）

父亲奖励儿子手表——父亲的奖励（主）——*儿子的奖励（宾1）——*手表的奖励（宾2）

主人招待客人西餐——主人的招待（主）——*客人的招待（宾1）——*西餐的招待（宾2）

全军支援地方建设——全军的支援（主）——*地方的支援（宾1）——*建设的支援（宾2）

医生帮助病人康复——医生的帮助（主）——*病人的帮助（宾1）——*康复的帮助（宾2）

政府救济灾区钱粮——政府的救济（主）——*灾区的救济（宾1）——*钱粮的救济（宾2）

旅店赔偿客人损失——旅店的赔偿（主）——*客人的赔偿（宾1）——*损失的赔偿（宾2）

连长请示上级决定——连长的请示（主）——*上级的请示（宾1）——*决定的请示（宾2）

科长通知大家开会——科长的通知（主）——*大家的通知（宾1）——*开会的通知（宾2）

被告委托律师辩护——被告的委托（主）——*律师的委托（宾1）——*辩护的委托（宾2）

奶奶答应明子请求——奶奶的答应（主）——*明子的答应（宾1）——*请求的答应（宾2）

学生请教老师问题——学生的请教（主）——*老师的请教（宾1）——*问题的请教（宾2）

只受事凸显的［-主、+宾］类动词有"补充、分配、偿还、退还"四个：

团队补充队员装备——*团队的补充（主）——*队员的补充（宾1）—装备的补充（宾2）

单位分配老张新房——*单位的分配（主）——*老张的分配（宾1）—新房的分配（宾2）

企业偿还银行贷款——*企业的偿还（主）——*银行的偿还（宾1）—贷款的偿还（宾2）

公司退还职工利息——*公司的退还（主）——*职工的退还（宾

1)—利息的退还（宾2）

由此我们同样依表 2-15 至表 2-17 的语料统计结果以能否组成十个以上名词性结构的数量界限标准得出动词构成名词性结构的能力强弱情况表：

表 2-18　　　　　　　　［+主、+宾］类动词构语能力强弱

动词	属性	构语类型		
		VN	NV	N_1VN_2
安排	[+前名、+后名]	−	+	−
答复	[+前名、+后名]	−	−	−

表 2-19　　　　　　　　［+主、−宾］类动词构语能力强弱

动词	属性	构语类型		
		VN	NV	N_1VN_2
辅导	[+前名、+后名]	−	−	−
回答	[+前名、+后名]	−	−	−
奖励	[+前名、+后名]	+	+	+
招待	[+前名、+后名]	−	−	−
支援	[+前名、+后名]	−	−	−
帮助	[+后名]	−	−	−
救济	[+后名]	+	−	−
赔偿	[+后名]	−	−	−
请示	[+后名]	−	−	−
通知	[+后名]	−	+	−
委托	[+后名]	+	−	−
答应	[−前名、−后名]	−	−	−
请教	[−前名、−后名]	−	−	−

表 2-20　　　　　　　　［−主、+宾］类动词构语能力强弱

动词	属性	构语类型		
		VN	NV	N_1VN_2
补充	[+前名、+后名]	+	−	−

续表

动词	属性	构语类型		
		VN	NV	N_1VN_2
分配	[+前名、+后名]	+	+	+
偿还	[+后名]	-	-	-
退还	[-前名、-后名]	-	-	-

关于表 2-18 至表 2-20 统计情形的几点说明：

（一）与二价动词构语情形相似，具有［+前名、+后名］属性的动词构语能力较强，其中"奖励、分配"构成三种结构的能力都较强；［-前名、-后名］属性动词构语能力弱；只有［+后名］属性的动词构语能力都较弱，"救济、委托"构成 VN 结构的能力较强，"通知"构成 NV 结构的能力较强。

（二）上述统计结果只是说明不同属性动词存在构语能力强弱问题，至少构成一种能产性强结构的同一属性动词存在的构语能力强弱差异及构语形式分别呈不规律分布对应。因统计的动词范围数量有限，就二价、三价动词的综合情形看，［+前名、+后名］属性动词同时构成三种能产性定中结构的情形较多；只有［+前名］或［+后名］属性的动词构成三种能产性定中结构的情形属个别现象，［+前名］属性动词构成 NV 结构的数量较多，［+后名］属性动词构成 VN 结构的数量较多；［-前名、-后名］属性动词也有少数动词能构成能产的 VN 或/和 NV 结构，但都没有构成能产的 N_1VN_2 结构的能力。

（三）三价动词因与事成分不能作为参照体角色存在，因而作为 V 的前置定语的 N 也只有受事成分和施事成分两种。表 2-18 至表 2-20 中有相当一部分三价动词也都能检索出数量不等的 N_1VN_2 结构样本，与二价动词一样，OV-N 是 N_1VN_2 结构的典型形式。

2.2.3.3 V^3前后名词的性质

V^3除［+前名、+后名］和［+后名］属性动词外构语能力普遍偏弱，一种可能的解释是 V^3N 结构表达受双及物式的有意的给予性转移句式意义（张伯江，1999：176—177）压制的结果。但与二价动词一样能直接作定语的 V^3 都有不同程度的构成 VN、NV 或 N_1VN_2 结构的能力。

有的［+前名、+后名］属性动词可以构成 N_1VN_2 结构。因与事成分不能充当构式话题（详见 7.1 节），$N_1V^3N_2$ 结构与 $N_1V^2N_2$ 结构一样也只有 OV-N 和 SV-N 两种大的类型，O 包括受事论元与非典型的受事论元角色成分，S 包括施事论元与非典型的施事论元角色成分。同样，$N_1V^3N_2$ 结构也可分为外扩展结构和内扩展结构两种，也都置于范畴化结构与去范畴化结构的语法化结构连续统之中；受事论元充当 N_1 的 N_1VN_2 结构是典型的造名结构，其他语义成分充当 N_1 的 N_1VN_2 结构是非典型的造名结构。例如：

外扩展结构：
利益分配格局　英语辅导讲座　发明奖励条例　损失赔偿制度　基金委托公司
定中结构作定语：
议程安排问题　经济偿还能力　民事赔偿责任　毕业分配方案　职工奖励工作
主谓结构作定语：
企业奖励基金　国家分配计划　党委安排意见　社会救济事业　潜艇支援基地
状中结构作定语：
物质帮助权利　经济偿还能力　民事赔偿责任　荣誉奖励问题　行政分配渠道
述宾结构作定语：
安排内容要点　分配比例提案　辅导教师待遇　奖励政策规定　赔偿金额总数

2.3　动词定语的性质

讨论 VN 构式的形成与表达问题，离不开定语动词与构式话题成分语义关系侧面凸显的前提条件。构式话题成分的性质与构式类别相关，也就与动词定语的性质类别相关。构式话题成分与宿主事物间广义领属关系的存在是类指构式形成的前提，语用上可实现为同一性领属关系的分类属性关系结构或属种关系的归类领属关系结构。话题成分的类指和个指分别对应动词定语的属性值表达与属性特征表达情形。

定中结构、主谓结构、状中结构及述宾结构作定语都是动词短语作定语，与外扩展结构一样都是类指表达具体化的结果。

2.3.1 语义结构与语用结构关系的平行与对立

造名结构及简式 N_1V 中的 N_1 后均可以插入"的"形成一个句法上合格的扩展的定中结构（参看邢福义，1994：4—6），但反过来一个带"的"的组合式定中结构未必一定能删"的"形成一个合格的粘合式 N_1VN_2 及简式 N_1V 定中结构。张国宪（2016：243、248）把句法结构上构成平行格式的组合式定中结构与删略"的"的粘合式定中结构的分别概括为语义上的领属关系与非领属关系的对立，而领属关系与非领属关系的区别就在于句法平行格式条件下的"的"的有无，有"的"的定中结构一定表示领属关系。

我们赞同这种语义上的重要分别，但语用表达上无"的"的定中结构并不一定只实现为非领属关系结构。邢福义（1994：4—6）从语义上界定的 N_1VN_2 结构可插入"的"的三种情况实际上可视为语用表达上的三种可能的领属关系结构，或者说 N_1VN_2 结构既能表达非领属关系又能表达领属关系，理论前提是语义结构应有语用结构的平行格式存在。我们以"文物保护单位"为例加以说明：

(8) a. 在文物保护单位的保护范围内，不得进行其他建设工程。
　　b. 列入文物保护单位的石刻，当地文物保管机构可以作为研究资料拓印并妥善保存。
(9) a. 1981 年 5 月，三台县人民政府将云台观列为县级文物保护单位。
　　b. 宋代的通天岩石窟为全国重点文物保护单位。

"文物保护单位"语义上属非领属关系结构，"保护"是作为"单位"下位分类标准的限制性定语，(8) a、b 两句中动词"保护"的默认施事"国家"是宿主"单位"的领有者，但构式话题成分是具有"保护"属性的所有"单位"的类聚，即构式话题成分与"单位"具有同一性领属关系，则"文物保护单位"的语义结构能指与作为句法单位的语用结构所指表达一致，属"保护"语义层面和语用层面都充当限制性定语的平行格式。但（9）a、b两句中"文物保护单位"的构式话题成分分别是"云台观""宋代的通天岩石窟"，与宿主"单位"存在个体与类别的属种关系，构式的非领属关系语义结构是能指，表达个体事物的归类类指是所指，这是语义结构能指和作为句法单位的语用结构所指表达不一致的情形，"县级""重点"分别是作为已定选择类别的下位分类标准的限制性定语也很好地说明了这一点。

2.3.2 类指对象构式话题与动词定语

VN构式语义上表达事物的次范畴类别，N已知是属性的拥有者宿主而并非类指对象事物本身，交际语境中类指对象事物得与VN构式同现（语境中常默认缺省）才能明确构式所指，如果把这种处于构式外围的构式赖以获得所指意义的类指对象事物称为构式话题，可以发现，构式话题成分与宿主事物间领属关系的存在是类指构式表达的前提，而构式话题成分可以是动作的施事论元或施事论元角色成分，可以是动作的受事论元或受事论元角色成分，语义角色的多样性对应宿主事物的多样性。不同价类动词作定语的构式都可有 N_1VN_2 的扩展形式，但构式的分类类指与归类类指表达取决于构式话题成分与宿主事物间领属关系性质的不同。

$N_1V^1N_2$ 结构只是施事论元或施事论元角色成分充当 N_1 的 SV-N 型结构，$N_1V^2N_2$ 结构、$N_1V^3N_2$ 结构则有受事论元或受事论元角色成分充当 N_1 的 OV-N 型结构和施事论元或施事论元角色成分充当 N_1 的 SV-N 型结构。

我们以"饲养"为例来看施事论元话题和施事论元角色话题成分的隐显情形：

（10）a. H5型禽流感病毒对人传染力弱，平常和鸡密切接触的饲养人员注意戴口罩就能预防。

b. 卡迪威自己挥起了剑斩杀了一个反对下药的饲养人员。

（11）a. 这个县开始推广青贮饲料，1987年开始推广氨化秸秆饲料，从而引发了蒙城黄牛饲养方法上的一场科技革命。

b. 殷人的牲畜有牛、马、鸡、羊、豕、犬等，采用放牧和舍饲相结合的饲养方法。

（10）a"饲养人员"的构式话题是"平常和鸡密切接触的"的人，

因属"饲养"的施事论元且指称事物类别,构式表达施事论元话题事物的分类类指;(10)b"饲养人员"的构式话题是"一个反对下药的"人,也属"饲养"的施事论元且指称个体事物,构式表达施事论元话题事物的归类类指,因客观上还有不反对下药的人的存在前提。(10)a 中的话题成分与宿主事物存在同一性领属关系,(10)b 中的话题成分与宿主事物存在个体与类别的属种关系。(11)a 中的"黄牛饲养方法"属 OV-N 型结构,构式话题是与宿主"方法"相对待的具体的"方法"类别,"推广青贮饲料""推广氨化秸秆饲料"也还有其他方法的类比前提存在,具体的"方法"类别话题与宿主事物具有同一性领属关系,与施事论元角色成分具有领属关系,构式表达施事论元角色话题事物的分类类指;(11)b 中的"饲养方法"与"放牧和舍饲相结合"这一个体话题存在个体与类别的属种关系,构式表达施事论元角色话题事物的归类类指。分类类指结构中的定语动词表达属性值,语义结构能指和语用结构所指表达一致;归类类指结构中的定语动词表达属性特征,语义结构能指和语用结构所指表达不一致。

定语动词表属性特征认定往往采用"V 的 N"结构表现:

(12)a. 石昊春……采取分段(不同生长阶段)饲养的方法来提高崽猪成活率、母猪受胎率和产崽率,还缩短了母猪的繁殖周期。
b. 若有条件,采取分群饲养的方法可大大降低囊肿病的发生率。

(12)a、b 中与"方法"相应的话题成分"分段""分群"均指称具体的某种方法,二者存在个体与类别的属种关系,构式表达施事论元角色话题事物的归类类指。

受事论元或受事论元角色话题事物的类指情形较之施事论元或施事论元角色话题事物的类指情形要少得多。这与主动句与受动句的对立一样,受动句通常作为有标记的句式存在,则受事论元或受事论元角色话题事物的类指情形也作为有标记的 VN 类指构式存在。我们以"抽查"为例用同样的方式来看受事论元话题与受事论元角色话题:

(13)a. 企业必须如实提供抽查样品。

　　　　　　b. 水果冻中不允许使用防腐剂，可是 21 种抽查样品中就有 16 种含有防腐剂。

（14）a. 上蔡县针对过去个别村村务公开不规范的问题，在全县 520 个行政村实行统一公开，定期对公开情况进行抽查，通报抽查结果。

　　　　　　b. 上海市质量技术监督局昨天公布去年第四季度质量抽查结果，总趋势是质量有所下降。

　　（13）a 中"抽查样品"对应的话题成分是企业被抽查的"产品"，类指对象"产品"默认缺省，与"样品"存在同一性领属关系，构式表达受事论元话题事物的分类类指；（13）b 中"抽查样品"与对应的个体话题成分"21 种（被抽查的产品）"存在个体与类别的属种关系，构式表达受事论元话题事物的归类类指。（14）a 中"抽查结果"属于动作受事论元"公开情况"，受事论元类指意味着与"结果"相应的类指话题成分存在，构式表达受事论元角色话题事物的分类类指；（14）b 中"质量抽查结果"属非典型的 OV-N 型结构，作 N_1 的"质量"本就是动作受事论元"产品"的某个特征，指示抽查"产品"的内容范围，"第四季度"指示特定的内容范围，构式表达受事论元角色话题事物的归类类指。

　　由此我们得出 VN 构式话题的句法语义语用条件：

　　（一）从句法上说，VN 构式通常可作为句子（或小句）动词的论元或论元角色成分，构式话题成分处于构式的外围，或可在语境中默认缺省。如果构式表达施事论元或受事论元话题事物的类指情形，因构式宿主与施事论元或受事论元同指则施事论元或受事论元常默认缺省；如果构式表达施事论元角色或受事论元角色话题事物的类指情形，则与构式宿主存在属种关系的施事论元或受事论元通常不能省略。

　　（二）从语义上说，充当构式话题成分的施事论元或施事论元角色成分分别是定语动词施事论元或与施事论元动作相关的参与者角色的一个实例；充当构式话题成分的受事论元或受事论元角色成分分别是定语动词受事论元或与受事论元动作相关的参与者角色的一个实例。构式话题成分与构式间存在广义的领属关系，可大致分为同一性领属关系和属种关系两种。

　　需要指出的是，施事论元或施事论元角色成分充当话题成分时 VN 构式通常可有受事论元或受事论元角色成分充当 N_1 的 OV-N 型 N_1VN_2 结构，受事论元或受事论元角色成分充当话题成分时 VN 构式可有施事论元或施事论元角色成分充当 N_1 的 SV-N 型 N_1VN_2 结构；受事论元充当话题成分时往往不出现在 N_1VN_2 结构的 N_1 的位置上，而受事论元角色成分充当话题事物时可有 OV-N 型 N_1VN_2 结构存在。

（三）从语用上说，构式话题成分与构式间如存在同一性领属关系，构式表达类指对象话题事物的分类类指；如存在属种关系，构式表达话题事物的归类类指。话题成分是构式外围的领属性修饰成分，与句子层面的话题—述题结构具有平行性，因而常可出现在句子的主语位置上。

2.4 定语动词的性质

2.4.1 从构式类别看定语动词的性质

VN 定中结构可有 N_1VN_2 外扩展结构形式，受事充当 N_1 时至少还能再增加一个施事外扩展成分形成 SOVN 型多重定名结构。宿主 N 的多样性对应与定语动词动作相关的参与角色话题成分的多样性。同一个话题成分可匹配多个不同的行为属性宿主，同一行为属性宿主也往往可匹配多个不同的类指对象话题成分，都与动词词义的理想认知模型有关。如"保卫"和"保护"这对同义词的区别在于"卫"和"护"，"保卫"侧重指全力护卫安全，很少用于一般的人或物，可动用武力或专政力量；"保护"侧重指妥善维护照顾，一般不动用武力，适用范围较大，对象可以是一般的也可以是重要的人或事物[①]。在表 2-7、表 2-9 检索到的语料中，"保卫"直接作定语构成的 VN 定中结构能产性强，作中心语构成的 NV 定中结构只"安全保卫""治安保卫"两个，外扩展 N_1VN_2 定中结构只"治安保卫工作""安全保卫措施""安全保卫方面""公安保卫组织""治安保卫委员会"五个。能产性弱的原因与"保卫"默认的支配对象通常是单一的"安全"有关，"工作、措施、方面、组织、委员会"也只是从"安全"角度考虑的"保卫"的行为属性宿主；相反，"保护"的支配对象种类繁多，可以是"贸易、文物、行政、森林、外交、环境、法律、视力、版

---

① 张清源、田懋勤等（2002：11）。

权"等，所以能构成能产的 VN、NV 和 N₁VN₂ 定中结构，同一支配对象也有不同的宿主类别存在，同一宿主自然也可用于不同的支配对象，如"文物保护措施""预警保护措施""法律保护措施""环境保护措施"等。"保护"属"+前名、+后名"属性动词、"保卫"只是"+后名"属性动词，显见与动词词义的理想认知模型相关。

有的一价动词也能构成能产的 VN、NV 或 N₁VN₂ 定中结构。我们以"服务"为例选取宿主"机构"来看 N₁ 的类别范围（在 CCL 语料库中输入"服务机构"进行检索，语料取前 500 条），结果如下：

公共服务机构	社会服务机构	医疗服务机构	交流服务机构
公证服务机构			
企业服务机构	证券服务机构	交易服务机构	中介服务机构
信息服务机构			
孵化服务机构	管理服务机构	培训服务机构	就业服务机构
保险服务机构			
卫生服务机构	供养服务机构	金融服务机构	技术服务机构
法律服务机构			
研究服务机构	生育服务机构	劳动服务机构	咨询服务机构
科技服务机构			
人才服务机构	涉外服务机构	权益服务机构	介绍服务机构
主业服务机构			
综合服务机构	流动服务机构	售后服务机构	社区服务机构
邮政服务机构			
考试服务机构	跟踪服务机构	指导服务机构	产权服务机构
家庭服务机构			
美容服务机构	投资服务机构	慈善服务机构	后勤服务机构
工程服务机构			
行业服务机构	福利服务机构	经营服务机构	教育服务机构
破产服务机构			
计量服务机构	保健服务机构	农技服务机构	支撑服务机构
科研服务机构			
配套服务机构	推广服务机构	邮购服务机构	上门服务机构

民间服务机构
  销售服务机构 流通服务机构 法医服务机构 干部服务机构
保护服务机构
  救援服务机构 文化服务机构 国债服务机构

  上述众多的 N_1 都是同一宿主事物"机构"的"服务"范围限制成分，可用"N_1方面的"统一概括为 SV-N 型扩展结构，可大致归为动作的施事论元或施事论元角色成分。因"机构"对应施事论元角色话题成分，不排除有些 N_1 与话题重合的可能，因即使是组合式中的构式话题成分与 N_1 具有同样的外围领属成分性质。有一点是清楚的，SV 因是构式定语动词限制性功能表达凸显的语义关系侧面，即使由施事论元充任的 S 也失去了其作为动作主体成分的性质，与其参与者角色成分具有了同样作为构式限定性成分存在的性质。与二价、三价动词中的 SOVN 型扩展结构一样，一价动词构成的 N_1VN_2 定中结构也可以有 SN_1VN_2 扩展结构，如"物业管理服务机构、社会公证服务机构、涉外法律服务机构、贸易信息服务机构、职业培训服务机构、人才交流服务机构、农业技术服务机构、科技咨询服务机构"等，由指称化动词性成分充当的 N_1 本身需要有论元成分信息补充活动范围限制内容能很好地说明 S 的外围限定性成分性质。

  我们用同样的路径在 CCL 语料库中输入"医疗服务"来看由同一限定性成分限制的宿主 N_2 的范围（语料取前 500 条）：

  医疗服务项目 医疗服务方面 医疗服务机构 医疗服务收入
医疗服务设施
  医疗服务行为 医疗服务范围 医疗服务质量 医疗服务制度
医疗服务领域
  医疗服务价格 医疗服务工作 医疗服务事业 医疗服务竞争
医疗服务模式
  医疗服务体系 医疗服务市场 医疗服务水平 医疗服务系统
医疗服务需求
  医疗服务组织 医疗服务资格 医疗服务成本 医疗服务公司
医疗服务区域
  医疗服务品质 医疗服务条件 医疗服务资源 医疗服务半径

医疗服务调查
　　医疗服务问题　医疗服务行业　医疗服务中心　医疗服务管理
医疗服务态度
　　医疗服务内容　医疗服务活动　医疗服务窗口　医疗服务人员
医疗服务效率
　　医疗服务费用　医疗服务消费　医疗服务集团　医疗服务需要
医疗服务广告

　　现在可以得出结论，事物行为属性宿主的类别数量多少取决于定语动词能凸显的语义关系侧面数量的多少，宿主的类别数目与能作为话题事物存在的论元或论元角色的类别数目对应；能成为话题事物的论元或论元角色既然有动作属性类别存在，动词属性义表达则是该话题事物典型的运动属性体现，如"飞鸟"的"鸟"有"飞"的运动属性、"跑车"的"车"有"跑"的运动属性一样，只不过事物与运动属性之间有规约性的强弱不同罢了。

　　动词构语能力大小与动词词义的理想认知模型相关，这一认知模型包括与动作相关的参与角色，但不仅仅是参与角色（沈家煊，2000：294）。不同类型的动词把与之关联的不同性质的事物像原子般吸附到自己周围构成一个个运动范畴，某一运动范畴中的"原子"地位并不相等，表现为动作的论元和与动作相关的其他参与者角色成分的分别。詹卫东（2004：214）曾把动词价类分别比作不同的动词在自己周围挖坑的能力不同，把动词的论旨角色性质差异比作不同价类动词挖出的坑的形状不同：圆形的、方形的、五角形的或者三角形的。动作属性是作为动词论元存在的事物的本质运动属性，具有相同运动属性的事物自然可以聚合成类，论元成分与论元角色成分都可作为话题事物存在是因有亲疏远近之别的事物可作用于同一种运动属性，或作用于运动的生成，或作用于运动的方式或过程，或是运动产生的必然结果等。运动是事物的本质属性，人们自然可依运动属性的差异为事物分类或归类。

2.4.2　从构式类指看定语动词的性质

　　能进入 VN 或 NV 结构的不同价类的动词都能构成相应的 N_1VN_2 结构，不同的是一价定语动词只构成 SV-N 型的 N_1VN_2 结构，二价、三价定语动词则都有施事论元或施事论元角色成分充当构式话题事物与受事论元或受事论元角色成分充当构式话题事物两种情形，都能构成 SV-N 型和 OV-N 型两种下位类别的 N_1VN_2 结构。

造名结构 N_1VN_2 可有 N_1V 同义表达简式，与 NV 定中结构作定语的类指结构一样，其中的 V 都是能由陈述"关系"变为指称"关系"这种抽象事物的能事物化的动词，凸显"关系"事物中的主体、宾体和将"关系"过程凸显为指称对象（即指称活动）是动词事物化的三种方式（沈家煊、王冬梅，2000：27—28），或者说能事物化的动词属性义表达是与之相关的主体、宾体或活动事物的典型运动属性体现。

OV-N 型和 SV-N 型 N_1VN_2 结构中的 S 和 O 虽都可概括为话题成分的具体化活动侧面指示成分，句法上又能扩展为多重定名结构的 SOVN 或 SN_1VN_2，但 S 和 O 在动词属性义提取时的作用不同。OVN 型结构能构成施事论元或施事论元角色话题事物的类指情形，也能构成受事论元角色话题事物的类指情形；SV-N 型能构成受事论元或受事论元角色话题事物的类指情形。话题事物的 [±个体性] 规定了动词属性义的提取。话题事物类指，构式提取 V 的分类属性值；话题事物个指，构式提取 V 的归类属性特征。需要指出的是，OV-N 型造名结构中的受事论元 O 的个体或类别指称性质对应构式的分类类指和归类类指，都只是构式的语义能指问题，语用上实现为分类类指还是归类类指构式决定于构式话题成分的个体或类别指称性质，这是语用所指问题。

理论上与动作相关的论元或论元角色成分依表达需要可并排多个一起充当 VN 结构的不同层次的限定性成分，如石定栩（2003：488）给出的"汽车定期电脑检修费用"的例子。就二次扩展的 SOVN 或 SN_1VN_2 结构的语义能指而言，V 只提取属性特征义，因越靠前置放的限制性定语表达的信息越新，为整个结构进行分类的性质越强，作为已知信息出现的 VN 结构自然凸显类指对象的属性特征。如"国家安全保卫部门"有与"地方安全保卫部门"的类比前提，"农业技术服务机构"有与其他行业的"技术服务机构"的类比前提；同理，"技术服务机构"也有"-技术服务机构"的类比前提存在。但语用所指结构中的 V 既可提取属性值表达分类类指又可提取属性特征表达归类类指，有赖于话题成分与 V 语义关系侧面的凸显及话题成分的 [±个体性] 特征的存在。

不同价类动词直接作定语构成的 VN 类指结构因参与结构语义合成的

论元或论元角色数量或性质的不同都会影响 V 与 N 的语义特征互向选择结果。张国宪（1997：182—184）、李晋霞（2005：57—59）分别从及物性、动作性、有界性及动词的语义制约因素等方面论述了定语动词的典型性特征，可证明 V 的行为属性义提取与宿主 N 的选择同动作相关的语义成分的性质息息相关，从根本上说事物的运动属性规定了 VN 构式的语义能指，语用所指的分类类指与归类类指对立源于事物基于动态属性的能分类与能归类的性质，分类类指表达与归类类指表达约束定语动词的属性值与属性特征提取，能分类与能归类有类别话题事物与个体话题事物存在的前提。

第三章

动词定语的限制性与非限制性

本章从定语的限制性和非限制性语义特征分别入手考察限制性定语与描写性定语在语义能指和语用所指上存在的对立现象。主要涉及相关的如下几个大的方面的问题：

（一）我们循限制性和非限制性既有语义层面的又有语用层面的分别前提（陆丙甫，2003；陈玉洁，2009；石定栩，2010；张伯江，2011；贺阳，2013a、2013b），对限制性定语与描写性定语在语义能指和语用所指上的对立作出进一步解释。

（二）限制性定语是有区别作用的内涵定语和外延定语，描写性定语都是只构成组合式结构的内涵定语，两类定语语义和语用上的分别与定语构成成分类别、中心语名词指称的性质相关。

（三）区别性和描写性有程度强弱之分，在语用所指结构里可共处于一个统一体中。区别与描写的对立由认知心理扫描方式的不同致使。

（四）定语和中心语之间"的"的有无是区别粘合式结构和组合式结构的显在标志，尽管不带"的"的定中结构不一定是粘合式的，但有"的"的是组合式定中结构。这种句法差别会带来相应的语义或语用表达变化。

3.1 从定语的区别与描写纠葛说开去

定语的类别因难以用统一的形式标准或意义标准来界定，通常按定语与中心语意义上的关系分限制性定语与描写性定语两大类（朱德熙，1958：18）。通常认为限制性定语具有区别作用，指明在一些事物中是这个而不是那个；描写性定语或非限制性定语作用只在于描写，指明所描写的事物是"什么样的"①。二者差别在于修饰某事物时是否一定蕴含有其他同类事物的存在前提。

有人用句法关系意义标准界定出限定性定语、区别性定语和描写性定语（张卫国，1996：97—99），或分别出定位槽位、定量槽位和定类槽位（王远杰，2008：255），试图找出句法位置与不同语义类别的对应关系。但人们普遍注意到限制性与描写性的区分标准并不局限于定语与中心语的语义关系意义，也包括语用关系意义在内，即应从语义和语用两个层面进行解释（陆丙甫，2003；陈玉洁，2009；石定栩，2010；张伯江，2011；贺阳，2013）。这样不同层面上的定语的限制性和描写性应该存在着有规律的交叉对应关系。

定语形式上有粘合的和组合的分别，讨论更多的是围绕"的"的有无或隐现问题展开。有种代表性的意见是粘合式和组合式定中结构的分别：在不带"的"的格式里，定语和中心语联系紧密，在意念上是一个整体；在带"的"的格式里，定语和中心语是一种临时的组合，两部分在意念上保持比较大的独立性（朱德熙，1982：143）。范继淹（1958/1986：10）把"形·名"组合和"形·的·名"组合的分别归为词序语法手段和带"的"语法手段的不同，认为"形·名"组合中的形容词性成分不是句法学研究的对象，句法学研究的是整个组合并且把它作为单一的名词性成分看待；"形·的·名"组合在句法关系上不是一个整体而是两个不同的句法单位，其中的形容词性成分才是句法学研究的对象。自朱德熙（1961）把不同用法的"的"三分开始，胡裕树、范晓（1994）、沈家煊（1995，1999）、袁毓林（1995）、石毓智（2000）、陆丙甫（1992，2003）、张敏（1998）、郭锐（2000）、石定栩（2010）、完权（2012）等都陆续撰文赞同将"的"作统一的处理，"的"的基本功能大致可归并为区别性的和描写性的两种不同的意见。

朱德熙（1958：19）把限制性定语的作用描述为举出一种性质和特征作为分类的依据来给中心词所代表的事物分类，名词、代词、形容词、动词充任的定语都是限制性的，如"游的鱼、吃的东西、上演的剧本、调查的对象"中的动词定语；描写性定语是用来描写中心词事物的状况或情况的，不是分类的根据。充任描写性定语的主要是形容词重叠式

---

① 刘月华等（2001：472）以提问方式为标准，认为凡是指明"哪一个/些/种"的是限制性定语，凡是指明"什么样的"是描写性定语。

（"红红的脸、平平常常的事情"）和带辅助成分的形容词（"香喷喷的酒、灰不溜秋的天"），这时并未把是否带"的"与语义上的限制性和描写性对应起来。而后来朱德熙（1982：148）对体词性偏正结构的界定则有意追求这种对应关系：粘合式偏正结构指名词、区别词和性质形容词直接（即不带"的"字）作定语的格式。组合式偏正结构包括：（1）定语带"的"的偏正结构，（2）由数量词（或指示代词加量词）作定语的偏正结构，（3）表示领属关系的偏正结构。

陈琼瓒（1955）、陆丙甫（1988：105—106）都用称谓性与非称谓性的对立去概括朱德熙提出的粘合式与组合式定中结构的意义区别。称谓性指的是能构成一个类名去称谓某个或某类事物的定中结构的特性。陆丙甫（1988：386—389）指出只具非称谓性的组合式定语才有限制性和描写性之分，粘合式定语具有称谓性。朱德熙（1956/2001：7—11）以形容词定语为例区分了这种差别，把形容词的简单形式与复杂形式作定语的情形分为甲类和乙类两种，甲类形容词定语又依是否带"的"分为甲$_1$和甲$_2$两个小类共三种格式：

白纸　　　甲$_1$
白的纸　　甲$_2$
雪白的纸　乙

指出甲$_1$是种具有强烈凝固趋势的结构，定语和中心语是互相选择的，二者不能互相替换。如可说"白纸""白头发"，不能说"白手""白家具"。"纸、头发"概念语义中可离析出"白"，"白"的概念语义中也可离析出"纸"和"头发"，而"白"与"手"、与"家具"彼此的概念语义不能离析，这有距离相似动因作用的结果。同属内涵性定语的动词定语也应该作相同的理解，只不过动词表达的事物的动态属性与性质形容词表达的事物的本质属性在恒定性上有程度之别罢了。

张敏（1998：236—239，242—243）认为"白纸（甲$_1$）""白的纸（甲$_2$）""雪白的纸（乙）"三种格式存在潜在的类指（generic）能力差别，形容词简单形式及名词作定语时无论带不带 de 往往都有分类性，即可作为给中心语分类的依据，形容词复杂形式充任的定语一般没有分类性。而具有分类性的甲$_1$式和甲$_2$式，前者具有称谓性，定语的分类作用往往带有一种规约化程度较高、较稳固的分类意味。因为它体现的是事物固有的属性，故更多地作用于概念的内涵而不是其外延，能帮助形成类名，却较少用来确定个体指称。后者不具称谓性，定语的分类性则往往带有临时、权宜地分类的意味。而乙类则只有述谓性。三种格式张文用了如下三类特征来描述语法意义上的差别：

	Ⅰ.称谓性	Ⅱ.分类性	Ⅲ.述谓性
甲₁（a）	＋	＋	－
甲₂（b）	－	（＋）	＋
乙（c）	－	－	＋

动词直接作定语的情形同甲 1 式，称谓性、分类性与述谓性的差别显见在于概念成分间的距离和定语成分的性质，并不在于规约性程度的强弱。按照张文思路，定语成分性质不变，两个概念成分间的距离是称谓性与分类性的差别所在，定语是限制性的；而述谓性与分类性及称谓性的差别首先是定语成分的性质，也有两个概念成分的距离问题。陆丙甫（1988：386—389）认为限制性和描写性与粘合式、组合式之间缺乏对应关系，粘合式定语和组合式定语无论是从形式上还是从意义上看都属截然不同的两个层次，同组合式、粘合式相对应的意义区别是非称谓性和称谓性，组合定语中可以再分成限制性和描写性两类。陆文明确指出组合定语才有限制性和描写性之分，粘合式定语看作称谓性更合适。张敏（1998：241）循此思路也不同意将粘合式定语也分派到限制性、描写性两类中去，倾向于根据朱德熙（1982）的二分格局，粘合式与组合式是称谓性与非称谓性的对立，组合式再区分出区别性（限制性）和描述性两类，可见述谓性是与描写性相对应的。

也有另外一种意见。刘丹青（2002：411—412，2008：3）循陆丙甫将定语也分作内涵定语和外延定语两类，内涵定语由实词性/开放性语类充当，是给整个名词语增加词汇性语义要素（即内涵）的定语，包括描写性和限制性定语；外延定语由指称和/或量化成分充当，用来给名词语赋以指称、量化属性，表明它在真实世界或可能世界中的具体所指范围，即在不改变内涵的情况下指明其外延，由指示词、冠词、数量词语、量化词语充当。光杆名词短语都有类指属性。类指是一个独立的指称成分，它实际上是有外延的，其隐性的外延相当于全量。只是在认知及交际中未被突出，或者说外延在认知上暂时被抑制。粘合式定语属内涵定语，从刘文的结论中可分出限制性的和描写性的两类，限制性和描写性可以是一体的，因描写性的内涵定语才有隐性的外延。

3.1.1 限制性与描写性定语与确定指称

众多讨论集中在限制性、描写性是否具有负载确定指称的作用上。朱德熙（1956）认为"一类事物经过描写之后就不再是普遍的概念，而是特殊的概念了。因此，描写性定语往往带着潜在的指称作用。"张敏（1988：242）也指出"粘合式定语虽具有分类性，却较少在话语中负载确定指称的功能。这是因为它体现的是事物固有的属性，故更多地作用于概念的内涵而不是其外延，能帮助形成类名，却较少用来确定个体的指称（除非带上对比重音）。"陆丙甫（1988：387）从意义上对这两种形式进行了很好的说明："小牛"具有称谓性，是"牛犊"的称谓方式，是泛指的类别；"小的牛"也可能是成牛，不过是眼前这群牛中体型较小者，往往是特指。同样，"大衣服"是泛指衣服中的大尺寸者，而"大的衣服"可能是相对某个人的身材显得过大的衣服。

限制性作用于事物的外延，描写性作用于事物的内涵，而内涵和外延密切相关，内涵越丰富外延越小，指称作用是描写性派生出来的功能（陆丙甫，2003：15）。完权（2012：182）将描写性和指别性统一于"的"，与张敏关于带"的"结构具有分类性和述谓性的结论其实是一致的。他援引Langacker（1993）"一个实体越是内在描述另一实体的特征，就越有可能被用作参照体"的前提，把"又大又甜的糖葫芦"中的"又大又甜"分析为参照体，言者认为事物的这一特征描写对听者而言是显著可感的，可以据以搜索其意指的目标体，而这一描写策略是以"的"的同现为条件的。

限制性定语的作用是举出一种性质和特征作为分类的根据来给中心词所代表的事物分类（朱德熙，1999：372），区别性是对同类事物加以区分，必然会缩小中心语的外延。（贺阳，2013b：146）帮助形成类名是形成外延在认知上暂时被抑制的类指指称成分，只不过其隐性的外延相当于全量不用于确定个体指称罢了。故限制性和描写性都有帮助名词短语确立指称的作用，差别只在于确定类名还是确定个体指称。

限制性的范围要比区别性大,如数量成分、副词性成分修饰语通常是限制性的但很难说具有区别性。就定中结构而言,区别性作用于中心语事物的属性,即在属性范围区别性与限制性是一致的。甲₁、甲₂定语已知是性质形容词加不加"的"的区别,性质形容词是无界的,代表事物性状的一个不定的有可伸缩性的量幅或量度区间,承认甲₂中的形容词定语具有区别性而甲₁中的不具有,实际上是承认"的"区别性的存在。而甲₁、甲₂语义上的差别究其根本是一个量幅被总括扫描还是次第扫描的结果,总括扫描结果记述的是属性,次第扫描结果描写的是状态(张国宪,2007:31)。如果这一前提成立,则"的"改变了认知扫描的方式,其基本功能应该是描写性的。

如果承认甲₂的分类性,则决定分类的就只能是无界的性质形容词定语。这也可以从乙式的定语构成上得到证明。承认乙式"雪白的纸"中的定语是描写性或述谓性的,还在于定语"雪白"是定量形容词,则可知用于事物分类的形容词属性定语得是非定量的,反过来说事物的属性分类是建立在一个有伸缩性量幅区间的属性的总括扫描结果的基础之上,人们不可能用某一属性的特定量点标准为事物分类,虽然人们认知心理上具有普遍意义的认可值、带有较多主观随意性的某一性质的标准属性值可能往往成为分类的参考值,但标准属性值是从总括扫描意象中析出的且其量值也拥有一个较大的弹性空间。("标准属性值"见张国宪,2007:35)

名词和动词充任分类属性定语同样得有一个可供总括扫描的量幅,因提取的是事物的性状或行为属性义。如"木头桌子"中整体扫描结果涵盖了"木头"质地的好坏、可制作性的高低量幅,"保卫部门"中整体扫描结果涵盖了"保卫"强度量幅等。

分类性又是称谓性的基础,所以朱、张都把"白纸""白的纸"归为甲式。至此我们可以把张文称谓性和分类性的差别归为事物性质的认知心理扫描方式的不同致使的。

3.1.2 限制性与描写性定语的区别作用与描写作用

通常所谓的限制性定语的区别作用、描写性定语的描写作用之间并没有分明的界限,两种定语的功能分歧主要集中在区别与描写作用的范围纠葛上。

3.1.2.1 区别与描写对待说

袁毓林(1995)在讨论"的"字结构的称代规则时把"X+的+Y"

中定语"X+的"的修饰作用从语义上分为区别性和描写性两种,指出只有区别性的"X+的"可以称代Y,描写性的"X+的"不能称代Y。如"红木[制造]的家具"可用"红木的"称代,"[描写]战争的故事"却不能用"战争的"来称代,因"战争"是"故事"的具体内容,是描写性的。具体到X由动词性成分充当,袁文认为"VP+的"在语义类型上都是表示转指的,它转指跟VP直接或间接相关的某一种语义格,提取核心格的"VP+的"才有独立的称代功能,可以自由地作主宾语;提取其他格的"VP+的"不同程度地缺乏独立的称代功能,通常只能作同位性定语。即只有区别性的"X+的"并不一定能称代中心语Y,Y须是从X中提取出来的核心格或者是X的从属成分时才可由"X+的"称代。如"冷的时候"不能由"冷的"称代,"辞职的理由"不能由"辞职的"称代。而为什么只有提取核心格的区别性定语有称代功能,袁先生没有给出明确的概括,行文中起码有两点相关的理由。一则是,"他赞成的意见"与"他提出的意见"中的"VP+的"虽都与中心语同格,但前者可以用"他赞成的"称代,后者却不能由"他提出的"称代,袁文指出后者的中心语不仅是句法上的核心成分,而且是语义上的支撑点,所以不能轻易缺席。二则是,"中国的长江""苏州的虎丘"不能用"中国的""苏州的"称代是"的"字结构所指的广泛性(泛指"的"所提取的句法成分所属的格)发生了矛盾,所以"X+的"只能修饰专有名词而不能称代它。但袁先生声明这是语义层面的分析,其补充的称代规则是,在具体语境中,如果"X+的"能明确地指示Y,那么"X+的"可以称代Y。

沈家煊(1995:376)认为"的"具有标记"有界"定语的功能,陆丙甫(2003:15)从"有界—无界"这一对概念同"区别—描写"和"离散—连续"自然组配角度指出沈文对"的"字功能的看法同"区别性"密切相关。石毓智(2000:19)以"的"为有界性标记出发,根据"的"与有界成分数量短语在功能上的相似性以及在定语位置上的不相容性把"的"的语法功能进一步细化为从一个认知域确立出一个或多个成员,"的"的基本功能是"区别"(这可看作较为明确的单一功能说。参看完权,2012)。按石文的看法,定量词的主要功用是分类也就是给一个认知域划分成员,不加"的"表达类指是定量词的语义与"的"冲突。石文举例说明"A_1+A_2+的$+N$"("*新鲜热的牛奶""大厚的书")不合格的原因在于N代表一个认知域,以"A_2+的"的标准从中确认成员,即

"A₁+A₂+的+N"所指是一个认知域的被确立的成员,再用"A₁"限制就是从这个已确立的成员认知域中再确立成员,违反了在给定的认知过程中认知域和成员不能相混的原则。

3.1.2.2 描写与区别主次说

陆丙甫(2003:24)认为"的"的描写性是其基本意义和初始功能,区别及指称功能是语境中派生出来的意义(我们把这种派生出来的区别性称为"次区别性"),本身区别性很强而通常不需要"的"的定语,在添加了"的"后,就表现出一定的描写性,因此同描写性强的后移位置更和谐。而通常需要"的"的定语,在去掉了"的"之后,则表现出更强的区别性,并且位置上也倾向于前移到区别性更强的位置。

3.1.2.3 描写与指别兼容说

完权(2012:180—183)将陆文的基本功能和派生功能"主次说"发展为描写性与指别性"兼容说",认为描写和指别是一体的,基本问题是认知入场,描写只是入场手段之一。当言者认为指别度够高时可只使用一种入场策略,甚至不使用语法手段;如言者认为指别度不够高则会使用多种入场策略。在各种"X的Y"结构中,"的"表示"X的"对"Y"进行特征描写,都能在语用行为意义上回答"什么样儿的"问题,无论"的"前词语的词汇意义上的描写性强弱与否。"的"是这种描写关系的标记,又具有提高参照体指别度的功能,最终提高目标体的指别度是"的"的描写入场效果,也就是通过标记描写关系而达成认知入场的。

3.2 问题的症结

各家都不把定语的描写性与区别性视为相互对立的两种属性,与作用于事物内涵还是外延相关。袁文的对待说是界定结构的称代规则的,前提也是承认描写中有区别,区别中有描写。限制性和描写性定语都有帮助名词短语确立指称的作用,差别只在于确定类名还是确定个体指称。帮助形成类名是形成外延在认知上暂时被抑制的类指指称成分,只不过其隐性的外延相当于全量、不用于确定个体指称罢了。

限制性定语的作用是区别,但并非具有区别性的限制性定语都作用于中心语事物的属性,如领属定语"我(哥哥)"、范围定语"这把(锁)"等。朱德熙(1958/1980:7)把"白纸""白的纸"归为具有区别性的甲式，可知区别性作用是由非定量词"白"来承担的。甲₁、甲₂定语已知是性质形容词加不加"的"的区别，性质形容词是无界的，代表事物性状的一个不定的有可伸缩性的量幅或量度区间，承认甲₂中的形容词定语具有区别性实际上也就承认"的"可以是区别性定语的标记；承认乙式"雪白的纸"中的定语是描写性或述谓性的，还在于定语"雪白"是定量形容词。这样从构成成分的性质看，张敏（1998：236）关于称谓性、分类性、述谓性的分别可重述如下：

（1） 甲₁　　"白纸"　　　非定量词+N　　　称谓性
　　　甲₂　　"白的纸"　　非定量词+的+N　　分类性
　　　乙　　　"雪白的纸"　定量词+的+N　　　述谓性

区别性定语由非定量词充当，即事物的称谓或分类是建立在一个有伸缩性量幅区间的属性的总括扫描结果的基础之上，人们不可能用某一属性的特定量点标准为事物分类。而甲₁、甲₂定语语义上的差别究其根本是一个量幅被总括扫描还是次第扫描的结果，总括扫描结果记述的是属性，次第扫描结果描写的是状态（张国宪，2007：31）。甲₁定语由非定量词充当，是具有强区别性的属性定语；甲₂定语由"非定量词+的"构成，可视为具有弱区别性的属性定语。有界化标记"的"使一个量幅背景化即将其扫描为量点，定语区别性与描写性同体，则"的"改变了认知扫描的方式，其基本功能应该是描写性的；乙式定语由"定量词+的"构成，次第扫描结果与有界化标记同现匹配显见是描写性的增强。定语三种认知扫描方式的结果强区别性、弱区别性与描写性分别对应（1）中的称谓性、分类性与述谓性。

名词和动词充任区别属性定语同样得有一个可供总括扫描的量幅，因提取的是事物的性状或行为属性义。如"木头桌子"中整体扫描结果涵盖了"木头"质地的好坏、可制作性的高低量幅，"保卫部门"中整体扫描结果涵盖了"保卫"强度量幅等。

3.3　处理对策

3.3.1　限制性和描写性的语义能指与语用所指

承认粘合式定语也有限制性和描写性的对立，一个直接的证据是定语可带可不带"的"自由隐现情形的存在。这样似乎就得重新界定限制性和描写性的功用范围。限制性定语具有区别作用，语义上都作用于事物分类，无论是粘合式还是组合式定语；描写性定语都是具有描写作用的组合式定语，语义上都作用于事物的属性特征认定。这是语义能指。限制性定语作用于事物的外延，有的内涵定语也能改变事物的外延，因而限制性定语包括外延定语和能改变事物外延的内涵定语，其中非定量词内涵定语构成的粘合式结构语用上可表达事物的分类类指与归类类指（前者如"我们要用选举方式确定班长"中"方式"有"选举"和"—选举"之分，后者如"我们的选举方式是不记名投票"中"方式"是"不记名投票"），定量词内涵定语构成的粘合式结构语用上只表达事物的归类类指（如下文的"彩色电视""慢性病"）；组合式结构可表达归类类指或个指（前者如"我们要用选举的方式确定班长"中"选举"的方式选择已定，后者如"我们要用选举这种方式确定班长"中"选举"是方式的同位性定语），依中心语是否光杆名词而定；外延定语是组合式定语，只构成语用个指结构（如"我家""我的家"）。描写性定语只是内涵定语，语用上可构成归类类指或个指结构，也与定语成分和中心语的性质有关。语义上的描写性定语只由定量词语充任，如"雪白的纸"定语修饰类别事物，这是张敏所谓的有潜在的类指能力即定语有潜在的区别性；"挺好的一个人"定语修饰个体事物。前者语用上可实现为归类类指或个指两种情形，后者只实现为语用个指，由中心语事物的类指或个指表达性质决定。由非定量词充任的描写性定语其实是限制性定语的语用所指实现，归类类指或个指表达也依中心语名词是否光杆的分别开来。这是语用所指。

　　语义上的区别性与描写性与定语的构成成分的性质密切相关，语用上的区别性与描写性与定语构成成分、粘合与组合形式及中心语的性质都有联系。非定量词语义上有个可供总括扫描的量幅，定量词只有供次第扫描的量点，这是区别性和描写性存在的语义基础。二者可以是粘合式定语也可以是组合式定语。粘合式定语与"非定量词+的"的组合式定语都是内涵定语、限制性定语，在表达事物属性下位分类的语义层面上是同义表达结构。"的"的入场改变了认知扫描方式，因而"非定量词+的"区别性与描写性共存或有了强弱程度之分，语用上粘合式定中结构可表达事物的下位分类或上位归类，组合式定中结构只表达事物的上位归类。"定量词+的"构成的组合式定中结构如中心语名词是光杆的，语义和语用上都表达事物的上位归类，如中心语名词是个体事物，则语用上表达个指。

分类和归类是以同类异质或异类同质事物的存在为前提的。同类异质情形如"白纸"和"红纸"，"白"和"红"构成同类事物"纸"的不同属性（异质），从上往下看是把二者异质差别作为比较前提的事物分类，典型表达形式是"用红纸（比白纸）好"；异类同质情形如"白纸"和"白布"，"白"是异类事物"纸"和"布"的相同属性（同质），"白纸"与"白布"并提是异类分拣，"白"是属性内涵确认共性，因而内涵确认有异类分拣的前提。内涵共性"白"的提取存在于人们认识体系中"纸"和"布"不同颜色分别的客观存在基础，即"白"的属性选择已定。从下往上看是着眼于个体存在，二者的异质差别成为表达背景（即语用归类有语义分类的前提），如"拿张白纸过来"客观上有其他颜色的纸的存在基础，但表达并不关注不同颜色纸的差别，这时"白"为内涵确认，"白纸"是个体归类。作为纸的颜色属性"白"和"红"的对立通常表现为人们普遍认可的标准属性值（张国宪，2007：34），这是词义的纵向游移。二者的差别可表述如下（黑体表凸显属性）：

[白—**白**] 着眼于异质选择　"纸是白的"（与"—白"相对）　下位分类

[**白**—白] 着眼于同质认定　"白纸是纸"（与"—纸"相对）　上位归类

语用上着眼于异质选择的定语是限制性定语，着眼于同质认定的是描写性定语。

鉴此，可以将语义上的区别性[①]视为粘合式定语的基本语义功能，语义上的限制性和描写性是定语区别性这种基本语义功能的不同表现形式。

---

① 贺阳（2013a：147—148）区分了语义上的和语用上的区别性，认为语义层面的区别性是以通过增加内涵的手段来缩小外延以区分事物的类别的，用提问方式来说明就是告诉听话人"哪一类/种"而不是告诉"哪一个/些"。语用层面的区别性则与指称密切相关，在语境的作用下，通过与特定个体的关联产生指别作用。

石定栩（2010）从集合论角度得出的"汉语的所有定语都是限制性的"实际上可表述为粘合式定语都具有语义上的区别性，也与不同语言为事物分类普遍采用的定中分类法手段一致。语用上的限制性与描写性的对立表现在指称确定上，同样基于是否改变中心语事物外延的标准①，语义上的描写性通常实现为语用上的描写性，理论上应该可以实现为语用上的限制性（表达事物临时分类），但通常有列举、对比的前提，充其量是种有标记的分类类指。如：

（2）没有策划的刊物，往往是先由编辑把稿件塞进栏目，再由总编辑塞入刊物。
（3）这要死不活的场面，非但赌的人不起劲，就是观战的人也觉索然无味。
（4）演奏和演唱的风格、发声的气温、湿度和场所，也会对音色产生影响。
（5）这是多么令人愉快的天堂呀，还有熟悉的花、鸟、石子，这是多么令人陶醉啊！

（2）中"没有策划的刊物"与"有策划的刊物"对待，（3）中"赌的人"与"观战的人"相对待，（4）中"演奏和演唱的风格、发声的气温、湿度和场所"并举，（5）中"熟悉的花、鸟、石子"并举，与其说是表达事物的临时分类类指，倒不如说是表达事物的上位归类类指，因表达都有一个特定的场景限制，特定场景赋予了事物的特定类指表达。"的"的介入强化了特征描写而并非分类解释功能。

语义上的限制性既可以实现为语用上的限制性（表达事物恒定分类，为分别计可称为指别性），也可以实现为语用上的描写性。前者改变了中心语事物的外延，指别性表现为定语的属性义是事物的语用分类标准；而后者不改变中心语事物的外延，语义上的区别性成为背景，定语的属性义是事物的语用归类标准，分别对应语用上的限制性分类与描写性归类。上述分解可简化为：

---

① 贺阳（2013a：148）将限制性定语会缩小中心语所指事物的范围、描写性定语不会改变相关集合的范围的界定视为语义层面和语用层面上的共有的定语功能。

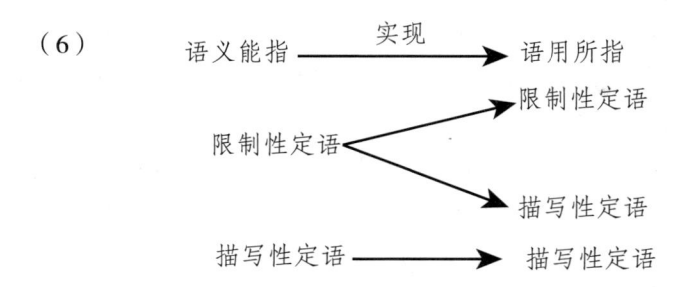

（6）　语义能指 ——实现→ 语用所指
　　　　　　　　　　　　　↗ 限制性定语
　　　　　限制性定语
　　　　　　　　　　　　　↘ 描写性定语
　　　　　描写性定语 ————→ 描写性定语

3.3.2 "的"标记有界定语的功能

3.3.2.1 "的"描写入场的重新解释

上述关于"的"语法功能的三种界定都是区别与描写的对立上产生的纠葛。"的"的离散性功能是人们都承认的，离散的结果是使中心语事物内涵更具体、外延更显豁，或者说使中心语类名或个体指称的范围更明晰、对象更具体。描写和区别已知在类名或个体指称的确认上有着不同的分工，则可知三种不同的界定在于表达凸显的内涵或外延及其关系的认识分歧上。从指称实现角度说，每一种分析都有其合理的内涵，因矛盾对立的双方共处于一个统一体中，区别中的联系与联系中的区别此消彼长而已。

我们同意"的"的描写性是其基本意义和初始功能的基本思想，区别及指称或指别功能应作用于事物的归类而不是分类，因"的"的描写入场改变了人们认知事物性质的心理扫描方式，将事物性质"指别"的整体扫描改为次第扫描，次第扫描的结果是描写事物的存在状态，因而陆丙甫先生把"小的牛"特指某群牛中体型较小者，"大的衣服"是相对某个人的身材显得过大的衣服；"小牛"是泛指类别称谓，"大衣服"泛指大尺寸衣服。前者实际是石毓智（2000：19）所谓的确定有关认知域的成员的作用，是依据特定认知域内部成员的个性差异标准界定出的认知域内个体成员的集合或类别，因而我们不同意石文把定量词的主要功能归结为分类的看法，给一个认知域确立出成员只能是共性范畴内凸显个性差异的个体事物的归类而不应是分类；后者是事物现象不同类别的客观存在表达形式，因是依据同一认知域内部成员的共性特征标准界定出的下位类别，这是在个性范畴内凸显共性联系的个体事物的分类而不是归类。由"个性→共性"和由"共性→个性"是事物归类和分类的两个角度，着眼于个体成员个性差异的事物域类别是为事物进行归类，用于归类的区别功能只作用于特定认知域的对象范围；着眼于个体成员共性联系的事物域类别是为事物进行分类，用于分类的区别功能既作用于相同认知域的对象范围，又作用于不同认知域的事物范围。

这样我们把"的"构成"的"字短语表达类别的功能和有界化功能联系起来来验证其语法功能的同一性问题。石毓智（2000：17）把"X+的"称为"的"字短语，把"X+的+Y"称为"的"字结构，"的"字短语不是由"的"字结构省去中心语而来的，二者各具独立性，之间没有派生和被派生的关系；定量词充当粘合式定语或组成"的"字短语都能指代事物，但定量词作定语时不能加"的"，而构成"的"字短语指代事物时则必加"的"。石文的例子是：

（7）a. 彩色电视好看　　　a′.＊彩色的电视好看
　　　b.＊我们家的电视是彩色　b′. 我们家的电视是彩色的
　　　c.＊彩色更伤眼睛　　　c′. 彩色的更伤眼睛

与区别词用法相比在于定量词的数量特征表现：

（8）a. 慢性病难治　　　a′. 慢性的病难治
　　　b.＊他的病是慢性　　b′. 他的病是慢性的
　　　c.＊他得的是慢性　　c′. 他得的是慢性的

区别词是非定量词，因而"彩色电视"和"慢性病"应该是不同的类指表达形式，这从（7）a′和（8）a′的不同表现可以看出。定量词充当类指标准凸显的是数量特征，也就是凸显事物的个体性，"彩色电视"应是事物归类表达。由此可知"彩色的"也应是事物归类表达，"彩色"本就是有界的，在"彩色电视"里自然不需要另一有界成分"的"出现，"的"字短语自然也不会是省略中心语生成的，类指结构"彩色的"中"的"分析为非限制性的或描写性的最为合理，定量或有界定语成分"彩色"只是凸显事物的属性特征义的非限制性定语，与归类类指匹配；"慢性的"是"非定量词+的"，"的"有界化同样限定整个类指结构的归类表达，非定量词"慢性"客观上有表达事物属性值或属性特征认定的作用，但受"的"制约也只是凸显事物的属性特征义的非限制性定语，

(7) b′、c′和（8）b′、c′中"彩色的""慢性的"虽有事物隐性的全量存在，后面都可以补出"那一种"说明属于"电视"中的一个小类，同样属于说明一类事物中的成员的小类归大类表达情形，凸显个体性。"慢性病"与"慢性的病"则构成表达对立，不加"的"的（8）a 中的"慢性"是为事物分类的限制性定语，加"的"的（8）b 中的"慢性"是表达属性特征认定的非限制性定语。非定量形容词常常构成归类类指表达的"的"字短语：

（9）a. 菊花越淡越好，我爱白的 。（张恨水《春明外史》）
　　　b. 凉风轻轻地扇着，环抱着龙马潭的山峰现在罩上了薄纱样的面网了，紫的是云气，白的是炊烟。（茅盾《虹》）

(9) a、b 两例中的"白的"都只能说成"白的那一种"。

定量词与非定量词虽都有确定个体指称的作用，但凸显的语义关系侧面不同。"非定量词+的"类的表达前提凸显，强调大类中的小类是客观世界里的一种自然存在；而"定量词+的"虽也有类的表达前提存在，但强调的是大类中的某一特定小类或这一特定小类成员的集合。这种个体的类允许是非客观的或临时的。因非定量词表达的属性是通过总括扫描或次第扫描一个量度区间获得的，而定量词表达的属性是次第扫描一个量幅中的某个量点获得的。

这样就有了一个基本的讨论前提，定量词或非定量词语义上都表达事物的属性特征分类，定量词定语构成的定中类指结构是从事物类别中择定一种，因而语用所指用于与别的事物进行的同质认定，这是归类类指；非定量词定语构成的定中类指结构才是从属性对立中给一个认知域划分出成员，因而语用所指用于同类事物的异质分拣。

3.3.2.2 "的"描写入场的一个例证

邢福义（1994：4—5）描述了 NVN 结构层次切分的三种情形，"2+2+2" 6 字组合的一般情况是"的"可有两个插入位置：

　　　　军马饲养方法→a. 军马的饲养方法　b. 军马饲养的方法
　　　　机票购买手续→a. 机票的购买手续　b. 机票购买的手续

邢先生指出 b 说法更为自然。只插入 a 位置的情形是表意或音节的原因，如：

首长保卫人员→a. 首长的保卫人员　b. *首长保卫的人员
研究生指导教师→a. 研究生的指导教师　b. *研究生指导的教师
产品介绍单→a. 产品的介绍单　b. *产品介绍的单
中药材收购站→a. 中药材的收购店　b. *中药材收购的店
全运会参赛有功人员表彰大会→a. 全运会参赛有功人员的表彰大会　b. 全运会参赛有功人员表彰的大会

"的"有不同插入位置说明 VN 名词短语入场的不同的可能存在方式，只插入 a 位置的情形表意上的原因可以用谓词隐含（袁毓林，1995）的办法尝试解释：

N_1+V+N_2　N_1+的$+V+N_2$　$V\emptyset+N_1+V+$的$+N_2$　$N_2+V\emptyset+N_1+V$
首长保卫人员→首长的保卫人员→［负责］首长保卫的人员→（这些）人员［负责］首长保卫
研究生指导教师→研究生的指导教师→［负责］研究生指导的教师→（这位）教师［负责］研究生指导

谓词隐含可以说明"的"有两个插入位置的情形中为什么 b 说法自然的原因。隐含的谓词与"N_1+V+的"有支配关系，或者说将"N_1+V+的"（也就是袁文普遍意义上的"X+的"）绑定成一个受其支配的行为指称单位：

军马饲养方法→a.［关于］军马的饲养方法→（这）方法是［关于］军马的饲养
　→b.［关于］军马饲养的方法→（这）方法是［关于］军马饲养的
机票购买手续→a.［有关］机票的购买手续→（这）手续是［有关］机票的购买

→b.［有关］机票购买的手续→（这）手续是［有关］机票购买的

二者的差别在于 N_2 是否是 V 的一个核心格。N_2 是从 V 中提取出来的核心格如"首长保卫人员""研究生指导教师"可由"VP+的"称代，定中短语是称谓性的；反之如"军马饲养方法""机票购买手续"的中心语名词不可由"VP+的"称代，定中短语是分类性的。一价动词定语提取不出核心格故只构成分类性定中短语，相应的变换式与"军马饲养方法""机票购买手续"一致：

开车技术→［指导］开车的技术→＊［指导］开车的→＊有关［指导］开车的技术→有关开车的技术→技术是有关开车的

辞职理由→［促使］辞职的理由→＊［促使］辞职的→＊有关［促使］辞职的理由→有关辞职的理由→理由是有关辞职的

出差经费→出差［需要］的经费→＊出差［需要］的→＊有关出差［需要］的经费→有关出差的经费→经费是有关出差的

游泳姿势→游泳［造成］的姿势→＊游泳［造成］的→＊有关游泳［造成］的姿势→有关游泳的姿势→姿势是有关游泳的

沈家煊（1995：376）指出"的"的作用是将无界概念变为有界概念，则 VN 与"V 的 N"的分别首先是各自入场后的无界和有界表达分别，可见上述 a 式是一个无界的 VN 概念的有界表达形式，b 式是一个无界的 N 概念的有界表达形式。"开车（的）技术""辞职（的）理由""出差（的）经费""游泳（的）姿势"相当于"非定量词+（的）+N"，整个短语具有语义上的区别性。

3.4 异质分类与同质归类

动词直接作定语与区别词、形容词、名词等一样，都是非定量词充任的粘合式定语，有缩小中心语事物所指外延作用，整个名词短语指称事物属性的次范畴类别，定语充当事物的下位分类标准，语义上具有区别性；非定量词加"的"并不改变其作用于事物外延的性质，即定语同样具有语义上的区别性,但"的"的描写入场改变了中心语名词的类指性质,整个名词短语表达事物属性的次范畴归类;定量词充任的定语只凸显事物属性特征作用的描写性定语,如果中心语名词是光杆的,整个名词短语也只表事物属性的归类类指。语义上具有区别作用的定语作用于同类事物的异质分类,不具有区别作用的定语作用于异类事物的同质归类。

　　粘合式定中结构指称事物属性的次范畴类别是语义能指,语用上可实现为分类类指和归类类指两种情形,这是结构所指。前者着眼于结构的生成,后者着眼于结构的运用。因"的"虽不改变定语的区别性,通常所谓的自由插入"的"后的组合式结构与粘合式结构的表达一致,实际是类指性质没有变化,但"的"改变了结构表达的认知扫描方式,结构的语用所指便实现为归类类指。

　　限制性定语因作用于事物的外延都具有区别性,但并非都具有分类性。朱德熙(1958:18)说过这样一段话,"在'我的书'里头,'我'是限定'书'的。说'我的书'的时候,确定所说的是'我的书',而不是别人的书。实际上也给'书'分了类。"朱先生所谓的分类是我们界定的归类。作用于语义分类的限制性定语是从内涵上限定事物外延的属性定语,能充任粘合式定语;只具区别性不具分类性的限制性定语从领属、数量、时间、处所、范围等语义范畴限定事物外延,通常不能充任粘合式定语。描写性定语只有描写性,带"的"、不带"的"的结构语义能指都只有归类类指情形,不带"的"的语义能指结构实现为语用上的归类类指结构,带"的"的语义能指结构实现为语用上的个指情形。如把中心语限定为光杆名词,上述分别可简述如下(D代表"定语",N代表光杆名词):

定语类型	结构形式	语义能指	语用所指
限制性定语	DN	分类类指	分类类指/归类类指
	D 的 N	分类类指	归类类指/个指
描写性定语	DN	归类类指	归类类指
	D 的 N	归类类指	个指

3.5 粘合式动词定语的属性值和属性特征表达

　　动词直接作定语与形容词、区别词、名词等一样，如果定语有缩小中心语事物所指外延作用，整个名词短语指称事物属性的次范畴类别，定语充当事物的下位分类标准，语义上具有区别性；如果定语只有凸显事物属性特征的作用，整个名词短语不表事物属性的次范畴类别，定语不作用于事物的下位分类，语义上不具有区别性。语义上具有区别作用的定语表达属性值，不具有区别作用的定语表达属性特征。在朱德熙先生之前的陈琼瓒（1955）、之后的陆丙甫（1988：105—106）都用称谓性与非称谓性的对立去概括朱德熙提出的粘合式与组合式定中结构的意义区别。称谓性指的是能构成一个类名去称谓某个或某类事物的定中结构的特性。

　　VN 结构具有类指称谓性基本已成共识，能指称与指称的实现不同，前者着眼于结构的生成，后者着眼于结构的运用。完权（2016：11、32）从社会认知角度讨论了名词短语的认知入场作用，认为名词短语的入场表示交谈双方共同指别了某事物，双方语言系统中的型概念（一个光杆名词一般表征一个型概念）在主观认定的认知场景中的相同实例上达成了指称协同，最终使得听者理解言者想要传达的意义。作者注重即时语言加工过程中与语境相关的社会认知因素的分析，将名词短语的入场要素归为"有定"和"量化"两组。有定是无定 VN 结构的指称实现，量化与事物的"数"范畴相关，由事物名词的空间性特征决定。由动词直接作定语的名词短语与其他类型的情形又有不同，定语动词起码要携带一个论元角色一同入场才有"有定"和"量化"的考量。这也就是说动词词义的"理想认知模型"（ICM）参与了动词直接作定语的名词短语的入场。如"旅游"《现代汉语词典》的解释是"旅行浏览：如~团、~业、~胜地、~旺季"，强制要求与行为施事成分相关联，与这种行为相关联的事物类别通常有旅游团体（"旅游团"）、旅游机构（"旅游业""旅游机构"）、旅游景点、旅游时间及旅游方式等，可以说是动词的论元结构是 VN 构式指称意义形成的前提，或者说这一潜在的 V 的论元结构便成了 VN 类指构式表达的基体，与行为的相关事物属性类别是同一基体凸显的一个个语义关系侧面，动作相关的哪个语义角色入场是分类类指表达还是归类类指表达选择的不同造成的，是表达环境选择限制的结果。

如果撇开动词词义理想认知模型的入场作用，则无法解释有些动词不能直接作定语的原因。如"避免"《现代汉语词典》的解释是"设法不使某种情形发生；防止：～冲突"。"避免"属无界动词（沈家煊，1995）、无向动词（张国宪，2011），人们认知上关注的是"避免"支配的某种事件的类别，如"冲突事件""冲突原因""冲突方式"等，而无法就主体的有意识或下意识的一个缺乏具体展开进程的非事件行为进行"法儿"之类的属性类别划分，从这一意义上说我们可以界定能直接作定语的动词的语义特征类型。

状态心理动词"爱好""爱护""爱惜""相信""羡慕""热爱""喜欢"都有"程度"之分，自然有了"～程度"的VN类指结构。这些心理动词作用于事物，句法上的共性是都可以带名词性宾语；其中"爱惜"是"因重视而不糟蹋"，"羡慕"是"看见中国人有某种长处、好处或有利条件而希望自己也有"，心理因素主导着相应的不同行为方式，因而又有"爱惜心理""羡慕心理"的类指表达形式，而"爱好""爱护""相信""热爱""喜欢"却没有"～心理"的类指形式。有些行为心理动词"希望""料想""认为""感觉"等作用于行为，通常只带谓词性宾语，不仅不能构成"～程度"的VN类指形式，也没有像"法儿"之类的任何一个事物域的类指形式①。如果说作用于事物和作用于行为是分别的原因所在，则凭句法上能否带名词性宾语就能区分，可以认为动词连同其支配的对象事物一起构成一个事件域选择与之相关的语义角色属性类别。但另一些行为心理动词"记得""觉得""知道""想象"等跟状态心理动词一样可带名词性宾语，同样没有作为分类标准构成类指短语的能力。无定名词短语VN入场后与有定成分、量化成分匹配满足交际需要，如果把V和N视为一个行为域和一个事物域的语义合成现象，是哪个认知域起着主导作用还是作用并重，是我们讨论短语入场首先要关注的问题。

动词携带相应的论元角色入场是讨论结构语义合成现象的前提。就一个事件句而言，语序的不同会带来意象图式的变化。杨成凯（1996：282—283）描述过"水流了"与"流水了"的表达差别，听到"水流了"，人们的反应是某种水流了，至多会问问是什么水或哪里的水；而听

---

① 李晋霞（2008：189）收入"希望工程"条，应是NN名词性短语。"希望"兼动词、名词两类。

到"流水了"的反应必然是某地方或某种东西流水了，前面没有表示某地方或某种东西的词语就站不住。动词直接作定语的名词短语已知表事物类指，可想而知如果前面没有类指对象话题事物表达上也就站不住或无法入场。把 VN 类指结构限定为关于 N 的动态属性类指，其实是作用于或基于动词携带入场的论元角色施事 S 或受事 O 的动态属性类指，N 可以是行为主体 S 或行为客体 O 的类指情形，也可以是基于行为主体 S 或行为客体的与动作相关的其他语义角色的行为属性类指情形。无论如何都是话题事物 S 或 O 与动词相携入场指派的语义角色类别表达形式。

顾阳、沈阳（2001，125—126）提取"VP-N 偏正（定中）式"合成复合词中 N 的语义角色共性，认为 N 从论元意义上说绝大多数都可能体现施事作用或间接表示施事，因有施事的论元结构才会有工具、材料、手段或方法等论元。我们从 VN 名词短语入场角度入手修正这一思路，V 携带 S 入场形成一个行为认知域，VN 名词短语是这一认知域凸显的能体现施事作用的相关语义角色指称类别表达形式；V 携带 O 入场也形成一个行为认知域，VN 名词短语是这一认知域凸显的能体现受事作用的相关语义角色指称类别表达形式。N 不是论元角色本身，而是行为属性的拥有者宿主。三价动词关涉的与事成分因不是话语表达中的话题成分，言语交际环境中第三者往往不在场或不参与交际活动，甚至可以说没有参与行为认知域的构建，表达上也就没有凸显能体现与事作用的相关语义角色指称类别表达形式。如"奖励了他五千元钱"中"他"与行为事件的有界性、有向性无关，"奖励了五千元钱"已经完成了一个基本的行为认知域的构建。

通常认为限制性定语指明在一些事物中是这个而不是那个的区别作用对应定语的属性值意义表达。因此，当用这类定语修饰某事物时一定蕴含其他同类事物存在的前提，说话人认为有必要或必须加以区别。限制性定语包括领属性定语（"我的故乡"）、时间定语（"过去的情况"）、处所定语（"身上的雪"）、范围定语（"他们中间的多数"）、用途定语（"装工具的箱子"）、质料定语（"木头桌子"）、数量定语（"一件件往事"）。限制性定语可以帮助建立一个表征目标体的下位的型概念，使 VN 名词短语获得类指意义，但并非所有类别的限制性定语都如质料定语一样能帮助建立一个表征目标体的下位的型概念的分类作用，因而凭是否具有分类作用可以把限制性定语分为分类属性定语和归类属性定语两类。

如"装工具的箱子"只是把"箱子"归入装工具的一类里面，因"装工具"并未使"箱子"的外延发生改变。

描写性定语的描写作用凸显对某种事物的属性特征认定，对应定语的属性特征表达。描写性定语通过特征描写策略使用同样可以使 VN 名词短语获得类指意义，因描写性定语都不会带来中心语事物外延的改变，因而都只是归类属性定语。我们缩小通常的区别性定语的界定范围，用来专指具有分类作用的限制性定语，以减少术语增加带来的不必要的麻烦。

属性值表达体现定语属性义的分类属性，属性特征表达体现定语属性义的归类属性。分类和归类有同类异质事物与异类同质事物存在的前提，区别与描写作用可视为从这两个不同的前提入手凸显中心语事物属性义的不同表达侧面的结果。这种对应关系可描述为：

区别性定语　　描写性定语
表达属性值　　表达属性特征
分类类指　　　归类类指

属性值和属性特征可以在语义和语用两个层面进行界定，即与属性值和属性特征表达对应的也只能是语用层面的限制性和描写性定语。这样看来将限制性定语和描写性定语区分出语义和语用两个层面很有必要。石定栩（2010：323、327）认为限制性和描写性不构成对立，汉语的各种定中结构都表示事物的集合，中心语表示一个集合，整个定中结构表示其中的一个子集，所有定语因此都是限制性的，但不否认汉语有对名词性成分进行描写的手段，整个定中结构可以具有描写作用，和定语的限制性并不矛盾。如"谭千秋是永远活在湖大人心中的英雄"里"永远活在湖大人心中的"修饰"英雄"，形成一个"英雄"的子集，整个名词短语用在"是"字句里对主语进行描写。如果区分开了语义上的和语用上的限制性与描写性，则不妨把石文的所有的定语都是限制性的结论当作定中短语尤其是粘合式定中短语为事物划分子集的基本句法语义功能，作用都是分类性的，作者本就声称是从句法语义功能的角度来分析的。但确定指称是话语功能，语义上的分类结构可能实现为语用上的分类也可实现为语用上的归类，根据语用环境中定语属性义表达属性值还是属性特征来判别，也就是语用层面的限制性定语和描写性定语的分别问题。如果承认语义层面上也存在限制性和描写性定语的对立，则语义层面与语用层面上的描写性一致，都只是事物的归类情形，因定语凸显事物的属性特征。

既然分类本质上是规约性的，则能直接作定语的动词作语义分类类指结构如果以规约性即根据组合中两个概念的语义特征能否互析为标准，则能直接作内涵定语的动词可构成语义层面上的定中分类结构。依两个概念语义联系的松紧度又可分为强规约性系联和次规约性系联结构两种（参见1.4.3）。强规约性系联如"飞鸟、爬虫、游鱼、浮萍、滚动轴承、储蓄银行、旅游景点"等情形中的动词定语属于中心语事物固有的本质属性，因并未使中心语事物的外延发生改变，语义上的限制性通常实现为语用上的描写性归类，即定语动词凸显事物的属性特征，话语中通常成为表达上的羡余成分。如"树上有只鸟"不必说成"树上有只飞鸟"，"我去银行了"也不必说成"我去储蓄银行了"。能实现为语用上的分类类指和归类类指结构的是次规约性系联情形，如尹世超（2002a：163）所举的多定动词"接待"可直接修饰的名词有：

工作　单位　办公室　处　组　人员　对象　范围　时间　地点
场所　方式　形式　日程　过程　情况　场面　次数　能力　条件
原则　方法　办法　计划　规格　措施　标准　费用　意图　业务
任务

如果把强规约性系联中定语动词的语义特征标记为［+必有性］，则次规约性系联中定语动词的语义特征可标记为［+可有性］，VN 语义类指是表达赋予的，如是否为"接待"行为设立一个机构（"接待单位、接待部门、接待处、接待组"等）并非一种必然存在，但现实现象中存在为"接待"行为设立一个机构的可能，交际中自然就需要这种定中分类结构加以分别指称。因强规约性系联情形与中心语所指范围相同，本就是事物客观存在的自然类别，所以次规约性系联定中分类结构是 VN 名词短语类指的典型形式。规约性系联结构是事物与事物的本质运动属性相联系的表达形式，非规约性系联结构是通过隐喻方式建立起的事物与事物的非本质运动属性相联系的表达形式，相联系的基础是两种不同事物之间运动形式或运动过程等的相似性的存在。如"滚木、滚石、滚水、滚雷",都带有临时分类意义,因"滚"的描写功能凸显,语用上通常表现为事物的归类,因分类本质上是规约的。

3.6 本章小结

我们从前贤关于限制性定语与描写性定语的语义和语用二分、"的"具有标记有界定语功能等重要论断入手,试图通过粘合和组合式结构的构成与表达、动词的性质类别和定语限制性与描写性的对应关系等的讨论将问题进一步引向深入。

限制性定语与描写性定语在语义能指和语用所指上都存在对立。限制性定语具有区别作用,语义上都作用于事物分类,由限制性定语构成的定中结构语用上可表达事物的分类类指、归类类指或个指。限制性定语作用于事物的外延,有的内涵定语也能改变事物的外延,因而限制性定语包括外延定语和能改变事物外延的内涵定语。外延定语是组合式定语,只构成语用个指结构。限制性内涵定语由非定量词语充任,有粘合式定语和组合式定语的分别,粘合式定语语义上只作用于事物分类,粘合式结构语用上可实现为分类类指结构或归类类指结构;组合式定语语义上可作用于事物分类也可作用于属性认定,分别由非定量词语和定量词语构成,也与中心语是否光杆名词有关,但语用上只构成归类类指或个指结构。描写性定语都是只具有描写作用的内涵定语,语义上的描写性是事物属性认定,语用上可构成归类类指或个指结构,也与定语成分和中心语的性质有关;语义上的描写性定语只由定量词语充任,语用上表达归类类指还是个指依中心语名词指称类别还是个体事物的性质决定;由非定量词充任的描写性定语其实是限制性定语的语用所指实现,归类类指或个指表达也依中心语名词是否光杆的分别开来。语用上的非定量词语与定量词语构成的描写性定语的分别在于区别性或描写性的强弱程度,与定语构成成分类别、中心语名词指称的性质相关。

区别性和描写性的程度强弱之分意味着区别与描写在语用所指结构里可共处于一个统一体中。粘合式定语具有强区别性或只有区别性,由非定量词语充任的组合式定语具有弱区别性,由定量词语充任的组合式定语只有描写性,分别与通常所谓的称谓性、分类性和述谓性对应。相应地,描写性也有区别与描写一体的弱描写性和只有描写性的强描写性的分别。区别与描写的对立由认知心理扫描方式的不同致使。

组合式定中结构常表达个指，无论定语是限制性的还是描写性的；也能表达类指，因中心语名词可以是光杆的。粘合式定中结构只表达类指。

第四章

领属关系和属性关系：语义的与语用的

本章讨论如下几个与 VN 构式语义类别与语用表达有关的问题：

（一）定中结构的语义类别可描述为领属关系与属性关系的对立。

（二）与限制性定语和描写性定语一样，领属关系和属性关系也分相应的语义的和语用的两个层面。语义层面存在的领属关系和属性关系是不同类别结构生成的语义基础，通常形式上存在组合式结构与粘合式结构的分别；就 VN 构式而言，语义上只是表达分类的属性关系结构，语用层面存在的领属关系和属性关系是结构表达的不同实现结果。

（三）组合式结构和粘合式结构分别是领属关系结构和属性关系结构的典型形式。VN 类指构式是非典型的属性关系结构[1]，这是结构语义能指；可实现为领属关系结构和属性关系结构两种表达结果，这是结构语用所指。

（四）VN 类指构式属规约性系联结构，结构的规约性可通过 VN、"V（的）N""V 的 N"的不同表达形式对立中得到解释；领属关系结构和属性关系结构表达的分别与结构关系共性可通过名词作定语的 N_1N_2、"N_1（的）N_2""N_1 的 N_2"的结构分别中进行验证，因"N_1（的）N_2"实际是"V（的）N"结构的上位类别表达形式，"V（的）N"领属关系结构和属性关系结构表达的分别离不开构式话题事物与动作语义关系侧面的凸显。

4.1 领属关系与属性关系的对立

4.1.1 二元对立界定

袁毓林（1995：244—245）将"NP_1+的+NP_2"的高层次的格式意义

---

[1] 典型的情形是区别词作定语的定中结构。

概括为领属关系和属性关系两种，领属关系意义、属性关系意义给 NP_1 和 NP_2 分别指派了"领有者—领有物""质料—成品"等高层次的语义角色。张敏（1999：432、435）认为定语从意义上大致分表属性和表领属两大类，并援引 Seilor 的话将表属性的定语功能是表征概念，即主要作用于概念的内涵，限定并增加中心语概念的内容；表领属的定语功能是专化所指，主要作用于中心语概念的外延，即确定中心语指称的对象。由此把汉语的定中组合分为属性构造和领属构造两类。刘永耕（1999：87）从指称角度论证了名词性定语的领属、属性二分的合理性，指出领属定语是有指的实体，领属结构的逻辑基础是关系命题，如具体语境中"你的长矛"中的"你"和"长矛"都是确定的，整个结构可以转换为"你有长矛"这样的命题；而属性定语是无指成分，属性结构的逻辑基础是性质命题，如"木头的房子"只能指出哪些是"木头房子"，而无法指出"木头"的实体，因而只能转换成性质命题"房子是木头的"，属性定语 N_1 总是对 N_2 概念增加内涵限制，又是以 N_2 为母项进行划分的依据。领属定语 N_1 不具有这种性质。

　　从结构的原型范畴出发把定中结构"N_1（的）N_2"复杂多样的内部语义关系概括为领属关系和非领属关系（属性关系）两大类，或者说领属关系或属性关系结构"N_1（的）N_2"复杂多样的内部语义关系类别都分别存在着典型性程度的差异。如 Bernd Heine（1997：34—35）依生命度标准把领属关系分为有生领属（animate possession）和无生领属（inanimate possession）两大类；程琪龙（2006：150）把领属概念框架分为静态领属（如"我有一本词典"）和动态领属（如"我得到了一本词典"）；周国光（2016：18）把"N_1＋（的）＋N_2"的领属关系分为名$_1$必定有名$_2$的固有领属关系（如"湖的中间"）和名$_1$不一定有名$_2$（如"婷婷的帽子"）的非固有领属关系；袁毓林等（2009：293）就把表领属关系的"X＋有＋Y"句式根据被领有者的语义特征分为物权领有、关系领有和性状领有三个次类；Croft（1990）把领属关系分为可让渡领属与不可让渡领属两类（参见郭熙煌，2009：195）等。

　　吕叔湘（1976）将"N_1＋的＋N_2"分为领属性的、描写性的和同位性的三种（转引自张伯江，1994：69），描写性的本就是属性关系表达，同位性的刘永耕（1999：91）归入属性关系，认为同位短语的基本语义结构概括为"称谓＋本体"，构成同位关系的两个名词性成分不都有所指，只能一个有指，另一个表属性。这样吕先生的看法实际可视为支持领属和属性二分的。

4.1.2 关系范畴界定

一般认为领属关系是事物和事物间的领有、隶属关系的总称，属于语义范畴（刘大为，1992：13；陆俭明，2004：97；张豫峰，2006：120）。戴耀晶（2013：319）[①]、詹人凤（2001：14）归入句法语义范畴，须把二者结合起来才能准确定位。廖秋忠（1985：325）、张伯江（1994：75）指出领属关系的辨识必须从语用角度出发。陆汝占、靳光瑾（1996：35—36）则认为汉语的逻辑语义解释应贯穿在词汇、句法、语义、语用多个层面，语义分析包括词汇义、句义、篇章义等，词汇义又分内涵义和外延义，被领者如取外延义就是有指，结构表达狭义领属关系；取内涵义即无指，结构表达广义领属关系；有指还是无指首先要考虑与动词义的搭配，还取决于语境情景、背景和预设等因素。

语义范畴说着眼于领有者与被领有者领属语义关系的客观存在，句法语义范畴说着眼于领属语义关系的句法表现形式，语用范畴说着眼于领属语义关系的实现，前两者是领属关系结构的能指，后者是所指。从结构的能指或所指角度或二者共有的指称角度讨论领属关系的构成，自然会因着眼点的不同得出不大一致但并非对立的结论来。但语义上有修饰与被修饰关系的两个名词性成分或构成领有者与被领有者之间的领属关系结构或构成事物属性与属性宿主的属性关系结构却是人们普遍认同的。陆俭明（2004：106—107）把领属关系和属性关系归入语义范畴，给出了一个区分两种语义关系的句法框架，让 N_2 进入谓词论元结构构成"的"字短语作"是"字句的主语，N_1 作"是"的宾语，如果句式成立且 N_1 跟论元结构里的任何论旨角色没有同指照应关系则 N_1 和 N_2 具有领属关系，否则是属性关系。N_1 是定指的语义成分或专有名词。如"苏州园林""诗人风度"领属结构成立是基于"园林有特色的是苏州""风度翩翩的是那位诗人"的表达前提，作为属性结构则与鉴别框架的表达相背。徐阳春、钱书新（2007：56、60）提出一个更为简明的鉴别框架：N_1 能以"什么"提问不能以"谁的（哪+量词+N_1+的）"提问的"N_1（的）N_2"是属性

[①] 戴文认为领属关系主要反映人、物之间的静态所属关系，基本不反映时间中的事件结构关系。

关系结构，能以"谁的（哪+量词+N₁+的）"提问不能以"什么"提问的"N₁（的）N₂"是领属关系结构。语义上的区别是，属性关系的 N₁ 是无指的，N₂ 是通指的；领属关系的 N₁ 是有指的，N₂ 是专指的。

领属关系结构中的两个名词性成分都取外延义，都是有指成分；属性关系结构中的两个名词性成分一取内涵义一取外延义，前者是无指成分，后者是有指成分。

孤立地看 VN 构式只是属性关系结构，因动词性定语是表属性的内涵定语。但 VN 构式意义仅从语义能指角度概括为指称事物的次范畴分类是不周延的，从语用所指角度可指称事物的次范畴分类，也可指称事物的上位范畴归类。前者是属性关系结构，后者是领属关系结构。而两种语用所指结构的分别需要 VN 构式的类指对象话题事物介入才能得到确切的解释。

因而定中粘合式结构的领属关系和属性关系也应在语义的和语用的两个层面分别进行解释。就 VN 构式而言只是指称事物次范畴类别的属性关系结构，这是语义能指，归入语义范畴；语用上实现为指称事物次范畴类别的属性关系结构或指称事物上位类别的领属关系结构是语用所指，归入语用范畴。

4.1.3　VN 构式如何表达领属关系和属性关系

黄锦章（1997：80）从表达典型领属关系的"有"字句的讨论中得出领属关系隐含支配意义的结论，词源上的证据是"有"从"手"从"肉"，有"获得"或"占有"义，从"获取"到"领属"语义上仅一步之遥。Bernd Heine（1997）指出领属的原型实例暗示了领有者对被领者的控制，控制涉及领有者操纵被领者的能力（参见吴早生，2010b：135）。控制可理解为领属关系隐含的支配意义的具体化解释。

领属关系结构"N₁（的）N₂"隐含的支配意义可用谓词的隐含来解释，VN 构式语义能指属性关系，语用表达中领属关系和属性关系的分别只有用构式话题成分的隐显来解释，定语动词内涵义析取属性值或属性特征与两种语用所指结构对应，自然也得靠构式话题成分的介入来解释。VN 构式语用所指结构常默认缺省①构式话题成分，语境中因补出的类指

---

① 省略或隐含的成分都可以明确地补出来，但省略补出的只有一种可能，隐含补出的却不止一种可能。

对象话题成分只有一种可能，所以并不影响 VN 语义能指结构实现为语用层面的领属关系结构或属性关系结构。

如前文所述，构式话题成分与 VN 构式间存在着一种广义的领属关系，因话题成分是宿主 N 的领有者载体且可由施事论元或施事论元角色成分也可由受事论元或受事论元角色成分充当，或者说与动作相关的不同的参与者角色成分都有类指表达的需要。这种广义的领属关系我们也视为语义能指，话题事物与宿主 N 实现为同一性领属关系的是属性关系语用所指结构，话题事物与宿主 N 实现为属种关系的是领属关系语用所指结构。

李绍群（2011：97）综合各家的意见指出"N_1+（的）+N_2"定中结构中 N_1 的语义范畴有领属和属性两大类；领属定语具有限定性，属性定语具有分类性；认为大部分无标记的 N_1N_2 定中结构自然关联的语义功能是分类，大部分有标记的"N_1 的 N_2"结构自然关联的语义功能是限定；领属定语从领属角度对人或事物进行限定，属性定语从属性角度对人或事物进行下位层次的分类。语义能指存在的依据是语用所指，限定性领属定语与分类性属性定语的分别也只有在语用所指结构里才能得到确切的解释。就 VN 构式而言，领属关系和属性关系的分别需要通过构式话题事物与宿主事物的语义能指领属关系的实现情形分别来认定，动词的属性值或属性特征表达即动作属性义的提取也只有在语用所指结构里进行才能得到确切的解释：动词充当属性定语表达属性值，构式属表达事物分类类指的属性关系结构；动词充当领属定语表达属性特征，构式属表达事物归类类指的领属关系结构。

4.2　由格关系角度看 VN 非价组合

既然 VN 构式中 V 表达事物的动态属性，N 是拥有该属性的宿主事物，则 V 与宿主事物 N 之间自然不存在支配关系。把 V、N 语义关系分为论元关系和非论元关系的做法[①]实际是从根本上否定了中心语共性的存在。

---

①　傅爱平（2004：509）举出过大量不能用动词和论元角色说明语义结构关系的实例，如"建交公报""借款凭据""管理层次""发行额度""批准权限""打击力度""违纪现象""氧气消耗量""港口吞吐能力"等。

我们依邵敬敏（1995）将 VN 视为非价组合的前提，将 V 视为一个基础论元结构的代体，则与 V 相关的参与者角色语义成分实际都存在于 V 的降格述谓结构里或可由这一基础论元结构中得出。从语义上说，提取属性义的动词定语只是从内涵上限定中心语事物的外延，定语动词已不具有支配论元的能力。从信息结构表达上说，VN 构式中的 N 是新信息成分，与 N 存在同一性领属关系或属种关系的话题成分是从 V 的降格述谓结构里析出的配价成分、语用上的已知的旧信息成分，所以表达中常可默认缺省。

因而同限制性定语和描写性定语一样，领属关系和属性关系也作用于语义和语用两个层面①，作用于语义层面是结构能指，是基于 VN 句法形式与语义合成的对应关系来说的，因结构就是关系，关系是形式与意义的统一体；作用于语用层面是结构所指，受特定构式话题事物与宿主事物的关系的制约。V 如实现为语用上的描写性定语，VN 构式是凸显事物属性特征的领属关系结构；V 如实现为语用上的限制性定语，VN 则是凸显事物属性值的属性关系结构。

邵敬敏（1995：229）指出非价组合构成的是"属性—实体"的分类关系，判断 VN 是否非价组合的语义框架"用于/进行/作为 V 的 N"。邵文认为 V+N 潜藏着的两种可能的句法关系，配价组合构成的是"动作—对象"支配关系，非价组合构成的是"属性—实体"分类关系，V 与 N 的语义关系决定了句法上的述宾还是定中结构。语义关系决定论可以说明支配关系与分类关系的分别，却无法解决语义关系的确定前提问题。V 表动作还是动作属性与 N 的"对象"还是"实体"的性质有关，也与 V 的类别有关；"对象"和"实体"的性质又如何确定？指人名词与指物名词、个体名词与集合名词、具体名词与抽象名词等都可出现在 N 的位置上。通常所谓的 VN 定中结构的中心语多是抽象名词因存在周延性问题并无多大程度的解释力，客观上也存在着的诸如"学习文件、参考数据、出租汽车、调查材料、代理厂长、教育干部"等大量多义短语的中心语并非抽象名词。因而区分结构的语义能指和语用所指很有必要，VN 结构已知语义能指配价组合和非价组合，在语用所指结构中通过结构组成成分

---

① 同"N_1（的）N_2"不同的是，"N_1（的）N_2"中的可以指称实体事物也可以指称提取的实体事物属性，所以语义能指结构也有领属关系与属性关系的对立；VN 构式中的 V 只提取事物属性，语义能指结构只表述为属性关系。

的性质来确定配价组合或非价组合选择，因 N 有了指称赋值，相应地，V 就有了动作义或动作属性义赋值。

就 VN 构式而言，结构语义能指只是"属性—实体"分类关系，也只有在语用所指结构中通过 V 的属性义赋值和 N 的指称赋值来确定其下位类别。V 表达属性值构成分类类指构式，表达属性特征构成归类类指构式；N 只指称类别事物，作用于分类还是归类照应类指对象话题成分的类指或个指性质。结构组成成分的性质只有在语用层面才能获得确定的赋值，构式话题成分与宿主事物语义关系侧面的凸显也只是语用表达选择结果。结构语义和语用二分客观上也使得一些界限模糊、解释上往往顾此失彼的概念上的矛盾问题得以解决。如"对象"和"实体"概念外延的交叉，多样性中心语的指人与指物、具体与抽象问题。

VN 非价组合的生成有 V 的配价组合存在的前提，否则无法解释 V 的属性义提取及提取的不同情形。可以说 VN 非价组合表达把 V 的配价组合抑制或压制在了一个下位的降格述谓结构里，非价组合分类类指或归类类指表达是这一降格述谓结构不同语义关系侧面的凸显的后果。朱彦（2004：53—54，58）循菲尔默把复合词的语义也视为一个场景，认为绝大多数复合词词素间的语义关系都可以进行格关系分析，复合词的述谓结构式是对语义场景关系的一种展示，依此可从中抽取出复合词的语义框架。如"地震"的述谓结构式是"地：震"，语义框架是"地—震"；"白云"的述谓结构式是"云'〈云'：白〉"，语义框架是"云—白"，"震"和"白"都是一元谓词。"球幕"的降格述谓结构式是"幕'〈幕'，象，球〉"，语义框架是"幕—象—球"，二元谓词"象"隐含。"托梦"的述谓结构式是"（a，托，b，c），在……中，梦"，语义框架是"(a-托-b-c)—在……中—梦"，"（a，托，b，c）"是被谓词"在……中"所支配的从属述谓结构。在施事格和受事格类型中朱文举的例子是：

煎饼：人—煎—饼　　导师：师—导—学生
桑蚕：蚕—吃—桑叶　马车：马—拉—车
组稿：人—组—稿　　让利：人—让—利

与施事格相对的通常是受事格，但也可能是结果格：

人祸：人—制造—祸　　蚕丝：蚕—吐—丝
产品：人—生产—品　　绣花：人—绣—花

把复合词的生成过程视为场景成分的筛选和现实化过程，需要回答场景成分的筛选理由与述谓结构式构设的场景表述问题。就定中复合词而言，"白云"把"白"降格为"云"的颜色特征，"煎饼"把"煎"降格为"饼"的制作方式特征，"导师"把"导"降格为"师"的功能特征，"产品"把"产"降格为"品"的制作模式特征，"桑蚕"把"桑"降格为"蚕"的食料特征，"蚕丝"把"蚕"降格为"丝"的产生来源特征，"马车"把"马"降格为"车"的动力来源特征，"人祸"把"人"降格为"祸"的性质来源特征等，两个词素是场景域中筛选出来的能替代整个场景域表达的场景成分，隐含的述谓结构中的体词或谓词都是意义明确可默认缺省的场景成分，如"煎饼"中施事成分"人"缺省，"桑蚕""人祸"中默认行为"吃""制造"缺省。提取的场景成分必须能替代隐含的述谓结构表述的语义框架或与其表述一致，如"师—导—学生"不能提取"导"和"学生"，因学生没有指导功能；"马—拉—车"不能提取"拉"和"车"，"人—生产—品"不能提取"人"和"品"，因"拉车""人品"与原述谓结构式表述不一致。

这样"属性—实体"定中结构中的属性成分的功能可统一表述为转指，名词、动词、形容词作属性定语都经历了一个降格表述过程，由指称事物、行为、性质本身转指事物的受语义框架指派的某一特定属性。

张伯江（2011：5、2013：196）认为汉语的句法结构很大程度上反映的是语用结构，而不是像英语那样主要地反映语义结构。汉语的定中结构主要反映的是"参照体—目标"关系，是借助一个参照体建立的与确定的目标体间的心理联系。汉语中大量存在句法结构同类递归现象的根本原因或许在于不同性质的语法成分、不同角色的语义成分可以进入相同的句法结构里遵从相同的结构关系。典型的"参照体"是事物，汉语定中结构的典型意义，就是借助一个事物辨识另一个事物。如果把事物的分类当作分说，归类当作总说，则定中类指短语无疑是辨识另一个事物的一种重要表达手段。

谓词只能是非典型的参照体，其参照体作用是不同的语义框架内与关联事物共同构成一个认知场景的结果。如一元谓词"白"在"白布"与

"白人"中的标准属性值不同,但不妨碍"白"的共同的弥散量①特征表达。

定语 V 的参照体作用与 V 的论元角色紧密相连。Lyons(1977:498)指出"施事—动作—结果"是"形成一个情景概念并加以描写的最基本和最普通的方式"的"配价图式"(valency schemata)之一。完权(2013:321)缘此认为如果以结果为目标体,那么动作便是合适的参照体。参照体需要满足两个条件:和目标体相关,比目标体凸显。当动作作为参照体被激活的时候,结果就会被连带激活。也就是说,选定了 V 作参照体,作为结果的目标体事物与 V 的组配需要符合:一、目标体事物是表达中需要辨识的对象,是 V 场景域或配价图式中的成员或者说具有 V 属性特征,通过 V 属性特征可被激活辨识;二、转指的 V 是其配价图式的降格表述,以此有别于非转指的配价图式。

陈玉洁(2006:51)指出有些 N_1VN_2(NP)结构是从带有定语小句的 NP 结构转化而来的,如可以认为"服装加工企业"和"加工服装的企业"存在转化关系。上述分析似想证明这种二元谓词作参照体的名词短语都能做统一的分析处理,因为都是一个非转指的配价图式降格表述的结果②。这也可以解释袁毓林(1995:252—253)将自指的和转指的"的"(参见朱德熙,1983)都视为语义类型上的转指的原因。袁文指出,从格关系角度看隐含谓词的"VP+的+NP","的"既能提取被隐含的谓词的主语,又能提取它的宾语。袁文的例子是:

(1) 力量推动前进→[推动]前进的力量
    技术指导开车→[指导]开车的技术
(2) 炒菜发出声音→炒菜[发出]的声音
    游泳造成姿势→游泳[造成]的姿势

(1)中提取的主语和(2)中提取的宾语都是被隐含的动词的配项,

---

① 张国宪(2000:448)指出可以与"最、很、非常、稍微"等程度词搭配的形容词表述的是弥散量,不与任何程度词组配的形容词表述的是固化量。如"大"和"宏大"的无界量幅与有界量点之别。

② 但转化关系存在说却不能解释不存在转化关系与存在转化关系的 N_1VN_2(NP)结构中的结构组成成分的共性。

"VP+的"降格后转指跟 VP 直接或间接相关的某一种语义格。不过，提取不同语义格的"VP+的"具有不同的句法、语义功能，只有提取核心格的"VP+的"才有独立的称代功能，可以自由地作主宾语；提取其他格的"VP+的"不同程度地缺乏独立的称代功能，通常只能作同位性定语。提取核心格具有称代功能的"VP+的"的 VP 中一定有句法空位，即提取出来的主语和宾语一定要缺位。提取外围格和环境格的"VP+的"的 VP 中可以没有句法空位。

如此可以得出结论，属性定语动词与需要辨识的对象事物只能是非价组合关系，中心语事物只是语义框架中隐含谓词的配项。不同价类动词作定语的差别可表述为动词降格述谓结构的语义关系侧面凸显结果的不同。

4.3 领属定语和属性定语

把领属关系和属性关系界定出语义和语用两个层面，作用于语义层面是结构能指，作用于语用层面是结构所指，这样着眼于结构能指的 VN 定中结构只是分类关系结构，V 只是能从内涵上缩小中心语事物的外延的区别性定语或属性定语；着眼于结构所指的 VN 定中结构可以是分类类指结构，也可以是归类类指结构。受结构话题成分的制约，V 可以实现为从内涵上缩小中心语事物的外延的区别性定语，也可以实现为从内涵上规定中心语事物外延的描写性定语。这样 VN 语义能指结构中的属性定语可实现为语用所指结构里的区别性的属性定语和描写性的领属定语。语用所指结构关联结构的话题成分，话题成分可以是施事论元或施事论元角色成分也可由受事论元或受事论元角色成分，语义上都是 VN 能指结构的领属定语，因构式话题成分与中心语宿主事物间广义的领属关系的存在。句法上构式话题成分可以出现在句子的主宾语位置上，也可以是 VN 定中结构的外围修饰语。

4.3.1 结构的能指与所指

索绪尔把语言符号的形式和意义区分为能指和所指，结构也应可分出能指——句法结构和所指——语义内容两个方面。定中结构的能指有粘合式和组合式结构两种，粘合式结构和组合式结构的语义又都有语义结构关系和语用结构关系意义的分别，或者说粘合式结构或组合式结构可以表达什么样的语义结构关系意义,而语用结构关系意义可以是语义结构关系意义的实现,也可以是语义结构关系意义的变体。这样同一种句法结构能指形式与不同层面上的所指意义对应,因而通过同一种句法结构的能指形式语义上的分别来寻求与语用结构关系意义的对应关系无疑是条可行的分析路径,因形式和意义是对立统一体。

这样我们把句法结构的语义分别视为语义能指,语用意义分别视为语用所指,结构的能指是指一个静态的句法结构和语义结构关系意义的统一体,结构的所指是指一个动态的句法结构和语用关系意义的统一体,能指是能表达,是结构形式的语义能指体现,所指是所表达,是结构形式的语用所指体现。如粘合式定中结构可以表达事物的分类,这是语义能指;而语用层面既可表达事物分类又可表达事物归类,这是语用所指。因而结构的能指和所指实际是结构的语义关系意义和语用关系意义不同层面上的表达分别。区分结构的能指和所指,结构成分的语义合成现象在语用表达可以得到解释,术语间的范围纠葛及由此带来分析上的矛盾可以在结构表达的不同层面得以解决。

如领属性定语都是限制性定语,区别性定语自然是限制性定语,但两类定语的作用有所不同。领属性定语与区别性定语虽都有指别性但后者可充任中心语事物的分类标准。粘合式结构中的动词定语可以是能从内涵属性上缩小中心语事物外延的区别性定语,VN 定中结构语义上表达事物动态属性下位类别的分类。但表达语境中受结构外围话题成分的制约,定语动词的属性义却可以实现为区别性的和非区别性的两种表达情形。前者是属性义的属性值表达,构成与语义表达一致的分类类指结构;后者是属性义的属性特征表达,构成与语义表达不一致的归类类指结构,分别在于定语是否改变了中心语事物的外延。组合式结构中的动词定语通常认为有限制性减弱描写性增强的表达趋势,"的"本就具有描写性;限制性定语与描写性定语之间本就没有一个截然分明的界限,基于定语成分类别间的共性,语义上的限制性(区别性)定语便可能实现为语用上的限制性或描写性定语,语用意义上可描述为限制性(或描写性)的强弱。汉语里本就存在不加"的"的定中组合式结构。

我们把定中结构的范围扩大到名名组合来看结构的能指与所指分别。张敏(1998:323—324)根据 Seilor(1983)界定的原型领属结构的定义,指出领有者和被领者都是有指的,原型的领有者是定指的,通常是单指的；一个特定的领有者可以有多个所属物，可从一类事物中选择其中的一个建立领有关系，因而原型的被领有者本身是类指的，但语境中常表单指，因可以将指类的意义缩小到指原来的类中的一个成员。所以原型的领属定语后不能隐去"的"，其限定作用是将中心语的所指确定为一个例而不是一个类。而原型的属性定语是将指类的意义缩小到指原来的类中的一个次类。吴早生（2012：8—12）通过测试指出被领有者不一定都是表示类指的；光杆被领者一般表定指，但如出现在非叙述主线的偶现信息中往往可通过有标记的形式指称不确定的现象（如"我从他的一本书里发现了这张照片"）；用能否回指标准证明了张伯江（1994）关于"他的篮球打得好"中的被领有者分析为无指的现象，用能否回指和是否有界成分的标准证明了宾语位置上同样存在被领有者的无指用法表达（如"他打他的篮球—他打了他的篮球"）。徐阳春、钱书新（2007：61—64）区分了"N₁（的）N₂"的静态和动态两个层面，认为单说的"N₁N₂"内部只有属性关系，如"日本朋友"是静态的属性结构，但在"所有的日本朋友中美国是最难对付的"中是"日本的朋友"的动态用法，可以用"哪国的"而不能用"什么"替换。隐去"的"是因为该结构作为一个整体进入更大的组合，人们的注意力从结构的内部转到外部，不需要凸显偏项（若凸显偏项，可以出现"的"）；领属结构单说时的结构形式是"N₁的N₂"，与其他结构组合时其中的"的"有时可以隐去。这意味着 N₁N₂ 和"N₁的N₂"都可以构成属性关系和领属关系结构，区别在于静态与动态表达的分别[①]。

　　整合上述各家的意见，撇开结构有标记的出现环境，可以得出这样一个基本的共识：N₁N₂ 和"N₁的N₂"都能表达领属关系和属性关系意义。N₁N₂ 领属关系结构中的 N₁ 都是定指成分，N₂ 专指或个指，如"李平儿子"；"N₁的N₂"领属关系结构中的 N₁ 都是定指成分，N₂ 可类指也可个指，如"北京的饭店、李平的儿子"。N₁N₂ 属性关系结构中的 N₁ 都是无指成分，N₂ 类指，如"诗人风度"；"N₁的N₂"属性关系结构中的 N₁ 也都是无指成分，N₂ 也只表达类指，如"木头的房子墙壁平均分摊承重。""这是座设计新颖别致的木头的房子。"简述为表4-1：

[①] 但作者（2007：62）有"领属结构中的'的'必须出现，而属性结构中的'的'可以不出现"的分析前提，似与所得出的结论不大一致。

表 4-1　领属关系与属性关系结构中的 N_1 与 N_2 的指称分别

结构关系	结构形式	N_1 指称	N_2 指称
领属结构	$N_1 N_2$	有指（定指）	有指（个指）
	N_1 的 N_2		有指（类指/个指）
属性结构	$N_1 N_2$	无指	有指（类指）
	N_1 的 N_2		有指（类指）

领属结构是"实体—实体"结构，N_1 首先必须是确定的事物才能确定所属 N_2；属性结构是"属性—实体"结构，N_1 无指才能凸显事物属性，N_2 是拥有该属性的宿主事物。需要指出的是，属性结构出现环境中一定有个凸显的有指的类指对象话题事物。如"这是座设计新颖别致的木头的房子"中的"这"是话题事物，是宿主事物"房子"的归类对象。两种结构中的 N_2 都是有指的，这是结构表达的需要，也是作为静态单位能指形式与所指内容对应关系存在的可能性；而 N_2 表类指还是个指只能放到动态的使用环境中才能实现。一般来说，是否有数量成分限制是鉴别类指和个指的一个重要指标，有名量成分限制的通常实现为个指，无名量成分或有动量成分、时量成分限制的通常实现为类指。"名词用作无指成分是以丧失实体意义为代价的，名词无指化的过程就是一个抽象化的过程，即体词性减弱、谓词性增强的过程。"（张伯江，1997：198）如张文所举"上个月我看了三次电影""我读了一晚上的书"中的"电影、书"无指，"上个月我看了三部电影"中的"电影"有指。

结构都是原型范畴，都有典型成员与非典型成员之分。

4.3.2 "V（的）N"的领属关系与属性关系表达

定中结构"V（的）N"表达领属关系或属性关系两种高层次的语法构式意义，话题成分与宿主事物间领属关系的性质是表达分别的决定因素，粘合式结构与组合式结构形式的区别只与领属关系结构或属性关系结构的典型性有关。结构如何表达领属关系或属性关系，自然要从定语动词基础论元结构中某种参与者角色与 N 关系侧面的凸显来鉴别，因定语动词只提取分类或归类对象事物的动作属性。张伯江（1994：75、77）把一般领属结构的核心意义表述为透过领有关系从领有者来识别被领有者，领属结构表示的语法意义就是领属关系，不管所领有的是具体的事物还是抽象的属性。领属意义是领属结构作为一个静态单位所固有的，而静态单位放到动态的使用环境中所产生的语用意义是临时的，决定于说话人的说话意图和交际双方的认知背景。这样作为被领有者的 N 的表达环境中一定有一个领有者的客观存在。如果把一般属性结构的核心意义表述为将指类的意义缩小到指原来的类中的一个次类，则作为宿主的 N 的表达环境中也一定有一个与之相应的表达实体的类指对象存在，宿主事物的类指或个指对应类指对象的类指或个指。宿主事物类指，构式表达类指对象话题事物的分类；宿主事物个指，构式表达类指对象话题事物的归类，即类指对象话题事物是宿主事物类别中的成员。

这样可得出判别"V（的）N"领属关系与属性关系表达的一个共性前提：

"V（的）N"领属关系与属性关系结构中的 V 都表示事物的动态属性，领属关系与属性关系要在语义和语用两个层面通过类指对象话题成分与宿主事物 N 之间的语义关系来判定。"V（的）N"语义上是提取 N 的动作属性的属性关系结构，与构式话题成分存在一种广义的领属关系，这是结构的语义能指；话题事物与宿主 N 实现为同一性领属关系的是属性关系表达，话题事物与宿主 N 实现为属种关系的是领属关系表达，这是语用所指。属性关系语用所指结构表达事物的动态属性特征次范畴分类，领属关系语用所指结构表达事物的动态属性特征上位归类。两种语用所指结构形式上都有粘合式结构和组合式结构的分别，差别在于分类类指结构或归类类指结构的典型性程度上，表现为分类类指构式或归类类指构式的恒常属性类别和临时属性类别事物的指称差别。

4.4 句法空位与结构关系

袁毓林（1995：243—245）在讨论"NP+的"的称代规则时指出提取宾语的名词化形式可以删去谓词，而提取主语的名词化形式不能删去谓词：

(3) a. 红木制造家具→红木制造的家具→红木的家具
  b. 红木制造家具→制造家具的红木→*家具的红木
(4) a. 绍兴出产黄酒→绍兴出产的黄酒→绍兴的黄酒

b. 绍兴出产黄酒→出产黄酒的绍兴→*黄酒的绍兴

因主语往往表示已知的、确定的事物，而宾语往往表示未知的、不确定的事物，提取宾语的"NP₁+V+的"是以确定的事物去指称不确定的事物，而提取主语的"V十NP₂+的"则是以不确定的事物去指称确定的事物。删除谓词是语言结构经济性原则的要求，但要服从于语义表达明确性的结构原则。而根本的原因在于 NP₁+的+NP₂ 除了有低层次的语义格关系外还有高层次的语法格式意义领属关系（"小刘的词典、绍兴的黄酒"）和属性关系（"红木的家具、塑料的拖鞋"）分别的存在。只有当隐含动词的意义跟领属、属性这两种意义不矛盾时"NP₁+VØ+的+NP₂"与"NP₁+的+NP₂"才有转换关系。领属关系、属性关系这种高层次的格式意义给 NP₁ 和 NP₂ 分别指派了"领有者—领有物""质料—成品"等高层次的语义角色，名词的语义如跟"领有者"或"质料"吻合才能进入 NP₁ 这个位置，跟"领有物"或"成品"吻合才能进入 NP₂ 这个位置。

"NP₁+的+NP₂"已知可以表达领属关系和属性关系两种高层次的语法格式意义，都可以补出跟领属、属性这两种意义不矛盾的隐含动词形成"NP₁+VØ+的+NP₂"结构，这就有了与我们讨论相关的两个问题：

第一，"NP₁+的+NP₂"表达领属关系和属性关系时都存在一个与领属、属性意义一致的隐含动词的"NP₁+VØ+的+NP₂"结构，则可认为转指的"NP₁+的"是个降格表述定语。理论上如果 VØ 功用义凸显，同样会存在一个与领属、属性意义一致的隐含的 NP₁，形成"NP₁+VØ+的+NP₂"的同义变式"NP₁Ø+VP+的+NP₂"。如果这一假设成立，则"VP+的+NP₂"同样可以表达领属关系和属性关系两种高层次的语法格式意义。

第二，中心语 NP₂ 是高层次的领属关系或属性关系成分，与之对应的高层次结构关系成分无论是"NP₁+的"还是"VP+的"，实际上都代表了一个降格的述谓结构式"NP₁+VØ+的"。如果认为 NP₂ 是这一降格的述谓结构式中动词的论元角色，则混淆了结构关系的不同层次。因而降格的述谓结构式"NP₁+VØ+的"或"NP₁Ø+VP+的"中抽取的语义框架中一定有个与 NP₂ 匹配对应的论元角色，这是我们定义的定中短语的话题成分。就动词定语而言，如果说动作是辨识目标体事物 NP₂ 的参照体，也是基于这一话题成分存在的间接的非典型的参照体。话题事物是典型的参照体，在领属关系结构中与 NP₁ 位置重合，在属性关系结构中则是与 NP₁ 并立的动作的另一论元角色成分。

我们想要证明的是 VN 构式前隐含有另一个能约束 VN 类指表达的动词存在，表现为句法空位①。"师—导—学生"提取主语成"导师"后"导"的支配义由功用义替代，"师"的语义角色自然也发生了改变，成为类指语义框架隐含的另一个谓词的配项。"导师"是"负责指导的老师"，"老师"与"负责"有陈述关系。或者说句法空位约束了 V 的属性义提取，能受句法空位约束的动词便是可定动词，如果某个动词不能受句法空位约束，便应是不可定动词。如：

(1′) 力量推动前进→［推动］前进的力量→推动力量→前进力量

技术指导开车→［指导］开车的技术→指导技术→开车技术

(2′) 炒菜发出声音→炒菜［发出］的声音→炒菜声音→*发出声音

游泳造成姿势→游泳［造成］的姿势→游泳姿势→*造成姿势

当然，句法空位提取出的动词也可以是可定动词，也能受到另一个句法空位约束。如（1′）约束"前进力量"的"推动""指导"也可提取功用义构成"［成为］推动力量""［提高］指导技术"；（2′）中的"发出""造成"不能受句法空位约束构成 VN 定中结构，因而是不可定动词。不可定动词作定语只构成"V 的 N"定中结构，中心语 N 通常只能个指，定语动词自然提取不出分类属性值充当限制性定语。如"*发出声音""*造成姿势"不合格的原因可表述为 VN 结构前不存在句法空位、提取不出一个隐含谓词进行约束的后果，与动词的动性强弱无关。朱德熙先生界定的名动词进入支配关系结构框架时都是动性强的动词。可以看出，能进入 VN 语义类指框架中的动词的显著特征是都能提取出事物行为的规约属性，或者说能成为事物的典型运动属性存在。否则只会获得语境指派的临时属性义进入"V 的 N"语义框架，语用上实现为归类类指结构或个指结构。

---

① 这里的句法空位可表述为能实现为句法成分但实际表达中通常不存在的动词。

而为什么提取宾语的 NP₁+的+NP₂ 可以删除谓词袁毓林先生已经给出了明确的答案，提取宾语的"NP₁+V+的"是以确定的事物去指称不确定的事物，"NP₁+V+的+NP₂"是辨识事物 NP₂ 的结构，只有不确定的事物才需要辨识，辨识是从一个类别中分拣出成员或成员的小类，因而有归类和分类两种表达形式；提取主语的"V+NP₂+的"是以不确定的事物去指称确定的事物，不需要分类辨识，故只有归类表达一种形式，受语义表达明确性的结构原则限制不能删除谓词。

由此可以得出结论，删除谓词是语言结构经济性原则的要求，"的"的有无与概念距离相关，"V 的 N"中的 V 实际是一个述谓结构或论元结构的代体，可以表达所有定中结构共有的两种高层次的领属关系和属性关系意义，则 VN 定中结构同样具有领属关系和属性关系两种语法格式意义类别。V 作为非典型的参照体，其辨识作用要通过一个降格述谓结构中的某一与动作相关的参与者角色的凸显来实现。

4.5 "参照体—目标"构式：VN 构式的认知基础

偏正结构中的"中心语"和"修饰语"的认知基础是"目的物"和"参照物"（刘宁生，1995：81），定中关系是"参照体—目标"关系，"参照体—目标"构式不一定需要由显性的标记来表达，比如"我爸爸"和"我的爸爸"前者是简单的并置，但后者指别意味更强，有"的"的"参照体—目标"构式是强式指别，无"的"的是弱式指别（完权，2010：40）。VN 构式属不带"的"的弱式指别情形，定中关系又有领属关系和属性关系之分，我们讨论的问题是，哪些动词可以作为非典型的参照体，不同类别的动词充当参照体的能力强弱如何分别，"参照体—目标"构式如何实现为领属关系结构和属性关系结构。

4.5.1 作为非典型参照体的定语动词

我们把"VP（的）NP"看作跟"NP（的）NP"一样从同一个降格的述谓结构"NP+VP+NP"提取出 VP 和需要辨识的 NP 构成的"属性—实体"定中结构，与"NP（的）NP""NP 的 VP"具有相同的表达功能。如 N₁V、VN₂ 都可以作为造名结构 N₁VN₂ 的简式存在，都是同一个降格述谓结构"构式话题—V-N₁"因凸显不同的语义关系侧面不同造成的，N_1V 隐含了管界 N，隐含了对象 N，表达中也还有隐含定语动词的上位类指结构 N_1N_2 存在，前提也得服从语义表达明确性的结构原则。如：

N_1VN_2　　　　N_1V　　　　VN_2　　　　N_1N_2

实习指导老师—实习指导—指导老师—实习老师
药物测试样本—药物测试—测试样本—药物样本
实证研究方法—实证研究—研究方法—实证方法
意识流表现手法—意识流表现—表现手法—意识流手法
军马饲养方法—军马饲养—饲养方法—*军马方法
首长保卫人员—首长保卫—保卫人员—*首长人员

"*军马方法、*首长人员"不成立的原因是提取不出一个规约的隐含的谓词，"实习老师""实证方法"成立的原因是"实习""实证"携带有规约的谓词信息。"军马的饲养方法/军马饲养的方法""首长的保卫人员/首长保卫的人员"都是合格的"属性—实体"结构，可见"的"具有在提高参照体指别度的前提下最终实现提高目标体的指别度的功能。我们以"的"的有无为标准把动词定语的出现环境分作三种大的类型。

4.5.1.1　A 类：必有"的"同现的情形

有"的"是"属性—实体"结构，无"的"只构成支配关系 VN：

a. 吃的东西　酿的酒　制造的家具　出产的黄酒　浪费的粮食　奖励的轿车

b. 吃东西的人/碗/地方　开车的司机　酿酒的老王/高粱　制造家具的企业/红木　出产黄酒的绍兴　浪费粮食的人　控制霍乱的疫苗　控制疫情的经验　保护首长的卫兵　卖花生的篮子　通省外的铁路　争取贷款的问题/时间　反对浪费的宣传　打击犯罪活动的斗争　建设祖国的本领　抵御风沙袭击的方法　砍伐三十万根毛竹的任务

Aa 类动词成为提取的核心格宾语的凸显属性，因作为参照体的指别功能需要携带隐含的相关语义角色共同实现，动词价类不同隐含的可以实现的语义角色数量也不同，定中结构的高层次的语法格式意义也不同。如"（我们）酿的酒"隐含核心格施事，凸显领属关系；"（高粱）酿的酒"凸显隐含外围格工具成分，凸显属性关系。"出产的黄酒"隐含环境格处所成分，"浪费的粮食"隐含核心格施事，凸显不同小类的领属关系。因提取宾语作为辨识事物目标是以确定的事物去指称不确定的事物，属事物指称的常规化表达，因而 Aa 类动词作定语的定中结构是典型的"属性—实体"语义表达形式。

Ab 式结构是述宾短语作定语表达形式，因受事充当动词的宾语，中心语事物可视为动词语义框架内提取出的核心格施事或外围格、环境格语义成分，张斌等（2010：304）、范晓（1991：47）将述宾短语作定语的结构的用途界定为主要用来描写、说明所修饰的名词性词语的类属、性质和特征，胡裕树、范晓（1995：267）指出这类结构中其实都隐含了一个形式动词，如"［进行/作］反对浪费的宣传、［进行/作］反击犯罪活动的斗争"，这与邵敬敏（1995：229）判断 VN 是否非价组合的语义框架一致。假如我们把"［能/会］唱歌的鸟"当成一只或一种鸟具有"唱歌"的功能属性，则"能/会+VP"跟"形式动词+VP"一样可以成为判断事物具有某种行为属性功能的语义框架。"Ab 类动词+受事宾语"作定语的结构前都有这样一个隐含的"能"或"会"或形式动词：

能/会开车的人　能/会酿酒的老王/高粱　能制造家具的红木/工厂

能控制霍乱的疫苗　能通省外的铁路　能抵御风沙袭击的方法　能保卫首长的卫兵

用于卖花生的篮子　属于打击犯罪活动的斗争　用于/作反对浪费的宣传

从结构生成的认知角度说，整个结构是以不确定的事物去指称确定的目标实体，或者说 Ab 类动词不能直接加在中心语前构成"V（的）N"，通常需要把支配关系总括扫描为一个整体或一个凸显的语义侧面来增强其作为参照体的指别度，总括扫描结果记述的是属性，这样作为新信息出现的述宾短语定语①的功能在于回答已知的确定的事物的所属范围：从事某种活动的特定的一类人，关涉某种行为的特定工具、处所、材料等。因而Ab类动词作定语的定中结构只表达属性关系这一种高层次的语法格式意义，也只能是属性归类，如"酿酒的老王/高粱"说明"老王"是个会酿酒的人、"高粱"是能酿酒的粮食。

4.5.1.2 B类：可有"的"出现的情形

"的"的有无不改变"属性—实体"结构性质，带"的"的是有界定语，"的"是描写关系的标记，在提高参照体指别度的前提下最终实现提高目标体的指别度的功能；不带"的"的是无界定语、限制性定语，构成弱式指别 VN：

a. 存（的）款　出版（的）书目　鉴定（的）项目　研究（的）任务　培训（的）课程　救援（的）物资　参考（的）资料　关注（的）对象　奖励（的）物品　委托（的）业务

b. 开车（的）人　办案（的）人　下岗（的）工人　在校（的）学生　游行（的）群众　与会（的）代表　随行（的）人员　衰亡（的）产业　服务（的）机构　进展（的）情况　违纪（的）行为　上访（的）群众

主管（的）干部　经营（的）单位　改革（的）先锋　认证（的）机构　说明（的）文字　批评（的）文章　贷款（的）银行　颁奖（的）嘉宾　支援（的）人员

c. 游泳（的）姿势　爆炸（的）事件　生存（的）环境　开车（的）技术　炒菜（的）声音　进展（的）情况　合作（的）领域　工作（的）经验　发展（的）机遇　生活（的）条件　执行（的）情况　集合（的）地点　服务（的）水平　种植（的）面积　生产（的）成本　开采（的）方式　出版（的）计划　考试（的）时间　饲养（的）方法　讨论（的）范围　调查（的）结果　打击（的）力度　教育（的）经费

---

① 就多层定语来说，越靠前的定语信息越新，也就是定中结构信息的焦点所在。如说"灰狼"时"狼"是旧信息，"灰"是新信息；说"大灰狼"时"灰狼"成了旧信息，"大"是新信息。

Ba 类动词也是提取的核心格宾语的凸显属性,其中包括二价、三价类动词。Aa 式结构必有"的",无"的"只表支配关系;Ba 式结构可有"的","的"的有无不改变"属性—实体"的结构性质。当然也还有"出租(的)汽车""学习(的)文件"这种两可的情形。通常认为分歧的原因在于中心语名词的[±抽象性]上,因光杆名词都有类指属性。如"奖励的轿车"与"奖励(的)物品"中"轿车"是"物品"下义词。但"大米"也是"物品、物资、食品、商品、原料、年货"等的下义词,"采购的大米"只能作 Aa 式解,因"采购大米"只能是支配关系结构;"采购物品/物资/食品/商品/原料/年货"我们在 BCC 语料库中检索的情形也只是支配关系结构。"救援(的)大米"与"救援(的)物品"没有"的"的情形也都是定中关系结构。如果增加论元角色条件限制,限定只有提取动词的受事成分充当中心语的情形才是 Ba 式定中结构,提取受事之外的其他论元角色无论是否有"的"都只是定中关系结构,则能够解释"救援(的)大米"与"救援(的)物品"之类的 Ba 式结构的生成,因"救援"的支配对象是受益者人,"救援人员、救援中心、救援设备、救援部门"中的名词都不是动词的受事成分。只是定中关系结构的"采购人员、采购中心、采购方式、采购项目、采购理由、采购清单"等也得到了合理的解释。但又如何解释 Aa 式结构的生成?如何解释"保护动物"之类可作两种关系理解的结构的生成?

看来得借助结构出现的环境增加限制条件。先说 Aa 式结构。

(5) a. 如今邯郸出产的宝贝比和氏璧还要著名,邯郸人称之为"两黑一白"。(夏守甫/古树开花)

b. 福建漳州、同安一带出产的土布,原来畅销台湾和东北,这时也出现产品滞销的情况。(马模贞、孙茂生/历史的回顾)

c. 南京出产的一种天然纹石,不仅把绮霞的美景长留其上,而且许多名山大川景色在上面也可以隐约找见。(夏树芳/火铸浪激雨花石)

d. 这种电机是江西景德镇出产的,质量差价格高,每台六百元左右(西门子公司生产的同类电机每台才一百元左右)。(林子力/《社会主义经济论》第一卷)

"出产"的语义框架为"产地+出产+产品",提取核心格受事成分构成"属性—实体"定中结构,"出产"的非典型参照体作用通过框架中同现的环境格"产地"共同实现,或者说"产地"是典型的参照体,通过"出产"的语义属性建立起与目标体"产品"的领属关系。这种领属关系直接的证据是,(5)中"邯郸出产的宝贝""福建漳州、同安出产的土布""南京出产的纹石""江西景德镇出产的电机"在各句的语义框架内分别与简式"邯郸的宝贝""福建漳州、同安的土布""南京的纹石""江西景德镇的电机"同义,但不能反过来说后者等于前者,后者的范围要大于前者,"邯郸的宝贝"包括了"出产的宝贝""收藏的宝贝""巡展的宝贝"等。(5)c、(5)d可以证明这种特定框架内"产地—产品"领属关系的存在。(5)c"纹石"前可出现数量限制成分"一种",(5)d本就是一种叙述事物来源的归类判断句式。

动词作为非典型参照体受事作为目标体的"属性—实体"定中结构都是领属关系结构,领有者是动词语义框架中的主体事物(典型的领有者是施事),领有物是客体事物(典型的领有物是受事)。如果把动词的论元结构用一个降格的述谓结构式用括号标出(客体事物记为 Nø,主体事物记为 Vø),当可凸显"V 的 N(受事)"隐含的动作主体与客体间的领属关系:

栽种的果树—(张三栽种 Nø)的果树—张三(Vø)的果树
拖延的时间—(演员拖延 Nø)的时间—演员(Vø)的时间
拥护的对象—(大家拥护 Nø)的对象—大家(Vø)的对象
请示的领导—(李四请示 Nø)的领导—李四(Vø)的领导

属性动词的非典型参照体功能表现在提供了一个特定的语义框架,主体事物只在这一框架内与客体事物存在领属关系,或者说这一特定的语义框架为主体事物作为典型的参照体来辨识客体事物提供了可能。如果去掉属性动词 Vø,则"张三的果树"不等于"张三栽种的果树","演员的时间"包括了"演员拖延的时间","大家的对象"则为信息量不足的表达,"李四的领导"未必是"李四请示的领导"。

三价动词的必有论元除施事、受事外还有与事成分,广义的受事包括与事在内(沈家煊,1999:204),同样能构成广义的领属关系"V 的 N"

结构:

辅导的论文—(老师辅导学生 Nø)的论文—老师(辅导)的论文∝学生(写)的论文

辅导的学生—(老师辅导 Nø 论文)的学生—老师(辅导)的学生∝学生(写)的论文

奖励的轿车—(公司奖励员工 Nø)的轿车—公司(奖励)的轿车∝(属于)员工的轿车

奖励的员工—(公司奖励 Nø 轿车)的员工—公司(奖励)的员工∝(属于)员工的轿车

揭发的材料—(张三揭发李四 Nø)的材料—张三(揭发)的材料∝(有关)李四的材料

揭发的李四—(张三揭发 Nø 材料)的李四—张三(揭发)的李四∝(有关)李四的材料

退还的钱款—(李四退还王五 Nø)的钱款—李四(退还)的钱款∝(属于)王五的钱款

退还的王五—(李四退还 Nø 钱款)的王五—李四(退还)的王五∝(属于)王五的钱款

从上述语料来看,施事跟受事或与事、与事跟受事在特定的行为框架内都存在可能的领属关系。无论辨识目标是受事还是与事,特定行为框架内的领有者都是施事,因辨识一个不确定的目标事物需要一个确定的事物作参照体。与事跟受事间的领属关系从属于指定的行为框架,跟给予句式的表达相关(∝表示"从属"),从隐含的定语动词也可看出属于另一个行为框架。与事和受事在三价动词行为属性框架内不能凸显内在的领属关系,因不能以一个不确定的参照体事物来辨识另一个不确定的目标事物。

再看 Ba 式结构。

(6) a. 据统计,全国挖掘出来的传统剧目大约在五万个以上,这些剧目可以作为我们整理加工和研究参考的资料。(《人民日报》1962.9.23)

b. 以上的几点建议,主要目的是为祖国的教研工作者提供

一些参考的资料和引起对这类问题的正视和辩论。(《人民日报》1980.10.29)

(7) a. 国外画报、杂志和电影、电视中人们的穿着,都成了他们设计产品时的参考资料。(《人民日报》1987.4.15)

b. 这些内容广泛的书籍,将为编写《中国大百科全书》提供许多重要的参考资料。(《人民日报》1980.3.13)

(6)、(7) 都凸显"参考"的受事与"参考(的)资料"间的领属关系:

(我们参考传统剧目) 的资料——传统剧目是我们参考的资料
(教研工作者参考几点建议) 的资料——几点建议是教研工作者参考的资料
(他们参考国外画报、杂志和电影、电视中人们的穿着) 的资料——国外画报、杂志和电影、电视中人们的穿着是他们的参考资料
(《中国大百科全书》的编者参考这些内容广泛的书籍) 的资料——这些内容广泛的书籍是《中国大百科全书》的编者的参考资料

可见"参考(的)资料"是"参考"语义框架中受事成分的归类,(6) b、(7) b 中的"一些""许多"也说明了这一领属关系的存在。"参考(的)资料"出现的环境不凸显主体事物的行为,句式表达规定了"参考"的受动意义选择,即"受事成分+供+主体事物+参考",主体事物可不出现,甚至可用标志性行为代替主体:

(8) 土壤研究成果却很少直接利用在生产上,经常的是被当作仅供参考的资料。(《人民日报》1966.2.13)

(9) 经过一段时间,了解了这里的风土人情、生产情况、盐碱化历史,从中得到了许多可供研究参考的资料。(《人民日报》1964.9.21)

同类的例子如:

怀疑（的）对象——受到怀疑的对象　攻击（的）目标——遭到攻击的目标

特邀（的）代表——受到特邀的代表　经营（的）项目——用于经营的项目

移植（的）器官——用于移植的器官　出口（的）物资——用于出口的物资

补充（的）教材——作为补充的教材　测验（的）结果——进行测验的结果

隐含谓词"受到、遭到"与"用于、作为、进行"的结构只在受动性强弱上有所区别，都是受事成分提升为辨识目标、动词的内在陈述功能转化为外在的修饰功能的结果①。

由于 Ba 式结构是用于归类的领属关系结构，作为目标体事物的中心语通常是能作为基本层次范畴成员上义词出现的抽象名词。但这并不成为规则，有些抽象名词也有充当其下义词的具体表达形式，这就是通常所谓的"出租（的）汽车""学习（的）文件""特邀（的）代表""设计（的）图纸""统一（的）价格"等大量的同形结构。我们以"保护（的）动物"为例加以说明：

(10) a. 最近几年，中国人的环保意识也在加强，国家也颁布了保护动物的法律。（莫言《会唱歌的墙》）

　　　　b. 你们保护动物可以，但不能侵犯人权么。把动物的快乐建立在我们痛苦的基础上，像什么话？（韩少功《老狼阿毛》）

(11) a. 可是成群成群的灰喜鹊总是在一阵香风里涌进来捣乱，它们是受保护的动物，我们顶多只能吓唬它们一下。（张炜《你在高原》）

　　　　b. 要是说狼也能了解人类的话，我们也许可以说它已经感

---

① 郭锐（2000：37—38）把词的表述功能分为陈述、指称、修饰三种基本类型，又从表述功能本身的性质角度分为内在表述功能和外在表述功能两个层面，内在表述功能是词语固有的表述功能，外在表述功能是词语在某个句法位置上最终实现的表述功能。动词定语的表述功能是对指称的修饰、限制，是动词在定语位置上临时实现的外在表述功能。周国光（2004：44、46）也认为指称、陈述与修饰是语言的三种基本表达形态，三种形态可通过特定的语法手段相互进行转化。一个短语变化为另一种形式都是为了满足表达的需要实现或转化其表达功能的。

觉到自己是一头不受法律保护的动物了。(维克多·雨果《笑面人》)

(12) a. 现在的领导一吃饭就要吃国家一二类保护动物，可以算一条吧。(王小波《青铜时代》)

b. 他们刚上岛时，见蛇就打，结果把老鼠的天敌打光了，老鼠才猖獗起来。现在，蛇是我们岛上的重点保护动物哩。(莫言《岛上的风》)

(10) 中两例是支配关系结构"保护动物"作定语和作谓语的情形，"动物"是凸显事物外延的类指宾语，因都可以被回指。(11) 中两例是加"的"的情形，(12) 中两例是不加"的"的情形，句式都凸显"保护"的受事成分与"保护(的)动物"间的领属关系，属 Ba 式结构的表达范畴：

(我们保护灰喜鹊) 的动物——灰喜鹊是我们保护的动物

(法律不保护狼) 的动物——狼是不受法律保护的动物

(国家保护一二类动物) 的动物——一二类动物是国家保护的动物

(我们保护蛇) 的动物——蛇是我们保护的动物

Bb 类动词作定语的外在表述功能可视为修饰、限制从动词论元结构中的提取的核心格主体事物的指称的，因而不同价类的动词都可进入 Ba 式结构。

(13) a. 游行的队伍前往外国使馆区示威。(人民教育出版社历史室《中国历史》)

b. 游行队伍包围了省政府，叫赵恒惕出来答应这二十四条。(赵清学《郭亮的故事》)

(14) a. 工作干好了，有利职工，有利单位，不仅主管的领导脸上光彩，职工也是满脸荣光。(《人民日报》2001.11.21)

b. 委员会由学校主管领导、各方面专家、教授和群众民主推举的各方面代表组成。[《人民日报》(海外版) 2004.1.7]

(15) a. 目前，第一批支援春耕的五千五百名职工和部队官兵已

赴农村；第二批支援的人员正在积极进行准备。(《人民日报》1961.3.17)

　　　　b. 约有 2.8 万名消防员和支援人员投入到灭火第一线。(《人民日报》2017.9.9)

（13）是一价动词"游行"充当必有论元施事的定语，表述功能由陈述转化成了修饰、限制，"游行的队伍"中可视为修饰，因"的"是描写关系的标记，提高了参照体的指别度也增加了目标体的指别度；"游行队伍"中可视为限制，有与非游行队伍的内在类比前提，属弱式指别结构。（14）"主管"的受事成分（往往是默认缺省的类指对象"业务、事务、工作"等）如表达上不是需要强调的语义成分（"主管这项工作的领导"），常常成为句法上表达已知信息的隐含成分。（15）"支援（的）人员"是由"人员支援受益者受益物"的语义框架中把主体事物作为辨识目标凸显行为属性构成的类指结构，（15）a 用于"支援"的人员数目虽未出现，但有第一批支援人员"五千五百名职工和部队官兵"的参照，"人员"同样是个体事物"支援者"的归类；（15）b 的"支援人员"显然有非支援人员的类比前提，与专事救援的消防员对举，"人员"归类的对象包含在 2.8 万名个体成员数量范围之中。

　　我们对表 2-1 中的 22 个三价动词进行逐一排查，发现只有"支援"这一个动词能构成"支援（的）人员"这样的对主体事物进行归类的领属关系结构。"委托人"是委托他人为自己办理事务的人，可以是对施事成分进行归类的领属关系结构，但对应的"委托的人"却是与事成分的归类，"委托人员""委托的人员"也都是与事成分的归类。类似的情形还有"偿还人"，"人"是"偿还"的施事归类，"偿还的人"也是与事成分的归类，但"偿还（的）人员"似乎是个不大合格的结构，语料库中检索不到相应的例句。再如"委托（的）单位"：

（16）a. 农民或者其他社会力量投资建设的农田水利工程，由投资者或者其委托的单位、个人负责运行维护。(《人民日报》2017.2.14)

　　　　b. 沿线各站区设置了密闭式垃圾箱，垃圾分类袋装后，由委托单位统一收集。(《人民日报》2016.8.6)

（16）两例中的"委托（的）单位"都是"受人委托的单位"，"单位"自然是与事成分的归类情形。"委托""偿还"与"支援"的动向范畴（参见张国宪，2000b）一致，为什么在定中领属关系结构构成上会有这种分别？从动词的理想认知模型上考察，"支援"的语义关系结构中凸显施动者和援助物品，即谁支援和支援的什么，受益者对象往往成为背景；"委托、偿还"的语义关系结构中凸显受益者和受益物，即听话人首先想知道的是"委托、偿还"的对象和物品，施动者主体事物往往成为背景。这与"偷"和"抢"的关系类似。"偷"的语义框架中偷窃者和失窃物是凸显角色，遭偷者相对是非凸显角色；"抢"的语义框架中抢劫者和遭抢者是凸显角色，抢劫物相对是非凸显角色（沈家煊，2000c：20）。这或许是造成不同领属关系结构的一种可能的解释。

4.5.1.3 C 类：不能带"的"的情形

如果把粘合式定中结构看作具有称谓性的名词短语，则 B 类结构是可以表达称谓性的结构，C 类结构是只具有称谓性的结构：

组	负责干部	指导教师	护理专家	接待人员	提供单位	协助小
想	压迫势力					
	发展协会	控制系统	购买手续	普查工作	切除手术	迷信思
	编撰工作					
心	制造技术	保卫部门	顺从心理	削弱作用	收购资金	开发中
	剥削阶级					

C 类结构动词定语与名词中心语间都不能加"的"，因为：

第一，加"的"后结构意义变了。多数结构加"的"后动词和名词之间潜在的支配关系反而被激活成为 Aa 式，如"指导的教师、接待的人员、提供的单位、发展的协会、控制的系统、收购的资金"等。但 Aa 式结构不加"的"是支配关系结构，不加"的"的 C 类结构是修饰关系结构，这与动词的动性及名词的抽象性有关。但根本的原因是 Aa 式结构中的 V 与中心语名词间有潜在的述宾关系，中心语名词与 V 的语义框架中的受事角色空位同格；C 类结构中的 V 和中心语名词间也有潜在的述宾关系，但中心语名词却与提取 C 类动词行为属性的语义框架中受事角色空位不同格，却与空位受事角色的领有者同格：

指导教师—指导［研究生］的教师≠指导的教师
控制系统—控制［运动］的系统≠控制的系统
翻译专家—翻译［佛经］的专家≠翻译的专家

而"指导的教师、控制的系统、翻译的专家"只能理解为中心语名词与受事角色空位同格的 Aa 式结构了。C 类结构中心语名词与 V 具有潜在的述宾关系也是由于其与空位受事角色领属关系的存在,且领有者与被领有者之间是类与个体的语义关系。

少数 C 类动词加"的"后成了同一性定语,如"普查的工作、迷信的思想"可说成"普查这种工作、迷信之类的思想"。原因在于中心语名词与动词语义框架中的空位受事角色没有类与个体的上下义关系,如"普查质量/材料的工作""迷信鬼神/外国的思想"。

第二,有的 C 类加"的"后结构不能成立,如"＊剥削的阶级、＊压迫的势力"等,原因或许是 C 类结构要求中心语名词与隐含的空位受事角色具有上下义关系,而"剥削、压迫"类与具体的下义词只能构成支配关系结构,与抽象的上义词只能构成修饰关系结构。这种选择倾向跟动词的动性强弱不无关系。

小结:我们依定中结构的表达形式将动词作定语的偏正结构分为"V 的 N""V(的)N""VN"三种类型,把定语动词看作一个基础论元结构的代体,从格关系角度入手讨论动词与中心语名词的语义关系,基本的结论是,动词携带与动作相关的参与者角色入场通过与中心语宿主相应的构式话题参与者角色语义关系侧面的凸显,表述功能由陈述转化为修饰,中心语名词不是动词论元结构成分,与作为论元结构成分的构式话题存在语义上的领属关系或属性关系。"V 的 N""V(的)N""VN"定中结构都是表达领属关系或属性关系的典型的"参照体—目标"构式,定语动词是非典型的参照体,凸显的特定论元角色名词是典型的参照体。

4.5.2 作为目标的中心语动词

名词指称事物,动词陈述事物与事物间的关系,关系也可以被指称为抽象的事物从而成为另一参照体事物的辨识目标,形成非典型的"参照体—目标"构式"N 的 V"或"NV",充当要辨识的事物的参照体的动词其实是事物化了的"关系"或说指称化了的动词(沈家煊、王冬梅,

2000：27）；整个构式的所指是"事件"，要求能进入这一构式的动词的语义构成中包含事件性的一面（詹卫东，1998：25）；NV 是一种在线生成的事件性称谓构式，不是 VN 述宾构式换序构成的，而是粘合定中称谓构式类推的结果（吴为善、高亚亨，2015：217）；OV 式独立结构（即邢福义，1994 所谓的"对象 N+V"造名结构的简式、吴、高文所谓的 NV 构式）独用时具有指称功能，作定语时具有修饰功能（储泽祥、王艳，2016：322）。

　　能进入"N 的 V"或 NV 构式的动词的范围有多大，限制因素又有哪些？詹卫东（1998：25—26）就孟琮等（1987）的《动词用法词典》中的 2117 个动词进行了穷尽式调查，发现 1316 个单音节动词中只有"爱1、哭、死、笑1"四个、801 个双音节动词中有 519 个能进入"N 的 V"构式，一般只能是表示抽象行为活动的"爱、笑、爱护、安慰、恐吓、夸奖、支持、重视、召开"等的动作性较弱事件性较强的行为活动动词，动词概念义结构中指称事件的侧面容易被凸显。而动作性很强事件性弱（如"打、跑、跳、飞、扔、撞、推、拉、塞、拽"等）、动作性和事件性均极弱的动词（如关系动词、"~得"动词、粘宾动词、能愿动词、趋向动词、准谓宾动词等）不能进入这一构式。詹文从 N 与 V 的语义关系上把进入构式的 V 进一步分为只选择施事的动词、只选择受事的动词和既可选择施事又可选择受事的动词（分别描写为施事突出受事不突出的动词、受事突出施事不突出的动词和施事与受事突出程度相近的动词）。作者没有讨论 V 对施事和受事之外其他论旨角色的选择，只提及涉及的因素除动词自身语义关系构成的性质外还明显受到语境的影响。

　　沈家煊、王冬梅（2000）从认知角度对"N 的 V"构式生成进行了详细讨论，认为"N 的 V"也是"参照体—目标"构式，V 是已经指称化和事物化的辨识事物目标，参照体 N 的凸显度由其信息度和可及度的高低决定。V 的事物化有下列三种方式：

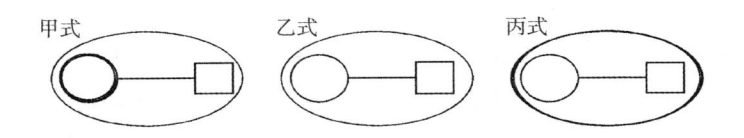

甲式　　　　　乙式　　　　　丙式

外围椭圆表示事物化了的"关系"，内中圆圈和方块分别表示"关系"关联的两个事物主体和宾体,动词按甲式事物化的结果是凸显两个关联事物中的主体,如动词"编辑"事物化后变为指称编辑行为,这是通常所谓的名动兼类词;动词按乙式事物化的结果是凸显事物中的宾体,如动词"发明"事物化后变为指称发明出来的东西或方法;动词按丙式事物化的结果是凸显关系这一整体(包括"关系"所关联的"事物"),如动词"破坏"本来陈述一种过程,事物化后这个随时间进展变化的实际过程隐退为背景,破坏过程作为一个整体凸显出来成为指称的对象。从格关系角度出发,以事物化了的动词为辨识对象的定中短语也可视为通过提取动词和一个关联的论元角色构成的,只不过动词被提取到了中心语的位置上,前提是能事物化。甲式中的动词凸显目标主体,只能以宾体事物作为典型参照体才能满足一个完整的关系框架的表达需要;乙式中的动词凸显目标宾体,也只能以主体事物作为典型参照体构成"N 的 V"定中结构。我们把沈、王文的用例演绎如下:

　　　　　　　　归类表达　　　　述谓结构式　　　N 的 V
(17) 这本书的编辑是老李——老李编辑这本书——这本书的编辑
(18) 电灯是爱迪生的发明——爱迪生发明电灯——爱迪生的发明

　　(17) 提取宾体"这本书"、(18) 提取主体"爱迪生"构成的"N 的 V"才与句式的归类表达一致,(17) 提取主体的"老李的编辑"、(18) 提取宾体的"电灯的发明"与句式的归类表达不一致,"老李""电灯"只能视为动词中心语的同一性定语。这也证明了我们前文所述的定中短语的归类表达情形的存在。

　　丙式中的动词凸显事物化了的关系,动词关联的主体和宾体事物地位相等,都可以作为同一个述谓结构式中提取出来的参照体与中心语动词目标构成"N 的 V"类指结构,与句式类指表达一致,"N 的 V"中的 N 不能理解为同一性定语:

　　　　　　　　归类表达　　　　述谓结构式　　　N 的 V
(19) a. 桥梁的破坏很严重——敌人破坏桥梁——桥梁的破坏
    b. 敌人的破坏很严重——敌人破坏桥梁——敌人的破坏

(19) a、b 中的"桥梁、敌人"是个体事物，所以句式表达属归类类指情形。

提取主体还是提取宾体构成"参照体—目标"构式"N 的 V"，沈、王文（2000：25—26）能否充当目标的双音节二价动词分为四类：

A 类：只能提取主体作为参照体的"帮助、报复、抱怨、表扬、剥削、称赞、抵抗、服从、支持、思念、陷害、抗议、指导、侵略、攻击、折磨、支援、介入、热爱、嫉妒、体贴、同情、信任、怀疑、佩服、误解"等。如要实现"帮助、报复、抱怨"等行为，主要看该行为主体的表现，人们可以对信息度较高的主体做出较多的预测，信息度较高的事物可及度①也较高，即能够做出较多预测的事物提取的容易程度也高，提高概念的信息度会让人的注意力聚焦在概念的特定范围内，提高概念的可及度会提高概念的显著度，二者都有提高概念凸显度的作用（沈家煊、王冬梅，2000：31）。这样，A 类动词便与凸显度高的主体事物构成一个与动词述谓结构表达一致的事件指称构式：

中国支持你们—中国的支持—＊你们的支持
老师称赞小王—老师的称赞—＊小王的称赞

B 类：只能提取宾体作为参照体的"暴露、成立、产生、出版、巩固、加强、建立、解决、刊登、缺乏、普及、讨厌、扩大、消灭、消除、增加、召开、制定"等。如要实现"暴露、成立、出版"等行为，主要看行为宾体的表现，宾体事物的显著度与提取的容易程度高于主体事物，于是 B 类动词便与凸显度高的宾体事物构成一个与动词述谓结构表达一致的事件称谓指称构式：

我们消灭敌人—＊我们的消灭—敌人的消灭
政府制订计划—＊政府的制订—计划的制订

C 类：既能提取主体又能提取宾体作为参照体的"安排、编写、保护、布置、采购、处理、分配、改革、讨论、研究、分析、学习、建设、

---

① 可及度是指相关的概念从记忆或环境中提取的容易程度（Taylor，1994：201—242）。

检修、救济、破坏、推广"等。要实现"安排、编写、保护"等行为，可以看行为主体的表现，也可以看行为宾体的表现，主体和宾体的凸显度相近，于是 C 类动词便可与主体事物也可与宾体事物构成一个与动词述谓结构表达一致的事件称谓指称构式：

政府保护环境—政府的保护—环境的保护
我们建设国家—我们的建设—国家的建设

D 类：既不能提取主体又不能提取宾体作为参照体的"成为、等于、属于、包括、类似、号称、好比、叫作、符合、值得、相信、遇到"等：

土地属于国家—*土地的属于—*国家的属于
书刊好比朋友—*书刊的好比—*朋友的好比

D 类动词没有作为辨识事物目标的资格，同样也失去了作为参照体事物的资格，因能作为目标事物的动词是事物化了的动作行为本身或者说是凸显了的动作属性，事物化的程度与动作属性所依附的事物属性的依存性有关。理论上，以主体事物为参照体的目标动词应该表达主体事物的依存属性，以宾体事物为参照体的目标动词应该表达宾体事物的依存属性，因就定中结构的领属关系意义或属性关系意义上说，中心语目标事物是参照体事物（属性）的领有者或属性的宿主。而"编辑、研究"都属于 C 类动词，按说应该既可以是主体事物的依存属性又可以是宾体事物的依存属性，但"编辑"只是固定表达动作主体的依存属性，"研究"只是固定表达动作宾体的依存属性：

我们编辑图书—我们的编辑—图书的编辑
我们研究问题—我们的研究—问题的研究

"我们的编辑""图书的编辑"都只凸显动作主体属性或者说事物化了的"编辑"属性只依存于动作主体，"我们的研究""问题的研究"都只凸显动作宾体属性或者说事物化了的"研究"属性只依存于动作宾体，这可视为事物依存属性的固化或常态化，属事物化的高级形式。汉语中的动、名兼类词的存在可说是固化或常态化的间接后果。

定中结构 NV 或 "N 的 V" 中的 V 能转指宿主事物，动词的事物化或指称化是转指的基础，能转指的动词的范围包括上述 A、B、C 三类动词，事物化的方式分别是能提取动作主体的属性、能提取动作宾体的属性和既能提取动作主体又能提取动作宾体的属性三种，可见属性的提取与动词的论元结构和动词的理想认知模型有关。

由此可知邢福义（1994）界定的 "对象 N+V+管界 N" 造名结构中的动词应该是既能提取主体又能提取宾体作为参照体的 C 类动词。由于造名结构中的动词有关系这一整体凸显的背景，简式 "对象 N+V" 与只能提取宾体作为参照体的 B 类动词构成的定中构式的差别在于前者需要有管界 N 的参与或者说在管界 N 的认知域内对象事物的参照体功能和 V 的目标辨识功能才得以凸显，如邢文指出的 "方法（←军马饲养）、人员（←首长保卫）"；后者不需要一个特定的认知域的限制对象事物的参照体功能和 V 的目标辨识功能就能实现，对象事物的信息度与可及度都高于主体事物，主体事物作参照体无法得到辨识目标 V。同理，简式 "V+管界 N" 提取属性的 V 作参照体也需要有对象 N 的参与才能辨识目标体管界 N。两种简式中的对象 N 与管界 N 在凸显 V 的关系结构中具有一样高的信息度与可及度，都适宜充当参照体，两种简式的区别只是表达者的视点选择的不同。

4.6　构式话题成分的参照体性质

我们把所有的定中结构都看成能表达领属关系或属性关系的结构，其认知基础都是借助参照体来指称目标，则 VN 定中构式中只表事物属性的 V 是非典型的参照体，因 V 用作参照体其实是凸显 V 属性特征的事物为参照体。哪个论元角色成为典型的参照体需要遵循一定的规律，如通常所谓的两个事物整体的比部分的显著，相对固定的比不固定的显著，相对较大的比较小的事物显著等。如两个事物显著度均衡，像 "小王（在小李的）左边" 可说成 "小李（在小王的）右边" 一样，则都有充当参照体也都有充当目标体的情形，表达选择便在于表达者的视点选择差异。凸显度高的某个论元角色是定中类指结构典型的参照体，由构式话题成分承担。

VN 定中构式表达领属关系，构式的核心意义是从领有者来识别被领有者，领有者是典型参照体，被领有者是目标体 N。因领有者的多样性（参见沈阳，1995；詹人凤，2001；陆俭明，2004），这种领属关系结构是个广义的或原型的领属范畴，典型的领有者是人，其次是其他[+有生]事物，[-有生]事物也可作为领有者存在。统一体中的领有者与领有物都可以作为参照体事物存在，即都可以充当类指对象话题事物，只是典型性有别罢了。受事论元或受事论元角色话题事物的类指情形单一也间接证明了这种不对称分布表达的存在，这或许也是顾阳、沈阳（2001）把所有类型的中心语 N 都归为广义的施事或域外论元的缘故。但能指称事物的范围涉及需要指称的所有事物类别，这是能指称事物的周延性问题。

能进入 VN 类指构式中的 V 都能提取出类指对象话题事物较为恒定的动态属性，如"鸟"的会飞属性，"水"的流动属性等，构式实现为类指对象事物规约性的动态属性分类或归类。具体表达中可有凸显归类或个指表达的组合式结构"V 的 N"，但 V 的规约性依然存在，这与凸显临时属性的只能有"V 的 N"结构区别开来，是否能提取事物规约的动作属性是两种"V 的 N"结构的分别所在。

VN 定中构式表达属性关系，构式的核心意义是从类指对象构式话题成分来识别属性的拥有者宿主事物，其实也是从领有者来识别被领有者，因类指对象话题与宿主是同一性领属关系。类指对象话题事物与宿主事物有具体与抽象类别表达之分。表达抽象事物类别的宿主事物通常被视为不具有论元成分性质，这样做其实也就抹杀了结构成分共性。具体事物与抽象事物应该有相同的类别表达地位。VN 构式领属关系结构（指狭义的属种关系结构，领属关系与属性关系的对立延用通常的二分情形）中话题事物与宿主事物的外延并不相等，构式适应事物归类表达的需要产生；VN 构式属性关系结构中话题事物与宿主事物的外延相等，话题事物只能是类别事物，构式适应事物具体与抽象的类别表达需要产生。

4.7 VN 构式的称谓性

从根本上说这是由事物类指和个指表达分别的需要决定的，结构形式表现为 VN 与"V 的 N"的对立，或者说 VN 与"V 的 N"分别是事物动态属性类指和个指表达的典型形式。可隐显"的"的"V（的）N"处于二者的中间状态，与表达需要有关，语义上存在着规约性强弱大小之别。

"N_1（的）N_2"定中结构语义关系的识解需要通过结构蕴含的关系项谓词的作用来实现，同样，VN 构式领属关系结构和属性关系结构分别需要通过结构中关系项谓词 V 与凸显的参与者角色话题事物语义关系侧面的凸显来识解。由表 4-1 可知，领属关系结构 N_1N_2 只表个指，N_1 须是有指的实体，作定语提取的是领有者的属性特征，与 N_2 只有不可让渡的领属关系；属性关系结构 N_1N_2 只表类指，N_1 须是无指成分，作定语提取的是事物的属性值，语义上只是能缩小 N_2 范围的限制性定语，如"墨水瓶儿、雷锋精神、诗人风度、青岛啤酒、红木家具"等。但语义上的限制性分类可实现为语用上的限制性分类，也可实现为语用上的描写性归类。廖秋忠（1985：325）："汉语语流中两个名词性成分，特别是相邻的，A 和 B 有时存在着这样的语义关系：B 或为 A 的一个部件/部分、一个方面/属性，或为与 A 经常共现的实体、状态或事件，A 为 B 提供了进一步分解 A 或联想到 B 的认知框架。"N_1N_2 类指结构的进一步分解出一个有指的类指对象话题才能使 N_2 类指意义得以实现，则 N_1N_2 类指结构的领属关系结构和属性关系结构的表达分别也得有一个类指对象话题事物存在的前提，分类和归类表达取决于类指对象话题事物与结构框架中隐含的关系项谓词的语义关系侧面的凸显。反过来存在关系项谓词的 VN 构式领属关系结构和属性关系结构的表达分别也得通过一个隐显的类指对象话题事物的介入才能得到确切的解释。

将 VN 构式意义表述为指称事物动态属性次范畴类别，是由粘合式定中结构的基本语义结构关系来说的，构式分类或归类类指是由领属关系结构和属性关系结构的表达上的分别而言的，是同一种语义能指结构实现为不同的语用所指结构。有"的"才成立的"V 的 N"表达个指，如"集结的部队"；可有"的"隐显的"V（的）N"可表达类指也可表达个指，如"作战部队"与"作战的部队"的分别；VN 只表达类指，如"消防部队""（快速）反应部队""侦察部队"。不同类别结构的形成与结构的规约性有关。如"起义部队""起义的部队"虽也属规约性系联结构，具体语境中都能表达类指或个指，表达类指时也不是事物的恒常属性类别，因现实现象中并不必然存在着"起义"的部队，或者说并不存在语义能指结构"起义部队"；而"消防部队""（快速）反应部队""侦察部队"

却是客观存在着的事物现象,都首先是一种语义能指结构;"作战部队"则又有不同,可以是客观存在着的事物现象与非作战部队相对,也可以是"参与作战的部队"与"作战部队"中的不参与作战的部队相对,因而可表达事物的恒常属性类别也可表达事物的临时属性类别。这样从规约性强弱上说 VN 构式大致存在着如下分别:

构成语义能指结构		构成语用所指结构
起义部队	−	临时属性类别
作战部队	+	恒常属性类别/临时属性类别
消防部队	+	恒常属性类别

只有"V 的 N"结构表达形式的属非规约性系联结构,如"集结的部队"。不构成语义能指结构,语用所指结构只表个指。

只构成语用所指结构表达临时属性类别的"起义部队"不在我们界定的 VN 构式范围之内,是与 VN 构式粘合式结构相对的 VN 组合式结构。能构成语义能指结构表达恒常属性类别或临时属性类别的"作战部队""消防部队"是我们界定的 VN 构式。其中只有 VN 粘合式结构的"消防部队"语用所指结构只表达事物的恒常属性类别,可隐显"的"的"作战(的)部队"语用所指结构可表达事物的恒常属性类别也可表达事物的临时属性类别。

VN 构式语义能指结构实现为语用所指结构的分类类指或归类类指需要通过具体语境中存在着的特定的类指对象话题事物参照体的性质来决定。构式类指必有类指对象话题事物存在的前提,从语义上看话题事物与构式表达的类别事物存在一种广义的领属关系,语用所指结构的属性关系分类或领属关系归类表达对应这一广义的领属关系存在着的两种下位类别。话题事物与宿主 N 如存在同一性领属关系,构式语用所指结构实现为属性关系分类类指结构;话题事物与宿主 N 如存在个体与类别的属种关系,构式语用所指结构实现为狭义的领属关系归类类指结构。类指对象话题可以是施事论元或施事论元角色成分也可以是受事论元或受事论元角色成分,定语动词提取事物的属性值构式属表达分类类指的属性关系结构,定语动词提取事物的属性特征构式属表达归类类指的领属关系结构。

VN 构式与属性结构 N_1N_2 一样都是"属性—实体"结构,属性成分作实体事物的粘合式定语说明两个概念间存在着较为稳定的规约性语义联系，粘合式与组合式有称谓性与非称谓性的对立，或者说语义能指结构分别与语用所指结构的称谓性与非称谓性对应。可隐显"的"的"V（的）N"如"作战部队"有粘合式和组合式语用所指结构的分别，具有称谓性表达恒常属性类别的语用所指结构是 VN 粘合式结构，不具有称谓性表达临时属性类别的语用所指结构是 VN 组合式结构。

　　VN 语义能指结构只是表达事物次范畴类别的分类类指结构，语用所指结构的分类类指和归类类指是语义次范畴类别在语用层面实现的两种不同的表达形式。

第五章

"$V_{双}^1 + N_{双}$"构式类指

我们从 $V_{双} + N_{双}$ 构造入手讨论 VN 构式生成与构式表达基于构式的典型性与能产性。汉语双音节动词动性弱，功能易发生增殖、游移，定语位置成了双音节动词功能增殖的常见的分布位置；节律上 2+2 是两个标准音步，语音形式自然和谐，能生成类推不受限的定中结构自由短语。因而"$V_{双} + N_{双}$"构式可视为 VN 定中构式的原型形式。

前面的分析讨论为 VN 构式的生成与表达提供了相关的理论前提。本章主要讨论与"$V_{双}^1 + N_{双}$"构式类指表达相关的如下几个大的问题：

（一）构式宿主事物的物性角色约束定语动词的属性义提取。我们首先从 N 的物性角色类别讨论不同价类动词直接作定语的"$V_{双} + N_{双}$"构式中 V 与 N 的语义合成现象、不同价类动词构成"$V_{双} + N_{双}$"构式的条件与类别、定语属性义的不同层面的表达异同分别。

（二）"$V_{双}^1 + N_{双}$"构式的语义能指与语用所指。

（三）"$V_{双}^1 + N_{双}$"构式的功用分类类指与施成归类类指。

5.1 从名词的物性结构入手考察定语动词的功用角色、施成角色特征

因论元结构决定了动词的语义，物性结构决定了名词的语义（Pustejovsky，1991：409—441），因语义类别的复杂性也为讨论简便计，我们拟从动词的论元结构入手考察各论元角色之间的抽象化语义关系，从名词的物性结构出发考察具有功用类别义的去及物化了的定语动词的语义合成。

生成词库理论引入物性结构这种词汇语义表达手段把词汇依意义内容

分为自然类、人造类和合成类。自然类是自然存在的人或事物，是与物性结构中的形式角色和/或构成角色相关的概念。人造类是人有意识分出的类别、组成的机构或制造的工具，体现了人的"意图"，往往具有明确的功用，是与功用角色和/或施成角色相关的概念。合成类由自然类和人造类构成，是包含两三个自然类和/或人造类的概念（Pustejovsky，2001、2006；宋作艳，2011：207—210；周韧，2016：73）。

物性结构包括四种物性角色：描写事物与其组成部分之间的关系的构成角色、描写事物上下位义关系（包括方位、大小、形状等信息）的形式角色、描写事物的用途和功能的功用角色和描写事物怎样形成或产生的施成角色（魏雪、袁毓林，2013：175；袁毓林，2014：32；宋作艳，2010：447、2016：45、2017：154）。宋作艳（2010：456）在讨论 NP 与名词性类词缀的组合时指出其中隐含着动词，理解和释义时需要重建一个事件，而动词基本上是名词的目的角色[①]或施成角色；魏雪、袁毓林（2013：175—176）也把定中名名组合 N_1N_2 里所隐含的谓词归为 N_1 或 N_2 的功能角色或施成角色两类。而理解和解释 VN 定中语义关系结构同样需要补出省略的动作参与者角色成分，N_1VN_2 定中结构可视为一个基础的 VN 构式分布环境，作为联结项的 V 的功用角色或施成角色属性义提取框架，以此解释 VN 构式的结构语义合成。

如果把 VN 构式中的 N 也分为自然类、人造类和合成类三种情形，我们似乎首先可以建立 VN 语义组合模式的释义模板。如"水"是自然类名词，VN 语义类组合模式有两种："施成义+自然类"与"功用义+自然类"。前者如"沸水、开水；活水、死水"，后者如"洗澡水、饮用水"。作为合成类名词的"水"也分同样的两种情形。如"桶装水、蒸馏水"定语动词表施成义，"洗发水、化妆水"定语动词表功用义。再如"刀"是人造类名词，定语动词通常表功用义，如"砍刀、剪刀、刻刀、飞刀、锉刀、铲刀、解剖刀、缝合刀、切割刀"，也有定语动词表施成义的情形，如"折叠刀、佩刀"。

邵敬敏（1995）判断 VN 是否非价组合的语义框架"用于（进行、作为）V 的 N"可以视为动名组合模式的功用角色类别释义模板。如

[①] Telic role 文中采用功能（用）角色的译名，宋作艳这里译为目的角色，其后她（2016：45）换成功用角色的提法，指出 telic 既含目的义也含功用义，汉语里没有相应的对译词，统称为功用义。

"洗澡水"是用于洗澡的,"解剖刀"是用于解剖的,"保卫人员"是负责保卫的等。作为施成义类别的动名组合模式的释义模板可以用"用/通过V的相关行为方式形成/做成的N"(或简称"V成的N")来表示。如"沸水"通过"烧"的方式达成,"桶装水"用桶装方式达成,"蒸馏水"用蒸馏方式达成,"折叠刀"是做成能折叠的,"佩刀"是做成能佩带的等。

有的名词代表的事物类别界限不好界定,如"人员"只指称自然类实体集合。《现代汉语词典》①主要是从功用角度定义的:

【人员】担任某种职务或具有某种身份的人。

"担任某种职务"可理解为"人员"的功用角色实现,"具有某种身份"可理解为功用前提下的"人员"施成角色实现,因表达中也需要对人员构成情况做出表述。这种施成角色不同于"蒸馏水""折叠刀"之类的特定方式构成,但不妨碍归入施成角色描述与功用角色的区别。如果把定语动词的类别限定在功用角色和施成角色之内,依功用角色是就物体的用途和功能进行描写,施成角色是就物体的来源或产生的因素进行描写(袁毓林,2014:32)的前提,我们给出如下两个"人员"的物性角色类别释义模板:

功用角色类别释义模板:担任某种职务或负责(进行、实施)V行为的人。构成角色类别释义模板:具有某种身份或V存在范围、方式的人。

从语料库中输入"人员"检索动词直接作定语的情形,依上述释义模板可分拣出两种释义表达倾向的样本出来。因只凭中心语名词的物性结构会有歧义的现象出现,如"工作"在"(政府/基层/机关/工会/协会/企业)工作人员"中可知是"人员"的施成角色,在"(人事/司法/教育/计票/管理/统计)工作人员"中是"人员"的功用角色。我们把语料限定在VN结构的外扩展形式N_1VN_2范围内,从CCL语料库前500条语料中分拣出的不同价类定语动词的语料类别样本大致作如下表达倾向分别:

(1) a. V是N的功用角色:
技术管理人员　教育研究人员　教学设计人员　程序设计人员

---

① 本章词语释义统一采用《现代汉语词典》第7版(商务印书馆2017年4月第589次印刷)。

培训管理人员

  课程开发人员 软件开发人员 课件制作人员 脚本设计人员

心理咨询人员

  教学研究人员 审计工作人员 财物保管人员 会计主管人员

注册操作人员

  凭证输入人员 凭证审核人员 凭证录入人员 经营管理人员

产品生产人员

  行政管理人员

  b. V 是 N 的施成角色：

  机关工作人员 政府工作人员 社会待业人员 对外交涉人员

公司销售人员

  部门服务人员 基层管理人员 基层工作人员 机关分流人员

社会流动人员

  车间管理人员 总部管理人员 企业退休人员 企业从业人员

旅游服务人员

  旅游从业人员 科技教育人员 资格考试人员

  魏雪、袁毓林（2013：177—180）通过名名组合中谓词隐含的不同情形分出释义模板单一的和不单一的两种语义类组合模式，在 850 个组合范围内共得到 326 个语义类组合模式和 208 个释义模板，同一名名组合的单一的组合模式中隐含的定语动词或是功用角色或是施成角色，不单一的组合模式中隐含的不同的定语动词可以是功用角色也可以是施成角色。

  单一语义类组合模式意味着两个名词的语义关系结构中隐含着一个确定的谓词，如"药物样本"一定是"药物测试样本"，"*军马方法、*首长人员"不成立的原因是提取不出一个规约的隐含的谓词。相应地，隐含多个谓词的 N_1N_2 结构属于不单一的语义类组合模式，如"行政人员"可以是"行政管理人员"也可以是"行政服务人员"，前者的释义模板是"负责+V+N_1+的+N_2"，N_1 是"机构"，V 是 N_2 的功用角色；后者的释义模板是"N_1+负责+V+的+N_2"，N_1 是"领域"，V 是 N_2 的施成角色。

  非单一语义类组合 N_1N_2 结构能提取出隐含的若干规约性定语动词，则非单一语义类组合 VN 定中结构自然也能提取出不同的规约性外扩展成分构成一个能提供动作属性义赋值的 N_1VN_2，继而形成不同表达倾向的释义模板。如就"管理人员"而言,"企业(车间/工商/环境)管理人员"的释义模板为"N_1+负责+V+的+N_2",N_1是"领域",V是N_2的施成角色,相应的释义短语是"企业等方面的负责管理的人员";"基金(资料/成本)管理人员"的释义模板为"负责+V+N_1+的+N_2",N_1是V的支配对象,V是N_2的功用角色,相应的释义短语为"负责管理基金(资料、成本等)的人员"。不同价类动词作定语的VN定中结构与能组合的规约性成分N_1的类型相关,但从定语动词的功能增殖或属性义提取角度都只能分别出功用角色和施成角色两个大的类别,这是构式压制的结果。

如此我们可以为(1)的a、b两种情形建立两个大的释义模板。(1)a的释义模板可概括为"负责+V+N_1+的+N_2",N_1是V的支配对象,V是N_2的功用角色类别;(1)b的释义模板可概括为"N_1+负责+V+的+N_2",N_1是"领域",V是N_2的施成角色类别。

也还只有SV-N型扩展结构情形的"银行指定人员""部门推荐人员""政府留用人员"等("人员"的前500条语料中未见),其释义模板可描述为"受+N_1+V+的+N_2",N_1是"机构",相应的释义短语是"受银行(部门、政府)指定(推荐、留用)的人员",定语动词只有施成角色一种类型。这种扩展结构通常只与动作的个体受事论元话题匹配:

(2)你不要老是想着你是留用人员。
(3)在银行开户的存款人领购支票时,必须……持支票购领证(购领证上有指定办理银行业务的人员姓名)及指定人员身份证,由指定人员到银行办理购买手续。

尹世超(2002b:1)从与直接作定语的动词的关系出发将名词中心语分为施事、受事、处所、时间、类属、方式、工具、数量、度量、程度、状态、结果、原因和目的共14种语义类别情形,我们自然可以依定语动词的功用角色和施成角色两个角度列出相应的两种语义类组合模式,每一种组合模式又依结构扩展式的不同情形对应不同的释义模板。

我们再以"方式"为例说明结构的语义合成现象。"方式"是"说话做事所采取的方法和形式",可用于"说话做事",这是功用;"方法和形式"有固定的模式、规程、体例,这是施成。同样在CCL语料库中把"方式"作为N_2分拣出前500条语料中的所有的N_1VN_2样本语料,也把不同价类的定语动词分成 N_2 的功用角色和施成角色两类：

  （4）a. V 是 N_2 的功用角色
   师资培训方式 经费拨付方式 文化表现方式 动画放映方式
英语表达方式
   语法表达方式 资格鉴定方式 信息加工方式 资源分配方式
历史书写方式
   辅音组合方式 组合排列方式
   b. V 是 N_2 的施成角色
   社会生产方式 教育施行方式 教育活动方式 社会管理方式
网上教学方式
   个体学习方式 实时讲授方式 单向广播方式 双向交互方式
学习活动方式
   公民投票方式 思维认识方式 历史认识方式 居民生活方式
社会控制方式
   大脑工作方式 心理治疗方式 哲学思维方式 经济增长方式
信息编码方式

  "方式"的功用角色类别释义模板大致可表述为"用于+N_1+V+的+N_2"，N_1是动作支配的对象，V是N_2的功用角色。动词功用义的提取在于一个行为处置事件的常规化活动表达，常见的释义短语是"（动作主体）培训师资的方式、拨付经费的方式、加工信息的方式、排列组合的方式"等。"方式"的施成角色类别释义模板大致可表述为"N_1+采用+的+N_2"，N_1可概括为"主体的某领域"，V是N_2的施成角色。如"社会生产方式"与"社会管理方式"本就是社会并立的两种活动方式，活动内容、范围、模式及规程等方面都存在着互相区别开来的型式特征；"单向广播方式"和"双向交互方式"是两种相对待的"广播"形式。
  "情感表达方式"和"诗歌表达方式"不同，前者的释义短语是"表达情感的方式"，后者却是"用诗歌形式表达"，由此可以对动词的功用角色和施成角色做出分别。两种基本的类别下面又可依 N_1 和 N_2 语义类的不同匹配情形做出不同的语义关联表述。如魏雪、袁毓林（2013：177）指出过的：

N_1N_2的语义类组合模式是"相对时间+领域"时的释义模板是"N_1+产生+的+N_2"或"产生于+N_1+的+N_2",N_1表示N_2产生的时间,如"当代文学"相应的释义短语是"当代产生的文学"或"产生于当代的文学";N_1N_2的语义类组合模式是"机构+处所"时的释义模板是"N_1+建立+的+N_2","建立"可视为N_2的施成角色,如"网易养猪场"相应的释义短语是"网易建立的养猪场";N_1N_2的语义类组合模式是"职业+机构"时的释义模板是"供+N_1+V_2+的+N_2",V_2是N_2的功能角色,如"民工学校"相应的释义短语是"供民工读书/上学的学校"。

用物性结构不仅可以说明定语动词属性值或属性特征表达的功能角色性质,还可以求取N_1VN_2结构中N_1的类别及类别共性。同一种N_1依定语动词功能角色的不同可有不同的语义角色选择,如可以是类指对象也可以类指对象范围式限定成分;不同类型的N_1又受构式的某种表达释义模板的绑定成为同一种类指结构组成成分,如施事论元或施事论元角色成分、受事论元或受事论元角色成分都可作为类指对象话题事物存在,与动作相关的参与者角色都可充当类指结构的限定成分。

5.2 从动词的基础论元结构入手考察 "$V^1_双+N_双$"构式类指型式

因 VN 构式领属关系结构或属性关系结构的表达离不开与动作相关的参与者角色成分介入的前提,则可从 V 的降格表述入手通过定语动词相关配价成分的句位实现与构式类别的对应关系来考察构式的生成。下面我们只讨论"$V^1_双+N_双$"构式的不同的类指表达型式,从动词的论元结构入手对不同名词物性结构的语义类组合模式及相应的释义模板进行描述,在此基础上进一步解释 V^1N 构式的语义能指与语用所指结构的形成与表达。

5.2.1 一价定语动词的情景语义框架与构式意义

我们可以将定语动词降格表述视为一个情景语义框架来审视动词配价成分与构式的关联。情景语义理论把语词的意义视为情景与(所指)内容之间的关系,每个词都以一组使用规则和搭配关系构成词义的抽象情景,能够实现的部分是现实情景,不能实现的部分是可能的组合。词义是情景规则中不同项目之间的一种关系,人类语言表现了话语和客观实体之间的关系（章宜华，2009：31—32）。崔希亮（2001a：37、2001b：7—8）把自然语言的句子所指涉的场景分为活动场景、叙事场景和关系场景三类。崔文的例子是：

（5）a. 老张在体育馆打篮球。
b. 老张在体育馆买篮球。
c. 老张在体育馆管篮球。

（5）a 中的"打篮球"可以表达一项活动，（5）b 中的"买篮球"只表达一个事件，（5）c 中的"管篮球"则是一种关系，不同的 VN$_2$ 构成了不同的场景，不同的场景可分解为不同的要素："打篮球"的行为主体是"老张"，活动场所是"体育馆"，游戏规则和行为过程是隐性的；"买篮球"的事件主体是"老张"，事件客体是"体育馆"（"体育馆"既是事件发生的场所，又是事件的参与者），事件对象是"篮球"，事件过程是对象所有权的转移；而"管篮球"的关系主体是"老张"，关系客体是"体育馆"，关系性质是"老张"与"体育馆"之间的隶属关系，场景不具有过程性。崔文由此得出了一些重要认识：活动场景总是凸显行为主体与空间方位的关系，叙事场景一般会把焦点信息放句尾凸显 N$_2$。活动场景是即时发生的，具有现场性；叙事场景是追述的，不具有现场性；而关系场景可以是即时的也可以是追述的，也即可以被活动场景和叙事场景所涵盖，因而只需要把场景分活动场景和叙事场景两大类对应现场句与非现场句的对立即可。

V^{1}N 构式分类或归类类指表达分别与不同场景句表达并不必然关联，或者说不同场景句中的 V^{1}N 构式都有分类或归类类指表达分别。但构式的不同类指表达分别与句子场景类别存在选择的倾向性，因构式话题成分是作为句子场景限定动词的相关参与者角色成分存在的：

（6）a. 19 号令中规定，从事歌舞娱乐场所经营活动"不得以雇人或由服务人员陪座、陪舞、陪饮等色情手段或其他不健康手段招徕顾客"。
b. 他从乡下回到天津后，进了狗不理包子总店，就下决心要改变餐饮服务人员"喝剩酒、叼烟头、肩上搭个手巾把"的陋习。

(7) a. 该中心提供24小时应急服务，一些专职人员将不受44小时工时制限制，兼职服务人员占有相当的比例。

b. 过去德国服民役者并不是很多，社会福利事业非常缺乏服务人员。

(8) a. 海尔的服务人员到家里去装空调、装冰箱的时候，都带来一块布，把他走过的路擦得干干净净。

b. 我有关部门考虑到遇难者亲属旅途劳顿，心怀悲痛，抽调一批优秀的医疗和陪同服务人员赶赴上海接机。

(6) 中两例指涉活动场景，(6) a 中施事论元构式话题成分是句子的活动主体，(6) b 中施事论元构式话题成分是句子的活动客体；(7) 中两例指涉关系场景，(7) a 中施事论元构式话题成分是句子的关系主体，(7) b 中施事论元构式话题成分是句子的关系客体；(8) 中两例指涉叙事场景，(8) a 中施事论元构式话题成分是句子的事件主体，(8) b 中施事论元构式话题成分是句子的事件客体。不同场景句中 V^1N 构式的构式话题成分有如下一些共性：都只作为定语动词降格表述中的施事论元实现为缺省的句子的场景成分主体或客体事物，与构式宿主 N 均构成语义上的领属关系，构式分类或归类类指表达由缺省的施事论元话题成分的类别与个体事物性质决定。如 (6) a 两例中的"服务人员"分别表达施事论元主体事物、客体事物的分类类指；如构式有表量成分或特定范围成分约束，如 (8) a 中的"他"与 (8) b 中的"一些"，构式表达施事论元话题事物的归类类指。再如：

(9) 售后服务人员高广宾，为了工作几次推迟婚期。/除了教师，其他的后勤服务人员她招聘的全是下岗工人。/今天在全国近百个城市举行了一场1万多人的大联考，考生是海尔空调的服务人员。

(9) 中的"高广宾""其他的下岗工人""1万多人的考生"规定了"服务人员"的个体归类类指。

不同场景句中的 VN 构式都只作为场景成分存在，或者说构式话题成分是句子场景的主客体成分。从构式类别表达倾向上推测，事件场景句中的构式表达话题事物归类类指的情形似应多于分类类指，关系场景句中的构式表达话题事物分类类指的情形似应多于归类类指,而活动场景句则应是两可的情形。这种假设需要从语料统计中得到进一步验证。情景语义理论关注语义信息表达,能从定语动词降格表述中帮助析出决定构式类指分别所需的不同性质的常默认缺省的话题事物。

5.2.2 一价定语动词的物性角色类别与相应的释义模板

一价定语动词只有SV-N型一种外扩展结构类型,构式话题可以是动作的施事论元也可以是与动作相关的施事论元参与角色,构式表达宿主事物动态属性归类。2.4.1节我们曾以"服务"为例检出两种N_1VN_2结构语义类组合模式,每一种模式(Mode)因N_1或N_2的类别不同可以建立几个大的释义模板(Interpretation Template,以下简称IT)。重新分拣的结果如下:

  MODE1:"N_1+服务+机构"
  IT1:隶属于+N_1+的+N_2
  社会服务机构 企业服务机构 社区服务机构 民间服务机构
  IT2:"服务于+N_1+的+N_2"或"负责+N_1+方面+事务+的+N_2"
  社会服务机构 医疗服务机构 证券服务机构 中介服务机构
信息服务机构
  卫生服务机构 金融服务机构 技术服务机构 法律服务机构
科技服务机构
  人才服务机构 权益服务机构 主业服务机构 综合服务机构
邮政服务机构
  产权服务机构 家庭服务机构 慈善服务机构 后勤服务机构
工程服务机构
  行业服务机构 福利服务机构 农技服务机构 科研服务机构
法医服务机构
  干部服务机构 文化服务机构 国债服务机构 公证服务机构
  IT3:进行/实施+N_1+活动+的+N_2
  交流服务机构 交易服务机构 孵化服务机构 管理服务机构
救援服务机构
  培训服务机构 就业服务机构 保险服务机构 供养服务机构

研究服务机构

生育服务机构　劳动服务机构　咨询服务机构　涉外服务机构
介绍服务机构

流动服务机构　售后服务机构　考试服务机构　跟踪服务机构
指导服务机构

美容服务机构　投资服务机构　配套服务机构　推广服务机构
邮购服务机构

上门服务机构　经营服务机构　教育服务机构　破产服务机构
计量服务机构

保健服务机构　支撑服务机构　销售服务机构　流通服务机构
保护服务机构

MODE2："医疗+服务+N_2"

要想为这种组合模式中的 N_2 分出界限清楚的类别来殊为不易，一则是有些 N_1VN_2 结构会随不同语境有不同的表达变化，如"社会服务机构"可以是社会上的服务机构，也可以是机关单位里负责社会工作的服务机构；二则因 VN 定中结构语义上本就是以 V 为限制性定语的分类结构，几乎每一个中心语名词都代表着宿主事物的一种动态属性类别。理论上可以有不同层面上的概括类别，为叙述方便计我们还是把检索范围内的语料大致归为如下七类（不易归类的统一并入"内容"一类）：

IT1：N_2 为"机构"

医疗服务机构　医疗服务系统　医疗服务市场　医疗服务行业
医疗服务中心

医疗服务集团　医疗服务组织　医疗服务体系　医疗服务公司
医疗服务窗口

IT2：N_2 为"内容"

医疗服务内容　医疗服务项目　医疗服务方面　医疗服务收入
医疗服务设施

医疗服务工作　医疗服务问题　医疗服务行为　医疗服务事业
医疗服务资源

医疗服务制度　医疗服务模式　医疗服务成本　医疗服务价格

医疗服务费用

　　IT3：N_2为"范围"

　　医疗服务范围　医疗服务领域　医疗服务区域　医疗服务半径

　　IT4：N_2为"质量"

　　医疗服务质量　医疗服务水平　医疗服务品质　医疗服务态度
医疗服务效率

　　IT5：N_2为"活动"

　　医疗服务活动　医疗服务竞争　医疗服务需求　医疗服务调查
医疗服务管理

　　医疗服务消费　医疗服务需要　医疗服务广告

　　IT6：N_2为"条件"

　　医疗服务资格　医疗服务条件

　　IT7：N_2为"人员"

　　医疗服务人员

　　能否将Mode1和Mode2合并起来用一个大的释义模板来概括定语动词"服务"构语时的语义合成现象，古川裕（1989：12）曾作过这样的尝试，认为"VP的s+N"中的VP与N之间具有补充关系，N都具有[+内容]语义特征，VP补充说明N的具体内容。上述Mode2的不同释义模板已经说明这种概括存在的问题，宋作艳（2014b：23）也指出过如把"开车的技术""开门的声音"说成"技术的内容就是开车""声音的内容是开门"都不太自然。

　　名名组合"NP_1+的+NP_2"通常需要找出结构隐含的谓词来重建一个事件以便解释NP_1和NP_2间的语义关系，同样，如果补出"VP的s+N"出现环境中的NP_1理论上也可以通过一个事件结构关联的两个名词性成分间的语义联系来测定事件动词的性质，但并不排除结构多义性的存在。如：

　　（10）a. "国家灾难医疗系统"有7000名志愿医疗服务人员。
　　　　　b. 在加拿大的中医医生，虽然可以行医，但没有医生的合法资格，只能算作另类医疗服务人员。

(10) a 中"医疗服务人员"的释义模板为"人员从事医疗服务","服务"是"人员"的功用角色；(10) b 的释义模板为"属于医疗服务方面的人员","服务"是"人员"的施成角色。构式强迫带来的结构表达共性与动词物性角色变化个性成为统一体矛盾运动的两个方面，与"NP₁+的+NP₂"隐含的不同的事件动词通常会有不同的角色变化一样。如宋作艳所举的"李芳的毛衣"一例，结构通常识解为隐含"穿"的事件场景凸显"毛衣"的功用角色或隐含"拥有"的关系场景凸显"毛衣"的形式角色（参见袁毓林，2014：35），也可能存在隐含"织"的事件场景凸显"毛衣"的施成角色情形。结构多义性的存在并不妨碍结构高层次意义的概括，如"李芳拥有/穿/织的毛衣"因"李芳"指称性的存在统归为一种领属关系结构。

同理，Mode1 和 Mode2 中的 N₁ 都具有指称性，指称"服务"的内容范围或领域，N₂ 是特定内容范围内以"服务"为分类标准划分出来的机构、人员、项目、活动等的事物类别，"作用于+N₁+的+活动+N₂"可视为两种组合模式的通用释义模板，因而结构的高层次语义关系都可统归为一种广义的领属关系。"服务"的角色类别随结构的出现环境变化而变化。如果"社会服务""证券服务""培训服务"等的出现环境相同，都可表述为"服务于社会/证券/培训"，"社会"寓有人的一切活动，"证券"寓有人的专门化活动，由"培训"等动词充任的 N₁ 实际是事件的常规化活动，结构也就约束了功能上的同一性；如果"服务机构"与"管理机构"、"服务设施"与"办公/消防/通信/保护设施"、"服务态度"与"生活/学习/怀疑态度"、"服务需求"与"消费/储备/工作需求"等表达上相对待，"服务"充任 N₂ 下位类别构成的分类指标，运动属性并非事物内在的恒定属性，定语动词充任的构成角色自然可视为典型的施成角色。文贞惠（1999：26—27）把领有关系分为领属、处属、时属、从属、隶属、含属、分属七个小类，宋作艳（2014b：21—22）分为含属、亲属、方位、整体—部分、成员、所有、生产者—产品、使用者—用品、事件、施事、受事等十一类[①]，并指出其中的谓词多是 NP₂ 的功用角色或施成角色。

如此为 N₁VN₂ 结构建立一个层级分类表达系统是结构语义解释的前

---

① 宋作艳将十一类不同的领属关系类别统一解释为"NP₁ 有 NP₂"。

提。宋作艳（2014a：509）同意施春宏（2002）关于定语名词性质的关涉性和描述性二分，关涉性的如"垃圾袋"中的"垃圾"仍表指称，描述性的如"垃圾股"中的"垃圾"涉及名词的内涵义，但又强调定语名词的性质是连续的，不是简单的关涉和描写二分，如"学生的图书室""学生图书室""学生腔"的指称性依次降低。"学生的图书室"的释义短语是"学生使用的图书室"，语义类组合关系是"自然物/特定人群+活动场所"；"学生图书室"是"供学生使用的图书室"，语义类组合关系是"对象范围+活动场所"；"学生腔"是"学生似的腔调"或"学生有的腔调"，语义类组合关系是"身份样貌+活动场所"，可以发现，"学生图书室"中蕴含的动词是"图书室"的功用角色，"学生腔"中蕴含的动词是"图书室"的施成角色，而"学生的图书室"中蕴含的动词应该是"学生"的行为角色、"图书室"的处置角色[①]。

循此思路，我们将表 2-5 中所收 34 个中的 31 个分别具有 [+前名、+后名]、[+前名]、[+后名]、[−前名、−后名] 属性动词在 CCL 语料库前 500 条语料中构成 N_1VN_2 结构的数量（"活动、答应、斗争"三个兼价动词除外），借此考察一价定语动词容纳的构式类指型式及表达实现。列为表 5-1：

表 5-1

动词	语料数量	属性	N_1VN_2
奋斗	22153	+前名 +后名	人生奋斗历程
劳动	67597	+前名 +后名	生产劳动技能 生产劳动过程 脑力劳动强度 生产劳动经验 外来劳动移民 中国劳动移民 体力劳动差别 体力劳动问题 生产劳动大众 全国劳动大众 农奴劳动剩余 农业劳动剩余 农民劳动剩余 社会劳动关系 国家劳动大军 生产劳动特点 职工劳动合同 未来劳动收入 集体劳动成果 人事劳动工作
流动	19023	+前名 +后名	校长流动机制 人口流动控制 社会流动速度 社会流动状况 社会流动能力 社会流动机制 社会流动人员 客体流动方式 资本流动状况 资本流动因素 资金流动方式 资本流动部门 资本流动差额 资本流动方向 资本流动冲击 市场流动性质 现金流动状况 工资流动形态 人口流动趋势

---

① 袁毓林（2014：36—37）在语料调查基础上将名词的物性角色分为形式、构成、单位、评价、施成、材料、功用、行为、处置、定位十类。其中行为角色是名词所指事物的惯常性的动作、行为、活动，处置角色是人或其他事物对名词所指事物的惯常性的动作、行为、影响。

续表

动词	语料数量	属性	N₁VN₂
旅行	16763	+前名+后名	国际旅行证件 环球旅行笔记 环球旅行考察 青年旅行总社 中国旅行剧团 个人旅行支票 航空旅行公司
游行	6945	+前名+后名	示威游行自由 火炬游行队伍 娱神游行活动 示威游行方式 示威游行集会 文艺游行活动 庆祝游行活动 抬尸游行事件 化装游行表演 群众游行活动 群众游行队伍
战斗	31606	+前名+后名	敌方战斗人员 全国战斗英雄 装甲战斗车辆 现代战斗能力 海上战斗力量 寮国战斗部队 斜进战斗队列
觉悟	2688	+前名	思想觉悟程度 群众觉悟程度
来往	5616	+前名	各国来往船只 两岸来往邮件 河道来往船只
爆发	14737	+后名	大战爆发期间 新星爆发形式 新星爆发遗迹 耀斑爆发过程 战争爆发前夕 事件爆发期间 抗战爆发之前 战争爆发以后 战争爆发之初
奔跑	2279	+后名	全场奔跑距离
出发	27251	+后名	无
到达	14461	+后名	供给到达范围 射线到达方向
道歉	4494	+后名	赔礼道歉仪式 电话道歉公司 电话道歉服务
服务	128312	+后名	社会服务功能 社区服务组织 居民服务组织 政府服务质量 部门服务人员 社会服务职能 社会服务机构 社会服务领域 社会服务模式 社会服务体系 社会服务主体 社会服务项目 社会服务实践 社会服务体制 社会服务制度 社会服务系统 福利服务理念 社会服务做法 社会服务渠道 社会服务任务 社会服务合作 社会服务方面 社区服务方法 社会服务水平 创新服务方面 社会服务组织 教育服务中心 助人服务活动 社会服务行列 旅游服务人员 审计服务合同 会计服务业务 评价服务领域 售后服务情况 后勤服务活动 技术服务收入 经营服务收入 后勤服务部门 卫生服务体系 教学服务产品
降落	4252	+后名	水位降落漏斗 UFO降落事件 UFO降落地点 中心降落场地
咳嗽	3155	+后名	无
昏迷	2357	+后名	高原昏迷病人
流行	15795	+后名	非典流行期间 美国流行感冒 香港流行乐坛 台湾流行乐坛 中国流行乐坛 黑人流行艺术 大众流行软件 疾病流行季节
散步	3596	+后名	无
生活	175373	+后名	社会生活实践 社会生活条件 日常生活情景 经济生活变化 物质生活资料 现代生活知识 社会生活经验 人民生活水平 精神生活质量 物质生活环境 社会生活秩序 社会生活习惯 社会生活主体 社会生活目的 物质生活条件 人类生活方式 现实生活情景 社会生活状况 居民生活方式 日常生活问题 消费生活习俗 社会生活关系 文化生活水平 精神生活水平 经济生活形态 农奴生活形态 个人生活风格 个体生活内容 阶层生活方式 日常生活实践 政治生活过程 个人生活目标

续表

动词	语料数量	属性	N_1VN_2
停留	6086	+后名	粒子停留时间
妥协	3822	+后名	投降妥协政策 对外妥协政策
洗澡	2516	+后名	无
下降	39159	+后名	同期下降幅度
休养	1654	+后名	治疗休养期间 教师休养活动 医疗休养胜地 巴西休养胜地
工作	416492	−前名 −后名	教师工作过程 教育工作主体 政府工作重心 教育工作会议 政府工作报告 宣传工作力度 机关工作人员 教育工作人员 大脑工作方式 身边工作人员
流传	5941	−前名 −后名	无
前进	21011	−前名 −后名	社会前进方向
失败	17876	−前名 −后名	创新失败原因 政策失败现象 申奥失败现场
停顿	2238	−前名 −后名	革命停顿时期
消失	14188	−前名 −后名	无

理论上"+前名"动词作中心语的能力强、"+后名"动词作定语的能力强、[+前名、+后名]动词作中心语和作定语的能力均强、[−前名、−后名]动词作中心语和作定语的能力均弱。又如何解释不同属性动词通常都有的N_1VN_2结构表达形式呢？曾小红（2007：87）从情景语义理论出发把谓词语义表达式中的情景参与者分必需的和自由的两类，如"过"的情景的必需参与者是位移主体与位移过程，缺少位移主体，情景就变成了有一定距离的"处所"，缺少位移情景就变成了主体所处的位置；自由情景参与者指各类情景所共有的时间、地点、方式、目的、条件、速度、原因等，如"位移距离"凸显成为情景注意焦点时自由情景参与者"处所"直接映射到了宾语论元位置上。语义表达式与语义信息的凸显属于不同的表达层面。

从表5-1的检索情形总的趋势看，具有[+前名、+后名]与[+后名]属性的动词构成N_1VN_2结构的能力明显要强于其他两类属性动词，现在推测这与都能提取属性义的动词的角色类别数量相关，只有单一类别或类别数量少的构成N_1VN_2结构的数量就少。需要指出的是，我们检索的

语料范围限于 N_1VN_2 结构，造名结构 N_1VN_2 可有"$N_1+V+的+N_2$"和"$N_1+的+V+N_2$"两种同义表达形式，实际上也是不同属性动词构成 N_1VN_2 的结构表达共性概括。N_1V 独用或充任定语凸显动词与 N_1 的语义关系侧面或功能角色类型，动词关系化的能力强；VN_2 独用或充任中心语凸显动词的不同功能角色类型。

$N_1V^1N_2$ 结构表达广义领属关系，由 Mode2 可知我们无法给出一个较为确定的被领者 N_2 的下位语义类别，因 N_1 并不一定是类指对象话题领有者，即被领者事物所指并不都能直接由 $N_1V^1N_2$ 结构推出。但可从有限定性成分 N_1 同现的 $N_1V^1N_2$ 结构对构式话题事物与宿主事物的领属关系类别能指做出一个可能的倾向性表达预测，因 N_1V 语义关系侧面的存在限定了结构关系了类别选择范围，客观上也存在着 N_1 充当构式话题的 $N_1V^1N_2$ 结构。

我们参考陆俭明（2004：104—106）、詹人凤（2001：14—18）、沈阳（1995：85）、文贞惠（1999：26—27）和宋作艳（2014b：21—22）关于领属关系的层级分类思路，将表 5-1 检出的 31 个动词的 $N_1V^1N_2$ 结构语料范围分为如下八种下位领属关系类别（只标能指，不考虑可能的多义性）：

（一）属性领属

   社会劳动关系 社会流动能力 社会服务功能 社会生活目的
社会服务模式
   政府服务质量 政府工作重心 生产劳动技能 生产劳动特点
校长流动机制
   个人生活风格 市场流动性质 脑力劳动强度 思想觉悟程度
水位降落漏斗
   全场奔跑距离

（二）领有领属

   中国劳动移民 国家劳动大军 社会流动人员 敌方战斗人员
社区服务组织
   部门服务人员 机关工作人员 群众游行队伍 寮国战斗部队
全国劳动大众
   各国来往船只 社会服务机构 教育服务中心 后勤服务部门

个人旅行支票
　　　集体劳动成果　　社会服务项目　　集体劳动成果　　河道来往船只
中心降落场地
　　　职工劳动合同　　未来劳动收入　　日常生活情景　　日常生活实践
现代战斗能力
　　　同期下降幅度

（三）范围领属

　　　社会服务领域　　社会服务渠道　　社会服务系统　　福利服务理念
居民服务组织
　　　会计服务业务　　审计服务合同　　高原昏迷病人　　旅游服务人员
国际旅行证件
　　　装甲战斗车辆　　两岸来往邮件　　海上战斗力量　　对外妥协政策
经营服务收入
　　　体力劳动问题　　教学服务产品

（四）处所领属

　　a. N_2 为具体场所
　　　巴西休养胜地　　医疗休养胜地　　香港流行乐坛　　供给到达范围
UFO 降落地点
　　　申奥失败现场
　　b. N_2 为抽象场所
　　　资本流动方向　　射线到达方向　　社会前进方向　　个人生活目标

（五）时间领属

　　　大战爆发期间　　战争爆发前夕　　粒子停留时间　　非典流行期间
疾病流行季节
　　　治疗休养期间　　革命停顿时期
　　　生产劳动过程　　耀斑爆发过程　　教师工作过程　　政治生活过程

（六）状况领属

　　　社会生活状况　　社会流动状况　　现金流动状况　　社会服务水平
人民生活水平

物质生活条件　工资流动形态　人口流动趋势　农奴劳动剩余
售后服务情况
　　　经济生活形态　社会生活习惯

（七）方式领属

　　　社区服务方法　客体流动方式　资金流动方式　示威游行方式
人类生活方式
　　　仅获生活方式　大脑工作方式

（八）事件领属

　　　文艺游行活动　示威游行集会　化装游行表演　抬尸游行事件
人口流动控制
　　　助人服务活动　社会服务做法　社会生活实践　资本流动冲击
人事劳动工作

　　以上八类中的每一类内部几乎都有典型成员与非典型成员之分，因观察、表达角度的不同也会存在较为普遍的跨类现象，但不妨碍我们从一个角度出发进行描述解释继而得出具有普遍性的结论。某一类别中的动词施成角色或功用角色类别取决于动词论元结构中某一语义关系侧面的凸显。

　　八种不完全分类实际包括了一价定语动词属性义提取的可能的语义类别。N_1已知是与动作相关的参与者角色，构式分类类指表达与归类类指表达与N_1的语义关系类别相关，或者说N_1的语义关系类别与动词属性值或属性特征义的提取相关，因N_1V通常是构式表达凸显的语义关系侧面。

5.2.3 　$N_1V^1N_2$、"N_1V^1的N_2"或"N_1的V^1N_2"

　　一价动词只关联一个必有的施事论元（这里用S标示），充当V^1N定中构式话题成分的只能是动作的施事论元或施事论元角色成分，N_1可以是VN构式话题成分也可以不是，因而$N_1V^1N_2$外扩展结构实际可分为SV^1N_2和$SN_1V^1N_2$结构两种。$N_1V^1N_2$结构又有同义的"N_1V^1的N_2"或

"N_1 的 V^1N_2" 组合形式存在，这与 S 的性质类别及构式的类指分别有关。

汉语典型的归类句式是"是"字句和"有"字句，这样构式的语用所指结构如果可以激活 V^1 的"拥有"和"存在"两种语义情景的应是归类类指结构，否则是表达分类类指的属性关系结构。

我们把上述种种领属关系类别 $N_1V^1N_2$ 结构分 SV^1N_2 和 $SN_1V^1N_2$ 两种加以说明（用 E 代表例子 example）。

5.2.3.1 属性类 N_1VN_2 结构

构式话题 S 与宿主 N_2 的领属关系可以用"拥有者—拥有物"的情景角色框架概括，结构意义可以概括为领有者 S 性状领有物 N_2，袁毓林等（2009：294）关于"有"字句性状领有的情景定义界定在这儿同样适用：如果 S 具有或呈现出某种属性、状态 N_2，那么 S 性状领有 N_2。

　　E1："市场的服务功能"和"市场服务功能"
　（11）a. 继续推进现代市场体系建设，证券、货币、外汇、期货、黄金、钻石等国家级要素市场的服务功能。/这一举措使上海人才市场的服务功能更加完善，从"无序"逐步走向"有序"。/进一步拓展传统批发市场必须适应这种变化，理应向强化市场的服务功能转化，为保护农民利益，调节农业生产和省际粮食流通服务。
　　　　b. 要全面增强政府对土地市场的服务功能，进一步建设土地有形市场，继续推行建设用地与市场信息发布制度、土地交易价格申报制度、土地登记资料可查询制度。/（通州区）倾力打造富有通州区经济个性和文化特色的产业群带，强化通州区对于首都市场的服务功能和承载市区人口、企业的疏散功能以及物流集散功能
　　　　c. 在市场发育初期，市场服务功能都是由政府和工商行政管理部门承担。/这个大米市场着眼于搞活粮食流通，不断加强市场基础建设，强化市场服务功能。
　　　　d.（河北省）抓紧经纪人机构、信息咨询机构、资产评估机构、行业协会等"软件"的配套建设，在完善市场服务功能上着力。/从政策上、资金上为其营造出一个良性的发展环境，鼓励和扶持一批和阗玉经营企业，强化政府的市场服务功能。

（11）a 各例中的指称实体的"市场"充当"服务"的个体施事论

元,"市场"与宿主"功能"存在领属关系,构式表达施事论元角色话题事物的归类类指;(11)b 两例中构式也表达施事论元角色话题事物的归类类指,只不过领有者 S 成了"政府""通州区";(11)c 两例"市场服务功能"中的"市场"也是"服务"的个体施事论元 S,构式同样表达施事论元角色话题事物的归类类指,与(11)a 的不同在于实体"市场"施动力的减弱或者说主体行为的产生是外力影响的后果,这与"市场"的主客体事物属性有关;(11)d 的"市场服务功能"中的"市场"都不指称实体,可表述为提取该实体事物的范围属性,因"服务"的施事论元"河北省""政府"个指,构式同样表达施事论元角色话题事物的归类类指。

(11)各例都是"服务"的施事论元与宿主"功能"具有了"拥有者—拥有物"的情景表达框架,袁毓林等(2009:294—295)指出性状领有的逆关系是性状存在,即作为性状的领有物被动地寄寓于领有者,性状领有和性状存在是一种反对称关系。就"市场"的不同性质而言,(11)a"市场的服务功能"是"S 的 V^1N_2"结构、(11)c"市场服务功能"是 SV^1N_2 结构,其中的"市场"是"功能"寄寓的领有者,(11)b"市场的服务功能"属"N_1 的 V^1N_2"结构,"市场"只作为动作的关涉对象存在,(11)d"市场服务功能"属 $N_1V^1N_2$ 结构,"市场"可表述为"功能"寄寓的领有者存在的具体场所。

属性的表达决定于与之相互作用的媒介的某种性能,如豆腐柔软的属性源于手部感觉器官对各类物品的比较,触摸钢铁反映出事物的硬度而非长度属性。(李文 2013:97)正如典型的媒介"豆腐/钢铁"的"柔软/坚硬"要通过手的触摸来感觉、比较、认识一样,动词充当的非典型媒介也需要词义理想认知模型的介入才能得到确切的解释。"服务"是"为集体(或别人)的利益或为某种事业而工作",则不同的"服务功能"是在人的为集体(或别人)的利益、某种事业工作的性质上具有的相同或相似的联系①,"服务"携带着特定领域内的符合人们认知习惯的工作内

---

① 属性有种属属性和专有属性之分。种属属性是若干事物与同一个媒介相互作用表现出来的相同征象,如将红辣椒、北极熊、大猩猩的体表颜色分别与色标发生作用会得出不同的颜色类别,这是同一色标媒介下的属性分类;反过来为了甄别若干事物是否具有相同的属性,须将这些事物分别与同一个媒介进行作用验证是否表现出相同的征象。如将铜线、铝线与棉线分别通电,前两种易导电是导体,棉线不导电是绝缘体。专有属性为某类事物或某个事物所专有,如联想是人类区别于其他生物的专有属性,每个人的 DNA 都是专有属性。(李文 2013:98)这是属性归类。分类和归类的作用媒介相同即标准同一。

容要素充当了作用媒介，"市场"便是定位范围、领域的限定成分。
　　E2："社会的服务功能""社会服务的功能"和"社会服务功能"

　　（12）a. 设立一个职能完善的有权威的医药行业管理部门，统一管理医药的生产、经营和使用，加强医药生产经营对社会的服务功能和国家对医药行业的有效宏观调控。/这些"中心"更强大的功能，是他们辐射到社会的服务功能，也是玄武区社区服务最有特色的"软件"。

　　　　　　b. 非营利界要积极为社会公益事业服务，完善社会服务的功能，就必须对准公共产品进行定位，使人们能够享受到以人为本，人性得以全面发展的准公共产品。/大学必须具有教学、科研、保存知识和社会服务的功能。/目前，铁路社会服务的功能多，与市场几乎隔绝，出路在于自身脱胎换骨。

　　　　　　c. 要不断提高社会保障的社会化程度，使企业从烦琐的社会服务功能中解脱出来。/高校的社会服务功能不断增强，在发展高新技术产业和科技成果转化方面迈出具有历史意义的步伐。/此次邮政介入移动通信、保险业和物流市场，标志着邮政拓展自身社会服务功能进入一个新的阶段。

　　（12）a 两例中"社会的服务功能"是"S 的 V^1N_2"结构，"社会"是指称实体的施事论元，构式表达施事论元角色话题事物的归类类指；（12）b 各例中的"社会服务的功能"是"N_1V 的 N_2"结构，"社会"表达施事论元"非营利界""大学""铁路"服务范围、领域或者说"功能"寄寓的领有者存在的具体场所，构式可表达施事论元角色话题事物的归类类指或个指；（12）c 中的"社会服务功能"是 N_1VN_2 结构，动作的施事论元分别是"企业""高校""邮政"，构式同样表达施事论元角色话题事物的归类类指，与"S 的 V^1N_2"结构不同之处在于类指对象话题事物的不同，与"N_1V 的 N_2"结构不同之处在于后者可以是类指结构也可以是个指结构。
　　E3："工人的劳动强度"与"工人劳动强度"

　　（13）a. 内蒙古第一套信函自动分拣系统……大大提高了信函的

内部处理速度，也减轻了工人的劳动强度。/点焊机器人主要是针对汽车生产线，提高生产效率，提高汽车焊接的质量，降低工人的劳动强度的一种机器人。/"曙采"……在没有人员增加的前提下，一下子为生产一线提供了442名工人，直接改善了一线工人的劳动强度。

b. 厂方给的加班费很不合理，工人劳动强度过大，发病率上升。/东阿阿胶集团……改造了噪声高的铝塑包装设备，自制了气动投核机，降低了工人劳动强度和噪声。/一些个体私营企业主为抓时间、赶进度，往往擅自延长工人劳动时间，增加工人劳动强度，工人由于疲劳而引发工伤事故。

c.【蒸汽机车】用蒸汽机作原动机的机车。一般用煤作燃料。由于热效率较低、工人劳动强度较高及其他缺点，逐渐被现代化机车取代。/这些效益的取得，常常是在一不增加设备投资，二不增加工人劳动强度甚至减小劳动强度的情况下取得的。/工程师修士彬发挥专长，设计制造出的落板自动剪切线，大大减轻了工人劳动强度。

(13) a "工人的劳动强度" 属 "S 的 V^1N_2" 结构、(13) b "工人劳动强度" 属 SV^1N_2 结构，其中 "的" 的隐现并不影响 "工人" 都指称特定范围内的劳动者实体，区别只是 "工人" 施动力的减弱，"的" 描写入场是表达分别的标记，表现为人们认知事物性质的心理扫描方式的不同。张伯江（1997：193）把有指名词和无指名词描述为实体与非实体的区别，有指成分又分为实指的和虚指的两类。王红旗（2004：21—23）又进一步把虚指的解释为指称可能存在的实体，实指的是指称语境中的实体。如果撇开实指的和虚指的称谓，则实指的（包括定指的和不定指的）是显指成分，虚指的是语用上不重要的隐指成分。(13) c "工人劳动强度" 属 N_1VN_2 结构，其中的 "工人" 更接近于指称可能存在的实体的隐指成分，或者说是提取 "工人" 实体属性的 SV^1N_2 结构。

可见这种 "N_1（的）VN_2" 结构中的 N_1 有这样几个特点，其一都是 V 的施事论元，指称实体的性质让施事成分直接粘附于动词前形成属性关系结构的合格度或可接受度大大降低，CCL 语料库中也没有 "工人劳动的强度" 的检索结果。其二是可与 VN_2 分离，位置相对自由，不仅能充当句子主语或主语中心语，还能充当宾语或宾语中心语、定语中心语等。如：

(14) 然而今天在我国的某些三资企业中，工人工作时间之长，劳动强度之大，竟与资本主义原始积累时期一样一天干活十多个小时。/凡在第一线劳动强度大的工人，可优先住新房。

其三，可拥有另一个增添非论元成分语义内容的 N_1，S 与 N_1 和 N_2 都存在领属关系：

(15) 禁止安排女职工从事矿山井下、国家规定的第四级体力劳动强度的劳动和其他禁忌从事的劳动。/21 世纪的社会已步入信息化时期……人们的脑力劳动强度大大增强，工作和生活节奏越来越快。

"体力""脑力"是人的属性，但"体力劳动强度""脑力劳动强度"也不就是表达层面的属性关系结构，因语用所指结构受构式话题事物与宿主事物的不同领属关系性质决定。E1、E2 中同样有这种扩展的多层定中结构存在，如与"工人的体力劳动强度"表达一致的"政府的市场服务功能""企业的社会服务功能"等。这也是我们能撇开具体的语言环境依名词的价类将 $N_1V^1N_2$ 结构进行领属关系分类的原因。

石定栩（2003：488）把表示定中的动—名复合词限定在包含两个名词性成分的"N_1VN_2"结构范围内，但也特别说明定语部分可以不断加长的相同性质的表达形式的存在，认为只要是同动词相关的成分都可以加进来。从石文举的"检修费用—汽车检修费用—汽车定期检修费用—汽车定期电脑检修费用"例子可以看出，受事论元"汽车"本是类指结构或复合词的组成成分，在多层扩展结构中也有被不断前推的与 VN 中心可分离的性质，这也是话题成分特征之一。

E3 类 N_1VN_2 结构又如：

人才流动机制　资金流动机制　孩子劳动意识　医生劳动价值
队员战斗作风
群众觉悟程度　射线爆发强度　疫病流行强度　民众生活质量
官员生活作风
下属工作能力　民警工作强度　部队前进速度　战争失败原因
话语停顿作用

5.2.3.2 领有类 $N_1V^1N_2$ 结构

就语料检索的范围看，领有类 $N_1V^1N_2$ 结构中的 N_2 主要是"人员"类、"机构"类、"物品/产品"类、"存在物"类等，结构中的定语动词可以激活"包括"关系、"拥有"关系和"存在"关系等几个基本的语义情景类型。当然实际语料中的 N_2 并不止这四种类型，如"服务渠道""服务场所"也可以作为"处所"被领者的身份出现。我们只就检索范围内的这四种典型情形分别开来列举说明，前提是不影响结论一致性的析出。

5.2.3.2.1 "人员"类 N_2

"人员"类 N_2 通常被认为是定语动词的施事，这与定语动词的去范畴化性质相悖，施事成分只存在于定语动词降格述谓结构里，且是"人员"充当宿主事物的 $N_1V^1N_2$ 类指结构的话题成分。从 VN 构式的认知基础看，定语动词作为非典型参照体需要与动作相关的参与者角色介入来补足一个完整的定语动词语义框架所需的基础结构要素，有时仅作为实际参照体的构式话题的出现并不能准确地辨识出目标体。如"指导老师"的述谓结构式是"老师—指导—学生"，"张三是李四的指导老师"中"老师"是需要辨识的目标体，对应的具体辨识对象"张三"是"指导"的施事论元，"李四"是"指导"的受事论元，句子表达中又都成了动词"是"的关系论元成分。又如"张三是首长的随行人员"中一价定语动词"随行"只用匹配辨识对象施事论元"张三"后便完成了基础语义框架建构，目标体事物"人员"也就实现了为个体事物归类的确切的类指意义。

分类类指结构着眼于共性类别中的个体事物属性差异，类别是个体事物存在的前提；归类类指结构着眼于不同个体属性特征共性，个体事物是类别存在的前提。就事物性质的认知心理扫描方式而言，前者是总括扫描个体事物属性特征差异，后者是次第扫描个体事物属性特征差异。

因"人员"指类别，以"人员"为中心语的定中结构是张伯江（2009：158—159）定义的弱施事角色里包括词汇形式是名词短语、语义类别是抽象事物的情形，弱施事成分与句子主要动词之间的语义关系有论元性角色、话题性角色和较疏远的相关角色三种，而后两类声明不是严格的句法标准类别，是因弱施事的"使因者"资格算进来的。（N_1）VN_2 结构可以充当句子限定动词的论元角色对应某一句法成分，N_2 自然不会是限定动词的论元角色。

以"人员"类 N_2 为中心语的（N_1）VN_2 结构以施事论元为构式话题，定语动词激活"包含"关系情景，即个体施事是特定范围"人员"中的成员或包含在"人员"的范围之内。如：

（16）a. 随着改革开放和经济建设的发展，出现了个体工商业者、非公有制企业职工、下岗待业人员、离退休人员和社会流动人员等新的社会群体。/与所有的公寓服务人员一样，苏珊的服务态度是良好的。/国家机关工作人员和教科书审查人员，不得参与或者变相参与教科书的编写工作。/司法工作人员犯前两款罪的，从重处罚。/计划生育技术服务人员指导群众知晓各种避孕方法的优缺点。

b. 展品部几位工作人员离开上海，去山西、陕西等地征集展品。/盼盼防撬门的生产人员只有2800人。/全国共有28个省市自治区的近10万流动人员云集淄川务工经商。/涉案的7名司法工作人员均受到严肃惩处。/西藏各个地区都有了残联组织，并培训了一批残疾服务人员。

（16）a 各例 VN 前不同性质的 N_1 具有了构式话题成分活动范围成分共性，话题成分施事论元类指，构式表达施事论元话题事物的分类类指；（16）b 施事论元个指，构式表达施事论元话题事物的归类类指；"司法工作人员""残疾服务人员"中的 N_1 从不同属性方面进一步缩小中心语事物的范围，并不影响构式归类类指表达。因概念距离近，具体语境中表性质范围的 N_1 往往可直接加在中心语名词前构成与 N_1VN_2 的同义的 N_1N_2 结构，如"司法人员""技术人员""残疾人（员）"等，也间接证明属性 N_1 的范围表达义的存在。施事论元话题成分无论类指还是个指都与宿主"人员"存在包含关系，只是全部包括与非全部包括的同一性领属关系与属种关系的分别。施事论元话题成分可与构式同现，如（16）a 中的"苏珊"。再如（17）中的"党员"是"这些流动人员"中的个体成员：

（17）在这些流动人员中，党员占有相当比例。

这样以"人员"类 N_2 为中心语的（N_1）VN_2 结构的构式意义可概括为表达施事论元话题事物动态属性的分类或归类，构式凸显施事论元话题与宿主的包含关系。这一包含关系的逆关系是存在，即话题事物存在于某一特定的范围之中，因而构式前通常可有外延范围限制成分 N_1 存在；或者需要语境信息补足，如（16）b 中的"展品部""盼盼防撬门"。再如：

（18）a. 负责选派研修生的工作人员在落实这一人选时遇到了没有想到的困难。

b. 在一些城市，还常可见到一些踩着装满书的三轮车、板儿车、自行车或拎着书包到书摊上转的社会流动人员，他们也是黄书流入市场的一个环节。

"负责选派研修生的""一些踩着装满书的三轮车、板儿车、自行车或拎着书包到书摊上转的"都相当于 N_1 指定的属性范围，"社会流动人员"中的"社会"属更大的处所范围。

与类指相对的谓语属性是属性谓语而非事件谓语（刘丹青，2002：412）。$N_1V^1N_2$ 结构无论凸显领有关系、包含关系还是存在关系等，都约束了定语动词的属性义提取或者说把定语动词的范畴功能限定在一个与类指表达相关的降格表述内。相应地，施事论元话题相对于去范畴化了的定语动词而言充其量是一个具有"使因者"资格的弱施事（张伯江，2009：159），因没有话题成分与动词语义关系侧面的凸显也就没有 VN 构式的类指表达情形。

定语动词的功用角色与施成角色性质与凸显的语义关系侧面相关，自然可以能粘合的同现角色 N_1 的性质来判断语义能指。以"人员"为宿主事物的 $N_1V^1N_2$ 结构中的一价动词的功用角色样本如：

监管工作人员　政治工作人员　地质工作人员　审计工作人员　项目工作人员

N_1 为活动内容；施成角色样本如：

政府工作人员　使馆工作人员　剧组工作人员　现场工作人员　基层工作人员

N_1 为活动隶属范围或活动区域范围。范围有大小之分，因而 $N_1V^1N_2$ 的外扩展结构可有多个表范围大小的成分，表活动内容的则往往只有一个：

劳动部门工作人员—国家劳动部门工作人员—中国国家劳动部门工作人员

5.2.3.2.2 "机构"类 N_2

5.2.2 节 MODE1 中的三个释义模板代表了 $N_1V^1N_2$ 结构领属语义关系的三种下义类型：IT1 可概括为所有关系或隶属关系，N_2 归 N_1 所有或隶属于 N_1；IT2 可概括为活动内容范围领属，N_1 是 N_2 的活动内容方面；IT3 可概括为活动方式领属，N_1 是 N_2 活动实施所采用的特定行为模式。从构式的情景角色话题成分①和"机构"的关系而言，三种"机构"类 N_2 充当中心语的 $N_1V^1N_2$ 结构的领属语义关系可以分别概括为物权领有关系、包括关系和性状领有关系。IT1 中的动词是宿主的施成角色，IT2 中的动词是宿主的施成/功用角色、IT3 中的动词是宿主的功用角色。先看所有或隶属关系领属情形：

（19）a. 小区内除了有大片的绿地、公共广场、健身休闲场地，还要建现代化的学校和社区服务机构。/加快建立中小企业信用担保体系和中小企业服务机构。

b. 计划到"十五"期末，要吸引各类银行服务机构 100 家、非银行金融服务机构 50 家，同时发展网络公司、信息服务企业达 200 家以上。/"好邻居""好帮手""百事通"等 25 家社区服务机构签约加盟，成为绍兴市首个统一的市民服务平台。/浦东 4000 余家中外服务机构中，85% 以上的机构、96% 以上的业务收入都集中在此区域。/这是一批自筹资金、自找项目、自负盈亏、自我约束的企业，在跨地区、跨行业、跨国家的生产经营活动中，进行生产或经营方面协调、咨询的民间服务机构。

---

① 把定语动词的降格表述视为一个具体的场景表达，则话题成分可视为构式关系场景表达的一个情景角色。

(19) 中表实体的 N_1 "社区、企业、银行、中外、民间" 分别物权领有 "机构" 的隶属单位或所属领域范围。(19) a 两例构式表达施事论元角色话题事物的分类类指情形，常见的是 (19) b 中各例构式表达施事论元角色话题事物的归类类指情形。物权领有关系中，领有者对领有物享有使用、支配和处置的资格或权力，领有物被动地从属于领有者。物权领有的逆关系是物权从属的反对称关系（袁毓林等，2009：293）。

再看活动内容性质领属情形：

(20) a. 实行退休人员与原企业相分离、养老金由社会服务机构发放、人员由社区管理的制度。/应用研究和开发研究机构及科技咨询和信息服务机构要面向市场，促进科技经济一体化。/该市……对全市有碍于西部大开发和经济发展的政策文件、行政审批项目、中介服务机构、向企业收费项目进行了全面清理。/社会医疗保险一般意味着政府直接负责对医疗保险基金的筹集，但并不一定由政府直接经营或拥有医疗服务机构。

b. 这个中心是国家设立的综合性著作权社会管理和社会服务机构。/此次论坛是由全球知名的信息服务机构 McGraw-Hill 公司及旗下的媒体《ENR》联合主办的。/出租汽车劳务市场是大连唯一的出租汽车中介服务机构。/全省可实施异地就医的定点医疗服务机构共 241 家、定点药店 115 家。/建立一批智力密集型经营性的信息服务机构和各专业特色的咨询机构，并加速其社会化、企业化进程。

(20) a 中 $N_1 V^1 N_2$ 结构表达施事论元角色话题事物的分类类指，(20) b 中的构式表达施事论元角色话题事物的归类类指。(20) 各例 $N_1 V^1 N_2$ 结构中的 N_1 "社会、信息、中介、专利、医疗" 凸显活动内容性质，构式表达凸显话题事物与宿主事物类别的包括关系。这从 (20) b 各例中个体事物话题与构式的照应关系可清楚地看出。"社会服务机构" 包括 "这个中心"，"这个中心" 存在于 "社会服务机构" 中或是处理 "社会" 工作的服务机构，同理 "McGraw-Hill 公司" 是负责 "信息" 处理的服务机构，"241 家" 是负责 "医疗" 方面的服务机构。包括关系的逆关系是存在，即个体成员话题存在于某一活动内容范围之中，因而构式前通常要有外延范围限制成分。范围有大小层级之分，如果多个活动内容范围成分相连，范围大的自然在范围小的之前：

（21）这是由科技部联合国家经贸委、农业部、卫生部和中国科学院于 2000 年组建的一个虚拟的科技文献信息服务机构。/我市目前有人才中介服务机构 227 家，从业人员 4000 余人。/要将我市各类民办书店、民营文化服务机构、互联网和媒体纳入规范化管理轨道。/面向区域经济、面向产业集群提供专业化服务的信息技术服务商，特别是要培育一批熟悉行业业务，能将生产技术、计算机技术与管理技术有机融合，向企业提供全面服务的中介技术服务机构。

所有或隶属关系领属中的 N_1 无论是机构名称还是表活动领域，与活动内容范围领属情形中的 N_1 连用时一定靠前置放：

（22）近年来，四川省各级党委、政府和有关部门采取措施，坚决剥离企业社会服务机构。/联想的教育解决方案共分为社会资源服务机构、城教育网络中心、公众网络、校园网络和学生用户四个部分。/企业的正面信用信息由社会信用中介服务机构向各有关部门依法收集，录入信息库或作变更记录。

由此也可看出"社会"既可指称机构又可指称活动内容范围的双重性质。在"企业社会服务机构"指称社会工作内容范围，在"社会资源服务机构""社会信用中介服务机构"可指称机构，当然也可以是指称活动内容范围成分里相对最大的那一个。

以"机构"为宿主事物的 $N_1V^1N_2$ 结构的活动方式领属情形最为普遍，这与机构的职能范围有关。如果某一机构的活动方式固定化或模式化，常规活动动词联系项往往成为羡余成分。因由方式动词充任的 N_1 本身也携带其降格述谓结构的论元角色参与结构的语义合成，成为羡余的常规活动动词的联系项功能让位于方式动词，活动属性义成为默认的已知信息，可以说语言经济原则驱使了一个新的 N_1VN_2 结构及一个新的联系项成分的衍生。如：

（23）a. 高校就业指导服务机构要主动为毕业生联系用人单位，

并加强与各级人才交流服务机构、公共职业介绍机构的联系。

b. 10年间到人才交流机构选才的单位3.4万家，求职人员10万多人。

（24）a. 社会上缺乏专业人才培训机构，不利于后备人才的造就。/审批培训机构时，应规定切合实际的标准。

b. "九五"期间，全国残疾人职业教育培训机构比"八五"末增加620所。/目前，该教育超市已汇集了60多家教育社团和专业人才培训服务机构，也就是说，想培训再也不用跑来跑去找学校了。

（25）a. 国际救援机构提供包机经第三地实施转运。

b. 联合国难民署等国际救援机构人员被迫从扎伊尔东部难民营中全部撤离。/亚洲国际紧急救援中心是一家国际性医疗和紧急救援服务机构，总部设在新加坡。/芬兰政府应联合国的请求，并通过联合国下属的一些救援机构向伊拉克战争的受害者提供这批人道主义援助。

上述各例a句中的构式都表达施事论元角色话题事物的分类类指，b句中的构式都表达施事论元角色话题事物的归类类指，构式凸显话题事物与宿主"机构"的性状领有关系。（23）a的"人才交流服务机构"有（23）b的"人才交流机构"的同义表达形式，（24）a的"人才培训机构"有（24）b的"人才培训服务机构"的同义表达形式，（25）a的"救援机构"有（25）b的"救援服务机构"。构式情景语义关系可概括为话题成分性状领有特定活动范围内的"机构"，其反对称关系是性状存在，即话题事物属存在于特定的活动范围内的机构。

同义的新的联系项的存在是构式压制的后果。构式表达环境内的"交流、培训、救援"都可表达为一种"服务"，不同价类的动词都有相同的去范畴化语义表达共性，"交流、培训、救援"与"服务"共现时二者的同义关系便由上下义包含关系所取代。下义词靠前置放成为新的活动内容成分N_1，相应地，构式类指范围也就有了大小之别。

5.2.3.2.3　"物品/产品"类N_2

以"物品/产品"为宿主事物的$N_1V^1N_2$结构的构式意义可概括为领有者物权领有物，领有者话题事物通常指人，领有物是具体的物品、产品、成果、资源等，领有者具有使用、支配和处置领有物的资格和权力。定语动词如是领有物的施成角色，$N_1V^1N_2$结构中的N_1可以是领有物制造或产出的源地或领域、途径；定语动词如是领有物的功用角色，N_1可以是物品、产品的质地、质料，不属领有者与领有物的物权领有关系表达的语义构成要素，如无凸显必要往往是受忽略的语义信息。

"物品/产品"类事物不是一价动词的论元成分，因其制造或产出与之无关。但"物品/产品"类事物的制造或产出方式/途径、用途等语义要素却与某种惯常的行为有关。一价定语动词与"物品/产品"类事物的语义合成现象可视为一种单向组合选择结果。如：

（26）a. 城市生活垃圾是伴随城市发展而生的最大的副产品。/市内旅游资源独特，集溶洞、石林、瀑布、温泉、原始森林、高山草坪、地下海子、世界第三高坝、象牙微雕型钢城于一体。

b. 美国是世界上产出垃圾最多的国家，一年产出生活垃圾2亿多吨。/他不提葡萄，只讲库尔勒的旅游资源，博斯腾湖、巴音布鲁克草原、罗布泊、楼兰古城探险什么的。

（27）a. 保护知识产权是对人们智力劳动成果及其利益的保护。/教育的劳动产品通过市场交换使教育资源得到补充。

b. 日益频繁的版权官司，说明了我国著作权人法律意识和版权意识的觉醒和增强。他们不愿自己的劳动成果被别人坐收渔利，他们希望自己的劳动成果被承认被尊重。/为了销售盲人的劳动产品，我们又在波士顿开设一家专卖店。

（28）a. 特别行政区有签发特区护照和旅行证件的权力。

b. 外国人持有效签证或居留证件，即可前往上述地区旅行，不必申办旅行证件。

上述各例a句中的构式都表达施事论元角色话题事物的分类类指，b句中的构式都表达施事论元角色话题事物的归类类指，构式凸显宿主事物的领有者（通常是动作的施事论元）与宿主事物的物权领有关系。(26)中的"城市""市内""美国""库尔勒"是领有物的产地或所在地充当领有者，"拥有""物品/产品"宿主事物。（27）中"物品/产品"宿主事物的领有者均为动作的施事论元，"劳动"是"物品/产品"宿主事物产出的方式。上述两例构式中的定语动词都是 N_2 的施成角色，构式的物权领有意义是句式场景表达的前提或预设；(28) 两例中的"证件"为旅行者拥有，"旅行"是增添 N_2 用途语义要素的功用角色，旅行者与"证件"的物权关系也是句子场景表达的预设。

领有物产出的领域可以是具体的可以是抽象的。我们再举出一种 N_1 属时间领域的情形，这是文贞惠（1999：26）界定的"时间—本体"关系情形。结构中的 N_1 是时间词语，N_2 指称构式话题特定时间范围内的行为内容、情况、物品、成果、属性等的类别，类别照应的个体成分均为构式话题行为支配对象。

(29) a. 吴某的父亲拒绝承担学习与日常生活用品之外的费用。
b. 吴某的消费达 3000 元。除一千元与学习及日常生活消费有关外，其他纯属电脑游戏消费。
(30) a. 拿起我们手中的笔吧，将未来生活规划的点点滴滴都记录在案，并在内心描绘出计划中的景象。
b. 住房按揭贷款体现的主要是买主未来劳动收入的资本价值，而这种资本化也是在土地使用权私有、房地产市场化之后才有的事。/海军建设的奋斗目标是，在 20 世纪末或更长一段时期内，建设一支精干顶用的、具有现代战斗能力的海军。

上述两例 a 句中的构式都表达施事论元角色话题事物的分类类指，b 句中的构式都表达施事论元角色话题事物的归类类指，构式凸显宿主事物的领有者（动作的施事论元）与宿主事物的物权领有关系。两例中的时间词语 N_1 "日常""未来""现代"提供物权领有时间范围，相应地，领有物"消费""规划""收入""能力"也可是抽象的"物品/产品"。

物权领有关系是一种可让渡的关系，其反对称逆关系是物权从属，"物品/产品"类 N_2 为领有者所有，为领有者使用、支配和处置。

5.2.3.2.4 "存在物"类 N_2

袁毓林等（2009：298）把表存在的"有"字句的基本语义关系表述为"X 存在 Y，Y 存在于 X"，X 的语义情景角色是存在处所，Y 的语义情景角色是存在物，表达某处存在某物的"存在处所—存在物"强调处所对事物的广义领有，存在的逆关系还是存在：从处所的视角看是处所包容、承载了事物,从存在物的视角看是事物存在于处所之中。

以"存在物"类 N_2 为宿主事物的 $N_1V^1N_2$ 结构的构式意义也可用存在关系来概括,个体事物话题成分与 N_2 是具体事物与抽象类别关系,N_1 通常是存在处所语义要素,V 是具有存在义特征的动词:

(31) a. 浙江嘉兴农民叶桂林 10 年来风餐露宿,在京杭大运河的一叶小船上义务守护着一座建于明代万历年间的长虹古桥,防止来往船只冲撞。/解决企业流动资金紧张的根本出路,还在于转换企业经营机制。

b. 目前,河道来往船只及两岸居民已明显增多。/全国工业企业流动资金和固定资产贷款的余额达万亿元。

(31) a 两例中"来往船只""流动资金"表达类别施事论元话题事物的分类类指,(31) b 两例中"来往船只""流动资金"表达个体施事论元话题事物的归类类指。"河道"与"船只"、"企业"与"资金"都可描述为"存在处所—存在物"的广义领属关系。如果 N_1 不实现为存在处所成分,则句中得有处所成分指示存在的场所:

(32) 一汽提供的汽车底盘按厂内结算价,此外还为柳特提供 2000 多万元低息流动资金。/柳特仅有流动资金 90 多万元,如果一手交线一手交货的话,显然是无能为力。

(32) 两例中的"流动资金"分别照应个体事物话题"2000 多万元""90 多万元","低息"属非存在处所成分 N_1(可不出现),构式意义凸显"存在处所—存在物","资金"存在场所"柳特"如不出现则"流动资金"存在关系表达意义。

5.2.3.3 范围类 $N_1V^1N_2$ 结构

范围类 $N_1V^1N_2$ 结构的构式意义可以用包含关系来概括。袁毓林等(2009:295)用容器隐喻认知图式来解释这种基本的语义关系,将包含关系定义为包含者在概念内涵上含有包含物,或者说包含物是构成包含者概念特征集的一个要素;反过来,包含物存在于包含者之中,成为包含者的有机组成部分或属性特征;包含的逆关系是存在。就范围类 $N_1V^1N_2$ 结构而言，构式话题事物为包含物，N₂为包含者容器。如：

（33）a. 培养高素质的旅游服务人员，不仅将为旅游者带来专业的中文导游服务，也给德国当地旅游业界提供了良好的操作平台。/政府有关部门……把农业旅游服务人员也纳入培训管理范围内，丰富农家乐的活动内容，集中精力打造一批精品工程。

b. 目前，自然保护区管理工作人员发展到286人。/苏制T-72坦克是伊拉克陆军最好的装甲战斗车辆。

（34）a. 在通邮方面，可先开辟马尾至马祖或厦门至金门邮艇直通航线，直接接收两岸来往邮件。

b. 护照不仅是国际旅行证件，也是持有人国际身份的证明文件。/由于清政府实行对外妥协政策，使他空有杀敌之志而无能为力。

（33）a两例中"旅游服务人员"表达类别施事论元话题事物的分类类指，（33）b两例中"管理工作人员""装甲战斗车辆"分别表达个体施事论元话题和施事论元角色话题事物的归类类指。（33）a中的包含者"人员"与包含物话题成分存在同一性领属关系，（33）b中的包含者"人员""车辆"与包含物话题成分存在属性关系，构式中的N₁"旅游""管理""装甲"分别表示话题事物的活动领域、活动范围（方面），话题事物存在于这一活动领域、范围的N₂之中，或者说N₂类别中包含了话题事物个体成分。与领有类N₁V¹N₂结构的包含关系不同在于，范围类N₁V¹N₂结构中的范围成分N₁是句式意义的凸显语义成分，如（34）各例中的N₁V¹N₂结构均处于句子场景意义的焦点位置，N₁是抽象的活动领域、活动范围而不是具体的处所范围。而"与所有的公寓服务人员一样，苏珊的服务态度是良好的"句子的关系主体却是"苏珊的服务态度"，与"涉案的7名司法工作人员均受到严肃惩处"一样句式意义凸显的数量范围包含关系；而以"存在物"类N₂为宿主事物的N₁V¹N₂结构的存在关系的不同在于，与存在物N₂对应的N₁处所成分是句式意义凸显的焦点成分，如（31）的句子场景义凸显"河道来往船只"中"河道"与"船只"的处所范围领属场景，"路面来往车辆"中凸显"车辆"与"路面"的处所范围领属语义场景，构式话题与存在物N₂的关系只是数量范围等值的具体事物与抽象类别关系。

(34) 各例中 $N_1V^1N_2$ 结构的构式意义都可以概括为 "S 属于 N_1 领域的 N_2",N_1 "两岸" "国际" "对外" 也不是具体的处所范围成分而是抽象的活动领域、方面。如 (34) 各例的句式意义可分别简化为 "护照 (证件) 是国际方面的" "(邮件) 接收的是两岸方面的" "清政府的 (政策) 是对外方面的"。如果 N_1 的语义信息不被凸显,则句式意义表达不完整或者发生改变。(34) a、(34) b 自然也依构式话题的类指与个指分别表达施事论元角色话题事物的分类类指和归类类指。

5.2.3.4 处所类 $N_1V^1N_2$ 结构

处所类 $N_1V^1N_2$ 结构中的 N_2 一定是类别处所成分,N_1 可以是处所成分也可以是非处所成分,前者与 N_2 是 "处所+处所" 的处属关系,后者是 "本体+处所" 的处属关系("处属关系"的说法见文贞惠,1999:26)。"处所+处所" 的处属关系情形指构式话题与宿主 N_2 之间的处属关系的凸显,可能的 N_1 只有进一步限定处所范围的作用:

(35) a. 这类来自休养胜地的广告中有一些特别说明,它们通夜开放。/最近我们在发掘一个关于工作方式,特别是工作场所存在的危险的题材。

　　　 b. 这座别墅位于雅加达以南七十公里的茂物附近的休养胜地,是苏哈托在九十年代初期用他创建的一个基金会的钱购买的。/首都罗安达曾被称为"非洲的里约热内卢(巴西休养胜地)"。/她选择了一个看来十分稳固的降落地点,那是一块被浓密松林包围的空地。/联合工作小组将由哈萨克斯坦的高级代表领导,小组的工作地点设在乌克兰首都基辅。/死海海水具有世界上最高的含盐量和密度,又有丰富的矿物质,是世界少有的医疗休养胜地。

(35) a、(35) b 分别表达施事论元角色话题事物分类类指和归类类指。各例中的话题成分与 N_2 都表具体处所,二者是个体与类别(范围)的对应关系。"巴西休养胜地" 中的 "巴西" 进一步缩小处所范围,可由动词降格表述 "里约热内卢是巴西的休养胜地" 看出;"医疗休养胜地" 中的 "医疗" 表活动内容范围,不影响句式意义凸显话题 "死海" 与 "休养胜地" 的处所类别归属。

"本体—处所"的处属关系情形指宿主 N_2（通常是抽象的场所成分"方向""目标"等）与并非构式话题的动作施事论元之间的处所领属关系。施事论元句法上要求强制性同现，N_1 可以与施事论元重合，也可以是活动范围限制成分。如：

（36）a. 加强对国际市场发展趋势的研究和监控，制定完善的监控指标体系，及时发布预警信息，用以引导资本的流动方向。/美欧经济的利好发展态势、亚洲金融危机之后市场状况的缓解和信心的恢复，使主要国家的经济状况有所好转，从而推动资金流动方向、速度以及结构的变化。

b. 货币政策通过调整利率、信贷政策影响进出口和国际资本流动方向。/泵内水的流动方向介于径流和轴向之间。/就中国人口流动的整体态势而言，人口区域流动方向表现为，中国人口呈现向东部移动的态势。

（36）a、（36）b 构式分别表达施事论元角色话题事物的分类类指和归类类指。施事论元"资金""资本"可出现在 N_1 位置上，也可以出现在句子的其他位置，如"泵内水""中国人口"；也可以是具体的活动范围成分，如"区域"进一步限定"方向"的"流动"范围。构式凸显话题事物的存在位置，如"泵内水"的"流动方向"是"径流和轴向之间"，"人口区域流动方向"是"向东部移动"。再如：

（37）a. "机会"问题不是孤立的，它与人的生活目标，与人对自己的认识把握，与社会的动态发展密切联系。/工作目标的制定是否合理，是受管理者的道德规范指导的。

b. 在温饱问题解决了以后，城市人很重要的一个生活目标就是"健康"。/从国家劳动总局到劳动人事部和现在的劳动部前后6任部长，都把制定出台劳动法作为最重要的工作目标之一。

（37）a 因施事论元"人""工作者"类指，限定"生活目标""工作目标"的构式话题类指，构式表达施事论元角色话题事物的分类类指；（37）b 的构式话题成分"健康""制定出台劳动法"个指，构式表达施事论元角色话题事物的归类类指。构式凸显话题事物的存在位置，如（37）a 两例中与"目标"相应的构式话题事物分别是"机会"和默认缺省成分，话题事物存在范围是"社会"和"管理者的道德规范"；（37）b 两例中构式话题成分"健康""制定出台劳动法"的存在位置分别是"城市""从国家劳动总局到劳动人事部和现在的劳动部"。

N_1 常指示施事论元的存在位置：

（38）a. 一代乐坛"鬼才"林振强，是 20 世纪 80 年代香港流行乐坛填词界的代表人物。

b."后街男孩"是 20 世纪 90 年代国际流行乐坛最成功的音乐组合之一，同时也在中国享有较高的知名度和人气。

（38）a 的"香港"是施事论元"林振强"所处的"地位"位置，（38）b 的"国际"是施事论元"后街男孩"所处的"地位"位置。

综上所述，处所类 $N_1V^1N_2$ 结构的构式意义大致可概括为施事论元角色话题事物与宿主事物之间存在着的包含关系。包含关系表现为全部包括与非全部包括的同一性领属关系与属种关系的分别，对应构式的分类类指和归类类指表达。包含关系的逆关系是存在，凸显存在位置的话题事物存在于宿主事物的处所范围之中。

5.2.3.5 时间类 $N_1V^1N_2$ 结构

我们将时间类 $N_1V^1N_2$ 结构从 N_1 的类别角度分"时间—时间"关系、"本体—时间"关系两类，不包括文贞惠（1999：26）时属关系类别中的"时间—本体"关系（如"秋后的蚂蚱""现代的精神"）。宿主事物 N_2 通常是表示时间的普通名词"时间、时期、时节、季节、间隙、过程、时候"等或表示时点的时间方位名词"之前、之后、前夕"等。与 N_2 相对待的话题事物都是活动需要的具体时量成分（因模糊表达需要常常隐去），与宿主事物间存在着的时间包含关系或时间领有关系，因两种关系的逆关系都表示存在。表示时间的名词有时间性和事物性双重性（文炼，1984：13），"时间—时间"时属关系结构中的两个时间成分可以同是表时点的时间名词，也可同是表时段的时量成分；表时点的 N_1 常常缺省，表时段的 N_1 与宿主事物 N_2 一般要求同现或有相应的时量范围限制成分，二者存在具体与抽象的对应关系：

(39）从此，他书不离身，睡前、饭后、工作间隙，争分夺秒地读写。/他没有放弃自己的绘画爱好，劳动间隙他主动帮助大队、工厂搞宣传、画板报，涂涂画画。

(40）俄德双方3天工作期间"没有相互指责"。/记者10年前在埃及工作期间曾经参加过阿拉曼战役50周年的纪念活动。/仅在儿童医院工作期间，她所积公休、探亲假就超过7个半月。

（39）两例构式表达施事论元时间角色话题事物的分类类指，话题事物与时间名词"间隙"同指或具有同一性领属关系；(40) 各例构式表达施事论元时间角色话题事物的归类类指，其中的具体时量成分分别是"3天""10年前""超过7个半月"，与宿主事物"期间"存在属种关系。行为发生的处所成分往往成为具体时量成分的伴随语义要素，如(40)中的"在埃及""在儿童医院"。又如：

(41) a. 这一措施有助于促进澳门及整个珠江三角洲地区旅游业的发展，将会吸引更多的旅客延长在澳停留时间。
b. 在太空停留时间越长，宇航员深睡的时间就越少。
c. 今年夏天往江南旅行之前，我去看望谢国桢先生。

"在澳""在太空""往江南"都是动作发生的场所指示成分，如话题事物与宿主事物表达的时间范围一致，则前者常默认缺省，句式意义凸显动作发生的场所。

动作施事论元出现在 N_1 位置，可视为"本体—时间"关系结构，这时句子的行为主体变了：

(42) a. 工作人员……（应）引导旅客尽快出站，减少站台旅客停留时间。
b. 澳门各口岸仍然维持非典暴发期间开始的检疫措施，不曾稍有松懈。
c. 非典流行期间，有近千万人从城市返回农村。
d. 他最初用280美元创建的那个摄影棚，到了战争爆发前夕，已经成为一个名副其实的工厂了。

e. 队伍出发之后，李铁、许凤他们又回到了张村。

f. 节目休息间隙，一位女士用流畅英语介绍了京剧，解答小朋友提问，兴趣盎然。

"本体—时间"关系结构通常表达施事论元时间角色话题事物的归类类指，受句式意义限制充当 N_1 的施事论元通常是有定的个体事物，约束话题事物的具体时量意义表达。如（42）各例中的"旅客停留时间""非典暴发期间""非典流行期间""战争爆发前夕""队伍出发之后""节目休息间隙"都对应一个具体的时量成分，施事论元本体"旅客""非典""战争""队伍""节目"① 与宿主事物间属时间领有关系，这种 $N_1 V^1 N_2$ 结构是 N_1 与构式施事话题成分不重合的结构。

我们把"过程"充当 N_2 的构式也归入时间类情形，因行为过程认知时的突出的时间性特征表现：

（43）a. 研究教师劳动过程中人与人之间的实际道德关系，还要系统总结我国传统的师德经验，从中提炼出符合现代教师职业生活特点的师德规范。/一些素质较低的劳务输出者在劳动过程中也容易产生犯罪动机。

b. 服务是一种不提供具有实物形态的物品的劳动过程。/美国梅奥诊所的莱文和同事们选取 122 名成年人为研究对象，分析了他们在洗衣服和洗碗等日常家务劳动过程中的热量消耗情况。/他们对本专业中的一切知识，不仅在教室里听老师们讲过，考试过，而且在三年的劳动过程中也亲眼看到过，亲手做过。

（43）a 两例中构式表达施事论元时间角色话题事物的分类类指，句式意义活动场景表达限定了话题事物类指；（43）b 各例中构式表达施事论元时间角色话题事物的归类类指，因构式前存在表量成分"一种""洗衣服和洗碗（时）""三天"。其中"服务"和"家务"可视为凸显行为时量特征的话题事物，与"过程"形成具体与抽象的对应关系。动作的施事论元可出现在 N_1 的位置上，如（43）a 中的"教师"。再如：

---

① "节目"可视为活动形式代本体的非典型施事论元。

(44) a. 火山爆发过程就是熔岩冲破地表的过程。
　　　b. 在这次疫情暴发过程中，应用了制霉菌、硫酸铜、碘溶液，由于用药不及，其效果不理想。

这样我们把时间领有（或包含）的情景定义大致界定为，如果一个具体的时量成分 X 可以被 Y 指称，则 X 是 Y 的具体存在形式（的一种），Y 时间领有（或包含）X。时间领有（或包含）关系的逆关系是时间存在。

5.2.3.6 状况类 $N_1V^1N_2$ 结构

状况类 $N_1V^1N_2$ 结构中的 N_2 是主体事物行为关涉的活动领域、现象或对象等的存在状况、情况、条件、人文环境及形态等，构式凸显性状拥有者施事论元与领有物 N_2 的性状领有关系；N_1 通常是主体事物行为关涉的活动领域、现象或对象等，为构式表达提供活动范围。如：

(45) 经济的高增长和低膨胀使社会生活状况进一步好转。/尚未解决温饱的贫困人口一般都生活在自然条件恶劣、社会发展程度低和社会服务水平差的地区。/市卫生局实行机关干部考勤制，人手一本"岗位考勤记事簿"，机关干部每天填写工作情况、去向等。

(46) "容声""熊猫"等20种牌号的质量和售后服务情况人们普遍比较满意。/从现有的放开经营服务状况来看，确实需要有一部电信基本法来规范经营行为和市场管理秩序。/会议还听取了政协十届一次会议筹备工作情况的汇报。

(47) 为了改善大家的物质生活条件，学院集资新建住房，同时下大力建立和完善了综合服务中心。/太阳公司目前手头有60亿美元的现金，资金流动状况良好。/他们完全有可能充分发挥其各自经济生活形态的优势，在与内地汉族的工农业经济生活的互补关系中，获得更多的发展机会。

(45) 各例构式表达施事论元角色话题事物的分类类指，同样句式意义活动场景表达限定了话题事物类指；前两例 N_1 位置上的"社会"指行为活动范围。(46)、(47) 各例构式表达施事论元角色话题事物的归类类指，因语境限制了构式话题事物的特指或个指。(46) 各式中的 N_1 "售后""经营""筹备"指人的活动内容范围,可视为一种现象,N_2指称现象的存在状态,"售后服务情况""经营服务状况""筹备工作情况"可分别表述为"售后情况""营运状况""筹备情况";(47)中的N_1"物质""资金""经济"可概括为以使因者资格出现的弱施事,在构式的语义表达式中充任关系主体。如"物质生活条件""资金流动状况"都可扩展为施事论元充当限定成分的多重定名结构$SN_1V^1N_2$结构"大家物质方面的生活条件""太阳公司资金流动状况","经济生活形态"前面的限定成分"各自"本就是动作的施事论元。

状况类$SN_1V^1N_2$结构表示性状拥有者S与领有物N_2的性状领有关系,逆关系是性状存在,N_1虽有不同的语义类别差异,但从概念结构上都表达领有物性状的存在领域、范围,上述三例中的N_1都凸显"N_1方面的"领域、范围特征义。性状具有变化属性,有优劣高下之分,因而句式意义表达往往是通过描写状况的好坏、叙述劣势状况的"改善"或优势状况的"发挥"进而凸显人的主观评价意义。

5.2.3.7 方式类 $N_1V^1N_2$ 结构

以"方式"作中心语的$N_1V^1N_2$结构通常是事件场景句凸显的情景角色,句式意义表达行为方式的变化或行为方式变化带来的行为结果。施事论元S可指人或非典型施事的机构,"方式"是一种行为属性,构式凸显施事论元S与宿主事物N_2之间存在的性状领有关系,S因而可以置于结构的N_1位置,也可以充当句子的场景主体。性状领有关系的逆关系是性状存在,S性状领有N_2,N_2存在于S的行为过程之中。

先看性状领有者施事论元充当的N_1:

(48) a. 企业生产方式和工人劳动方式的变化,导致企业劳资间的关系也发生变化。

　　a′. 企业的生产方式已经从大批量生产转变为小批量或定制生产,工人的劳动方式也就随之而变化。

　　b. 杨金菊……大胆改革兽医服务方式,建立保健合同制,她承包的230头猪又肥又壮。

　　b′. 长春市儿童医院根据就医儿童的心理特点,改革医护人员的服务方式,大大减轻了就医患儿对医疗的恐惧心理。

(48) 各例中的构式有 $N_1V^1N_2$ 结构和 "N_1 的 V^1N_2" 结构两种情形。(48) a、(48) a′构式表达施事论元角色话题事物的分类类指，句式意义限定构式话题成分类指；(48) b、(48) b′构式表达施事论元角色话题事物的归类类指，句式意义限定构式话题成分个指。"方式"的变化属性在句子关系场景意义表达中常被凸显，(48) 各例的限定动词"变化""导致""改革"的使用很好地说明了这一点。

不由施事论元充当的 N_1 类型较多，主要有如下几种：

(49) a. 技术进步导致社会劳动方式和社会生活方式的重大变化。

b. 大量剩余劳动力滞留农村，人地关系紧张，导致了农业劳动方式革新缓慢，农业和农民收入难以保持持续增长等一系列问题。

c. 从我国农业生产的总体情况来看，仍然是以手工劳动方式为主体的传统种植业。

(50) a. 一种旨在打破国界、地域、户籍、身份等制约的人才流动方式，不久将在山东省全面实施。

b. 信息服务方式也可以采取专项、定期、不定期、买断、拍卖等多种灵活方式，以适应不同的信息需求。

c. 国内已有 22 个城市先于上海采用了这种先进的公交服务方式。

d. 作为一种新的医疗服务方式，"免息分期付款"一推出就引起部分市民的兴趣。

(51) a. 1994 年法国农民罢工，不再以传统的示威游行方式进行，而是开车游行，并把车停放在交通要道，让车"静坐"。

b. 这一全新的证券投资服务方式的最大得益者是广大股民。

c. 直销不失为一种新的、适合我国国情的购销服务方式。

d. 被录用者可以通过办理录用、调动等手续举家搬迁到浙江，也可以通过兼职、特聘等灵活的流动方式到浙江创业。

(49) 各例中的 N_1 可概括为方式性状存在的活动范围，如 (49) a 中将人的"劳动方式""生活方式"定位于"社会"的范围之内，客观上有与之相对的"集体（家庭）劳动方式""集体（家庭）生活方式"潜在的类比前提；(49) b 中的"大量剩余劳动力滞留农村，人地关系紧张"自然导致"农业"方面"劳动方式"的变化；(49) c 中的"手工劳动方式"说明我国传统种植业采用的劳动方式，句式意义隐含有非手工劳动方式的类比前提。这种情形的 $N_1V^1N_2$ 结构在句子场景义中致使变化的表达倾向明显，重音位置应该落在 N_1 的头上。

(50) 的 $N_1V^1N_2$ 结构中的 N_1 表达行为关涉对象范围，可描述为"人才/信息/公交/医疗方面的"的范围义特征。句式表达同样隐含有非关涉对象范围的行为方式的类比前提。

(51) 的 $N_1V^1N_2$ 结构中的 N_1 与构式话题事物重合，"示威""投资""购销""兼职、特聘等"都凸显活动的方式属性，"示威游行方式""投资服务方式""购销服务方式""兼职、特聘等流动方式"可分别表述为"示威方式""投资方式""购销方式""兼职、特聘等方式"，或能分别扩展为"游行这种示威方式""投资的这种服务方式""购销的这种服务方式""兼职、特聘等这些流动方式"。

5.2.3.8　事件类 $N_1V^1N_2$ 结构

事件类 $N_1V^1N_2$ 结构中的 N_2 都是"活动、表演、事件、做法"等事件名词，N_1 位置通常由表示行为方式或目的的动词占据，可作为一种现象指示 V^1 的具体活动方式或活动范围，表具体活动方式的 N_1 与构式话题重合。N_1 与构式话题重合的事件类 $N_1V^1N_2$ 结构有 N_1V 和 N_1N_2 两种同义简式存在，因 V^1 本身也能与事件名词 N_2 同指。构式通常表达施事论元角色话题事物的归类类指，构式意义凸显具体的话题事物与 N_2 的包含关系。如：

(52) a. 傩仪在中原地区逐步为社火等其他娱神游行活动所取代，明清时期只是在南方，其传统形式仍较完整地保留着。

b. 在马尼拉，庆祝活动的高潮是下午持续 5 个多小时的游行活动和晚上的焰火晚会。

c. 在北约轰炸南联盟一周年之际，许多国家的民众和组织举行游行活动，抗议美国等北约国家的侵略和制裁。

(53) a. 这是由全荷华侨华人社团联合举办的大型春节庆祝活动，3000 多名华侨华人欢聚一堂，举行盛大的巡街游行表演。

　　　　b. 随后进行的大型化装游行表演《欢腾的客都》把大会推向高潮。

　　　　c. 数千群众身穿节日盛装参加庆祝大会，并进行了游行表演活动。

　　（54）a. 丁玲连夜挥就，把当时因两起离婚事件而引起的为妇女同志鸣不平的情绪，一泻无余地抒发出来。

　　　　b. 在抬尸游行事件发生后，公安机关对参与闹事的骨干分子也只是举办法制学习班和依法取证。

　　　　c. 危地马拉政府 24 日重申，尽管出现罢工游行事件，政府将继续实行所采取的经济政策。

　　（52）各例中的宿主事物是"活动"，因"游行"可以是凸显行为方式的一种具体活动，语境中往往可以省去"活动"而不改变句式意义表达。如（52）a 的构式话题是"社火"，"娱神游行活动"可分别表述为"娱神游行""娱神活动""游行活动"，构式类指只是范围大小不同而已。（52）b 的构式话题是"庆祝活动"，（52）c 的构式话题是"抗议"事件，都属"活动"中的一种具体表现形式。

　　（53）各例中的宿主事物是"表演"，因抽象化程度低其后甚至还可添加范围更大抽象化程度更高的事件名词，如（53）c 的"游行表演活动"。（53）a 的构式话题是"庆祝活动"、（53）b 的构式话题是"《欢腾的客都》"节目、（53）c 的构式话题是"庆祝"活动，也都属"表演"中的一种具体表现形式，因而构式均表达施事论元角色话题事物的归类类指。（53）a、（53）b N_1 位置上的"巡街""化装"指示"游行"的活动内容，同时也是"表演"活动的表现方式，与构式话题存在活动与活动表现形式的分别。

　　（54）各例中的宿主事物是"事件"，与"事件"相应的构式话题事物是一个具体的事件或活动，如（54）b、（54）c 中话题事物与 N_1 重合的"抬尸""罢工"，或由动量短语指示默认缺省，如（54）a 中的"两起"/"两次"。构式也都表达施事论元角色话题事物的归类类指。

　　一个动词表示的具体动作行为可从不同角度抽象概括出不同的表示活动或事件的上义词。如上述例句中的"游行"具体语境中可概括为"活动""表演""事件"，而"游行"是"广大群众为了庆祝、纪念、示威等在街上结队而行",与"活动"的"为达到某种目的而采取的行动"有表述上的上下位意义关系,因而作为宿主事物的"活动"语境中缺省并不影响构式意义表达,而"表演""事件"的缺省则要求构式中的能缩小类指范围、表达行为方式或目的的谓词性成分 N_1 与动词同现。如(53)、(54)两例中的"巡街游行表演""化装游行表演""抬尸游行事件""罢工游行事件"都可以缺省中心语名词而不影响句式的基本意义表达。

5.2.4 构式话题与 V^1N 构式类指表达

5.2.4.1 构式话题指 V 的施事

与施事论元话题匹配的宿主事物都是指人的集合名词如"人员、干部、工人、教师、医生、军人、专家、代表、队员、委员、党员、读者、旅客、模范、团队、力量"等。并不是所有指人的集合名词都能自如地充当 V^1N 构式中的与其个体成员话题对应的类指中心语。如"人物"指"在某方面有代表性或具有突出特点的人",这一义项要求充当分类标准的定语应该是能指示事物性状特征之类的成分如"首脑人物、精英人物、历史人物、传奇人物、风云人物、伟大人物"等或与事物的形成或产生因素相关的即只能作为事物名词施成角色出现的行为动词如"代表人物、领导人物、出版人物、负责人物、代理人物;登场人物、挂帅人物、带头人物、当权人物",充当"人物"分类定语的动词或是二价动词(或动名兼类词)或是述宾式合成词。从这里也可以看出定语动词的论元结构代体功能作用,"代表人物"是"能够代表××的人","代理人物"是"能够代理××事务的人",缺乏行为支配对象参与的一价动词无由表达受动者受致使而存在的状态,也就无法凸显"人物"某方面的代表性或突出特点,表 2-1 中的 63 个一价定语动词都难以通过"~人物"组配样本检验也说明构式的形成与动词词义理想认知模型中的动作参与角色的相关性;而"人员"指"担任某种职务或具有某种身份的人",不同价类的定语动词都可以是"人员"的功用角色也可以是施成角色。

5.2.4.1.1 构式功用类指与施成类指表达

定语动词的功用角色与施成角色分别受制于构式的功用类别与施成类别表达需要,通常的情形是,构式表达施事论元话题事物的分类类指时通常凸显定语动词的功用角色性质,V 是 N 的功能分类标准;构式表达施事论元话题事物的归类类指时通常凸显定语动词的施成角色性质,N 是具有 V 属性特征的事物类别。我们缘此思路以几个中心语指人的集合名词为例来考察 V¹N 构式的功用与施成类别表达。V 的列举范围限于表 2-1 中的 63 个一价动词。

E1：【干部】❶国家机关、军队、人民团体中的公职人员（士兵、勤杂人员除外）。❷指担任一定的领导工作或管理工作的人员。

功用角色类别释义模板：担任某种职务或负责（进行、实施）V 行为的人。

施成角色类别释义模板：具有某种身份或 V 存在范围、方式的人。

表 2-1 中的 63 个一价动词在 CCL 语料库中可以检索到的能直接作"干部"定语的只有"出差、复员、服务、工作、劳动、休养"等少数的几个。先看"出差干部、复员干部、休养干部"：

(55) a. 刚到的那天，他抱一只出差干部常用的水杯（一只装过酱菜的玻璃瓶，外面套一个尼龙绳编织的套子），时不时念一段顺口溜。

b. 上班上学时间，街上只有一些外地出差干部在闲逛，连公共汽车、无轨电车都乘客寥寥。

(56) a. 转业复员干部和士官住房主要是采取领取住房补贴，纳入社会保障系统加以解决。/复员干部的住房，原则上由录用单位按照解决本单位职工的住房办法优先给予解决。

b. 自治区政府克服种种困难，将接受的 2709 名城镇军人基本全部安置，并按计划完成了复员干部的接收安置任务。

(57) a. 现在全国已有八十三万多名老干部离职休养。离职休养干部今后还会逐年增加。

b. 原东北野战军九纵队的警卫员、离职休养干部马瑞生，当年是从这里入关参加平津战役的。

(55)、(56)(57) a 句中的"出差干部""复员干部""休养干部"前都有一个隐性全量外延类指话题成分存在，构式表达施事论元话题事物的分类类指。定语动词分别存在与"—出差""—复员""—休养"属性的类比前提，凸显"干部"的功用角色分类；(55)、(56)(57) b 句中"出差干部""复员干部""休养干部"前都有人员范围限制成分，构式表达施事论元话题事物的归类类指。定语动词不作为分类标准存在,"出差""复员""休养"都属已择定的"干部"类别属性,因而凸显人员的构成类别。

再如"服务干部、工作干部、劳动干部":

(58) a. 现在的基层干部不仅仅是"行政干部",更要成为"服务干部"。/劳动力市场秩序明显好转;就业服务干部队伍素质明显提高。

b. 煤炭部制定了若干规定,要求矿务局及所属单位的全部党群、行政、技术与服务干部占职工总数的比例不超过10%。

(59) a. 每个宣传思想工作干部都应该自觉遵守职业道德和工作纪律,抵制行业不正之风。/(股份合作制)是继农村家庭联产承包责任制之后……农民群众和农村工作干部又一个新的创造。

b. 她们不愿意承认这些的心情恰如不愿意承认自己是妇联的工作干部。/他虽是战士们所敬重的政治工作干部,可是指挥小部队活动的经验也很丰富。

(60) a. 各级劳动干部要通过认真学习,准确把握《劳动法》的基本内容。

b. 这次在大连采访期间所接触的劳动干部,上至局长处长,下至一般工作人员,谈企业劳动效率无不对人工成本侃侃而谈。

(58)、(59)、(60) a 句中的"服务干部""工作干部""劳动干部"前都有一个隐性或显性("每个")的全量外延类指话题成分存在,构式表达施事论元话题事物的分类类指。定语动词都作为属性分类标准存在,凸显"干部"的功用角色分类;(58)、(59)、(60) b 句中的"服务干部""工作干部""劳动干部"前都有人员范围限制成分,构式表达施事论元话题事物的归类类指。其中的"服务干部"是"从事服务工作的干部","工作干部"是负责"哪方面的工作"的人员,"劳动干部"的"负责劳动人事方面工作的"人员,定语动词均提取"干部"的施成义角色类别属性。

E2:【代表】❶由行政区、团体、机关等选举出来替选举人办事或表达意见的人。❷受委托或指派代替个人、团体、政府办事或表达意见的人。

　　（61）a. 高级路由选择系统……通过基于技能和业务的智能分组，使每个服务请求都能在恰当的时间以恰当的方式传递给恰当的服务代表。
　　　　　b. 作为客户服务代表，我有机会接触社会上各个阶层、有不同需求的人们。
　　（62）a. 一个月来，姜成山和黄寅性就工作代表接触问题前后6次互通信件和电话，但都未能缩小分歧。
　　　　　b. 在1970年我国发射第一颗人造卫星前夕，7车间的工作代表曾在周总理面前拍胸脯保证火箭没有问题。
　　（63）a. 工会作为劳动代表一方，参与三方代表组成的仲裁组织。
　　　　　b. 贺子珍在哈尔滨参加了中国第六届全国劳动代表大会，投身于工运工作。

　　（61）、（62）、（63）a例中的"服务代表""工作代表""劳动代表"都表达施事论元话题事物的分类类指，"服务代表"是"从事服务工作的代表"，"工作代表"是从事某项工作的所有代表，"劳动代表"与"一劳动代表"相对待，都凸显"代表"的功用角色分类；（61）、（62）、（63）b例中的"服务代表""工作代表""劳动代表"都表达施事论元话题事物的归类类指，分别表达"代表"的"服务""工作""劳动"性质的人员特征构成归类。定语功用角色或施成角色同样由构式前是否有一个隐性的全量外延类指话题成分或是否有一个特定人员范围限制成分的存在。

　　E3：【力量】❶力气；❷能力；❸作用，效力；❹能够发挥作用的人或集体。

　　"力量"有四个义项，CCL语料库的检索结果显示表2-1中的63个一价定语动词中可直接充当"力量"定语的有"冲突、倒退、斗争、奋斗、服务、工作、活动、劳动、前进、生活"等。我们大致给出适配"力量"义项四的定语动词角色类别释义模板：

　　功用角色类别释义模板：起V作用的人或集体。

第五章 "$V_双^1+N_双$" 构式类指　　243

构成角色类别释义模板：具有 V 属性特征的人或集体。

上述 E1、E2 角色类别判定原则表述如下：如果句中的（N₁）V¹N₂ 结构前隐含一个隐性或显性的全量外延类指对象存在，构式意义表达施事论元话题事物的分类类指，定语动词是中心语事物的功用角色；如果句中的（N₁）V¹N₂ 结构有一个特定人员范围限制成分限定类指对象个指，构式意义表达施事论元话题事物的归类类指，定语动词是中心语事物的施成角色。这一原则同样适用于 E3：

（64）a. 最重要的是要培育农村法律服务力量，并端正他们的服务指导思想，坚持以低偿、微利为原则，开展各项法律服务活动。/刘胜认定巩固石东根连现有的阵地，是决定当前战斗发展的关键，一切战斗力量都要集中地使用到这一点上来。/任何对社会主义历史进程了解很差，或对社会主义事业漠然视之、或暗中阻挠抗拒的人，都可能成为卢那察尔斯基所说的那种让"死人揪住活人"的人，成为僵化的、倒退力量的代表。

　　b. 这一部分人是先觉者，是社会的希望，是前进力量的代表。/在步兵减少的同时，海、空军和特种兵得到了加强，占全军总人数的 32%，成为合成军队中一支重要的战斗力量。/国民党反动派代表着历史的倒退力量，同时他们又是道德上的恶人，这样，政治上加以批判的同时也是道德上加以斥责的。

（64）a 中的"服务力量""战斗力量""倒退力量"的类指对象属类指范围内的所有人员，构式表达施事论元话题事物的分类类指，则定语动词凸显中心语事物的功用角色分类；（64）b 中的"前进力量"的类指对象是"这一部分人"，"历史的倒退力量"指"国民党反动派"，"战斗力量"特指"海、空军和特种兵"，构式表达施事论元话题事物的归类类指，定语动词凸显中心语事物的施成角色归类。

构式类指对象话题成分如指特定范围内的个体类别事物，因构式表达施事论元话题事物的归类类指，定语动词也凸显中心语事物的施成角色归类：

（65）a. 为加强黄河以东地区的斗争力量，冀鲁豫军区组成南下大队进入该区。

　　　　b. 要大力抓好实用技术培训、专业科技人员高层次培训，并努力发掘企业青年知识工人层和广大回乡农村中学生两座巨大的"潜人才"库，培训好这一代主体劳动力量。

　　　　c. 在当前世界登革热、霍乱、炭疽等传染病频繁暴发的情况下，上海国际旅行卫生保健中心不断加强技术和服务力量，严把卫生防疫关。

　　　　d. 由于北京市的家政服务力量过多地依赖外地来京人员，从而造成每逢元旦、春节期间都要面临家政服务力量紧缺的局面。

（65）a 中的"斗争力量"属于"黄河以东地区"的人员构成，(65) b 中的"劳动力量"属"这一代"的人员构成，(65) c 中的"服务力量"属"上海国际旅行卫生保健中心"的同一类人员构成，(64) d 中的"服务力量"是"北京市"的家政服务人员构成。定语动词均属"力量"特征类别选择已定的施成角色，构式前虽也隐含类指范围内的所有人员，但类指范围是特定的，句式意义限定了定语动词的施成角色类别。

5.2.4.1.2　施事论元话题事物的分类类指与归类类指

（N₁）V¹N₂ 构式宿主的指人类别范围规定了类指对象施事论元话题事物。依施事论元话题事物的个体与类别之分我们把相应的类指构式分为两类，施事论元指称类指范围内的所有个体成员，构式表达施事论元话题事物的分类类指；施事论元指称类指范围内的某个个体成员，构式表达施事论元话题事物的归类类指。前提是构式话题与构式中心语领属关系的存在，前者施事论元话题成分与构式宿主存在同一性领属关系，后者施事论元话题成分与构式宿主存在属种关系。如：

　　　　(66) a. 产生这种盲目冒进思想的根源，首先是因为领导方面对基本建设的方针政策贯彻得不够，使下层工作干部"心里无数"。

　　　　b. 所谓"复位"，就是要求服务行业或服务人员，寻找或者重新确认自己的社会位置，在自己的位置上扮演自己的社会角色，在自己的角色中树立自己的社会形象。

　　　　c. 偌大的一个大邱庄，交通被断绝，来往人员遭受非法搜查。

  d. 财政补贴的另一主要公共领域是教育、卫生、保健、复员军人、图书馆等。

  e. 在中华人民共和国成立后的第一个国庆日前夕，全国工农兵劳动代表会议上，毛主席又和前次同样地紧紧握着我的手说："喂，你又来啦！"

（66）各例中的构式前虽有特定行业、特定区域的类指对象范围限制，但句式意义并不凸显类指对象个体性，定语动词都能作为宿主事物的分类标准存在。"下层工作干部"指所有做下层工作的干部，"服务人员"指所有服务行业的服务人员，"来往人员"指所有来往大邱庄的人员，"复员军人"与"一复员军人"相对待，"工农兵"是"劳动代表"范围的全部，构式表达施事论元话题事物的分类类指，定语动词功用角色性质凸显。

归类类指构式相应的话题事物是个体事物，句中出现相应的数量限制成分。前面有过许多例释，为阅读方便计我们再举几例进行说明。

（67）a. 我觉得我可以去做一个政治工作干部。

  b. 你们处长提名的是一个男的，据说当过复员军人。

  c. 全省就可有十万以上的劳力从手工操作中解放出来，这是一支多么巨大的劳动力量！

  d. 就连那个柜台服务人员也觉得好玩地抿着嘴在轻笑。

  e. 在此期间，孙亚峰共送代表香烟十三四条，游说活动代表 35 人次。

（67）各例中的构式均表达施事论元角色话题事物的归类类指，句中都有一个数量限制成分指示话题事物与构式中心语事物的个体与类别领属关系，话题事物可以出现，如（67）a 中的"我"、（67）b 中的"一个男的"、（67）c 中的"十万以上的劳力"；个体类指对象话题事物可由量词短语指示，因宿主属表达具体事物类别的集合名词而并非抽象名词。如（67）d 中的"那个"、（67）e 中的"35 人"。归类类指构式中的定语动词都是中心语事物的施成角色，句式意义凸显定语动词的属性特征认定，动词如隐去不说句子依然成立，但通常会造成类指范围的扩大，甚至会损害原义。比较：

(68) 不仅喻姗松了一口气，那些小心翼翼款待嘉宾的服务人员也跟着松了一口气。

(68) 中与"那些"相应的"服务人员"去掉"服务"后缺少了"人员"的性质范围认定，"小心翼翼款待嘉宾的"也可能不仅仅是服务人员。因而 VN 归类类指构式有分类类指表达的前提存在，能分类才能归类，归类类指可描述为分类类指的选择已定。分类类指结构中定语动词表达属性值分类标准，归类类指结构中定语动词表达属性特征归类认定。

个体类别施事论元类指对象不影响构式的归类类指表达，话题事物与构式中心语是小类归大类的非同一性领属关系。而同一性领属关系结构中构式前有一个类指的隐性全量外延范围存在，类指对象的 [±个体性] 是不同情形的分别所在，表现在分类类指构式前可用种类量词限制，而归类类指构式只能用不定量词"些"加以限制：

(69) a. 许可证贸易工作人员，说到底，是一种复杂的、高档次的服务人员。
　　　b. 他们的工作人员大都是喜欢动物的义工，会把小鼠照顾得很好。

(69) a "贸易工作人员"前隐含一个类指的隐性全量外延限制成分，与之相应的"服务人员"有"一种"同现限制成分；(69) b 中"工作人员"只能说成"是些喜欢动物的义工"，不影响类指对象话题事物的个体性存在。下例中的构式都不能用种类量词限制：

(70) a. 现场所有的工作人员看到我那样子都在笑我，都没见过长这么难看的人。
　　　b. 供方派技术服务人员到需方，需方同意给予适当照顾及方便的生活条件。
　　　c. 朝韩此前已商定在金刚山地区举行渔业工作代表接触。

d. 车站的服务人员积极主动打扫环境，为旅客引路，难度和工作量明显增加。

e. 英雄、新人代表着社会的前进力量。

即如（70）a"工作人员"前有"所有的"全量限制成分，也只能表达"所有的这些工作人员"。

5.2.4.2 构式话题指与 V 相关的施事论元参与者角色

5.2.4.2.1 施事论元参与角色话题范围

理论上能类指的事物都能充当 VN 类指构式的类指对象话题成分，除由施事论元充当的类指对象话题事物的情形外，V^1N 构式话题事物类别的多样性与动作相关的施事论元参与角色的数量有关。依构式配价说，动作的施事论元和与动作相关的施事论元参与角色都是为构式配备的与一价定语动词同现的配价成分，二者之间存在领有关系，构式意义表达决定了不同类别话题事物的选择。

要为施事论元参与角色划出一个确定的类别范围似乎是不可能做到的，因可类指的事物类别的范围是不确定的，包括已进入人们认知视野的或尚未进入的。然而这并不影响我们在特定的认知视野内对能类指的事物现象进行共性意义上的概括分类。

顾阳、沈阳（2001：125）把合成复合词的中心语统一处理为"绝大多数都可能体现施事作用"的广义施事（不包括中心语表示"物体处所"和"受事/客体"的情形），认为表主体、工具、材料、手段或方式、场所、处所、受事/客体等的语义成分都是论元结构中的论元，复合词中除"主体"外的不同意义的论元不一定始终占据句法结构的主语位置，因类指需要分别从论元结构的某个位置跑到动词右侧而已。把宿主中心语也视为宽泛意义上的施事论元也就意味着一个句子或一个构式中可能存在两个施事论元，姑且表述为一个具体的或个体的施事论元和一个与之存在某种一致性的抽象的或表达类别的施事论元，顾、沈文认为二者的区别仅在于后者具有的"非人类"或"非有意志"的语义特征。

如果修改这一前提，将能作为人的施事能力延伸的工具等语义成分看作与动作相关的施事论元参与角色，并不违背顾、沈作文的初衷，即施事者要么依靠自身动作完成某个动作，要么借助工具、材料或采取某种手段或方法完成某个动作，有施事的论元结构才会有工具、材料、手段或方法等这些能间接表现施事的论元参与角色。但需要解释同样作为论元成分的"物体处所""受事/客体"的类指结构的形成及 VN 定中构式的共性问题。就动向范畴来说，有向动作的施事和受事通常处于敌对关系（张国宪，2000b：322），施力、受力不同的事物在同一行为过程中自然不会拥有相同的施事能力，但 VN 定中构式都具有类指共性。

顾阳、沈阳（2001：127）声明合成复合词的构造反映了词库和句法的界面特征，逻辑上虽避开了语法层面存在双施事论元结构成分的矛盾，但这种统一解释却并未简化原配价系统，相反与配价系统相关的主动与受动、分类与归类等范畴分别问题起码需要重置界定标准。

邵敬敏（1995：219—229）认为 VN 定中结构实际上潜藏着两种可能的句法关系，配价组合构成的是"动作—对象"支配关系，非价组合构成的是"属性—实体"分类关系。邵先生举的例子是：

	配价词组	非价名词		配价词组	非价名词
唱词	+	+	刨冰	+	+
唱歌	+	−	刨床	+	+
唱戏	+	+	刨板	+	−
唱针	−	+	刨刀	−	+

因动宾结构加"的"后都能转化成偏正结构，但却并非所有的动词作定语的偏正结构都能转化为相应的动宾结构。我们把上述表格中的配价组合和非价组合都扩展为组合式定中结构，定语动词补出规约的支配成分受事扩展成动宾结构作定语：

	配价组合	非价组合
唱词	唱（　）的词	唱（歌、戏）的词
刨冰	刨（　）的冰	刨（冰块）的冰
刨床	刨（　）的床	刨（工件、冰块）的床
唱歌	唱（　）的歌	*唱（山里）的歌
唱戏	唱（　）的戏	*唱（青衣）的戏
刨板	刨（　）的板	*刨（榆木）的板
唱针	*唱（　）的针	唱（歌、戏）的针
刨刀	*刨（　）的刀	刨（冰、板）的刀

可以发现，上述配价组合转换为组合式定中结构实际是宾语位置上的受事成分直接充当动词的中心语，动词作定语可识解为一个配价组合（动词加句法空位）充当的定语，或者说中心语是从动词论元结构中提取的同一受事成分，如"唱词、唱歌、唱戏"与"唱的词、唱的歌、唱的戏"中的"词、歌、戏"都是同一个受事成分，"刨床"与"刨的床"中的"床"虽都是同一个工具成分，但可以作为非典型的受事成分识解，因可以作为陈述对象或支配对象存在，如"床是刨冰用的""刨冰用的是床"；"＊唱的针""＊刨的刀"不成立是因"针、刀"工具成分的性质，作为特殊用途而并非基本职能的"针、刀"很难人心目中建立起与"刨"的规约性支配关系，如"＊唱歌（戏）用的针、刨冰用的刀"。因而非价组合中能成立的结构里都能补出动作的规约受事成分，中心语与这一规约受事显然不在同一层面上，且与规约受事不是同一个配价成分。两可的情形是动词具有的支配不同受事的能力决定的，如"词"与"歌、戏"、"冰块"与"冰"都有整体与部分的对应关系。"唱歌、唱戏、刨板"不能构成非价组合的原因是动词的配价结构里补不出另一个规约的受事成分来。这样可得出一个结论，VN定中结构里的V实际是一个基础论元结构（动词+受事成分）的代体，N即使可以视为从这一基础论元结构里提取出的配价成分，但却只是与整个论元结构的直接成分，即已不是动词的论元成分而成为高于动词论元结构的另一定中结构的直接成分，动词的及物性只在充当定语的论元结构里起作用，在定中结构中提取的只是在论元结构里消蚀掉及物性的动词的属性义。VN定中"属性—实体"类指结构的识解需要一个动词论元结构存在的前提。

同理，一价动词作定语的VN类指构式也可识解为一个配价组合（动词加句法空位）充当的定语，动词论元结构空位中提取的施事论元或施事论元角色成分可与中心语宿主事物同现或默认缺省，充当施事论元参与者角色话题的能作为人的施事能力延伸的工具、材料、手段或方法等的语义成分都只是动词论元结构中的配价成分，而宿主事物是定语动词的非价成分，与空位中提取出的构式话题成分不在结构的同一层面上。

5.2.4.2.2 施事论元角色话题事物的分类类指与归类类指

5.2.4.2.2.1 构式分类类指

V^1N构式分类类指取决于话题事物与宿主事物同一性领属关系的存在，话题事物须是类指的，因分类需有类别事物存在的前提；话题事物是能作为人的施事能力延伸的工具、材料、手段或方法等的角色类别语义成分（我们称之为施事论元角色），因而是作为施事论元的领有物存在的。施事论元的个指或类指不影响话题事物类指前提的存在。

（71）a. 消费者人数众多，分布面广，每次购买量较少而购买频率很高。针对这一特点，营销者应采取灵活多样的售货方式和服务方式，不断提高服务质量。
　　　　b. 我不相信公司是监狱，但有时我们选择工作态度的时候，我们把公司变成了监狱。
　　　　c. 如何运用法律来保护知识分子创造性的智力劳动成果，是摆在全社会面前的课题。
　　　　d. 虽然旅游旺季未到，住在那里的外国游客已有许多。
　　　　e. 雨林区域的热带植物也很古老，但其生长方式并不一样。
　　　　f. 无论怎样颠沛流离，无论怎样漂泊不定，人类学者始终不懈地在不断改变的生活境况中寻求一种恒久的东西——"人类思想和行为的基本规律与结构"。

（71）各例中的"服务方式""工作态度""劳动成果""旅游旺季""生长方式""生活境况"相应的话题事物类别指称信息从语境中可明确推出。如"多种多样的服务方式""工作态度的选择""法律保护的智力劳动成果不会只有一种""旅游旺季一年不止一个""不一样的生长方式""不断改变的生活境况"，构式表达施事论元角色话题事物的分类类指。施事论元可以是类指的，如（71）a 中的"营销者"、（71）b 中的"我们"、（71）c 中的"知识分子"；也可以是个指的，如（71）d 中"住在那里的外国游客"、（71）e 中的"热带植物"、（71）f 中的"人类"。

5.2.4.2.2.2
V^1N 构式归类类指取决于话题事物与宿主事物"个体—类别"领属关系的存在，话题事物须是个指的，与领有物构式中心语事物的领属关系通常又是句式表达凸显的语义侧面，缺省往往难以满足言语交际的信息量需求，所以句中常与构式同现；或者

(72) a. 巴厘岛是世界著名的旅游胜地。
　　b. 出国自助游已成为广东人最新潮的一种旅游方式。
　　c. 在美国他们经常利用假期做义工，这次把服务地点搬到了北京世界大运会的体育馆。
　　d. 直销不失为一种新的、适合我国国情的购销服务方式。
　　e. 建设银行必须从满足社会主义市场经济发展和服务对象需求的高度来认识服务的目的，创造最优的服务方式、服务手段和经营品种。
　　f. 这种松松垮垮的工作态度，仍然是妨碍这个世界上人口最多的国家实现现代化的一个主要障碍。
　　g. 楚国早期的平民，生活境况很不好，多是陪一个陶壶，个别的陪有一个陶鼎，有些干脆什么东西也没放，足见其活着时日子的艰难。

（72）各例中与"旅游胜地""旅游方式""服务地点""购销服务方式"同现的话题事物分别是个体事物现象"巴厘岛""出国自助游""体育馆""直销"，与"服务方式、服务手段""工作态度""生活境况"相应的个体话题事物可分别由"最优的""这种""陪一个陶壶，个别的陪有一个陶鼎，有些干脆什么东西也没放"中推出，构式表达施事论元角色话题事物的归类类指。施事论元角色话题事物可用种类量词表达个指，这与通常指人的施事论元话题事物的性质不同。如（72）b、（72）d、（72）g中的"种"。话题事物的领有者施事论元可以可以个指也可以类指，如（72）b中的"广东人"、（72）c中的"他们"。

与构式同现的施事论元可出现在句子主语或其他别的句法位置上，与构式话题事物或VN构式的领属语义关系不变：

(73) a. 恭次曾在老朴烤肉店的三楼借了一间屋子做地下活动据点，进行城北地区的组织活动。/我当时有几个旅行计划。
　　b. 一个悄悄的动作，一声轻轻的咳嗽，一个会心的目光，使所有人都变得工作态度格外认真，劳动效率格外显著。/以"死亡之路"周围为活动范围的豺狼并不可怕。

5.3 本章小结：广义领属关系框架与构式类指

我们把构式话题事物与构式宿主事物语义上的领属关系称为一种广义的领属关系，表达上可实现为属性关系分类类指或领属关系归类类指两种下位类别。前者称为语义能指结构，两种下位类别称为语用所指结构。话题事物与宿主 N 如存在同一性领属关系，构式语用所指结构实现为属性关系分类类指结构；话题事物与宿主 N 如存在个体与类别的属种关系，构式语用所指结构实现为狭义的领属关系归类类指结构（参见 4.7 节）。

就 V^1N 构式而言，施事论元话题事物与宿主事物的广义领属关系语义能指结构实现为属性关系或领属关系语用所指结构取决于二者之间同一性领属关系与属种关系的分别，实际是由施事论元的个体与类别属性的分别来决定；施事论元角色话题事物与宿主事物的广义领属关系语义能指结构实现为属性关系或领属关系语用所指结构同样取决于话题事物与宿主事物之间同一性领属关系与属种关系的分别，施事论元的个体与类别属性的分别与施事论元角色话题事物的个体与类别属性分别无关。施事论元与施事论元角色话题事物存在领属关系，也就是与构式宿主事物存在领属关系，构式凸显施事论元角色话题事物的分类类指或归类类指与施事论元的个体和类别属性分别既然无涉，可见只是作为表达前提存在于语义能指结构里。

这样构式的分类类指与归类类指表达分别取决于构式话题事物的[±个体性]特征。构式分类类指可表述为宿主事物的类别选择未定，构式归类类指可表述为宿主事物的类别选择已定。类别选择未定需要定语动词作为事物下位类别的分类标准存在，即提取定语动词的属性值；类别选择已定需要定语动词作为事物某一特定类别特征认定标准存在，即提取定语动词的属性特征。或者说语义选择未定时定语动词凸显属性值，语义选择已定时定语动词凸显属性特征。前者作用于事物的下位分类，后者作用于事物的上位归类。能分类是能归类的前提，因选择已定得有分类的前提。

语义能指结构也能对事物类别选择未定或选择已定作出推测，但是否实现为分类类指或归类类指结构只能放到具体语境表达中来验证。这可从构式的外扩展结构 $N_1V^1N_2$ 以及更多层次的多重定名结构中进行说明，因

外扩展成分 N_1 客观上也可作为了 VN 语义上的下位分类标准存在。

我们还用石定栩所举的二价动词"检修"为例进行说明。"检修费用"中"检修"有与[—检修]的语义对立,在"电脑检修费用"中这种对立的语义特征消失,"检修"因成为表达的已知信息,原有的肯定否定选择未定变为肯定信息的选择已定,"电脑"有了与[-电脑]的语义对立。同样,"定期电脑检修费用"中"定期"有[-定期]的类比选择前提,"汽车定期电脑检修费用"中"汽车"有[-汽车]的类比选择前提。但语义能指结构表达的这种分别只是语用所指结构表达的准备,能否实现受语境因素限制,N_1 并不一定是定语动词不同属性义提取的决定因素,因 N_1 可以与构式话题成分重合,也可以是与动作相关的其他语义成分。

能作为事物分类特征或分类标准存在的动词是可定动词,这与动词词义的理想认知模型有关,或者说能作为构式话题事物存在的与动作相关的参与者角色的数量与动词词义的理想认知模型有关。表现为不同一价动词构语能力的强弱之分,表 2-3 曾给出过相关的统计结果。一价动词构式论元只有动作的施事成分,如"旅行"是"为了办事或游览从一个地方去到另一个地方(多指路程较远的)","旅游"是"旅行游览",词义的理想认知模型都凸显动作的施事论元"旅行者/旅游者"和参与角色(游览)到达的目标场所,相应的构式类别主要表达以施事论元"旅行者/旅游者"和参与角色目标场所为话题事物的归类类指;"离婚"是"依照法定手续解除婚姻关系",词义理想认知模型凸显动作相关的事件及与事件相关的因素参与角色,相应的构式类别主要表达与动作相关的施事论元参与角色为话题事物的归类类指,如"离婚事件/案件/诉讼/程序/方式/理由/原因/条件/手续/申请/协议/证书"等。受凸显的参与角色数量越多,相应的构式类别也多,如前述"服务"的列举情形分析。

分类类指构式中定语动词是中心语事物的功用角色,归类类指构式中定语动词是中心语事物的施成角色。或者说动词直接作定语的 VN 构式的语用所指结构有功用分类类指与施成归类类指两种。

第六章

"$V_{双}^2 + N_{双}$" 构式类指

本章讨论与 "$V_{双}^2 + N_{双}$" 类指构式相关的如下几个大的问题：
（一）"$V_{双}^2 + N_{双}$" 类指构式的形成与类指型式；
（二）不同类指构式二价定语动词施事论元或受事论元的句位实现；
（三）不同属性类别二价定语动词的构语能力强弱问题。

6.1 V^2N 构式的形成

6.1.1 V^2N 构式意义

二价动词关联行为动作的施事论元和受事论元，按前文所述，动作的论元成分可作为类指对象构式话题事物存在，则 V^2N 构式的话题成分可以是动作的施事论元或与动作相关的施事论元参与角色，也可以是动作的受事论元或与动作相关的受事论元参与角色；如话题事物类指，构式表达动作的施事论元或与动作相关的施事论元参与角色的分类类指或归类类指；话题事物个指，构式表达动作的受事论元或与动作相关的受事论元参与角色的分类类指或归类类指。

有些动词事物化的方式是把动作过程总括扫描为一个整体加以凸显，即将主客体事物间的行为"关系"作为指称对象加以陈述，相应的构式话题事物还可以是动作过程背景基础之上的行为关系特征。如以行为关系的特征束为类指对象，构式表达话题事物的分类类指；通常情况下以"关系"特征为类指对象的构式表达话题事物的归类类指。

句子有施事论元或受事论元充当主语的主动句与受动句之分，作为构式话题事物的施事论元或受事论元可以实现为句子主语，如"是"字句是典型的事物归类句式；更多的情形是作为构式的修饰语存在的（可默认缺省或与构式的外扩展成分 N_1 重合），因与构式宿主事物存在一种广义上的领属关系。木村英树（2003：309—310）把"小王在西单买的这辆车"类句子中的"的"看作并非表示时体意义的动词词缀，因这种"的"字句不是"报道一个事件"的句式，而是一个认定已然性行为动作属性的分类句式，形式上是一种动词谓语句，但在意义上更接近于判断句。"小李的车"是以"领有者"这一区分标准对既存的"车"加以限制，结构助词"的"具有事物区分功能；"在西单买的车"中的"的"具有动作区分功能，是"的"的事物区分功能扩展的结果。

V^2N 构式中取代"的"充任新的联系项（参见陈玉洁，2006）的定语动词语义上只作为事物的下位分类标准存在，即只构成语义分类类指能指结构。语用上可实现为类指事物的分类标准或归类标准，前者作为事物类别选择的属性值存在，后者凸显事物类别已定选择的属性特征认定。

6.1.2 构式话题

VN 定中构式表达事物的动态属性分类或归类，构式语义结构式可描述为"类指对象话题事物+居中联系项定语动词 V+宿主事物 N"。V 已知是一个基础论元结构的代体，就 V^2N 构式来说，宿主事物的类指对象可以是动作的施事论元或受事论元，也可以是与动作相关的施事论元参与角色或受事论元参与角色。构式类指分为分类类指和归类类指，受话题事物与宿主事物之间的属性关系（同一性领属关系）或领属关系（属种关系）限制。

通常把 VN 定中构式中能作为动作论元存在的 N 也视为动词论元，如"劳动代表、研究课题、搬运车辆"等；将指称抽象事物类别如"研究人员、研究方法、搬运工具"中的 N 不作论元处理。如陈玉洁（2006：51）认为"服装加工企业"是由带定语小句的名词性结构"加工服装的企业"转化而来的，但也声明存在这种转化关系的只是其中的一些，且还有音节数目因素的限制。陈满华（1997：12）持大致相同的看法，把由组合式偏正结构"V+O+的+N"转化而来的同义粘合式定中结构分为"V+O+N"和"O+V+N"两类，如"裁纸的刀→裁纸刀""种花的工人→种花工人""缺乏碘的病→碘缺乏病""稳定物价的措施→物价稳定措施"。这样以 N 的具体和抽象或结构能否转化将同一种类指结构分别对待首先就掩盖了结构表达共性的存在。N无论具体还是抽象名词都指称类别才能进入VN构式，同样能进入构式的V是都能充当事物分类标准存在的可定动词。定语位置上的V只提取属性义或由于功能增殖需要将原论元结构中的论元成分按"需"分配，类指对象话题论元与V的语义关系侧面的凸显是构式表达所"需"。邢福义（1994：2）明确指出过，"军马饲养方法""首长保卫人员"之类的"对象N+V+管界N"结构孤立地看V同前后两个N都可以发生动宾关系，但事实上V和对象N之间才可以发生动宾关系，V和管界N之间不会发生动宾关系，成为划定范围的管界N的条件是看哪个能出现在V的后头。则定语动词的论元成分不能出现在管界N的位置上。邵敬敏（1998）的非价组合说其实也已经给出了明确的答案。

构式类指表达必然有类指对象话题的存在前提，构式话题可实现为句法成分与构式同现，也可在语境中默认缺省。

把定语动词视为一个降格述谓结构，则构式话题论元可由这一降格表述中析出，与领有物宿主N不处于结构生成的同一层面上。

6.1.3 事物化定语动词

作为目标体宿主N的参照体存在的动词都是能指称化或事物化的可定名词。名词指称事物，动词陈述事物间的关系。动词的功能由陈述变为指称是动词的"指称化"，由表示"关系"变为表示"事物"是动词的"事物化"（沈家煊、王冬梅，2000：27）。动词的事物化典型的情形是汉语里的动名兼类词如"编辑、领导、报告、通知、证明、爱好"等，可视为动词指称化的一种固化形式。造名结构可有隐匿了管界N的"对象N+V"和隐匿了对象N的"V+管界N"两个简式，可知V既有充当目标体事物又有充当参照体事物的性质。能充当目标体也就意味着动词能指称化或事物化。

当然，造名结构"对象N+V+管界N"只是VN定中构式外扩展结构N_1VN_2中的一种典型形式，N_1除受事论元外，还可以是施事论元或众多的与动作相关的参与角色。但这并不影响定语动词能充当目标体事物又能充当参照体事物的能力，或者说可定动词是能指称化或事物化的动词。动作的施事、受事论元或众多的参与角色可以出现在N_1的位置上，N_2又是与之相应的施事、受事或众多参与角色类别指称形式宿主。

第六章 "$V^2_双+N_双$"构式类指

可定动词有构语能力强弱之分，俞士汶等（1998）依能否受名词直接修饰构成定中结构和能否直接修饰名词构成定中结构的标准分出的具有［+前名、+后名］、［+前名］、［+后名］或［-前名、-后名］不同属性定语动词的分别不是能否构语而是构语能力强弱问题，这主要与动词指称事物的类别数量有关，或者说与动词词义的理想认知模型相关。因我们讨论的出发点不在是否具有构语能力上，上述四种属性分类都会进入我们讨论 VN 类指构式生成问题的视野。

既然 N_1VN_2 结构中的 V 的功能可用指称化来概括，则沈家煊、王冬梅（2000：25—26）关于"N 的 V"结构里中心语动词指称关系的四种情形同样可以拿来作为指称化了的定语动词类别划分标准。分别是既能指称主语（主体）又能指称宾语（宾体）的［+主、+宾］动词、只能指称主语（主体）的［+主、-宾］动词、只能指称宾语（宾体）的［-主、+宾］动词以及既不能指称主语（主体）又不能指称宾语（宾体）的［-主、-宾］动词。因二价动词数量众多，我们只以表 2-11 至表 2-14 中列举出的动词为例展开讨论。为方便阅读，上述四个表格中的动词类例集中列为表 6-1：

表 6-1

［+主、+宾］		［+主、-宾］		［-主、+宾］		［-主、-宾］	
动词	属性	动词	属性	动词	属性	动词	属性
保护	+前名 +后名	攻击	+前名 +后名	出版	+前名 +后名	包围	+前名 +后名
研究	+前名 +后名	指导	+前名 +后名	应用	+前名 +后名	联系	+前名 +后名
测量	+前名 +后名	安慰	+前名	变化	+前名 +后名	赞成	+后名
调查	+前名 +后名	鼓励	+前名	利用	+前名	结合	-前名 -后名
设计	+前名 +后名	虐待	+前名	享受	+前名	开除	-前名 -后名
收集	+前名	威胁	+前名	产生	+前名	相信	-前名 -后名
维护	+前名	歧视	+前名	成立	+后名		
保卫	+前名	压迫	+前名	改良	+后名		
采购	+后名	反抗	+后名	巩固	-前名 -后名		

续表

[+主、+宾]		[+主、-宾]		[-主、+宾]		[-主、-宾]	
选择	+后名	怀疑	+后名	提高	-前名 -后名		
发明	-前名 -后名	理解	+后名	缩小	-前名 -后名		
恢复	-前名 -后名	爱好	-前名 -后名				
回忆	-前名 -后名	称赞	-前名 -后名				
		体贴	-前名 -后名				

因[±主]、[±宾]特征是就能否凸显主体事物或能否凸显宾体事物情形来考察的，而[±前名]、[±后名]特征是以粘合式结构形式为标准进行构语频率统计的，两种属性的交叉存在应该与定语动词的构语能力相关。如[+主、+宾]属性动词如同时具有[+前名、+后名]属性，理论上应该都有能产的施事论元或施事论元角色话题事物和受事论元或受事论元角色话题事物的类指构式存在；只能凸显主体事物的[+主、-宾]属性动词应该不具有能产的受事论元话题事物的类指情形，但不排除构成能产的受事论元角色话题事物的类指情形；只能凸显宾体事物的[-主、+宾]属性动词应该不具有能产的施事论元话题事物的类指情形，但不排除构成能产的施事论元角色话题事物的类指情形；既不能凸显主体事物又不能凸显宾体事物的[-主、-宾]属性动词也不排除能产的施事论元角色和受事论元角色话题事物的类指情形存在。

不同类别的定语动词都可以凸显关系特征类别，如"结合"是具有"-前名、-后名"属性的[-主、-宾]动词，表2-10中检索到的两例 N_1VN_2 结构样本"箱盘结合系统""产融结合方式"中的 N_1 就是"箱"与"盘"、"产"与"融"相对待的关系事物双方，可视为非典型的施事论元，分别与"系统""方式"存在领属关系，构式表达施事论元角色话题的类指情形。

6.2　二价定语动词容纳的 VN 构式类指型式

我们以表6-1中的动词为例从定语动词的指称能力类别入手说明具

有不同事物化方式分别的动词的构语型式类别。

6.2.1 ［+主、+宾］动词构语型式

6.2.1.1 施事论元话题事物与受事论元话题事物的类指情形

既能指称主体又能指称宾体事物的［+主、+宾］动词意味着能构成能产的施事论元或施事论元角色话题事物和受事论元或受事论元角色话题事物的类指构式。我们先从施事论元话题事物与受事论元话题事物的类指情形说起。

6.2.1.1.1 施事论元话题事物的类指情形

表6-1列举的［+前名、+后名］属性动词有"保护、研究、测量、调查、设计"五个，构式分类类指或归类类指受话题事物的［±个体性］限制，如果宿主事物对应的类指对象施事论元话题是个体事物，则无论受事论元是个体的还是非个体的事物（通常出现在 N_1 的位置上），构式均表达事物的归类类指，因个体类指对象不存在分类的前提。先看"人员"充当宿主事物的归类情形：

（1）a. 目前，各部门和企业的各类环境保护人员已达20多万人。

b. 这位研究人员发现，几乎所有胆固醇含量高的青少年的血管中都有脂肪纹。

c. 数百名测量人员开始增加从小浪底到入海口的水位、流量、水下河床变化的测量次数，每天进行4次多点实地河道测量，以提供及时准确的水文数据。

d. 与证人谈话，调查人员不得少于二人。

e. 好的模块划分方案也不是唯一的，同一个问题由两个设计人员考虑，可能得到不同的模块。

（1）a 的"20多万人"都属于"环境保护人员"，受事论元"环境"与"保护"有构成"活动"或"现象"的作用，限制"人员"的类别范围；分类信息"各类"处于构式的外层，约束"保护"的"人员"类别选择已定的属性特征表达；（1）b、（1）c、（1）d、（1）e 的"人员"分别是"这位""数百名""不少于二人的""两个"个体事物的归类类指情形。

动作的受事论元个指时往往成为句式意义凸显的话题成分，施事论元通常默认缺省，宿主事物"人员"同样表达施事论元的归类类指：

（2）a. 梅斯特拒绝了水下保护人员提供的呼吸器。最后终因缺氧昏厥，溺水不治。

b. 直到1920年，他还把电子平均分配给所在的亚层。这种排布证明同化学和光谱特性不一致。后来的研究人员发现，必须把电子重新分到每层能含有2、6、10和14个电子的亚层中去。

c. 这些数据的获得完全依靠水文测量人员在截流现场实地测量、进行分析处理后传送到施工决策部门和施工单位。

d. 事故调查人员表示，希望这架货机的语音记录器能告诉他们在飞机相撞前座舱内究竟发生了什么。

e. 在报刊及一些文艺作品中，建筑师等设计人员已成为作者笔下"津津乐写"的人物。

（2）a中的个体受事论元"梅斯特"限制了"水下保护人员"只能是特指的动作施事论元，"保护"与"－保护"相对待的分类标准功能成为背景；（2）b中"后来的""研究人员"跟"他"一样特指，限制了"研究人员"的已定选择类别表达，受事论元是具体的研究结果，作为句子表达受凸显的新信息成分存在；（2）c中的个体受事"这些数据"界定了"水文测量人员"的特定范围，同样受事论元"水文"与定语动词凸显的语义侧面成为限制"人员"类别范围的活动或现象；（2）d中的受事论元"事故"指特定的飞机失事事件，"事故调查人员"对应特定范围内的个体施事论元话题事物；（2）e中的"建筑师等"限定了"设计人员"的个体施事成员范围，受事论元"图纸"等默认缺省，个体施事论元约束了受事论元的个指。可见，个体施事成分通常有约束个体受事成分存在的前提，因作用于同一具体的行为活动。构式分类类指或归类类指只与话题事物的个指或类指相应，可能的类指受事成分受个体施事成分约束，受支配的对象性质转指特定的对象活动范围。

反过来，受事论元如作为动作的支配对象且表达类指事物，同样约束施事论元话题事物的类指。受事论元往往也处于构式的外扩展成分 N_1 的位置上，也能作为句子的话题主语与构式分离或作为构式类指表达限制成分出现在修饰语的位置上。而施事论元话题事物常默认缺省，受类指受事对象属性的凸显也只有类指表达前提，V 有与一V 相区别的分类前提存在，(N) VN 构式表达事物的分类类指：

（3）a. 俑坑比较潮湿，保护人员要常下坑喷撒防霉剂，它的味道很难闻。

a′. 那些野生动物受到破坏的地方，地域广泛，保护人员严重缺乏，装备落后，再加上境外偷猎走私严重，要管起来困难的确不少。

b. 纹理无处不在，几乎人人都可以为纹理研究人员提供研究材料。

c. 新式分光计还可帮助测量人员在不提取海水样本的条件下辨别污染物的具体类别。

d. 调查证系调查人员执行公务时（如入户、入市场、入企事业基层单位调查收取资料等）的专用证件，不得用于和调查事项无关活动。

e. 我国服装设计人员并不缺，缺的是在市场上真正有竞争能力的设计大师。/希腊的癌症研究人员于 1981 年发现，喝咖啡的妇女与不饮咖啡的妇女相比，卵巢癌的发病率高两倍。

光杆名词主语是类指还是个指跟谓语类型有关，如果与类指相对待的谓语是表示状态的属性谓语而非事件谓语，则光杆名词主语是一个有隐性全量外延的类指成分（刘丹青，2002：412）。(3) a 中的"俑坑"是隐含一个外延相当于全量的类指成分，句式意义表达"保护人员"而非"一保护人员"的常规化活动，因而"保护人员"是相应话题事物的分类类指；而 (3) a′中的"那些"限制"野生动物"的个指，施事成分自然是"那些野生动物受到破坏的地方"的"保护人员"，这是"人员"的"保护"属性认定，构式表达施事论元话题事物的归类类指。(3) b 中的"纹理"、(3) c 中的"污染物"是全量类指成分，(3) d 中"调查"的缺省受事论元由语境可知也属全量类指成分，受动作与类指受事支配关系侧面的凸显约束，默认缺省的施事论元也应是类指成分，定语动词都只提取属性值，或者说施事论元话题与宿主事物存在同一性领属关系，构式均为表达施事论元话题事物分类类指的属性关系结构。(3) e 两例中的"我国""希腊"

并不改变定语动词受事论元"服装""癌症"的类指性质,"服装设计人员""癌症研究人员"也都表达施事论元话题事物的分类类指。

需要指出的是,定语动词受事论元类指或施事论元话题事物的分类类指构式通常出现在一个活动场景句中,如(3)中各例的句式意义通常表达一种常规化活动;定语动词受事论元个指,构式往往出现在一个具体的叙事场景句中,构式通常只有归类类指表达情形,如(2)中各例都是一个具体的叙事场景句。再如:

(4) a. 天津海事局海测大队测量人员凌晨紧急组织应急扫测人员和设备连夜赶赴新港,搜寻落水危险品。

b. 令来自中央、省里的事故调查人员大吃一惊的是,28名遇难者中竟有21人是女工,严重违反了国家有关女工劳动保护法规。

c. 意大利政府已先后派出两架救援飞机,运送包括医生、技术人员等民事保护人员前往灾情较重的地区执行救援任务。

(4) a、(4) b、(4) c中构式均作为一个事件场景句的句法成分存在,事件场景句中"天津海事局海测大队""中央、省里""意大利政府"都有了限制定语动词受事论元的个指表达作用,这与(3)e两例活动场景句中的"我国""希腊"的情形显然不同。可以说事件场景句与动作的受事论元个指表达匹配,相应地,构式只表达施事论元话题事物的归类类指情形。

表6-1中的[+前名]属性动词有"收集、维护"两个,也都能构成施事论元话题事物的归类或分类类指结构。[-后名]意味着宿主事物的类别范围有限:

(5) a. 伊拉克战争爆发前,一个叫作"灰色狐狸"的情报收集小组早就秘密潜入巴格达。

b. 政府推行的生活垃圾分类回收已在七分之一的居民中实施,垃圾收集人员定期发给居民专用塑料袋和定期回收纸张、旧衣服、电器元件等可再生垃圾。

(5) a中的"情报收集小组"是构式话题是个体施事论元"灰色狐

第六章 "$V_双^2+N_双$" 构式类指

狸"的归类类指。受个体施事话题的事件结构表达约束,受事论元"情报"应该有特定的"收集"范围指称个体事物类别,信息度和可及度提高,其实成为"收集小组"的分类标准,从而限定"收集"的属性特征表达;(5) b 中的"垃圾"是有全量外延的类别受事成分,句式意义表达一种常规化活动,"垃圾收集人员"是宿主事物"人员"对应的施事论元话题事物的分类类指。

"维护"的属性值或属性特征表达情形如下:

(6) a. 今天上午南横公路两个路段因此出现塌方,道路一度被迫封闭,道路维护人员急忙赶到现场抢修。/阳光越来越烈,不少机务维护人员都已汗流浃背。

b. 南京电信各营业网点的……系统维护人员长期奔波于各营业网点安装系统、升级系统、修补漏洞,工作量巨大。/飞机厂学校条件较好,计算机设备较多,但缺乏这方面的维护人员。

(6) a 两例中的"两个路段塌方""不少"限定"道路维护人员""机务维护人员"的特定范围内的个体施事话题事物归类类指情形,受事件场景句制约定语动词的受事论元"道路""机务"个指;(6) b 两例则相反,活动场景句限定了"维护人员"类指对象施事论元话题的非个体指称性质,同现的动作受事成分"系统""计算机设备"相应地也只具有类指性质。

表6-1中的[+后名]属性动词有"保卫、采购、选择"三个,原则上[+后名]属性动词不影响宿主事物多样性的存在,因[-前名]意味着出现在构式外扩展成分 N_1 位置上的定语动词的论元成分很受限制,虽并不代表包括话题成分在内的论元成分不能与构式同现,但受限的[+后名]属性动词的构语能力强弱会受到词义的理想认知模型的影响。如"选择"指"挑选",动词词义的理想认知模型凸显参与角色"对象",CCL 语料库中检索不出"选择"由动作施事论元作构式话题、"人员"充当宿主事物的类指情形。"保卫""采购"的情形如下:

(7) a. 展馆里总有一些安全保卫人员东一堆西一摊坐着,他在展位前很少看到保安巡逻。

b. 布达拉宫内,保卫人员24小时轮流值勤。

（8）a. 有的企业采购人员或是业务水平低或是贪图回扣，盲目进货，商品质次价高，库存极不合理，给企业造成销了要亏，不销又要背利息的"两难"处境。/原来问题出在采购人员身上，购进的这批排插规格差了一点。

b. 过去看不起商业采购人员，认为他们比较滑头，有无商不奸的说法。/一些企业为了推销本厂产品，借助高额回扣等方式，诱使、拉拢采购人员，或向实权部门贿赂，人为地制造竞争上的不平等。

依活动场景或事件场景标准，（7）a 里的"安全保卫人员"是个体话题事物的归类类指，"一些"是同现的数量限制成分；（7）b 里的"保卫人员"是类别话题事物的分类类指，有"布达拉宫内"其他人员的类比前提存在。（8）a 两例中的"企业采购人员""采购人员"都是个体施事话题事物归类类指情形，分别有定量成分"有的"和个体受事"这批排插"限制；（8）b 两例中的"商业采购人员""采购人员"都是类别施事话题事物的分类类指情形。"安全保卫人员""企业采购人员""商业采购人员"中 N_1 位置上的"安全""企业"与"商业"有了"N_1 方面的"范围限制成分语义一致性表达，语境中均可默认缺省。

表 6-1 中的 [-前名、-后名] 属性动词有"发明、恢复、回忆"三个，可知 N_1 的性质与宿主事物的类别范围都受到很大限制。"恢复"是"（使）变成原来的样子"，词义 ICM 凸显事物的面貌、状态；"回忆"是"回想"，词义的 ICM 凸显事物存在的情景。CCL 语料库中同样检索不到"恢复""回忆"由动作施事论元作构式话题、"人员"充当宿主事物的类指情形。"发明人员"有两例：

（9）a. 发明人员介绍，这一方法就如同用手指捏住癌变部位后突然用力将其抓下来一般，手术操作很简单。

b. 目前科技人员的不少发明成果与企业和市场脱节，一些很有市场潜力的高新技术产品不能较快得到开发和应用，科技成果鉴定的科学性、公正性得不到有效保证，科研发明人员的权益受到侵犯。

依活动场景或事件场景标准，（9）a 中"发明人员"表达施事论元话题事物的归类类指,(9) b 里的"科研发明人员"表达施事论元话题事物的分类类指,"科研"也属活动范围限制成分。

6.2.1.1.2 受事论元话题事物的类指情形

以受事论元作为话题事物的 VN 构式同样有相对的归类和分类两种类指情形,因事物分类与归类相对待,分类是归类的基础。如果受事论元话题是个体事物,与宿主事物之间构成语义上的领属关系(属种关系),限制构式的归类类指表达。如果受事论元话题是类别事物且与宿主事物之间存在语义上的同一性领属关系,构式属表达分类类指的属性关系结构。

因而问题的关键在于受事论元话题与宿主事物之间领属关系或属性关系的确定。我们仍以表 6-1 中的五个 [+前名、+后名] 属性动词为例进行说明。受事话题是个体事物(个体类别事物是高层类别范围里的个体事物)时句式凸显其动作属性的领有者地位:

(10) a. 金丝猴是中国特有的世界珍稀动物之一,属于国家一级保护动物。/英国政府最近选出 116 种珍稀物种作为重点保护对象,其中包括水獭、红松鼠、云雀、睡鼠和蜣螂等。

b. 物体是哲学的唯一的研究对象,包括自然物体和人造物体两类。/不少研究材料证明,出生不久的儿童已能知觉形状。

c. 地面控制人员只是在航天飞机解体前的很短时间内,才首次发现温度等测量数据的异常。

d. 沃顿厌恶地用手指翻着那叠调查材料。

e. 声光电俱全的艺术品并不是这次国际艺术展的唯一亮点,文身机、拉链灯、绒毛玩具——那些跳出纯艺术范围的设计作品成为这次艺术展的另一出好戏。

(10) a 中个体类别事物话题"金丝猴"与"动物"、"116 种珍稀物种"与"对象"、(10) b 中个体类别事物话题"物体"与"对象"、由"不少"可知具体的个体受事论元话题与"材料"间均存在属种关系;同样,(10) c、(10) d、(10) e 中的"温度等"与"数据"、"那叠"与"材料"、"文身机、拉链灯、绒毛玩具"与"作品"也都存在个体与类别的属种关系,构式表达个体或个体类别受事论元话题事物的动态属性归类。需要指出的是,受事论元话题事物的类指构式往往凸显动作支配对象事物的状态变化，因变化性或受影响性是受事最根本的语义特征（张伯江，2009：50）。从时间性强弱上说，状态居于变化、动作和属性的中间（张国宪，2006c：4）。

受事话题是类别事物，与宿主事物之间存在"内容—类别"的描写关系（参见袁毓林，1995：245），这是我们界定的同一性领属关系或属性关系。如：

(11) a. 他的设计作品已遍及北京、上海、厦门、南京、武汉、福州等地。无论是小区规划、室内设计，还是大型综合性公共建筑、豪华别墅群，张铭作品中所蕴含的文化内涵是他屡摘桂冠的原因。
　　　b. 为了保证测量数据100%的准确率，作业中大家对每一个地物、每一片植被、每一处影像都钉是钉，铆是铆，不放过任何一个细节。

(11) a 中的"小区规划、室内设计、大型综合性公共建筑、豪华别墅群"实际指"张铭"作品设计的所有领域，是"作品"的内容类别；(11) b 中的"每一个地物、每一片植被、每一处影像"本就是全量外延限制成分，是"数据"的内容类别。或者说"设计作品""测量数据"前都能补出"所有的""每一"这样的全量外延限制成分，构式表达受事论元话题事物的分类类指，"设计""测量"属性义提取的是类别事物的分类属性值而不是个体事物或个体事物类别的归类属性特征。

表达事物动态属性分类的受事论元话题往往不与宿主事物同现，因作为分类对象的话题事物其实是宿主事物类别中的成员的类，其外延之和等于宿主事物的外延，表达上如不凸显成员类别，则宿主事物类别的极简概括形式便可满足表达需要。又如：

(12) a. 动物权利论把道德义务的范围扩展到了所有动物，把保护动物之外的其他存在物的义务理解为人对动物负有的一种间接义务。/所有测量数据与实验程序都须详细记录，存盘于安全的数据库，并且可供适当学者共享。
　　　b. 据我国的研究材料，1—3岁儿童仅能辨别上、下方位。/劳累一天下来，晚上回到驻地，还要及时整理图纸及当天的测量数据、资料。

（12）a两例中的"保护动物""测量数据"前都隐显全量成分"所有"，构式表达受事论元话题事物的分类类指；（12）b两例中的"研究材料""测量数据"分别是"我国的""当天的"，构式表达受事论元话题事物的归类类指。其中与"材料""数据"相应的话题事物都可视为同形同指①的动作的支配对象受事论元，同形同指表达中自然得删除一个，因而（12）各例中的VN定中结构前可视为客观存在着一个不能实现为句法成分的受事论元句法空位，则宿主事物与受事论元句法空位同形同指。

宿主事物如与话题事物同形同指且话题事物类指，构式表达话题事物的分类类指；如同形同指且话题事物个指，构式表达话题事物的归类类指。宿主事物自然也有与异形同指的受事论元同现的情形。

一旦受事论元与宿主事物不同形不同指，便只是受事论元角色话题事物的类指情形，受事论元通常出现在N_1VN_2结构N_1的位置上。如：

（13）a. 迄今为止，国外尚未见到如此系统深入的复合伤研究材料。/拍卖服装设计作品，这在国内还是第一次。

b. 极度缺乏足够的海道测量数据和航海图是亚太区域沿海国家持续性发展的一个严重障碍。/案件调查材料被完好无损地保存下来，张正亮、周明同志却不幸被大火夺去了宝贵的生命。

（13）a两例"复合伤研究材料""服装设计作品"中的"复合伤""服装"是动作的泛指②受事论元，与宿主事物"材料""作品"存在不

---

① 我们把同指定义为受事论元与指称实体的宿主事物之间的话题事物与话题事物类指内涵上的一致性，二者外延上有一致的和不一致两种情形。外延一致的情形话题事物类指，构式表达话题事物的分类类指；外延不一致的情形话题事物个指，构式表达话题事物的归类类指。内涵上的一致性也有同形同指和异形同指两种情形。同形同指是话题事物与宿主事物用同一个词充任，话题事物往往实现为句法空位；异形同指是话题事物与宿主事物用不同的词充任，如"鲟鱼是国家三令五申的保护动物"中的"鲟鱼"与"保护动物"。

② Lyons（1977：178）把泛指与单指相对，指称表达式指向个体成员（individuals）的是单指表达式（singular expressions），指向个体成员类别（classes of individuals）的是泛指表达式（general expressions）。侯福莉（2014：46）认为泛指分别单指和专指相对。"泛指"与"单指"（singular reference）是从语义信息的不定性和确定性来说的，"泛指"与"专指"（specific reference）是从语义信息的概括性和具体性来说的。

同形不同指的领属关系，构式表达受事论元角色话题事物的分类类指；(13) b 两例"海道测量数据"是"足够的"，"案件调查材料"是"被完好无损地保存下来的"，构式表达受事论元角色话题事物的归类类指。

如受事论元话题事物又作为句子话题存在，汉语里可用标记形式"被""受"等加在动词前表被动，语境中标记形式常能隐含，这是汉语受动句常见的带标记和不带标记的两种类型①。与此相应，类指的 VN 构式的受事论元话题如是具有施事性典型特征范畴成员，动词前也可加"受""被"等标记成分明确所指，如施受关系明确语境中也常隐含受动标记成分：

(14) a. 猕猴在台湾属于受保护动物，其数量近年来不断增加。
　　　b. 在被调查人员中，约有 30%的亲属，自愿为犯罪人退赔和代为退赔违法所得。
　　　c. 近来，意大利部分政界人士希望对"净手运动"中受调查人员实行特赦。
(15) a. 渔政部门要加大对渔民保护珍稀动物的宣传力度，甚至可以给渔民散发印有鱼样的照片，引导渔民自觉救助国家受保护动物。
　　　b. 在社会调查中，调查人员不得向被调查人员评论任何调查问题，调查问题的设计是排除带有是非性的题目，采用不带褒贬的词汇，对被调查人员的姓名不予记录。

(14) a 中的"受保护动物"对应个体类别事物"猕猴"，(14) b 中的"被调查人员"有特定的范围，(14) c 中的"受调查人员"是"净手运动"中的，构式均表达受事论元话题事物的分类类指；(15) a 中的"受保护动物"前隐含一个全量外延限制成分，"国家"不改变受事话题事物的类指性质；(15) b 中的"被调查人员"是与"调查人员"类别对待，构式均表达类别受事论元话题事物的分类类指。

(14) a、(15) a 两例"受保护动物"中的"受"可隐去不说，其余三例中的"被"或"受"不能缺省，应该与定语动词的理想认知模型有

---

① 李珠（1989：151）作过一个统计，巴金《家》中共有 78 例受动句，其中 65 例是不带标记的"意义被动句"。

关。如果受动性凸显，构式中往往可有扩展的"的"，标记成分"被"或"受"强制要求同现，构式通常表达受事论元话题事物的归类类指：

（16）a. 在被调查的人员中，有一半左右的人月收入在 400 元到 600 元，13% 的人月收入在 800 元以上。

b. 他们把你当成国家受保护的动物大熊猫一样夹在中间。

[+前名] 属性动词"收集、维护"在表 2-8 中只有一例涉及受事论元类指的 VN 样本语料"收集内容"，"语料库在线"中只出现一例，CCL 语料库中也只检出一例，一并列于下面：

（17）a. 干部档案材料的收集内容，主要根据实际工作中形成的材料以及档案中所缺少的材料确定。

b. 收集内容：工作目标或任务完成情况的信息；来自客户的积极的和消极的反馈信息；工作绩效突出的行为表现；绩效有问题的行为表现等。

（17）a 中的类别受事 N_1 "干部档案材料"是"内容"的范围限定成分，"内容"分类类指对象是话题类别事物"实际工作中形成的材料以及档案中所缺少的材料"；（17）b 独用的"收集内容"对应的话题类别事物是由冒号引出的"信息"和"行为表现"。这应该是受 [+前名] 属性影响的定语动词构成的非能产的、单一类别的受事论元话题事物的分类类指情形。

"保卫、采购、选择"三个 [+后名] 属性动词中的"保卫"指用力量、用积极行动使某种有重大意义的事物（如国家领土、主权、重要的地方等）不受外来侵害，"目标"可作为"有重大意义的事物"受事话题的上义词。CCL 语料库中有四例类指结构"保卫目标"：

（18）a. 同时在一般地区的其他保卫目标，也部署相应防空力量。

b. 1994 年，全部队参与处置各类突发事件 1000 多起，协助公安机关抓获各类犯罪分子 25000 人，数千个固定保卫目标安全无恙。

　　c. 喜来登饭店是巴格达仅有的数家五星级饭店之一，接待的主要是西方记者和商人，是美军的重点保卫目标。

　　e.（云南省各级公安机关）加强对要害部位、重点保卫目标进行安全大检查，发现和整改隐患。

（18）a、（18）b、（18）c 构式前分别有"其他""数千个""喜来登饭店"个体受事论元或论元指示成分，"保卫目标"显见是这些个体受事论元话题事物的归类类指；（18）e 中"保卫目标"前有隐性的全量成分存在，"重点"只有缩小类指范围作用并不改变"目标"对应话题事物的类别指称性质，因而属于类别受事论元话题事物的分类类指情形。

"采购"的支配对象受事只能是"物品、东西、设备、食品、药品、家具、商品"等的集合名词，如不能说"＊采购苹果/上衣"只能说"采购水果/衣物"。"采购"与这些集合名词粘合通常构成述宾结构。而"采购"的这些集合名词支配对象又有"商品"的性质，则这一上义词"商品"可作为"采购"的定语中心语存在：

（19）a. 联合国采购的商品和服务大多针对发展中国家以及贫困地区人口，对商品最主要的要求是质量、安全和实用，加之采购商品多达1万多种，因此特别适合中国现阶段各类企业参与。

　　b. 为进一步增强专业性，扩大采购商品数量，本届交易会还邀请了来自美国、加拿大、法国、南非、埃及等国家和地区的专业经销商参会。

（19）a 中的"采购商品"受"一万多种"限制，构式表达受事论元话题事物的归类类指；（19）b 隐含的构式话题指称类别，"采购"的分类性凸显，"采购商品"属于类别受事论元话题事物的分类类指情形。

"选择"指挑选，受事成分的类别可以是人、物、时间、地点、方式、意见、方向等。我们以"选择对象"为例：

（20）a. 香子兰便是一种他们所希望的选择对象，深受当地农民的欢迎。

a′. 有关方面为他投资提供了许多选择对象，有时还破例要他出席一些重要会议。

　　b. 像林姑这样长期做媒人的，手里都掌握了大量的第一手材料，可以根据对方的要求，迅速作出判断，提供选择对象。

　　b′. 他们一般无明确选择对象，只要陪酒女年轻漂亮即可。

（20）a中的"选择对象"是个体受事论元话题事物"香子兰"的归类类指，（20）a′中的"对象"可指人也可指企业等，量化成分"许多"规定了"选择对象"相应的个体受事论元话题事物的归类类指表达；（20）b、（20）b′中的"选择对象"都是指人的类别受事论元话题事物的分类类指情形。

[-前名、-后名] 属性动词"发明、恢复、回忆"能支配的受事成分类别与数量都多，与之相应的上义词的类别与数量相对也多。但三个动词与"采购"的情形类似，与受事成分相应的类义词的粘合通常也有强烈的述宾结构表达倾向。其中"恢复"很难找出一个受事成分的结构类指情形，如"恢复秩序""恢复知觉""恢复常态""恢复关系"等都只是支配关系结构。

我们以"发明专利"与"回忆材料"为例加以说明。"发明"是"创造（新的事物或方法）"，"专利"可以作为"发明"受事论元的不同"事物"或"方法"的一个上义词；"回忆材料"可以是受事话题事物的类指情形。

（21）a. 这些速凝剂的"水泥混凝土新型水泥速凝剂"发明专利，均属高碱水泥速凝剂。

　　a′. 在发生侵权纠纷的时候，如果发明专利是一项产品的制造方法，制造同样产品的单位或者个人应当提供其产品制造方法的证明。

　　b. 以后他们任何新产品在投放市场之前，都要及时申请发明专利和国家中药保护品种，使这些新产品成为企业具有自主知识产权的拳头产品。

　　b′. 依照《专利法》，发明专利将获得二十年的保护。

　　c. 彭梅魁把她伯伯私藏在家乡的回忆材料（即《彭德怀

自述》中的大部分内容），送交给黄克诚，并请他转送给中央。

    c′. 他同意建立一套规定，即要趁参与重大事件的人们记忆犹新的时候，把他们知道的第一手回忆材料记录下来。

  （21）a、（21）a′中"发明"的"专利"分别是"水泥混凝土新型水泥速凝剂""一项产品的制造方法"，构式表达个体受事论元话题事物的归类类指情形；（21）b中的"发明"的"专利"对应"任何新产品"、（21）b′中的"发明专利"前也可加上全量外延限定成分与缺省的受事话题照应，构式均表达受事论元话题事物的分类类指。（21）c中的"回忆材料"是动作个体受事论元话题事物"《彭德怀自述》中的大部分内容"的归类类指，（21）c′中的"回忆材料"是类别受事论元话题事物"重大事件内容"的分类类指情形。

6.2.1.1.3 小结

6.2.1.1.3.1 构式类别的表达范围

  沈家煊、王冬梅（2000）描述的构成"N的V"的四种情形实际是从结构表达入手讨论动词作为目标体的功能增殖性质的。参照体事物N的信息度是否能为目标的识别提供可靠有效的提示信息、N的可及度即相关概念从记忆或环境中提取的容易程度大小都与概念的凸显度高低有关，也都与动词词义的理想认知模型相关。"N的V"的各种表达式成立与否只能作出相对凸显的N优先出现的弱预测，因语境也可以改变事物或概念的凸显度。

  我们定义的构式话题事物可与"N的V"中的N对应，或者说只有凸显度高的N才能作为VN构式的话题事物存在。但凸显度高的N并非只有动作的施事论元和受事论元成分，俞士汶等（1998）以是否具有"前名、后名"属性标准划分出的动词类别是从粘合式结构形式表达角度得出的构语频率统计结果，包括了除动作必有论元施事、受事以外的其他凸显度高的论元类别情形，这是我们定义的施事论元角色或受事论元角色话题事物。

  [+主、+宾] 动词都能构成能产的施事论元作定语的"N的V"结构和受事论元作定语的"N的V"结构，也意味着可以构成施事论元作话题的和受事论元作话题的两种VN构式类别。这与动词指称化或事物化的方式有关。但动词特定的事物化方式能凸显的语义成分类别不止一种。如能

凸显事物主体的动词直接作定语时施事论元可凸显为构式的话题事物，施事论元角色成分也作为构式的话题事物凸显。例如"报刊的编辑"可视为"报刊的编辑人员"的缺省形式，但却不是"报刊的编辑内容/方式/质量/方针/材料/事务/时间/范围"等的缺省形式，与"编辑内容/方式/质量/方针/材料/事务/时间/范围"对应的话题事物是作为"编辑"的施事论元角色，甚至受事论元也可以作为话题事物凸显，如"编辑学报/文件"（"编辑内容"则可以视为两可的施事论元角色话题或受事论元话题的类指情形论元）；受事论元能作为凸显事物主体的动词直接作定语的VN构式的话题成分，理论上受事论元角色也能作为话题成分存在。如"编辑原则/思路/材料/范围/方法"等只有在语境中才能确定构式话题的施事论元角色成分或受事论元角色成分性质。反过来，凸显事物宾体的动词直接作定语时受事论元与受事论元角色成分凸显为话题事物的构式类指情形是类指范畴中的典型成员，施事论元或施事论元角色成分凸显为话题事物的构式类指情形是类指范畴中的非典型成员。

　　由上述分析得出的假设是，施事论元或施事论元角色话题事物的类指构式具有普遍性和能产性，受事论元或受事论元角色话题事物的类指构式则不具有相应的普遍性和能产性，虽然定语动词的不同事物化方式类别会影响到不同类别话题事物的凸显度差异或构式的典型性程度。可能的原因首先是，动作的受事成分（包括受事论元或受事论元角色）在主动句句式意义表达中虽可作为动作相关的必有论元存在，但与动作相关的其他语义成分在凸显度上具有相同的地位，必有论元在受事成分不被凸显的类指构式中只是作为特定动词语义框架的构成成分存在的，与构式表达的特定情景相关；同理，受事成分凸显为构式话题事物，施事成分必有论元也只是作为特定动词语义框架的构成成分存在，构式类指表达有定语动词降格表述存在的基础。

　　其次构式类别的普遍性和能产性与VN构式的出现环境有关。受动句是有标记的句式，传统意义上的或者说典型的受动句一般表示不如意、不希望发生的事情，即范晓（2007：387—388）指出的具有"失义特征"或"损义特征"动词容易构成单动核被动句，表达上受动者是受到凸显的语义成分。从降格表述意义上说，VN构式类指表达中话题事物都是受到凸显的语义成分。受事论元话题自然也不例外，但也应该受有标记的构式范围限制，其类别及数量范围会比施事论元充当话题的情形要少得多。

顾阳、沈阳（2001）把类指构式所有类型的中心语 N 都归为广义的施事或域外论元固然是构式类别普遍性和能产性的一个很好的说明，但把受事成分也归为广义的施事也就取消了动词施动性与受动性特征的对立，两类不同性质的类指构式句位实现的不同场景便无从分别。

6.2.1.1.3.2 构式类别与动词论元的句位实现

前面我们讨论过，VN 表示事物动态属性的分类或归类关键在于定语动词的属性值或属性特征表达问题。V 表达属性值即 V 能作为 VN 或扩展的 N_1VN_2 定中结构中心语宿主事物的分类标准存在，相当于"灰狼"中的"灰"是"狼"的分类属性值。外扩展结构成分 N_1 从作用上可分为作用于事物外延的和作用于事物内涵的两种，因而会有指称化了的谓词性成分充任。作用于事物外延的 N_1 有的改变有的不改变事物的类指性质，如"那只灰狼"个指、"山上的灰狼"可类指可个指；作用于事物内涵的不改变事物的类指性质，但可以约束定语谓词的属性特征表达，因内涵 N_1 具有了分类属性值的表达作用。如"大灰狼"中的"大"是"灰狼"的分类属性值，约束"灰狼"的分类语义信息成为不再受到凸显的已知信息，"灰"因而只表达"狼"的属性特征，"大灰狼"便有了通常表达个体事物类指的出现环境。

作用于事物外延的 N_1N_2 结构，没有"*采购企业的人员"这样的"VN_1 的 N_2"结构转换可能。

施事论元或施事论元角色成分充当构式话题事物时受事论元通常占据 N_1 的位置，形成一个基础的由受事论元作外扩展成分的 N_1VN_2 结构（OV-N），其他类别语义成分如占据 N_1 的位置也首先有着一个默认缺省的受事论元存在的前提，因动词只有与受事论元结合才是现象结构或指称化结构形成的基础。如"首长保卫人员—保卫首长的人员—保卫人员""论文指导老师—指导论文的老师—指导老师"。由此可知"环境保护人员""政策研究人员""事故调查人员""服装设计人员"中的受事成分"环境""政策""事故""服装"与动词的活动或现象语义侧面凸显构式表达施事论元话题事物的类指情形；"企业采购人员""商业采购人员""科研发明人员""水下保护人员""大队测量人员"中的"企业、商业、科研、水下、大队"等都只是由施事论元或施事论元角色成分充当事物类指领域、范围限制成分，构式需要补足语境缺省的受事论元存在的前提才能表达施事论元话题事物的类指情形。受事论元或受事论元角色成分充

当构式话题时 N_1 位置往往由施事论元或作用于事物外延的语义成分占据（SV-N），如"重点保护目标""国家保护动物""投资选择对象""官方调查材料"中的"重点、国家、投资、官方"等也只是由施事论元或施事论元角色成分充当的事物类指领域、范围限制成分。可以说构式表达往往有一个现象结构存在的前提，构式分类类指或归类类指与 V 的分类属性值或归类属性特征有关，根本上受制于句式意义表达需要。

构式分类类指或归类类指与不可或缺的受事论元成分的泛指或专指或者说［±个体性］语义特征紧密相关，或者说受事成分的个体或类别性质在判定构式话题事物与宿主事物的领属关系或属性关系性质上具有决定性的作用。受事论元概念越具体构式越倾向于归类类指表达，如"事故调查人员""案件调查材料"；概念越抽象构式越倾向于分类类指表达，如"安全保卫人员""水文测量数据"。归类或分类类指选择从根本上说受具体的语言表达环境制约。

6.2.1.2 施事论元角色话题与受事论元角色话题事物的类指情形

6.2.1.2.1 施事论元角色话题事物的类指情形

施事论元角色话题指能作为人的施事能力延伸的工具、材料、手段或方法等这些能间接表现施事作用的可有论元成分充当的构式话题，交际语境中这些语义成分也需要分类或归类表达，便形成以施事论元角色为类指对象的 VN 类指构式。构式表达同样有一个现象结构存在的前提，即构式分类类指或归类类指同样由作为 N_1VN_2 外扩展结构成分的受事论元的泛指或专指性质决定，同样与受事论元的［±个体性］语义特征有关。上述施事论元话题或受事论元话题事物的不同类指情形判断规则同样适用于施事论元角色话题或受事论元角色话题事物的类指分别。

施事论元角色话题类指构式的外扩展结构 N_1VN_2 的基本形式同样是 OV-N，因构式表达施事论元角色的类指，论元角色类指对象作句子主语的概率大大增加，施事论元 S 仍可以出现在句子主语位置上，但更多的情形却是充当 OV-N 结构的限制性定语，构式也就有了 SOV-N 的简式；受事论元如是泛指的规约的情形可默认缺省，SOV-N 便进一步简化为 SV-N。从这一意义上说，OV-N 和 SV-N 只是同一种结构的两种表现形式，并非构式存在着的两种对立的语义类别。

我们首先仍由"保护、研究、测量、调查、设计"五个［+前名、+后名］属性动词入手进行说明。

(22) a. 目前，在我国法律中，对"人格尊严"的保护规定更加具体明确。在《未成年人保护法》《残疾人保障法》《妇女权益保障法》中，都有相应的规定。

a′. 妇女创办的中小企业得到迅速发展，女职工劳动保护规定也进一步得到落实。

b. 该公司科学家通过克隆技术制造出一批人类胚胎，但公司说研究目的并非制造克隆人，而是要利用克隆胚胎中的人类干细胞治疗疾病。

b′. 该公约允许用于研究目的的无性繁殖，但坚决禁止任何利用该技术对人类进行的基因复制，否则予以重罚。

c. （联合国第十二届亚太区域测绘会议）认识到全球定位系统（GPS）作为一种重要大地测量技术的出现，可用于加强或完成全国大地测量基础结构。

c′. 在伽利略的时代，测量技术并不是像后来那样的精密；尽管如此，他仍然得出了真实的落体定律。

d. （世界银行）这一调查报告覆盖了中国 23 个城市，采用的是标准的问卷调查方式。

d′. 正是由于马利诺夫斯基、博厄斯等人的共同努力，田野调查方式遂成为民族学这门学科不可或缺的一部分。

e. 有了新车的设计思路，福特的设计专家们便开始行动。李·艾柯卡授意车型经理和生产经理主持车型设计，指出这种新车一定要兼具式样好、性能强、价格低三大特色。

e′. 今后的汽车设计思路必须着眼于方便驾驶，贴近生活。

（22）a 的"相应的规定"、（22）b 的"克隆胚胎中的人类干细胞"、（22）c 的"全球定位系统"、（22）d 的"问卷"、（22）e 的"兼具式样好、性能强、价格低三大特色"分别是"保护规定""研究目的""大地测量技术""调查方式""设计思路"的个体施事论元角色话题，句法位置不固定，也可以如（22）d 的"问卷"一样成为构式的外扩展成分；而宿主事物"规定""目的""技术""方式""思路"分别与动词的施事论元"我国法律""全国""联合国第十二届亚太区域测绘会议""世界银行""福特的设计专家们"存在语义上的领属关系；"人格尊严""克隆技术""全球定位系统（GPS）""这一调查报告""新车"分别是出现在中动词的个体受事论元，与动词构成一个事件结构的基础形式，限定构式的个体施事论元角色话题事物的归类类指表达。

（22）a′的"女职工"是类指受事论元，施事论元是"中小企业"，构式相应的施事论元角色话题由 N_1 位置上的"劳动"指示类别范围；（22）b′的类指受事论元是"无性繁殖"，施事论元是受公约约束的任何人，角色话题是包括禁止人类基因复制的所有利用该技术的行为；（22）c′的类指受事论元是"落体"，施事论元是"伽利略"，角色话题是伽利略时代的所有测量落体的技术；（22）d′的受事论元"田野"充当构式的外扩展成分，施事论元是"马利诺夫斯基、博厄斯等人"，角色话题是包括在"田野测量技术"范围内的所有的类别存在形式；（22）e′的受事论元"汽车"也处于构式的外扩展成分位置，施事论元是默认缺省的设计人员，角色话题是"方便驾驶，贴近生活"。类指受事论元因有隐性全量成分的外延限制，都可以变换为"VN_1 的 N_2"结构，如"研究无性繁殖的目的""设计汽车的思路"，无论受事论元是否处于构式的外扩展成分位置。但个体或个体类别受事论元不能作这样的同义变换，如（22）d中的"这一调查报告的调查方式"与"调查这一调查报告的方式"、（22）e中的"新车的设计思路"与"设计新车的思路"的指称范围并不相等，因"这一调查报告"是个体受事，"新车"是个体事物类别，都是有指成分；而"VN_1 的 N_2"结构中的 N_1 是无指成分，VN_1 作为现象结构才能充当中心语名词的分类标准。

现在可以进一步推测 N_1VN_2 结构"的"的插入位置不同带来的意义变化原因。例如：

（23）a. 自1996年以来，国家通过法律形式规定，将彩票收入的8‰作为文物保护的资金，仅这一项每年可有15亿欧元的经费。
　　　b. 三峡淹没区地上文物的保护措施可分为两大类：①原地保护；②易地保护。

（23）a中话题事物"彩票收入的8‰"与"资金"的领属关系限定"文物"的个体受事论元性质，构式表达施事论元角色话题事物的归类类指；（23）b中话题事物"原地保护""易地保护"不改变"文物"的类指性质，显见是"文物的保护措施"的两种分类，构式表达施事论元角色话题事物的分类类指。似乎可以说"N_1V 的 N_2"结构倾向于类指对象的归类类指表达，"N_1 的 VN_2"结构倾向于类指对象的分类类指表达。语境中有时不能限定"N_1V 的 N_2"和"N_1 的 VN_2"结构中受事论元 N_1 的类指表达：

(24) a. 语法研究的目的在于认识语言的规则，而规则是从大量的事实中概括出来的。
b. 语法的研究目的在于揭示语表和语里的对应关系，在于发现语表语里的结合体在一定的语言环境中所具有的语用价值。

但形式不同意义就不同，"语法研究的目的"是把"语法研究"扫描为一个整体，"语法的研究目的"是把"研究目的"扫描为一个整体，总括扫描结果记述的是属性，可知"语法研究"中"语法"表语义分类属性，"研究目的"中是"研究"表语义分类属性。"语法研究的目的"倾向于归类类指表达、"语法的研究目的"倾向于分类类指表达便是自然的了。

从表 2-11 的构语能力强弱统计情形来看，两个［+前名］属性动词"收集、维护"、三个［-前名、-后名］属性动词"发明、恢复、回忆"都不能构成能产的 N_1VN_2 结构，三个［+后名］属性动词"保卫、采购、选择"中也只有"采购"有能产的 N_1VN_2 结构指称形式。

由上述五个［+前名、+后名］属性动词的构语情形讨论可知，受事论元的个体或类别事物指称性质是构式的归类类指或分类类指的决定性因素，且施事论元角色充当类指对象话题时受事论元更多地出现在 N_1 的位置上构成扩展的 N_1VN_2 结构，这样非能产的 N_1VN_2 结构也就意味着能与动词构成现象结构的受事论元的类别范围有限。二价动词都有支配的受事论元存在，也就都会存在类指的 N_1VN_2 结构形式。为证明这一假设，我们只就［+主、+宾］类别里的两个［+前名］属性动词和三个［+后名］属性动词的构语情形进行列举说明，同属非能产构语情形的［-前名、-后名］属性动词不再讨论。

因施事论元角色充当类指对象话题的 N_1VN_2 结构的基本形式是受事论元作定语的 OV-N，依受事论元存在（或默认缺省）的前提，我们也以

第六章 "$V_双^2+N_双$" 构式类指　　279

OV-N 作为"收集""维护"两个［+前名］属性动词的语料检索条件。

　　(25) a. 苏扎湾是美国在希腊保留下来的最后一个海军和空军基地……它同时又是美国在中东、巴尔干和地中海地区的情报收集中心。
　　　　b. 其实在"宽松"的背后，缉私队做了大量的情报和信息收集工作。
　　　　c. 在最近六七年的时间里，我们一直在用口述史的资料收集方式来研究 20 世纪下半期中国农民的社会生活。
　　　　d. 孙教授主持的这项研究计划的最独特的地方是，采用口述式的资料收集方法，让农民亲自来讲述他们自己的历史。
　　　　e. "中国地球科学家数据库"涉及全国地球科学家队伍，资料收集范围包括全国 15 个部委和 30 个省市自治区，其中收录了全国 10217 名科学家的资料，包含了这些科学家自身素质、科研项目和科研成果等 64 项内容。
　　　　f. 乐山大佛的保护耗资巨大，仅日常维护费用 1 年都在 200 万元以上。
　　　　g. 至于广告或者终端推广等，都只是一种沟通和维护手段，不同企业或者品牌完全可以根据自己的特点，找到自己最容易发挥的途径。

　　(25) 中的构式都对应一个个体或个体类别施事论元角色话题，因而都表达类指对象的归类类指。(25) a 中的"苏扎湾"是一个"情报收集中心"，(25) b 中"大量的"与"情报和信息收集工作"、(25) c 中的"口述史"与"资料收集方式"、(25) d 中的"口述式"与"资料收集方法"分别匹配，(25) e 中"资料收集范围"对应范围内的个体成员。(25) f、(25) g 中的受事论元"乐山大佛""广告或者终端推广等"是与 VN 结构分离的个体受事论元，宿主事物对应的个体施事论元角色分别由"200 万元以上""一种"指示。受事论元分离出去后 N_1 可以是其他语义成分充任的范围限制成分，如 (25) f 中的"日常"。

　　构式分类类指要求有类别受事论元存在的前提，对应类别施事论元角色话题：

(26) a. 以色列是世界公认的情报大国，拥有各种现代化的情报收集手段。

b. 网络编辑与一般传统意义上的编辑的不同之处在于，除了要具备语言驾驭能力、信息收集能力，还要求熟练运用办公自动化软件，甚至是用 HTML 语言制作网页。

c. 由开发人员做维护工作势必使得他们的新项目开发工作受到影响，或者完全没有时间和精力去开发新的项目。

d. 文物的日常管理维护应由文物的使用人和所有人承担，维护费用由各企事业单位自主解决。

(26) a 中指示角色话题信息的"各种"意谓"所有的"，与"情报收集手段"相对待；(26) b、(26) c、(26) d 中的"信息收集能力""维护工作""维护费用"前都有一个隐性的全量外延限制成分存在，各例中的受事论元"情报""信息""项目""文物"都是泛指的类别事物，构式都表达凸显动词表达属性值的施事论元角色话题分类类指情形。

表 6-1 中的三个 [+后名] 属性动词"保卫、采购、选择"的施事论元角色话题事物的类指表达分类描述如下：

(27) a. 运动员村也加强了安全保卫工作。

a′. 银行的保卫工作是风险责任大、又苦又累的岗位，保安人往往不太安心工作。

b. 会谈开幕前一个多小时，芳菲苑门口就已采取了严格的安全保卫措施，所有记者进入时必须经过临时搭建的安检口。

b′. 阿根廷政府 17 日夜宣布实行全国安全警戒状态，在各战略要地加强安全保卫措施，以防止"基地"组织或其他恐怖组织袭击。

c. 中国国内航空公司已提出了 90 架支线飞机的采购计划。

c′. 铁路局物资采购中心则按采购小组确定的采购计划和采购方案，组织招标采购或比价采购，按期供应到位。

d. 一起因招投标纠纷引发的企业状告政府采购部门的案件，今天在北京市朝阳区人民法院进行了公开审理。

d′ 草案还对政府采购部门及其工作人员滥用职权、玩忽职

第六章 "$V_双^2+N_双$" 构式类指　281

守、徇私舞弊的违法行为，规定了明确的法律责任。

e. 如果土耳其最终不允许美国在土部署军队，美军还有其他选择方案，仍可以通过武力成功解除伊拉克武装。

e′. 根据技术评估提供的各种选择方案，决策机构能权衡出最优宏观投资策略。

（27）a 的受事论元"运动员村"特指，限定"保卫工作"的施事论元角色话题事物具体"工作"的个指，构式表达施事论元角色话题事物的归类类指；（27）a′的具体的受事论元"银行"指称类别，限定"保卫工作"的施事论元角色话题事物具体"工作"的类指，构式表达施事论元角色话题事物的分类类指。两例中均有一个默认缺省的受事论元"安全"指示活动范围，但泛指类别或特指个体与话题事物的类指与个指相谐。与此相同，（27）b、（27）c、（27）d、（27）e 中的受事论元都指称个体事物，构式表达施事论元角色话题事物的归类类指；（27）b′、（27）c′、（27）d′、（27）e′中的受事论元都指称类别事物，构式表达施事论元角色话题事物的分类类指。

6.2.1.2.2　受事论元角色话题的类指情形

以受事论元角色话题为类指对象的宿主事物的分类类指或归类类指同样取决于受事论元角色话题事物的类指或个指性质，虽然受事论元与受事论元角色话题事物的类指或个指表达上常具有一致性，但受事论元个指并不意味着构式话题事物受事论元角色成分一定是个指的。如果受事论元角色话题事物个指，且与宿主事物也构成领属语义关系结构，构式表达受事论元相关参与者角色的归类类指：

（28）a. 凡存麦秸 100 吨以上的大户，均可与公司签订购销合同，由公司出资统一办理防火保险，并以每吨 300 元的最低保护价格收购。

a′. 公司还制定了乌鸡收购最低保护价格，由公司承担市场风险。

b. 先生在开书单和出思考题之前，早已对这一研究课题的国内外研究现状心中有数。

b′. 捷克东方研究所所长普罗塞茨基向中国藏学家们介绍

了捷克藏学研究情况。

　　c. 让人们惊讶的是，这次测量结果，珠峰在17年里"矮"了1.86米。

　　c′. 这个探测器是寻找理论物理学家20年来一直假设的宇宙中的反物质和暗物质。测量结果将增加人类对宇宙的了解。

　　d. 最近的波兰社会民意调查情况表明，迄今为止，没有一个总统候选人的支持率超过30%。

　　d′. 无论是从全国大范围调查情况看，还是从各地实际疫情表现看，流动儿童群体免疫缺失问题已紧迫地摆在眼前。

　　e. 新体制的设计原理就考虑了调动地方抓经济效益积极性的问题。

　　e′.（各种结构类型）最一般的共同特点是语言结构的设计原理，这跟语言作为交际工具的性质有直接联系。

　　（28）a、（28）b、（28）c、（28）d、（28）e的个体受事论元"麦秸""这一研究课题""珠峰""民意""新体制"都是各自宿主事物的领有者，构式话题受事成分参与角色可分别通过"每吨300元""最低""这次""没有一个总统候选人的支持率超过30%""调动地方抓经济效益积极性的问题"的信息中抽取出来，构式表达受事论元角色话题事物的归类类指；（28）a′、（28）b′、（28）c′、（28）d′、（28）e′的"乌鸡""藏学""宇宙中的反物质和暗物质""流动儿童群体免疫缺失问题""语言结构"都属于个体类别受事成分，构式同样表达相应的参与角色话题的归类类指。

　　如果受事类指或泛指，则作为构式话题的受事论元参与角色往往也具有［-个体性］，与宿主事物构成"内容—类别"属性关系结构，构式表达受事论元角色话题事物的分类类指：

　　（29）a. 尽快制定并实施全省统一的纸箱行业保护价格，已是纸箱行业乃至整个包装行业刻不容缓的大事。

　　a′. 在知识经济的条件下，投资人在选择贸易伙伴时，引资国的著作权保护状况，是一个十分重要的因素。

　　b. 由于传世文物具有鉴赏和研究价值，又易于储蓄保值，随着经济的发展，教育的普及，人民选购收藏文物的要求也越来越大。

b′. 这正是技术创新成为许多国际组织、国家和企业研究热点之一的重要原因。

c.（为促进产品质量的提高……）本次会议将围绕如何进一步加强各国法制计量方面的合作，开展国际间测量结果的相互对比，促进相互承认检测结果以及互相援助等问题，进行广泛的讨论。

c′. 新一代皮肤图像仪可以与电脑连接，并可直接向医生发送皮肤测量数据。

d. 市场调查报告应包括建议事项，以引起有关人员的加倍重视。

d′. 据央视市场研究股份有限公司日前公布的京沪穗三地个人保险市场调查数据，北京、上海、广州三城市分别有 68.9%、82%和 49.7%的被调查者办理了保险业务。

e. 学生将系统接受广告理论、设计原理、影视广告制作等方面的专业训练。

e′. 由于男导游服装设计难度较大，这次没有统一着装。

（29）a 中的受事"纸箱"泛指，"保护价格"存在着与"不统一"的价格的类比前提；（29）a′中的受事"著作权"泛指，"保护状况"存在好与坏的类比选择前提。"统一"的"保护价格"、"好"的"保护状况"是选择已定的"内容"；（29）b 的"传世文物"与"研究价值"、（29）b′的"技术创新"与"研究热点"，（29）c 的"产品质量"与"测量结果"、（29）c′的"皮肤"与"测量数据"，（29）d 的"市场"与"调查报告"、（29）d′的"市场"与"调查数据"，（29）e 的"广告"与"设计原理"、（29）e′的"服装"与"设计难度"也都存在类指受事论元与宿主事物间的领属关系，领有物 N 潜在的类比选择前提通过定语动词 V 表达出来。如（29）b 的"传世文物"具有的"研究价值"、（29）b′的"技术创新"是"研究热点"之一的选择已定也就意味着类比选择前提的存在。领有物宿主并不就是受事论元，这与受事论元作为话题的类指构式表达情形区别开来。

上面只是就受事论元类指或泛指的情形而言。如果受事论元个指或专指，但相应的参与角色话题被总括扫描为一个可供分类的"内容"集合，构式同样表达角色类别话题事物的分类类指：

(30) a. 他的许多诗文，为国内学术界所推崇，极有研究价值。
b. 西山公园是我国目前城市中唯一一个在闹市中心而又极富研究价值和观赏价值的喀斯特地形地貌公园。

(30) a 的"研究价值"对应个指受事论元"他的许多诗文"中的可供研究的有价值的所有内容，(30) b 的"研究价值"对应专指受事论元"西山公园"的所有的"喀斯特地形地貌"特征，都有角色类别话题存在的前提。"极有""极富"凸显"研究"的分类属性值表达。这是受事论元与受事论元角色话题不一致的指称分别。通常的情形是，受事论元个指受事论元角色话题事物不一定个指，而受事论元角色话题事物个指则约束受事论元的个指。

以上是五个［+前名、+后名］属性动词的以受事论元角色话题为类指对象的构语情形。"收集""维护"两个［+前名］属性动词都有受事论元角色充当话题事物的构语情形，只是宿主事物的类别会受到限制。如：

(31) a. 各景区应配备足够的垃圾收集容器，方便游客投放垃圾。
a'. 农业部门要按照信息标准化的要求，努力拓宽信息收集渠道，增加农产品供求、价格、科技、政策及生产动态等信息数量。
b. 微软已经为该公司最新版本视窗软件的用户支出将近10亿美元的安全维护费用。
b'. 此后，戴尔公司对其网络维护程序进行了改进，以保证这样的错误永不再发生。

(31) 各例都是泛指受事充当构式的外扩展成分，与宿主事物构成领属关系，指示宿主事物的活动领域、范围。(31) a 中的"足够的"指示与"容器"相应的话题事物的个体性质存在，受事"垃圾"信息度凸显成为分类标准,构式表达个体受事角色话题事物"垃圾容器"的归类类指;(31) a′预设"信息渠道"存在宽窄之别,"收集"表达分类属性值,构式表达类别受事角色话题事物"信息渠道"的分类类指;(31) b"近10亿美元"是"安全"方面的"维护费用",(31) b′动作的个指施事论元"戴尔公司"并不限定受事论元"网络"的类指,"改进"的只是"维护程序"。前者是个体受事角色话题事物的归类类指,后者是类别受事角色话题事物的分类类指。

三个［+后名］属性动词"保卫、采购、选择"都有能产的受事论元角色充当话题事物的构语情形,与［+前名］属性动词相较宿主事物的类别不受限制。如:

(32) a. 他在飞机上吞云吐雾引发火警,触犯了民航安全保卫条例。

a′. 上市公司召开股东大会,应当采取安全保卫措施。

b. 据统计,去年联华超市的全国商品采购品种已达1600多种。仅从调出的6种医药及器械采购清单计算,安康市中心医院就多支出四十多万元。

b′. 约旦石油及石油产品采购费用大幅上升的主要原因是受到国际市场油价波动的影响。

c. 在所有这些情况里,税收都不会缩小技术上可行的选择范围。

c′. 为就业计,大学生创业不能只唯高精尖,而应该产业选择范围更广,以谋生存为第一要务。

(32) a的"安全保卫条例"对应火警事件触犯的具体条例条目,(32) a′的"安全保卫措施"对应活动应采取的各方面的安保措施。依话题事物的［±个体性］,前者属构式归类类指,后者属构式分类类指情形,"安全"均属可默认缺省的泛指受事;(32) b、(32) b′中的受事论元"商品""产品"分别指称个体和类别事物,"商品采购品种"是个体话题事物"1600多种"的归类类指;"产品采购费用"表达类别话题事物的分类类指。(32) c个体类别受事"税收"的"选择范围"是"所有这些情况里""技术上可行"的特定的具体范围,表达个体受事论元角色话题事物的归类类指;(32) c′泛指受事"产业"的"选择范围"对应包括"高精尖"在内的所有产业类别,构式表达类别受事论元角色话题事物的分类类指。

最后来看三个 [-前名、-后名] 属性动词"发明、恢复、回忆"以受事论元角色话题事物的类指情形。[-前名、-后名] 属性的存在意味着动作类指对象范围及宿主事物类别的有限性:

(33) a. 这一重大发明获得了国家专利,并被中国专利局选送到新加坡参加国际专利发明展览,一举荣获金狮大奖。

a′. 在创造教育方面,学校的网络教育可以创建科技发明专栏,增强学生创造思维和敢于创新的精神。

b. 手术后他们的身体恢复情况都很正常,也没有发生任何并发症。

b′. 伊拉克的石油生产恢复情况低于市场预期,9月份日产量只有135万桶。

c. 60年代的战争回忆文章汇集《星火燎原》,由毛泽东主席亲自题写书名,朱德元帅作序,……600多位战争亲历者执笔撰文。这套汇集几乎影响了整整一个时代的读者。

c′. 六年级的学生本身在第二种条件(线索回忆)下比在第一种条件(自由回忆)下回忆得更好,而一年级和三年级的孩子在这两种条件下的回忆结果的差异不大。

(33) a个体受事论元"这一重大发明"、(33) a′类指受事论元"创造教育"的领有物分别是"展览""专栏",规定"国际专利发明展览""科技发明专栏"的归类类指和分类类指性质;(33) b受事论元"身体"个指,构式表达个体受事论元角色话题的归类类指;(33) b′受事论元"生产"虽有领属定语限制,但指称类别事物的性质并不因之发生改变,"低于市场预期"有"高于市场预期"的类比前提存在,构式表达类别受事论元角色话题的分类类指;(33) c 受事论元"战争"特指"60年代的",(33) c′不同的施事论元类别及"线索""自由"两种方式的存在规定了受事论元的类指性质,也就规定了"回忆"的属性值表达,前者构式表达受事论元角色话题事物的归类类指,后者构式表达受事论元角色话题事物的分类类指。

6.2.1.2.3 小结

以施事论元角色话题或受事论元角色话题事物为类指对象的类指构式都需满足施事论元与施事论元角色话题成分、受事论元与受事论元角色话题成分间领有关系存在的前提，话题成分与宿主事物间又依同一性领属关系和属种关系的存在分别构式的分类类指与归类类指，则施事论元或受事论元与构式宿主事物间同样有领属语义关系的限制，只是施事论元或受事论元的个体与类别指称分别并不影响施事论元角色话题或受事论元角色话题事物的分类类指或归类类指。

施事论元角色话题是能作为人的施事能力延伸的工具、材料、手段或方法等这些能间接表现施事作用的可有论元成分充当的构式话题，受事论元角色话题是受事原型范畴里的非典型受事成分。

袁毓林（2002：16）把原型受事分为受事、结果、与事、对象和系事五个小类，将系事定义为事件里跟主事相对的事物，其所指表示相应主事的属性、类型等，一般充当句子的宾语或远宾语。系事的另一种通常的定义是性状所系属的对象，是性状动词的必有论元，在句子中一般作主语（张斌等，2010：1005—1006）。为避免范围交叉，我们采用袁文的受事范畴界定，将系事与主事相对待，因联系主事与系事的关系动词都不属可定动词，这样以受事论元角色话题为类指对象的语义成分范围只包括非典型的受事成分结果、与事和对象三个。结果由施事的动作行为造成，语义上具有变化性、受动性、渐成性，与施事相对共同成为某种类型的及物动词的两个必有论元；对象是感知行为的对象和目标，语义上具有自立性和关涉性，与感事相对共同成为某种类型及物动词的两个必有论元（袁毓林，2002：16），支配感事的动词一定是感觉—心理动词，能受"不"修饰（袁毓林，2010：132—133）。表6-1中的13个［+主、+宾］属性动词因都不是符合这一限制框架的感知动词，二价动词论元结构中又不存在与事成分，因而这里的受事论元角色话题的归类类指或分类类指表达通常是结果成分或对象成分的类指表达情形。

张伯江（2016：39）把变化性视为受事最根本的特征，是已有事物的状态变化，不包括从无到有的变化的"受影响性"。由上讨论可知，受事论元角色具有依附性，受事论元的指称性质决定了受事论元角色话题成分的类指表达形式分别，或者说依受事论元指称性质的变化而变化。渐成性指事物具有的在事件中逐步形成的性质，受事相关参与者角色的变化性或许更能体现受事的渐成性特征。

受事论元经常作为构式的外扩展成分 N_1 存在，即使在受事论元话题事物的类指情形里。这是由构式作为句子的结构成分的性质决定的。个体或类别受事论元都可出现在 N_1 的位置上，因"单个动词+宾语"的组合也有"活动"和"事件"之分（沈家煊，1995：373），汉语述宾结构既可表"现象"也可表"事例"（杉村博文，2006：59），即动宾组合可以表达没有内在终止点的无界动作"活动"或"现象"，可以表达有内在终止点的无界动作"事件"或"事例"，都有凸显的动词与受事论元语义关系侧面存在的前提。反过来，VN 构式表达指称时又有"活动"和"事件"或"现象"和"事例"的表达前提，这一表达前提存在于定语动词的降格表述里，则 N_1 位置上的个体或类别受事论元与定语动词一起实现为构式指称的"事件"和"活动"或"事例"和"现象"前提条件。通常地，受事论元类指表达无界的"活动"或"现象"前提，受事论元个指表达有界的"事件"或"事例"前提。

典型的 VN 类指构式是邢福义（1994）界定的造名结构"对象 N_1+V+管界 N_2"，也即储泽祥、王艳（2016）界定的具有指称化效用的 OVN 结构。

6.2.2 ［+主、-宾］动词构语型式

只能指称主语（主体）的［+主、-宾］动词的事物化方式是凸显两个关联事物中的主体，这意味着 VN 构式表达施事论元、施事论元角色话题事物的类指情形不受限制，受事论元或受事论元角色话题事物的类指情形应该很受限制。其中"+前名、+后名"属性动词说明话题事物与宿主事物的类别范围不受限制，"+前名"属性动词说明宿主事物的类别范围会受到限制，"+后名"属性动词说明话题事物类指对象的类别范围会受到限制，"-前名、-后名"属性动词说明题事物与宿主事物的类别范围都会受到限制。

我们从［+主、-宾］类动词的不同属性类别入手考察构式类指表达分别。

6.2.2.1 "+前名、+后名"属性动词的构语情形

我们通过表 6-1 中列举的两个"+前名、+后名"属性动词"攻击、

指导"说明具有该属性特征的[+主、-宾]动词的构语情形。
6.2.2.1.1 施事论元话题事物类指

（34）a. 里皮在攻击人员不整的情况下将更加强调稳定，整体的控球能力和强硬的防守将是对抗巴塞罗那的主基调。/是日夜，红军各攻击部队趁夜暗进入攻击状态。

b. 中国队陆续换上 2.04 米的高大中锋郑海霞和攻击后卫李昕，情况有所好转。/几千年来，由欧亚草原孕育的游牧文明为人类战争史舞台上提供了一支历久不衰的攻击力量——骑兵。

c. 我们会让实习学生进入相关部门，让他们参与一定的项目和工作任务，并配备专门的指导老师。

c′. 张艺是王雪的实习指导老师，也是一名老护士。

d. 目前，我国拥有国家农业技术指导人员 100 多万人，预计在未来 10 年内，农业技术指导人员的需求呈上升趋势，总增长量将超过 20%。

（34）a 两例中的"攻击人员"与队内的非攻击人员相对、"攻击部队"与非攻击部队相对，都表达类别施事论元话题事物的分类类指；（34）b 两例中的"攻击后卫"对应个体施事"李昕"、"攻击力量"对应个体类别施事"骑兵"，都表达施事论元话题事物的归类类指。动作受事论元均默认缺省。（34）c 中的受事论元"实习学生"类指，"指导老师"有与带队老师、任课老师等的类比前提存在，构式表达施事论元话题事物的分类类指；（34）c′ 的"实习指导老师"是个体施事话题"张艺"的归类类指，受事"实习"泛指。（34）d 中前一个"农业技术指导人员"是对应的个体施事论元话题成分"100 多万人"的归类类指，后一个有与非指导人员的类比前提存在，自然表达施事论元话题的分类类指；受事论元"农业技术"都是泛指成分，施事论元话题事物的个体与类别性质决定了构式的归类与分类类指表达。

6.2.2.1.2 施事论元角色话题事物类指

（35）a. 如果他们一味退避，就永远近不了敌人之身，换句话说，也就永远占不上攻击位置。

a′. 攻击他们的人从地上爬起来回归攻击位置，几个人走向那处洞孔试图往里打量。
　　b. 他们平时常常用拳掌击打墙壁或木块，以磨炼手部的攻击能力。
　　b′. 后卫虽然只有1.72米，但攻击能力很强。
　　c. 各地区、各部门、各单位要有专门的未聘人员安置指导机构，为妥善安置未聘人员提供信息、帮助指导、创造条件。
　　c′. 百色最大的医疗技术指导中心是地区医院。
　　d. 即使指导同样的内容，但并非每个人适用的方式都一样，应选择适合每位部属的不同指导方式。
　　d′. 让小学生自己概括出原理、原则和自己发现问题的解答，比传统的教法即由教师提供原理原则或预先提供正确答案的指导方式更能增加正迁移的效果。

（35）a 的"攻击位置"与非攻击位置相对，（35）b 的"攻击能力"与非攻击能力相对，（35）c 的"指导机构"的领有者是"各地区、各部门、各单位"，（35）d 中"不同"的"指导方式"规定了话题成分的类指，构式均表达施事论元角色话题事物的分类类指；（35）a′中的"攻击位置"是确定的已知的，（35）b′中的"攻击能力"是施事论元"后卫"特有的，（35）c′中的"医疗技术指导中心"相应的话题成分"地区医院"个指，（35）d′的"指导方式"是"由教师提供原理原则或预先提供正确答案"的特定类别，构式均表达施事论元角色话题事物的归类类指。

6.2.2.1.3　受事论元话题事物类指

我们以宿主"对象"为例加以说明：

（36）a. 以色列政府和议会的每一个成员都将成为"卡桑旅"的攻击对象。／"Mydoom"病毒的主要攻击对象是装有微软视窗操作系统的电脑。
　　a′. 这个汽车炸弹的攻击对象是警方的炸弹专家。／由于这些言论和观点，康德成为女性主义主要的攻击对象。
　　b. 学习指导对象的主体性、指导内容的丰富性、指导环境条件的复杂性、指导时机的变化性等，决定了学习指导模式的驾驭和运用需要高度的灵活性和创造性。

　　　　b′.《意见》专门把小企业作为贷款指导对象。

（36）a 两例中的类指对象分别是"以色列政府和议会的每一个成员"和"装有微软视窗操作系统的电脑"，构式表达受事论元话题事物的分类类指。(36) a′两例中的类指对象分别是"警方的炸弹专家""康德"，构式表达受事论元话题事物的归类类指。(36) b"学习指导对象"隐含一个有全量外延的领有者类指对象存在，(36) b 的类指对象是"小企业"，构式分别表达受事论元话题事物的分类类指和归类类指。

6.2.2.1.4　受事论元角色话题事物类指

　　（37）a. SecureWatch 是一种旨在记录来自企业网络外部的网络攻击内容的在 Windows2000 上运行的软件产品。
　　　　a′. 这些（"侵犯人权"的）攻击材料和个案有的早已被戳穿，即使所谓的新材料和个案，大多也是捏造和歪曲的不实之词。
　　　　b. 今年前三个月出现大面积亏损的物资流通企业更为关注钢材产品指导价格的执行。
　　　　b′. 成都肉类产品批发市场的价格，已成为全国公认的产区指导价格。
　　　　c. 中西药毕竟属于两类不同医学体系的药物，其用药指导理论和药物来源均有较大差异，合用不当会产生不良反应。
　　　　c′. 随着遵义会议实现了中国革命战争全局统帅核心与指导理论上的根本性改变，长征形势全然改观，狂澜奇迹般地得挽。

（37）a 中"来自企业网络外部的网络攻击内容"限定构式类指对象的类指（不限定动作受事论元的类指），"攻击内容"表达受事论元角色话题事物的分类类指；(37) a′的"攻击材料"是具体的针对受事论元"中国"的有关"侵犯人权"的内容材料，构式表达个体受事论元角色话题事物的归类类指。同样，(37) b、(37) b′中的"价格"的领有者分别是受事论元"钢材产品""肉类产品"，前者对应的类指对象是所有钢材产品的指导价格，凸显指导价格与非指导价格的差别；后者对应成都肉类产品市场价格，认定这一市场价格就是"产区指导价格"，构式分别表达受事论元角色话题事物的分类或归类类指。(37) c、(37) c'的"指导理论"对应的类指对象分别是关于受事论元"用药"的一般理论和"中国革命战争"的特殊理论,构式分别表达受事论元角色话题事物的分类或归类类指。

"目标"有两个义项,一是射击、攻击或寻求的对象,二是想要达到的境地或标准。"目标"如作为宿主事物出现,按义项一可有受事论元话题事物的类指表达,按义项二可有施事论元角色话题。如:

(38) a. 改用装延迟引信贯穿力强的 WDU-JDAM 能从距离攻击目标 24 公里的高度投下,在 GPS 的矫正下让炸弹精确落到目标上。/核废料仓库不能防止飞机失事坠落撞击,存储容器坏了也无法修理,如爆发战争,容易成为导弹攻击目标而造成危害。

a'. 但很快地,杨世武发现自己成为下一个攻击目标。/市政府现在没有办公地点,市政厅本身可能是攻击目标。

b. 导弹专家根据响尾蛇攻击目标的原理,设计制造了一种用红外线制导的空对空导弹,取名"响尾蛇"。/所谓"导弹软体的弹头定位",就是指导弹制导系统中对攻击目标方位、高度等设置的各项参数,即人们常说的"导弹对准了哪里"。

b'. 法国战机的攻击目标将针对"基地"组织,法国正与其他国家就目标的精确位置进行讨论。/车开到桃林大队附近,这条被打昏了的蛇突然活了过来。它昂头吐舌,像是在寻找攻击目标。临近几个座位的旅客看得心上发毛。

(38) a、(38) a'中的"目标"显然应按义项一理解,句式意义凸显受事论元与宿主事物间的领属关系。"攻击目标"对应的话题成分是动作的非典型的受事成分,依袁毓林对非典型受事"对象"成分的界定,"目标"是感知行为的对象(target),"攻击"具有了[+感知性]语义特征。这样(38) a 中的"攻击目标"有非攻击目标的类比前提存在,隐含有全量外延限制成分,构式表达受事论元话题事物的分类类指;(38) a'例中的"杨世武""市政厅"是个体类指对象,构式表达受事论元话题事物的归类类指。(38) b、(38) b'中的"目标"应按义项二理解,因句式意义凸显"目标"与施事论元的领属关系。(38) b"响尾蛇""导弹"属泛指的感事成分，约束"响尾蛇攻击目标""导弹攻击目标"的话题事物的处所成分性质，构式表达施事论元角色话题事物的分类类指；（38）b′两例中的动作的受事论元"基地组织""临近几个座位的旅客"也只是作为类指对象的存在位置存在的，构式表达施事论元角色话题事物的归类类指。

VN 归类类指构式可扩展为"V 的 N"，"的"的入场约束了定语动词事物化过程的次第扫描方式：

（39）a. 混合比赛中女队员总是对方攻击的对象。
　　　　b. 一些地方的世界文化遗产已变成袭击的目标，战争也好，冲突也罢，攻击的对象首当其冲往往就是历史建筑和遗迹。

或者说"攻击的对象"约束了受事论元话题事物的归类类指表达。（39）a 如表述为"混合比赛中女队员总是对方的攻击对象"，则应是类指受事论元话题事物"女队员"的分类类指情形，但"攻击的对象"凸显"女队员"的个体类别，相应地，凸显宿主事物"对象"的归类类指表达；（39）b 与"一些地方的世界文化遗产"相应，构式表达个体类别话题事物"历史建筑和遗迹"的归类类指。

6.2.2.2 "+前名"属性动词的构语情形

6.2.2.2.1 施事论元角色话题事物类指

从表 2-12 中的六个具有"+前名"属性动词"安慰、鼓励、虐待、威胁、歧视、压迫"（下文称"安慰"类动词）的构语类型统计情形看都没有构成能产的 VN 或 N_1VN_2 结构的能力。虽属［+主、-宾］类动词，但"安慰"类动词却检索不到施事论元话题事物的类指情形。"人员"可以是施事论元也可以是受事论元的类指宿主①，CCL 与 BCC 两大语料库中检索不到这组动词直接充当"人员"定语的情形，也可间接证明这类动词难以构成受事论元话题事物的类指情形，或者说"安慰"类动词构成施事论元话题事物和受事论元话题事物的类指构式的能力很弱。受事论元不能作为类指对象话题出现或与动词的［-后名］语义特征相关，具有

---

① 尹世超（2002：2—3）视为施事中心语和受事中心语。前者如"陪同人员、管理人员、救援人员"，后者如"留用人员、试用人员、推荐人员"。

[+主]语义特征却不能如同具有相同特征的"保卫、指导"一样构成施事论元话题事物的类指情形,首先应该与受事论元与动词构成活动或现象结构的性质及动词的 ICM 相关。

"保卫、指导"类动词构式出现的环境中受事论元可以有明确所指也可以默认缺省的(默认缺省可描述为表达中存在着的动词词义的 ICM 中的不受凸显的语义成分),如"首长保卫人员""实习指导老师"中的"首长""实习",而"保卫人员""指导老师"默认的受事是"安全""学生"。而"安慰"类动词关系化或事物化的程度很高,除能充当谓语中心语外也经常作定语的中心语。我们给出一组"安慰"类动词作宾语中心语的例子:

(40) a. 这对于深居简出的陈洁如来说,心理上得到了莫大的安慰。/兵士们受到岳飞的鼓励,也冲上去,果然把金军杀得七零八落。/由于希特勒残酷地虐待苏联战俘,这些人也受到惨无人道的虐待。/计算机领域中重大技术进步都对安全性构成新的威胁。/雅夏作为一个犹太人,当然要比其他下层人物遭到更严酷的歧视和亏待。/蜀地的百姓平时受尽晋朝官府的压迫。

b. 一些电台办的各种热线节目越来越多,我有空也打打这类热线,寻求心灵的安慰。/她都说还可以,老师给了她很多的鼓励。/她既怕婆婆的虐待,又怕被男人的烈火所熔解。/要减少冠心病的威胁,一般成年人每天应从食物中摄取 2 毫克铜,才能满足人体需要。/政府和残疾人联合会十分注意采取各种方法消除对残疾人的歧视与偏见,形成尊重和帮助残疾人的社会环境。/选用弧度大、接触面宽的鼠标,可有助于分散力量,减少对手腕的压迫。

(40) a 组里的"安慰"类动词都充当控制度弱的谓语动词"得到、受到、遭到"等的谓词性宾语,(40) b 组里的都充当控制度强的谓语动词的谓词性宾语。王冬梅(2003:326)把动词语义与谓词性宾语的独立性之间的共变关系描述为动词的控制度越强谓宾的独立性越弱,动词的控制度越弱谓宾的独立性越强。(40) a 组"安慰"类动词作谓宾时的独立性强意味着动词指称化或事物化的程度也强。

动词事物化方式有凸显两个关联事物中的主体、凸显宾体与凸显

"关系"这一整体三种(参见沈家煊、王冬梅,2000:27—28)。凸显两个关联事物中的主体的动词如"编辑、领导、指挥"等能自如地表达施事论元话题事物的类指情形,也能表达受限的受事论元话题事物的类指情形,因两个关联事物一方的凸显以不被凸显的另一方的存在为表达背景;凸显宾体的动词如"发明、建筑、抵押"等能自如地表达受事论元话题事物的类指情形,也能表达受限的施事论元话题事物的类指情形;"安慰"类动词事物化的方式是把动作过程总括扫描为一个整体加以凸显,施事和受事成分成为动作过程整体的两个相关的组成部分"事物",如想象一个无论言语方式还是行动方式上的"安慰"过程的发生不能不想象动作的主客体双方的存在,或者说整个"安慰"过程中语义上相互依存的主客体双方都没有默认缺省的可能存在,即语义上不能只凸显主体也不能只凸显客体,因而施事论元或受事论元话题事物的类指情形会很受限制①。语料中检索不出受事论元角色话题事物的类指情形,究其原因是构式表达的"受事论元—动作"活动或现象结构前提只允准单一类别的施事论元话题或受事论元话题的类指情形出现,可允准施事论元角色话题事物凸显(因并不割裂任何一方都不被凸显的施事论元和受事论元的关系整体)或论元角色话题事物类指并不影响关系整体的凸显,但心理活动动词大都凸显主体事物(参见沈家煊、王冬梅,2000:26),构式表达的现象结构基底中的受事论元因通常不被凸显,其领有物受事论元角色成分也难以凸显为构式话题成分。

下面是"安慰"类动词以施事论元角色为类指对象话题事物的构语情形。

(41) a. 糖类食品是有安慰作用的食品。

a′. 那时营养品只有人参蜂王浆,……不过是糖水罢了,倒是起点心理安慰作用。

b. 鼓励方式还有奉赠,当然,我一点也不能肯定英国会愿意要合众国纳税人的馈赠。

---

① 沈家煊、王冬梅(2000:27)指出存在着一种不很明显的"事物"和"关系"之间部分与整体的不对称,关系概念包含相关的事物概念,事物概念一般不包含关系概念,如不能想象发生了破坏而不想象破坏者(敌人)和被破坏物(桥梁)的存在,但可以想象敌人和桥梁的存在而不必想象破坏的发生。

b′. 哈佛经理轻拍属下肩膀即表示"加油"之意,这种举动就能让属下燃起旺盛的精力,是一种既单纯又明确的鼓励方式。

c. 她的厄运绝非偶然、个别的现实,而是整个毛利民族在这个历史时期的缩影,是整个社会,乃至统治阶级所持的偏见和种族歧视观念的结果。

c′. 持续的地区武装冲突是制约非洲妇女教育事业发展的客观因素,但主观原因则在于非洲长期以来一直存在重男轻女的性别歧视观念。

d. 早在驻伊美军对伊拉克囚犯采取模拟死刑、性侮辱及其他虐待手段之前,美国布什政府就对关押在古巴关塔那摩基地的囚犯采取了凌驾于《日内瓦公约》之上的处理方法。

d′. 涉嫌丑闻的美军官兵明确承认,不人道的虐待手段受命于军方高层。

e. 美国空军在北美防空司令部的指挥下,将根据威胁程度大小对这两个城市上空实行空中战斗巡逻和接到警报后行动相结合的分层次警戒飞行。

e′. 驻阿国际安全部队受到的威胁程度比他预料的要低,参与作战的塔利班和"基地"组织骨干残余不到1000人。

f. 该书记述了作者目睹的种种压迫现象,指出私有制是一切社会不平的根源。

f′. 这种压迫现象根源于社会的矛盾,而犯罪又产生于这种压迫现象。

(41) a~f 中的"安慰作用""鼓励方式""歧视观念""虐待手段""威胁程度""压迫现象"动作的受事论元都类指或泛指,中心语事物都属主体施事论元的被领有物,因而表达施事论元角色话题事物的分类类指;(41) a′~f′中的"安慰作用""鼓励方式""歧视观念""虐待手段""威胁程度""压迫现象"对应的个体话题事物分别由"人参蜂王浆""轻拍属下肩膀的举动""重男轻女""不人道的""驻阿国际安全部队受到的""这种"表达或指示出来,受事论元可以是泛指的人,可以是特定的个体事物或个体事物类别,构式表达施事论元角色话题事物的归类类指。

6.2.2.2.2 有标记的受事论元或施事论元类指对象话题

语料库中能检索到少数"~对象"语料:

(42) a. 安慰人的人相对于安慰对象，总是具有一定优势的。/所有在职工作人员都属于鼓励对象，只要参加大专、本科进修学习并取得国家承认的相应学历，可报销一半学杂费和代办费。/一个国家较多地依赖计算机和通信网络，也会使他们成为信息战的潜在威胁对象。/这种群众性的歧视由于使社会失掉歧视对象中某些优秀人才，所以除了影响社会关系，还使经济增长率下降。/在巴基斯坦，家庭暴力仍然是一个非常普遍的现象。特别是在农村地区，妇女地位尤其低下，经常成为丈夫和家人的虐待对象。/人类社会出现阶级对立以来，劳动妇女从来就是一切剥削阶级的最残酷、最野蛮的压迫对象。

　　b. 小说里面描写一个行为异于常人的女子，被村子里的人贴上标签，视为"精神失常"，并成为众多男人的"安慰对象"。/他们接到威胁电话，似乎是同一个人打来的，此人明确地把美国儿童作为威胁对象。/尹氏主要虐待对象是她的丈夫。/高贵、悠闲的阔太太尽管对男人成就的赞许之情溢于言表，但其本身却似乎成了人头马的歧视对象。

(42) a 中的"安慰对象""鼓励对象""威胁对象""歧视对象""虐待对象""压迫对象"对应的话题事物都是动作的类别受事论元，表达受事论元话题事物的分类类指；(42) b 中的"安慰对象""威胁对象""虐待对象""歧视对象"对应的话题事物分别是个体受事论元"一个行为异于常人的女子""美国儿童""尹氏的丈夫""高贵、悠闲的阔太太"，构式表达受事论元话题事物的归类类指。

(42) 各例中表达受事论元话题事物的类指构式的标记性表现在，(42) a 组分类类指构式前通常加上受动标记"受"或"被"后两个关联事物间的语义关系并不发生改变，(42) b 组归类类指构式前不能出现受动标记。究其原因或是心理动词虽往往可凸显主体事物，但心理过程能凸显为"关系"，主体事物往往作为"关系"的一方凸显。"关系"有互向性，而归类类指凸显"关系"中的单向性或定向性关系侧面，属主客体事物关系的"失衡"表现。现实现象中人们往往存在把受动者视为弱势群体的关注、同情心理，或许是受事论元话题事物类指构式存在的可能性。这样凸显"关系"一方的动词构成能产的施事论元角色话题事物的类指情形也可描述为"关系"的单向性或定向性侧面凸显的结果，因与主体事物支配客体事物的方向一致。

语料库中检索到几例施事论元话题事物的类指情形：

(43) a. 落后国家必须挣脱帝国主义和殖民主义的枷锁，进行民族革命和社会主义革命，推翻本国和外国的一切剥削压迫势力。

b. 如今虽然两大压迫势力（封建专制与帝国主义的侵略）被消除了，社会矛盾起了根本变化，我们的漫画主流依然是反映人民心声，矛头指向阻碍社会前进的歪风邪气和罪恶。/当时的神权理论则把身份等级的特权这一社会压迫力量，歪曲、幻化成为支配人世生活的主宰力量。

(43) a 中"一切"限定"压迫"的施事论元"本国和外国"类指，构式表达施事论元话题事物的分类类指；(43) b 中的"压迫势力""压迫力量"分别对应个体施事论元话题成分"封建专制与帝国主义的侵略""身份等级的特权"，构式均表达施事论元话题的归类类指。上述各例中的宿主事物"势力、力量"携带贬义色彩，属"非正义"方的事物类指。如表达正义方的事物类指，则动词前得有"被"或"受"同现，宿主事物不带贬义，但构式表达受事论元话题事物的类指情形：

(44) a. 俄国十月革命前，俄罗斯民族是典型的压迫民族，而我国各民族包括汉族人民在内都同样遭受帝国主义的压迫剥削，都是受欺凌的被压迫民族。

b. 十月革命的成功，苏联对中国和其他东方被压迫民族的正义政策，以及五四运动后中国共产党的成立和中国工人运动的兴起，都给了孙中山以有力的影响，推动了他的转变。

(44) a 两例中"压迫民族"是动作的施事论元话题成分"俄罗斯民族"的归类类指，"民族"有了贬义；"被压迫民族"对应的话题事物是动作的受事论元话题成分"我国各民族"，表达受事论元话题事物的分类类指。(44) b 中"被压迫民族"对应的话题事物是"中国和其他东方"的"民族",构式表达受事论元话题事物的归类类指。

6.2.2.3 "+后名"属性动词的构语情形

表6-1 中列举的"+后名"属性动词有"反抗""怀疑""理解"三个,也都属于凸显"关系"主体事物一方的心理活动动词。"+后名"属性意味着宿主事物的类别不受限制。

6.2.2.3.1 施事论元话题事物类指

"反抗""怀疑""理解"都可以加"～者"指称动作主体事物,动作的受事论元靠前置放成为表达前提,如"极权的反抗者""素质论的怀疑者""朴学的理解者"。这与动词的事物化程度相关(参看语法化一章)。"反抗"的施事论元角色话题事物类指情形如：

(45) a. 伊斯兰武装反抗人员与民族主义者也可能看法不一,但他们对美国占领军的仇恨远大于彼此的恩怨。/西北方面军以绝对的铁腕削平控制区内一切不肯屈服的反抗力量,这些力量往往是以部族联盟为依托的。

　　b. 美军在当天凌晨对费卢杰市进行的搜捕行动中,逮捕了扎卡维领导的反美武装组织的一名重要头目以及5名反抗人员。/义和团诚然是一支巨大的反抗力量,但却远不是真正觉醒的革命力量。

(45) a 中的"反抗人员""反抗力量"的构式话题成分都是类指的施事论元,表达施事论元话题事物的分类类指,"反抗"与"-反抗"相对待的语义特征凸显,个体受事论元"美国占领军""西北方面军"不影响构式的分类类指表达;(45) b 中的"反抗人员""反抗力量"的构式话题成分都是个体施事论元,表达施事论元话题事物的归类类指,动作的受事论元"美军""义和团"也都是个体受事成分。

6.2.2.3.2 施事论元角色话题为类指对象

三个动词都能构成能产的施事论元角色类指结构,这与动词的"+后名"属性相关。

(46) a. 资本主义机器大工业兴起后,由于工人们无法忍受超出生理界限的劳动条件,开展了反抗运动。

a′. 尼德兰的反抗运动妨碍了殖民地商品在北欧的运销。

b. 但在非白人种族集团特别是拉美人后裔中，反抗情绪十分强烈。

b′. 可是现在，这种感情变成了反抗情绪，一种软弱无力的反抗。

c. 持怀疑态度的人认为，GE 已经不可能再提高效率了。

c′. 对于那些市面上流传的面试秘诀或者对某些常见问题的标准答案，我持怀疑态度。

d. 中国传统文化缺少怀疑精神，以至无法走出荒谬的戈壁，实现自身的转机。

d′. 更年轻的一代，那些未曾体验"过去"和基本上在新时期成长起来的一代作家，其创作几乎都反映出了某种怀疑精神。

e. 随着儿童活动能力及言语理解能力的发展，成人开始要求他们做一些力所能及的事。

e′. 他们的演技和对作品的理解能力都有独到之处。

f. "现实情怀"并不需要一个统一的标准，每一个作者都有不同的理解方式。

f′. 孩子有他们的理解方式，不能照大人的方式去理解，特别是不能抠字句，讲道理。

(46) a~f 中的"反抗运动""反抗情绪""怀疑态度""怀疑精神""理解能力""理解方式"相应的话题事物的领有者都是表类指的动作施事论元，构式表达施事论元角色话题事物的分类类指；(46) a′~f′则相反，构式相应的话题事物的领有者都是动作的个体施事论元，因而表达施事论元角色话题事物的归类类指。

6.2.2.3.3　有标记的受事论元话题为类指对象

我们仍以"~对象"为受事论元话题类指对象析取框架，"怀疑对象"的语料数目较多，能检索到的"反抗对象""理解对象"很少：

(47) a. 只有少数博物馆工作人员有展品储藏室的钥匙和密码，因此盗窃案很可能是内贼所为。但目前警方的怀疑对象未包括博物馆工作人员。

a′. 今年 5 月，美国曾声称有再度遭受恐怖袭击的危险，当时圈定的怀疑对象就是盖拉尼。

b. 客观主义的阐释学和历史主义者将陷入一种无法解决的矛盾和巨大的困惑之中：理解对象必定具有历史和个体的局限性，理解者同样也无法逃脱这种限定的命运。(BCC)

b′. 作者通过对主人公性格的细腻描述，塑造了一个战后失去反抗对象，只好粗暴地盲目行动的青年形象。

（47）a 中的"怀疑对象"包括特定范围内的所有人，因而表达动作受事论元话题事物的分类类指；（47）a′中的"怀疑对象"是个体受事论元话题成分"盖拉尼"的归类类指。（47）b 中的"理解对象"包括一切可理解范围内的事物对象，构式表达动作受事论元话题事物的分类类指；（47）b′中的"反抗对象"对应的话题事物是具体的敌对方，构式表达动作受事论元话题事物的归类类指。

构式的标记性是定语动词属性义的受动性体现，如"理解对象"与"可理解对象"表达一致。下列两句中的"被怀疑对象"中的"被"都可视为语义内容和语言形式的不对称的羡余成分①：

（48）a. 至于他们的名字，贝尔一口气说出了 12 个人名字，都是被怀疑对象。

b. 自报纸 13 日公布疑犯照片之后，警方获得了一些举报，并根据线索找到了几名与疑犯比较相像的人，但这些被怀疑对象都不是照片上的那个人。

［+主、-宾］动词通常难有受事论元角色话题事物的构式类指情形，表 2-9 的"反抗""怀疑"检索不到相应的 NV 独用结构，也与受事成分的不被凸显有关。"理解"有构式类指表达的 NV 现象结构前提，依凸显"关系"主体事物一方的判定标准，构式倾向于表达施事论元角色话题事物的类指情形：

---

① 潘先军（2012：11）把汉语里某些只有语言形式没有语义内容或者重复表达意义的词汇成分或句法结构成分称为"羡余成分"。

(49) a. 心理词汇的研究方法直接关系到语言理解研究,是语言理解研究中的重要一环。

a′. 因为形式相对难以把握,意义和形式之间的关系显得纷繁复杂,便促使我们多从语用的角度,结合对句子的理解策略的研究去寻找原因。

b. 它(计算语言学)的一个直接应用是开发自然语言理解系统和机器翻译软件。/无论是哪一种情况,都有必要重新审阅前文,或纠正理解偏差,或领悟其中特殊含义,调整理解思路。

b′. 如果接受这样的理解思路,亚里士多德提出的"凡是运动着的物体都必须受到力的推动"的古典力学定律,也就可以通过在空间虚构出莫须有的引力场来得到复活。

(49)各例中的宿主事物"研究""策略""思路"显然与施事论元存在领有关系,"系统"也是领有者"开发"出来的。但这些宿主事物与"理解"的受事论元"语言""句子""自然语言""前文"也能以宿主事物领有者的身份出现,如视为构式表达施事论元角色话题事物的类指情形,则受事论元属对象范围限制成分;如视为构式表达受事论元角色话题事物的类指情形,则受事论元是定语动词的支配对象,与类指对象话题成分或宿主事物存在领有关系。两种表达在关系场景句中都可能存在,可从受事论元是否重读上区别开来。这与心理过程的"关系"凸显有关。我们把(49)各例中的构式处理为可表达施事论元角色话题事物的类指也可表达受事论元角色话题事物的类指情形,(49)a、(49)b话题成分类指,构式表达施事论元角色话题事物或受事论元角色话题事物的分类类指;(49)a′、(49)b′话题成分个指,构式表达施事论元角色话题事物或受事论元角色话题事物的归类类指情形。

6.2.2.3 "-前名、-后名"属性动词的构语情形

表6-1中列举的两个"-前名、-后名"属性的三个[+主、-宾]动词"爱好、称赞、体贴"后接名词都有较强的述宾结构表达倾向,如"爱好和平、称赞对方、体贴患者"。这类动词的事物化方式凸显的主体事物可描述为"关系"的"失衡"状态,VN结构的述宾表达倾向与事物化方式相关,"关系"固有的互向性使得施事论元或受事论元很难作为类指对象存在。表2-10的语料统计中也没有"称赞、体贴"的NV独用结

构，构式类指也就缺少了受事论元作为已知信息靠前置放的表达前提。而[+主、-宾]属性意味着可凸显"关系"主体事物一方，"爱好"可容许受事论元靠前置放，因而可有相应的施事论元角色话题事物的类指情形：

（50）a. 大学里同一专业的学生，其学习兴趣与专业爱好程度是不一样的，这种偏好往往体现在对各种课程的爱好上。/文体年会开展到今年已是第12届，其主要内容有歌咏比赛、业余爱好展览以及球类、棋类比赛等。/学生在面试过程当中，能反映出来的实践性的倾向，动手性的爱好倾向，还有他求知欲方面的东西，卷子上有时候看不太出来。/有时候买方对技术商品的爱好情况会呈双峰分布。

b. 各地的气候、环境、文化习俗不同，人们对不同体育项目的爱好程度也不尽一致。/他对中国文化或哲学的爱好程度只要提一下他卧室中唯一悬挂的那幅画就足够了。/根据麦贤得的身体、生活和业余爱好情况，他三易设计图纸，改造了原住房的不合理部分。

与"理解"的情形一样，我们把（50）各例中的构式视为可表达施事论元角色话题的类指也可表达受事论元角色话题事物的类指两可的情形，也以受事论元的动作支配对象还是对象范围限制成分的性质区别开来。（50）a 话题成分类指，构式表达施事论元角色话题事物或受事论元角色话题事物的分类类指；（50）b 话题成分个指，构式表达施事论元角色话题事物或受事论元角色话题事物的归类类指情形。

6.2.3 [-主、+宾] 动词构语型式

[-主、+宾]类动词凸显两个关联事物中的宾体，应是动词事物化过程次第扫描的结果。

6.2.3.1 [+前名、+后名] 属性动词的构语情形

表6-1中所列具有[+前名、+后名]属性的[-主、+宾]类动词有"出版、应用、变化"三个，从表2-7的统计情形来看，三个动词均能构成相应的 VN、NV 和 N_1VN_2 结构，其中"出版"有能产的 VN 结构，"应用"有能产的 VN 及 NV 结构，"变化"有能产的三种结构类型（其中 NV 的数量远超另外两种类别）。

6.2.3.1.1 受事论元话题事物类指

动词"变化"指事物在形态上或本质上产生新的状况，如"形势变化得很快"。"形势"如作"变化"的中心语宿主又成了施事论元角色话题事物的类指情形，如"把握市场的实际变化形势""正确认识当今社会改革的变化形势"；受事论元出现在动词后面构成述宾结构，如"变化图形""变化结构"作述宾结构识解时"图形""结构"是受事论元，作定中结构识解时却是受事论元角色话题事物的行为属性宿主；"图形变化""结构变化"中的"图形""结构"又成了动作关联的主体事物①。我们仅以"出版""应用"为例说明受事论元话题事物的类指情形。

汉语里通常用"出版物"表达基于"出版"行为属性的受事成分类指，"出版"后加上可指称类别的受事成分有很强的述宾结构表达倾向，"出版图书"CCL 语料库中检索不到一例定中结构分布情形，"出版书籍、出版刊物"指称用法条目也明显低于陈述用法条目：

（51）a. 每年国内都会发行一本图书年表，将前一年全国所有出版书籍的书名、作者、出版社、时间等记录下来，找书时不妨多利用这种工具。/这个组织在进行环保教育时，除了出版书籍和小册子，通过因特网发布环境资料，并与全国科技信息网连接，通过媒体传播环保知识外，还采取当地群众喜闻乐见的方式……/最突出的矛盾就是文艺书籍和儿童读物，尽管这两类书籍已占苏联出版书籍总数的百分之五十五。

b. 中国取缔 30 家利用境外注册刊号的非法出版期刊。/人民邮电出版社编辑出版邮电业务书籍 326 种，331.3 万册，出版期刊总发行量达 1550.9 万册。

"出版书籍""出版期刊"类指结构通常都加上了默认的已出版读物的标签，（51）各例中的"出版"实际成了语义上的羡余成分，但并不能因此将句法同现约束视为韵律致使的结果，因现实现象中毕竟还有不同用途的未出版的书籍、内部刊物或非法的出版物存在，我们还是依话题事物的 [±个体性] 标准将（51）a 各例中的构式视为受事论元话题事物的分

---

① 孟琮等（1999）将"变化"归为能带结果宾语的致使类动词。结果成分属动作的非典型受事论元，以结果论元为类指对象我们归入受事论元角色话题范围。

类类指情形,"出版"也还有与"-出版"对立前提的存在;(51) b 属受事论元话题事物的归类类指情形。

"应用"与"开发"相对,"开发"出来的物品同样也是"应用"的支配对象:

(52) a. 中国的企业和研究机构也加快了对高温超导应用产品的研发,并得到了国家的大力支持。/促进信息产业与传统工业渗透融合,是大力发展电子应用产品,也是提升工业产品综合竞争力的重要举措。

a′. 预计到2005年,中国卫星导航应用市场规模将超过百亿元,卫星导航应用产品产值达到80亿元。/而传统的收录机家族中,也出现了价值千元的激光技术应用产品。

b. 任何应用技术都是有一定的价值期限的,一些活跃性的技术领域或密集的技术领域更是如此。

b′. 和平解放前,西藏没有一家现代科研机构,即使天文历算这样的应用技术,也被罩上一层神秘的宗教外衣,垄断在寺院手中。

c. 可以用于制作课件的通用性应用软件很多,以下是几种很有特点的应用软件,这些应用软件在课件制作中发挥了重要作用。

d. 应用研究更需要对应用对象的工艺过程、材料性质、技术关键等有清楚的了解。

d′. 建议继续支持"八五"期间已展开的低速磁悬浮列车的研制及试验线的建设,进行试验性及演示性运行,并寻求合适的应用对象,建设示范性市内或市郊客运线。

(52) a 两例中 N_1 位置上的"超导""电子"是构式范围限定成分,"应用产品"表达受事论元话题事物的分类类指;(52) a′两例中 N_1 位置上的"卫星导航""激光技术"同样是构式范围限定成分,因类指对象个指,构式表达受事论元话题事物的归类类指。(52) 两例中的"技术"可以是"应用"的支配对象,句中不能有别的受事论元存在,或者只能出现与宿主事物异形同指的受事论元。(52) b、(52) b′中的"应用技术"分别表达受事论元话题事物的分类类指和归类类指。(52) c 中第一个

"应用软件"对应"用于制作课件的通用性"范围内的所有对象事物,属类别受事论元话题事物的分类类指;后两个"应用软件"分别对应由"几种""这些"指示的个体受事话题,属受事论元话题的归类类指。(52)d"应用对象"有全量外延类指对象指称范围、(52)d'宿主事物相应的话题成分只是"合适的"对象,分别是受事论元话题事物的分类类指和归类类指情形。

6.2.3.1.2 受事论元角色话题事物类指

具有"+前名、+后名"属性的[-主、+宾]类动词事物化过程中凸显两个关联事物中的宾体,意味着作为"后名"的构式中心语宿主事物是以作为"前名"的宾体事物的领有物角色出现。如"图书出版工作/事业/公司/单位/部门/中心/资料/质量/基金/协定/形式/水平/补贴/计划/工程/市场/合同/情况/因素"都有了受事论元"图书"充当 N_1 的现象结构基底,构式自然存在能产的受事论元话题事物的类指和施事论元角色话题事物的类指情形。

我们先看受事论元话题事物的类指情形,构式分类或归类类指依话题成分个指或类指性质而定。话题成分类指定语动词提取属性值,对应构式分类类指表达;话题成分个指定语动词提取属性特征,对应构式归类类指表达。

(53) a. 教师出版基金面向全国教师。/"配量供应"使他们手头书号不再阔绰,无书号可卖;关系稿、两个效益均不佳的平庸之作难以出版问世,从而使图书出版质量得到保证。/我们非常看好励志类书籍的市场,以后将会更加关注励志类书籍的出版情况。

b. 山东教育出版社每年出资60万元,设立全国首家教师出版基金,在教育界出版界引起反响。图书出版质量不高,编校、翻译差错率过大,知识性错误时有所见。/现在有的著作按目前的出版情况,要许多年才能印出来,这样就把自己捆死了。

(54) a. 新兴技术的出现扩大了语言学的应用范围。/把各个物理学理论分别同它们每一个可实现的应用实例联系起来,这样去解释或理解,物理学才能保持一致。/这次演习的目的是考察应变测试计划内各项措施的应用情况,提高一线人员的警觉性。

b. 孔子阐明忠恕之道时,还只限于应用到个人自我修养方面，而孟子则将其应用范围推广到治国的政治方面。/这辆 300 米长的专列有 14 节车厢，展示了先进的应用实例和技术。/目前 CIMS 在我国的应用情况如何？

（53）各例中"出版"的"基金""质量""情况"的领有者都是动作受事论元"出版物"，（53）a 各例中的"教师出版基金""图书出版质量""励志类书籍的出版情况"相应的话题成分类指，构式表达受事论元角色话题事物的分类类指；（53）b 各例中的"教师出版基金"是"首家"、"图书出版质量"中的"图书"是已知特定范围内的、"出版情况"是"目前的"，相应的话题成分个指，构式表达受事论元角色话题事物的归类类指。相应地，（54）a 各例中"语言学"的"应用范围"是不同的、"物理学"存在"每一个可实现的应用实例"、"演习"是测试"各项措施的应用情况"，构式表达受事论元角色话题事物的分类类指；（54）b 各例中"应用范围"属"忠恕之道"、"应用实例"特指"先进的"、"应用情况"归"CIMS"，构式表达受事论元角色话题事物的归类类指。

6.2.3.1.3　施事论元话题事物类指

（55）a. 首先是资金短缺，编辑出版人员短缺。/这一阶段性转移，从战略上说，是进一步调整和增强新闻出版力量，以酝酿更大的突破，继续开拓我国新闻出版业的新局面。/还有一些编辑……甚至成了游离于出版社之外的出版掮客，一切为"书老板"服务，极大地破坏了出版队伍的稳定。

　　b. 她殷切期望和勉励作者和编辑出版人员为提高儿童读物的质量而更加辛勤地劳动。/这是组织我们国家精神生产的大事，需要动员全国的力量，不只是新闻出版力量，而是整个编著力量，甚至整个精神生产的力量。/1939 年冬，国民党掀起第一次反共高潮，先父韬奋和他带领的那支新闻出版队伍，也遭到严重的迫害。

（56）a. 对高水平的技术研发人才和各领域的软件应用人员的培养和教育培训是发展软件产业的重要基础。/从企业角度来看科研单位的科研成果多数是觉得远水解不了近渴，或是开发应用力量不足无法打开市场，或是思想观念差异难以合作等。/在生产中应用专家们的高新科技成果有一定风险，而且需要一定的资金，这就给企业的职工带来很大压力，大都不愿当"试验厂"。

b. 软件开发人员约 10 万人，计算机应用人员约 40 万人。/在所调查的 17 个省市 956 个企事业单位中，普遍感到电子应用力量十分薄弱，尤其是硅技术应用科技人才过于缺乏。/这些工作对国内计算机界熟悉操作系统技术和方法起到了推动作用，使计算机界对操作系统真正有所了解，也为国家培养了一大批软件专家和应用专家。

（55）a 各例中"出版人员"前默认缺省受事论元"图书"，相应的话题成分类指；"新闻出版力量"中"新闻"为受事论元，"新闻出版"提供构式表达的现象结构前提，相应的话题成分类指；"出版队伍"前也默认缺省类指受事论元"图书"。构式均表达施事论元话题事物的分类类指；（55）b 各例中"出版人员"动作的受事论元"儿童读物"特指、"新闻出版力量"中受事论元"新闻"与"–新闻"对待的前提、"新闻出版队伍"特指"那支"，构式均表达施事论元话题事物的归类类指。（56）a 各例中"软件应用人员"属"各领域的"、"开发应用力量""应用专家"均对应类指话题成分，构式表达施事论元话题事物的分类类指；（56）b 各例中"计算机应用人员""电子应用力量""应用专家"都有特定的范围限制，构式表达施事论元话题事物的归类类指。

6.2.3.1.4 施事论元角色话题事物类指

（57）a. 图书是商品，而书号是国家赋予的出版权力，不允许出版机构自行转让或出售。/音像出版单位的年度出版计划和涉及国家安全、社会安定等方面的重大选题，应当经所在地省、自治区、直辖市人民政府出版行政部门审核后报国务院出版行政部门备案。/我们还承担着北京外国语大学下达的各项教材出版任务。

b. 近年来，国内许多出版机构出版了一批关于艺术品鉴赏与收藏的书籍。/由中国科学院、中国社会科学院联合撰写的《学科思想史文库》，已纳入湖南教育出版社"九五"出版计划。/承担这部书稿出版任务的是上海人民出版社。

（58）a. 应用信息系统则是根据社会各种应用部门的需要建立的

第六章 "$V_{双}^2+N_{双}$"构式类指

各种应用部门的需要建立的各种专门用途的信息系统。/大学英语的教学目标是培养学生的英语综合应用能力,特别是听说能力。/中国重视研制各种应用卫星和开发卫星应用技术,在卫星遥感、卫星通信、卫星导航定位等方面取得了长足发展。

b. 不少应用部门的用户有各自的商业机密,不允许外界技术人员过分深入地协助改造。/这是一种综合应用能力,它要求调动考生平时的生活积累和文化素养,要运用学到的理论知识,从实践性与教育性相统一的角度,来理解和掌握教材的内容。/目前,加气混凝土产品有砌块、抗震屋面、隔墙板等,相应的应用技术已日趋成熟。

(59) a. 研究人员开始每隔45秒或90秒调节一次气压,每次气压变化范围不变。/除气候变化因素外,过多服用抗生素和儿童时期接种各种疫苗也影响了人体自身免疫力。/农村的医疗机构也应根据农民的收入变化情况,推出相应档次的医疗准公共产品。

b. 虽然这些孩子体重上的差异是在正常的身高和体重变化范围之内,但这些差异从统计学的角度来看还是十分显著的,这表明这些差异并不是偶然所致。/而气候变暖和大面积土地沙化等环境变化因素也在一定程度上影响着藏羚羊等野生动物的生存。/每日早上对妊娠雌鼠进行体重测量,制表观察到分娩时其体重变化情况。

(57) 各例中的"机构""计划""任务"的领有者均为"出版"的施事论元,(57) a构式相应的话题成分类指,构式表达施事论元角色话题事物的分类类指;(57) b构式相应的话题成分个指,构式表达施事论元角色话题事物的归类类指。(58) 各例中的"部门""能力""技术"的领有者均为"应用"的施事论元,(58) a构式相应的话题成分类指,构式表达施事论元角色话题事物的分类类指;(58) b构式相应的话题成分个指,构式表达施事论元角色话题事物的归类类指。(59) a各例中的"范围""因素""情况"的领有者"气压""气候""收入"均为非典型的施事论元,相应的话题成分类指,构式表达施事论元角色话题事物的分类类指;(59) b各例中的"范围""因素""情况"的领有者"身高和体重""环境""体重"同样是"变化"的非典型施事论元,与典型的施事论元"这些孩子""土地""妊娠雌鼠"存在领有关系或整体与部分的包括关系，构式表达施事论元角色话题的归类类指。

6.2.3.2 ［+前名］属性动词的构语情形

具有［+前名］属性的［-主、+宾］类动词意味着动词两个关联事物中的宾体能自如地出现在 NV 结构中 N 的位置上，故能提供构式表达所需的现象结构前提。表 6-1 中列举出的两个［+前名］属性动词"利用、享受"在表 2-8 的语料统计结果证明了这一点，二者均能构成相应的 VN、NV 和 N_1VN_2 结构。其中"利用"三种结构形式均能产，"享受"只有能产的 NV 结构类型，这与动词词义的理想认知模型相关。

从上述三个"+前名、+后名"属性动词"出版、应用、变化"的 NV 和 VN 结构构成情况来看，同一类指受事成分可靠前置放也可靠后置放，形成关系凸显的指称结构和宾体凸显的指称结构，如"著作出版—出版著作""软件应用—应用软件""语言学应用—应用语言学"，而"利用""享受"的类指受事成分后置却只构成述宾关系结构，没有相应的 VN 结构表达情形，如"能源利用—利用能源""美味享受—享受美味"。由此看来，［±前名］、［±后名］属性表达跟动词与动作受事成分概念距离的远近相关，概念距离越近越易构成粘合的 NV 或 NV 指称结构。

"利用"是"使事物或人发挥效能"，可支配的受事成分类别很多，如表 2-8 中检索到的 NV 结构里的"信息、资源、核能、能源、技术、设备、光能、机械、资金"等，这些可指称事物类别的受事成分后移只是动词的支配对象宾语，如果充当 VN 定中结构的中心语，定语动词前须加"可"与宾语相别，或者说"利用"可以构成有标记的受事论元话题类指结构。如：

（60）a. 将进一步加强国际合作，调动一切可利用资源来消除世界上的贫困与饥饿。/焚烧过程中可以对垃圾中可利用能源进行回收，将原有固体废物体积减少到5%，同时彻底杀灭垃圾中的病原菌，还能发电，它正在成为我国城市垃圾处理的主流方式。/由于资金大量以现金形式循环，不仅减少了国家的可利用资金，而且使腐败、犯罪行为增加了可能。/内蒙古自治区处于北纬45度天然养牛带上，可利用草场面积居全国之首。

b. 如果人类顺应洪水、依托洪水，恢复湿地，洪水就是可利用资源。/煤炭在未来几十年内仍将是中国主要的可利用能源。/旅游业为区财政提供的可利用资金已达财政收入的 50% 以上。/现存的可利用草场亦严重"三化"（退化、碱化、沙化）。

（60）a 各例中的"可利用资源""可利用能源""可利用资金""可利用草场"均属有隐性全量外延的类指成分，因而表达受事论元话题事物的分类类指；（60）b 各例中的"可利用资源""可利用能源"分别对应个体受事话题"洪水""煤炭"，"可利用资金"是"旅游业为区财政提供的"、"可利用草场"是"现存的"，都表达个体受事话题事物的归类类指。"可"是构语的标记性成分。

"利用"能构成能产的受事论元角色话题类指情形：

（61）a. 检验机构对检验后仍有利用价值的样品，应在检验结束后两个月内归还提供样品的当事人。/造成资源利用效率和经济效益低下的一个重要原因，就是经济管理组织程度的落后。/无论哪种利用方式，都要求水体具备良好的补给来源，才不会造成水的枯竭。

b. 狸獭的综合利用价值很高，它的自身价值是与其开发、利用成正比的，不会因人为的哄抬和肆意的贬低而改变。/数据显示，中国的能源利用效率仅为 33%，比国外先进水平低 10 个百分点。/这种没有竞争的劳动力利用方式，是以牺牲一定的经济效率为前提的。

（61）a 各例中的"利用价值""利用效率""利用方式"分别是类指受事"样品""资源""水体"存在领有关系，因而表达受事论元角色话题事物的分类类指；（61）b 各例中的"利用价值""利用效率""利用方式"对应的话题成分分别是受事成分"狸獭""能源""劳动力"的个体领有物角色"狸獭的自身价值""33% 的利用效率""这种没有竞争力的利用方式"，构式表达受事论元角色话题事物的归类类指。

"享受"是"物质上或精神上得到满足"，可支配的受事成分类别也多。但不构成有标记的受事论元话题类指情形，从语料统计情形看能构成受事论元角色话题类指情形，宿主事物的类别也不多：

（62）a. 人的价值和尊严并不决定于物质基础，更不决定于物质享受水平，即不决定于吃牛奶面包，还是吃窝头咸菜。/这就使过去一百年里取得了辉煌的物质进步，从而使普通人摆脱了繁重的体力劳动，扩大了享受范围。

　　　　b. 以后大家看电影就好好看，别糟蹋一次艺术享受机会。/有人不必做，但他的生活享受程度远不如我，我也会做得更有味道。

（62）a 两例中动作的受事成分都是光杆类指名词"物质"，"享受水平""享受范围"表达受事论元角色话题事物的分类类指；（62）b 两例中的"艺术享受机会""生活享受程度"都对应个体话题事物，分别由限定性成分"一次""他的"指示，因而表达受事论元角色话题事物的归类类指。

6.2.3.3　[+后名]属性动词的构语情形

俞士汶等（1998：77）指出了[+后名]属性动词直接修饰名词的两种类型，第一种情形是构成如"研究成果""生存空间""开车技术""学习进度"之类的定中构式，这是我们界定的施事论元角色或受事论元角色话题的类指情形；第二种情形是构成如"学习文件""出租汽车"之类的歧义结构，这是我们界定的受事论元话题的类指情形。

表 6-1 列举了三个具有[+后名]属性的[-主、+宾]类动词"产生、成立、改良"，动词事物化过程凸显两个关联事物中的宾体意味着宾体事物的参照体性质存在。但从语料检索情况看，"改良"可有"技术改良—改良技术""品种改良—改良品种""土壤改良—改良土壤"之类的受事论元或动词互为参照体的"参照体—目标"构式，受事论元后置构成述宾和定中同形结构，而定中结构"改良技术/品种/土壤"既可以是受事论元话题事物的类指情形又可以是受事论元角色话题事物的类指情形；"产生、成立"受事成分后置只构成述宾结构，因而没有受事论元话题事物的类指情形。

6.2.3.3.1　受事论元话题事物类指

理论上能作为受事论元存在的"品种""技术"等充任宿主事物应有受事论元话题事物的类指表达情形，这与受事论元角色话题事物的类指极为相似。我们将表达中构式与受事论元的可替代性作为受事论元话题事物的类指情形：

（63）a. 这一技术成果为缩短改良品种周期、提高优质肉羊、绒羊的普及率提供了便捷的通道。/鸭苗全是改良品种，一只鸭一年可产蛋 300 枚。

a′. 肉牛中改良品种西门塔尔牛肉质好、售价高，比蒙古牛同期产肉量高近一倍。/这些"袖珍"蔬菜均属改良品种，多数是从美国、日本、泰国等引进的。/她决定要攻读时下最吃香的改良品种科学。

b. 研究小组提出了苏打盐渍土微咸水改良技术，利用微咸水具有较高的含盐量和较多的钙、镁离子的特点，来淋洗苏打盐渍土，……达到改良碱化土壤的目的。/开发了优质高产人工饲草技术、退化草地复壮改良技术等，形成了各具特色的区域农业发展模式。

b′. 和田地区于 1991 年开始在全区范围内推广林肯羊杂交改良技术。/推广适宜沙区的……人工草地、草原围栏等退化草地改良技术，网格控沙技术。

（63）a 两例中的"改良品种"与"优质肉羊、绒羊"可互相替代、"鸭苗"就是"改良品种"，构式表达受事论元话题事物的分类类指；（63）a′ 三例中的前两个"改良品种"是"西门塔尔牛""这些蔬菜"，后一个"改良品种"单独出现且有"最吃香的"限制成分存在，构式表达受事论元话题事物的归类类指；（63）a 两句中的"改良技术"分别对应受事论元"苏打盐渍土微咸水""退化草地复壮"，构式表达受事论元话题事物的分类类指；（63）b 两句中的"改良技术"分别对应个体受事论元"林肯羊杂交""人工草地、草原围栏等退化草地"，构式表达受事论元话题事物的归类类指。

受事论元话题事物的类指情形中的"改良"缺省后句式意义表达并不发生改变。如"苏打盐渍土微咸水改良技术"可说成"苏打盐渍土微咸水技术""林肯羊杂交改良技术"可说成"林肯羊杂交技术"。

6.2.3.3.2 受事论元角色话题事物类指

"产生、成立、改良"都能构成能产的受事论元角色话题的类指结构，构式类指对象话题成分与受事论元存在领有关系：

（64）a. 就水稻而言，许多年以来由于传统水稻品种产量低，中国农民主要种植高产的改良品种,生物多样性被人为地降低。/人类利用"转基因"改良品种生产出更好的农产品和畜产品。

    a′. 早在神舟三号成功发射的时候,一批乌鸡蛋在遨游太空后,返回地球成功孵化改良品种。/几内亚的杧果品种上百,有几个远近闻名的改良品种,个儿大、核小、皮薄、汁多且甜,果肉入口即化。

    b. 如推广杂交改良技术,大幅度增加了养羊经济效益。/实施杂交改良技术后,户均存栏山羊26.67头。

    b′. "杂色鲍的遗传改良技术"通过了由省科技厅组织的成果鉴定。/原本又黑又肥的上海土猪通过三元杂交改良技术,摇身一变成了浑身雪白、胴体精瘦的金枫猪"绅士"。

  (65) a. 这一成果有望帮助科学家们更深入地理解人体癌症的产生机制。/教师还应针对错别字的产生原因,培养提高儿童的认字能力。

    b. 磁电效应具有多种产生机制,它深刻地反映了在微观层次上物质内禀性质之间的紧密联系。/儿童脑瘫的产生,是由于出生前、出生时或婴儿期控制运动的部分脑组织受到损害,导致肌肉控制失调引起的中枢性运动障碍和姿势、反射异常。

  (66) a. 共同犯罪的成立条件,是指共同犯罪这一特殊的犯罪形式的成立必须具备的条件,它揭示共同犯罪与单独犯罪的区别。/建筑物区分所有人之共有权与按份共有和共同共有,无论是从主体、客体和内容,还是从成立原因等各个方面考察,都截然不同。

    b. 刑法理论对犯罪未遂的三个成立条件存在相当激烈的争论。/特别权力关系的成立原因约有下列各端:……

(64) a 两例句式意义分别凸显"水稻"与"高产的""品种""农产品和畜产品"与"转基因""品种"间的领属关系,"高产品种""转基因品种"可有不同的类别,构式表达受事论元角色话题事物的分类类指;(64) a′两例句式意义凸显"一批乌鸡蛋"的"孵化品种""几个远近闻名的杧果"的改良品种,构式表达受事论元角色话题事物的归类类指。(64) b 两例句式意义分别凸显"羊"的"杂交""改良技术""山羊"的"杂交""改良技术",构式表达受事论元角色话题事物的分类类指；(64) b′句式意义凸显"杂色鲍"的"遗传""改良技术""上海土猪"的"三元杂交""改良技术"，构式表达受事论元角色话题事物的归类类指。"改良品种""改良技术"因属同形结构，表达事物类指时要求与宿主事物相应的话题成分与构式同现，通常出现在 N_1 的位置上。

同理，(65) a 两例句式意义分别凸显"人体癌症"的"产生机制"、"错别字"的"产生原因"，受事论元类指，构式表达受事论元角色话题事物的分类类指；(65) b 句式意义分别凸显"磁电效应"的"多种""产生机制"、"儿童脑瘫"的"产生原因"，构式表达受事论元角色话题事物的归类类指。(66) a 两例句式意义分别凸显"共同犯罪"的"成立条件"、"所有人之共有权与按份共有和共同共有"的"成立原因"，构式表达受事论元角色话题事物的分类类指；(66) b 两例句式意义分别凸显"犯罪未遂"的"三个""成立条件"、"特别权力关系"的"成立原因"，构式表达受事论元角色话题事物的归类类指。

6.2.3.3.3　施事论元角色话题事物类指

句式意义如凸显施事论元与宿主事物的领有关系，构式表达施事论元角色话题事物的类指情形，因宿主事物不能指人员类别。其中存在同形结构分别的"改良技术"如表达施事论元角色话题事物的类指情形，要求受事论元与构式同现，且通常出现在 N_1 的位置上；而"改良方法""改良措施"不受此限，因只与施事论元存在领属关系：

(67) a. 不增头数反增肉，使肉牛改良技术在全区落地生根。/ 全世界都从你们的水管理和土壤改良技术方面获益匪浅。

　　a′. 主流 MD 生产公司都推出了不同的音质改良技术。/ 近一年多来，我国引进……先进的栽培技术、病虫害防治技术、土壤改良技术 32 项，有力地推动了我国农业向高产、优质、高效的方向发展。

　　b. 该实验室把常规作物遗传改良方法和高新技术相结合，从分子、细胞、个体和群体四个层次开展研究工作。/ 本项研究从深入认识水资源赋存、运移规律和土壤生态系统运行机制入手，探讨了峰林平原区水资源调节方法和土壤改良措施。

　　b′. 我们多年来探索常规耳埋压法的改良方法，出发点就在于如何增加刺激量，如何发挥得气效应（或神经调节作用）。/它是穆罕默德在公元7世纪针对阿拉伯地区婚姻混乱状况而提出的一种改良措施，旨在限制流行多年的一夫多妻制。

（67）a 两例句式意义分别凸显施事论元"全区"与"肉牛改良技术"、"你们"与"土壤改良技术"的领有关系，构式表达施事论元角色话题事物的分类类指；（67）a′两例句式意义分别凸显"MD生产公司"的"音质改良技术"、"我国"的"32项""土壤改良技术"，构式表达施事论元角色话题事物的归类类指。（67）各例无论受事论元是否处于构式的外扩展成分位置，因"方法""措施"均与施事论元存在领有关系，句式意义凸显这一领有关系时构式只表达施事论元角色话题事物的类指情形。其中（67）b 的话题成分类指、（67）b′的话题成分个指，构式分别表达施事论元角色话题事物的分类类指和归类类指。

"产生""成立"构成施事论元角色话题事物的类指情形，例如：

（68）a. 向上反映情况，对问题的性质、产生原因、发展趋向等，可以有自己的分析和看法。/提高立法质量，消除立法部门化的治本之策是改变人大代表的产生机制，让真正代表社会各种利益的人进入立法机关。

b. 虚劳是老年性疾病最常见的表现，其产生原因不外阴阳气血虚损，病变涉及五脏六腑。/虽然"却、得、著"与"了"的挪前没有因果关系，但它们的确属于同一类现象，它们虚化过程的共同点正是发现体标记产生机制的关键。

（69）江苏省农村信用合作社联合社创立大会暨第一届社员大会第一次会议今天在南京召开，这是目前国内成立规模最大的一家省级农村信用社联社。/海协成立以后，为解决这一问题作了不懈的努力。/在该组织的成立宣言中就指出，需要有"足够生活工资的条款"。/谈到青岛中远流的成立，首先应先介绍一下中远流的成立背景。/这就是传统的多子多福的思想，宋人的这一观念也十分浓厚，这可从宋代婚姻酝酿、成立过程中的有关礼俗中就能清楚地感受到。

（68）a 两例中"问题"的"产生原因"、"人大代表"的"产生机制"都是多种多样的，构式表达施事论元角色话题事物的分类类指；(68) b 两例中句式意义凸显个体施事论元"虚劳"与"产生原因"、"体标记"的"产生机制"的领有关系，构式表达施事论元角色话题事物的归类类指；(69) 中的"成立规模""成立以后""成立宣言""成立背景""成立过程"均只表达施事论元角色话题事物的归类类指情形，因"成立"只与特定的施事论元相关。

6.2.3.4 [−前名、−后名] 属性动词的构语情形

具有 [−前名、−后名] 属性的 [−主、+宾] 类动词构语能力很弱，从表 2-10 的语料统计情形看，表 6-1 列举的"巩固、提高、缩小"都没有能产的类指构式样本。凸显的动作受事论元如作为已知信息成分前置，构式依句式意义不同领有关系的凸显可表达施事论元角色话题事物的类指也可表达受事论元角色话题事物的类指情形；如后置则只构成述宾关系结构。如"巩固联盟""巩固阵地"可表达述宾关系，其中的"联盟""阵地"是个指成分。

先看施事论元角色话题的类指情形。我们只在"语料库在线"中检索出如下几个"巩固联盟""巩固阵地"的例子：

(70) a. 他论证了农民革命的可能性和农民自己不能把革命进行到底的特点，得出了无产阶级革命必须与农民结成巩固联盟的结论。/为了更好地发展自然科学和马克思主义哲学，应该建立自然科学工作者和哲学工作者的巩固联盟，共同承担起捍卫和发展马克思主义哲学和加强它对自然科学指导的任务。

　　　b. 凡不孤立而占有十分巩固阵地之敌都不好打。/开始时是采取军事冒险主义，主张"御敌于国门之外"，"不放弃根据地一寸土地"，贸然进攻敌人的巩固阵地。

(70) a 中两例"巩固联盟"各自的领有者"无产阶级革命与农民""自然科学工作者和哲学工作者"可以说成"巩固"的动作主体成分[①]；(70) b 中两例"巩固阵地"的领有者都是动作的主体成分"敌人"。因

[①] 排除联盟双方的主动还是被动"结成"因素，毕竟"联盟"的巩固需要双方共同维护。按袁毓林对"结果"成分"变化性、受动性、渐成性"语义特征的界定，联盟的双方似也可解释为动作的非典型受事结果成分，这样更契合 [−主、+宾] 类动词的凸显宾体的特征。

"联盟""阵地"均对应特定的话题事物，构式都表达施事论元角色话题的归类类指。

再看受事论元角色话题的类指情形。只就三个动词共同属性义特征的提取范围而言，都可有如"过程""程度""方式""措施"等的指称类别：

(71) a. 学前教育专家提出教师发展有四个阶段：即生存阶段、巩固阶段、更新阶段、成熟阶段。/但由于山丘地区环境复杂，灭难度大，加上巩固措施不力，查灭工作有所放松，残存钉螺反复出现。

a′. 新年伊始，中欧在民用航空领域的合作进入巩固阶段，欧盟将加大支持中国发展空中运输业。/已消灭血吸虫病的地区尚未建立一套完整的巩固措施。

b. 思想发动、学习提高阶段的工作是整个"三讲"教育的前提和基础。/依据人民群众生活水平提高程度及物价上涨指数，适时调整民政对象的生活保障标准，建立与经济发展相一致、与物价水平相适应的正常增长机制。

b′. 在生活质量方面，整体上已由量的满足阶段转向质的提高阶段。/当有价证券价格的提高程度超过现有货币量的表达能力时，华尔街的券商和投资机构们就会向美联储要求再贷款或者再贴现。

c. 临床监测在治疗过程中每天由专人根据呼吸困难减轻、肺部音减少、水肿消退及肝脏缩小程度进行心功能评定，并监测血压、心率。/同时还应当考核就业率、人均收入增长、贫富差距缩小情况、社会保障水平提高和生态环境保护等。

c′. 观察发现同时吃番茄和芥蓝的大鼠治疗效果最显著，肿瘤缩小程度竟达52%，而且肿瘤生长缓慢。/小剂量华法林抗凝治疗后血栓消失时间及缩小情况见表1。

(71) a 两例中"巩固阶段"是动作主体"教师发展"一般意义上的四个阶段中的一种，"巩固措施"与动作主体事物存在领有关系，构式表达施事论元角色话题事物的分类类指；(71) a′的"巩固阶段"是"第三学期以后"的"学生英语学习"的特定阶段，"巩固措施"是"一套完整的",构式表达施事论元角色话题事物的归类类指。(71) b 的"学习提高阶段"的类指对象是泛指的施事论元,"生活水平提高程度"属"人民群众",构式表达施事论元角色话题事物的分类类指;(71) b′中的"生活质量"的"质的提高阶段"特指,"有价证券价格"的"提高程度"处于"超过现有货币量的表达能力"阶段,构式表达施事论元角色话题事物的归类类指。(71) c 中"肝脏缩小程度""贫富差距缩小情况"都是就一般意义上而言的,构式表达施事论元角色话题事物的分类类指;(71) c′中主体事物"肿瘤"特指,"缩小程度"达"52%";"血栓"也属特指的主体事物,"缩小情况"是具体的,构式表达施事论元角色话题事物的归类类指。

6.2.4　[-主、-宾] 动词构语型式

[-主、-宾] 类动词事物化过程中将"关系"凸显为一个整体,也就意味着宿主事物指称"关系"类别或者说是以"关系"为类指标准划分出的抽象事物类别。"关系"是整个行为过程凸显为指称对象,因 [-主、-宾] 类动词构成"N 的 V"结构时 N 不能是 V 的主语也不能是 V 的宾语,缺少了主体事物施事或宾体事物受事的参照体,构式自然难有施事论元或受事论元话题事物和施事论元角色或受事论元角色话题事物的类指情形,而是具有某种特征的"关系"的分类类指或归类类指。二价动词关联动作的施事、受事成分,施事论元或施事论元角色成分充当构式的类指对象以受事论元的存在为前提,受事论元或受事论元角色成分充当构式的类指对象以施事论元的存在为前提,其实也都是"关系"的"失衡"现象。

表 6-1 列举了两个 [+前名、+后名] 动词"包围、联系":

(72) a. 游击战争主要处于敌之翼侧及后方,在山西应分为晋东北、晋西北、晋东南、晋西南四区,向着进占中心城市和要道之敌取四面包围态势。

　　a′. 在库奈特拉城的对面,以色列控制着三面俯瞰库城的阿布·纳达等 3 个山头,构成了马蹄形的包围态势。

　　b. 由于感应电流的产生总是阻碍其包围区域中磁场的变化,因此工作磁场的变化总是滞后于励电流的变化。

b′. 奥林匹克公园附近由快速路环包围区域实行二级交通控制，只允许持奥运通行证、特种车辆及当地居民车辆通行。

c. 贾平凹尽管与各出版社的关系都很好，但在重重包围之中他没有忘记北京出版社的《十月》。

c′. 另一个正在进行基础施工的工地，处在群楼的包围之中。

（72）各例中的"包围态势""包围区域""包围之中"可理解为"包围"具有的形式、范围、位置特征之别，或者说其对应的话题事物分别是"包围"的形式、范围、位置方面的特征。其中（72）a中的"包围态势"、（72）b中的"包围区域"、（72）c中的"包围之中"体现关系特征话题事物的分类类指，因特征本身是以特征束即类别形式存在的，话题事物"关系"特征的相对性表现为"关系"过程关联的主客体双方行为的互向性，表现在主体事物"施"的状态存在与客体事物"受"的状态存在的相对性。表达常凸显"施"的状态存在，如"包围态势""包围区域"；也可凸显"受"的状态存在，如"包围之中"。凸显"受"的状态存在构式通常以标记形式出现。如：

（73）a. 根据他们原先的推测，处于被包围态势下的帝国军，面对众多的敌人，应当会致力于防御，缩小战线成密集阵形才对！
b. 然后在敌人确信已经完成了半包围态势的那一瞬间，像破碎的飞片一样，以飞跃的姿态逃进了回廊。

（73）a、（73）b受事成分"帝国军"、"敌人"的"被包围态势""半包围态势"分别是与行为主体的"包围态势"相对待的特征分类类指情形①。

（72）a′、（72）b′、（72）c′中的"包围态势""（环）包围区域""包围之中"相应的话题事物都是特指的行为关系特征，客观存在的"被包围态势""非包围区域""包围之外"的类指语义对立成为背景或类指选择已定，构式只是表达特定行为关系特征话题事物的归类类指情形。

---

① 行为关联的主体与客体如一方对另一方取"包围态势"，则另一方取相应的"被包围态势"或"半包围态势"。

"联系"的构语情形如：

(74) a. 神经元之间的联系方式是相互接触，而无细胞质的沟通。/建立和完善各类中介组织，在企业与市场、企业与国家之间建立起联系纽带。

b. 自古以来，融江放排一直是苗族人民与山外的重要经济联系方式。/（大桥的建成）使法国北方上下两个诺曼底地区坦途相通，也在勒阿弗尔与法国内地之间又增加了一条联系纽带。

(74) a 两例中的"联系方式"相应的话题事物是"相互接触"，有不同的接触类型存在的前提；"联系纽带"是"各类中介组织"的存在将"企业与市场、企业与国家"联系在一起的，"构式表达动作"施"的状态存在特征话题事物的分类类指；(74) b 两例中的"联系方式"对应特定的话题事物"融江放排"，"联系纽带"对应特定的话题事物"大桥的建成"，都表示"联系"特定行为关系特征话题事物的归类类指。

表6-1列举了一个 [+后名] 动词"赞成"，"意见、态度"是规约的中心语成分：

(75) a. 这个问题已经被撇开不谈了。无论是持赞成意见的人或是持反对意见的人。/持赞成态度的国家想借此增加出口，减少进口，改善日益恶化的财政状况。

b. 唯一的例外就是李绩，他积极提出为了安定东方国境，就必须出兵的赞成意见。/看到他们的偶像在银、屏幕中吸烟后，他们对吸烟的赞成态度就增加了16倍。

(75) 各例都凸显施事论元的"施"的状态存在，(75) a、(75) b 分别表达行为"关系"特征话题事物的分类类指和归类类指。

表6-1列举了三个 [-前名、-后名] 动词"结合、开除、相信"，"结合"以主客体事物的关系为类指对象，规约的中心语成分通常是"关系、位置"；"开除、相信"都通过凸显施事论元的"施"的状态存在来指称行为关系，规约的中心语成分如"开除处分""相信程度"也都很单一。此不赘列。

6.3 本章小结

二价动词通常关联行为动作的主体成分施事和支配对象受事成分，施事论元或施事论元角色话题事物的类指需要有动作受事论元作为已知信息靠前置放的表达前提，受事论元或受事论元角色话题事物的类指需要有动作施事论元作为已知信息靠前置放的表达前提，构式分类类指或归类类指由与宿主事物对应的构式话题成分的类指或个指性质决定。分类或归类的前提首先得有类可分、有类可归。

动词的［+主、+宾］、［+主、-宾］、［-主、+宾］、［-主、-宾］属性是就动词的指称化或事物化功能角度的分别，取决于动词指称"关系"时的三种事物化方式的差异。能直接充当定语的动词都是能指称化或事物化即功能可以由陈述变为指称的动词，上述分别与动词词义的理想认知模型相关。能直接充当定语的动词都是能指称化或事物化的动词。

［+主、+宾］类动词意指事物化过程中可以凸显两个关联事物中的主体也能凸显宾体，表现在构式可有能产的施事论元或施事论元角色话题事物的类指情形，也可有能产的受事论元或受事论元角色话题事物的类指情形；［+主、-宾］类动词意指事物化过程中可以凸显两个关联事物中的主体，表现在构式可有能产的施事论元或施事论元角色话题事物的类指情形，但不排除受限的受事论元或受事论元角色话题事物的类指情形存在；［-主、+宾］类动词意指事物化过程中可以凸显两个关联事物中的宾体，表现在构式可有能产的受事论元或受事论元角色话题事物的类指情形，但不排除受限的施事论元或施事论元角色话题事物的类指情形存在；［-主、-宾］类动词意指事物化过程中将"关系"凸显为一个整体，表现在构式只有以主客体事物"关系"为类指对象话题的类指情形。前三类动词直接作定语的 VN 构式在人们头脑中形成的心理图式或意象是次第扫描的结果，后一类动词直接作定语的 VN 构式意象是总括扫描的结果。

［+前名、+后名］、［+前名］、［+后名］或［-前名、-后名］属性动词是依动词与动作相关的语义成分的规约性联系标准分出的语义特征类别，［±前名、±后名］语义特征不是影响不同类指构式形成的决定性因素，因而［-前名、-后名］属性动词也有相应的构式类指表达。但［±前名、±后名］语义特征与动词事物化程度相关、与构式的典型性相关，

如［-前名］属性动词不应该具有构成典型的造名结构的能力。理论上 NV 指称形式中的 V 事物化的程度应该高于 VN 指称形式中的 V，且并不影响构成自由的 VN 独用构式；反过来，通常能构成（N）VN 构式而没有独用的 NV 指称形式中的 V 事物化的程度要低。

本章主要从定语动词的论元结构入手讨论 V^2N 构式的分类或归类类指表达，因充当构式话题成分的类指对象都是定语动词降格表述中的配价成分，虽然话题成分可与构式同现会有不同的句位实现，但构式分类或归类类指表达都得有类指对象话题成分与宿主事物间领属关系的存在，二者如存在同一性领属关系，V^2N 构式语用上实现为属性关系分类类指结构；二者如存在个体与类别的属种关系，语用上实现为个体与类别或部分与整体的领属关系归类类指结构。从 V^2N 构式的形成角度看，包括话题成分在内的动词的论元成分都只在定语动词的降格表述中起作用或得到识解，即定语动词携带相关的论元成分参与了构式的形成；宿主事物 N 不是定语动词的论元成分，与论元成分不处于同一个平面上。

沈家煊（2000a：291）把评价一个配价系统优劣的标准概括为总括性、简洁性和一致性。将 VN 定中构式中的 N 视为动词论元应该说没能很好地贯彻总括性标准，即概括到的语法现象的范围不够周延，从而使句法合格性的描述打了折扣。

第七章

"$V_{双}^3+N_{双}$" 构式类指

本章讨论与 "$V_{双}^3+N_{双}$" 类指构式相关的如下几个大的问题：
（一）三价动词直接作定语的定中构式中与事成分的配位问题；
（二）"$V_{双}^3+N_{双}$" 构式类指问题；
（三）为什么没有与事成分及其论元角色的类指构式。

7.1 构式中的与事成分配位问题

7.1.1 与事的性质

三价动词关联行为动作的施事、受事和与事成分三种性质的名词性词语。张斌等（2010：1021）把三价动词关联的三个必有论元成分称为主事、客事和与事，与事成分又分为当事与共事，其中当事是动作行为的交接（受益或受损）或针对对象，通常作"给、向、从、为、替、对"等介词的宾语，或处在间接宾语位置上。如"小王还了小李一本书""小王向小李借了几件衣服""他们热情地为群众服务""领导干部要替人民着想"等。共事是和施事或系事协同参与某动作行为的参与者，如"小王和小李吵架了""小王跟小李商量过这个问题"等。这样与事从语义上说可以是动作的交接对象，可以是称呼对象、协同对象等（张国宪，2001：509），句法上可以是双宾结构里的间接宾语，也可以是非双宾结构里的介词宾语①。

与事的性质与动词的性质及相关句式的意义密切相关。双宾动词通常认为主要是三价动词，但有相当数量的动词并非三价，如语义上并不必然

---

① 张国宪（2001：508）从跨语言的研究角度说明双宾语句和与格单宾句分布上的不对称性：具体语言里有双宾语句一定有与格单宾句，反过来有与格单宾句未必一定有双宾语句。

涉及另一个受事的"帮、骂、优待、照顾"等、语义上并不必然涉及另一个接受者的"吐、放、进、扔"等，也还有"急了我一身汗""今儿下半年球赛里咱们队进了吗？"中的一价动词"急""进"等（张伯江，1999：176、182—184）。尽管通常把词由不同义项具有的不同的配价现象处理为兼价，或解释为句式里动词经历了论元增容之类的词汇派生过程（袁毓林，2010：587），也还不能很好地解决将双宾语句与三价动词相互界定之类的循环论证问题。张伯江（1999：183）、沈家煊（2000a：293—294）明确提出句式配价说，认为一个构式的意义是把词汇项意义整合进句式意义的结果。沈家煊（1999：96—98）指出只有知道双宾语句的句式意义是某人把一样东西从自己这儿转移到另一个人那儿，才能够分析得出施事、受事、与事三种语义成分来。也只有将句式意义与词类区分结合起来才能对复杂的语法现象做出完善的解释。

　　前人关于双宾语句的研究已不同程度地关注到了动词词义与句式意义的整合问题。朱德熙（1979：82）把"给予"类和"取得"类动词构成的双宾语句的句式意义分别概括为与者主动地使事物由与者转移至受者和得者主动地使事物由失者转移至得者；沈家煊（1999：98）进一步把"他给我寄了一个包裹。""他寄给我一个包裹。""他寄了一个包裹给我。"三个相关句式的意义分别描述为对某受惠目标发生某动作，惠予事物转移并达到某终点、转移和达到是一个统一的过程，惠予事物转移并达到某终点，转移和达到是两个分离的过程；张伯江（1999：176—177）将动词不借助"给"字表达一个完整的给予过程的句式称为双及物式，双及物式的句式意义是有意地给予性转移，该过程是一个在发生现场成功完成的领属关系转移过程；陆俭明（2002：321—323）讨论了"吃了他三个苹果"之类的非给予义动词构成的双宾语句，指出与事和受事间的占有领属、成员领属、产品领属和部分器官领属关系可以构成不同对象受益或受损的双宾语句，"吃"类动词行为动作的进行、发生使施事有所得，"糟蹋"类动词行为动作的进行、发生使与事有所损伤，而"出版"类动词行为动作的进行、发生会使施事、受事均有所得；张国宪（2001：509、517）将"索取"类双宾语句关联的受损的有生与事称为"夺事"，指出"给予"和"索取"具有共同的上位语义基础，因而把两类动词构成的典型双宾语句式的语义概括为施动者有意识地使事物的所有权发生转移。

我们关注的是能同时支配与事和受事的动词作定语时关涉成分与事的性质问题。VN定中构式意义表示领属关系归类或属性关系分类已见上述，通常作为受益者或受损者出现的与事成分是事物所有权转移过程中的重要一环，三价动词直接作定语的定中构式是否有与事成分话题事物的类指情形？定语动词携带相关的论元成分参与了构式的形成，其降格述谓结构中三个必有论元的语义合成现象如何解释？与事在构式意义形成过程中扮演什么样的角色？

7.1.1.1 与事的受动性

袁毓林（2002：16）把与事成分归入非典型的受事，这与通常所谓的受事是动作的支配对象及宾语句法位置相关。张国宪（2001：509）讨论夺事的受动性强弱问题时明确指出受动性越强的夺事实现宾语位的可能性越大，如"张三讹李四100元钱"中夺事"李四"只是事件达成的非使因，拥有较多的受动性特征；而"张三收李四100元钱～张三向李四收100元钱"施动者和夺事双方都有自主性，作间接宾语时夺事的受动性强些，动前位置的受动性弱些；"张三向李四要100元钱"施动者只能控制动作发生，夺事则能有效地控制事件的结局是否能满足施动者的意愿，是事件达成的直接使因，受动性相对弱些，其实现宾语位的可能性就越小，极易由动作的支配对象转变为动作的关涉对象。张文认为夺事的受动性强弱与宾语实现的这种共变关系在人类语言中普遍存在着。

与事成分也能作为新信息的焦点成分出现。刘顺（2018：99）认为双及物句式中直接宾语作主语的情形使得间接宾语与事凸显为焦点信息成分，如"这件毛衣王丽送给了谁？"当然，与格单宾句如"我把那本书给了他"中的与事"他"同样凸显为焦点信息成分。而受事宾语通常会凸显为焦点信息成分，理论上如果存在以受事论元为话题事物的动态属性类别，也应该存在着以与事论元为话题事物的动态属性类别。然而从表2-15至表2-17能直接充当定语的三价动词构成VN和N_1VN_2结构的检索结果看却并不支持这一假设。

从典型双宾语句的句式意义来看，施动者有意识地使事物所有权发生的转移过程中只有施动者能控制动作的发生，转移物受动者的存在是转移过程发生的前提，即转移对象事物与转移行为直接相关，因而施动者与受动者都应有相应的动态属性类别表达需要。如施动者"吃"的行为与受动者食物的存在为前提，食物则具有［+可吃］的行为语义特征，则施动者和受动者能提取同一动作行为的［±可控性］属性作为构式的类指标准存在。林艳（2013：174）将双宾构式三个参与者论元的原型属性分别描述为：

施事：［+有意识］［+自主性］［+可控性］
与事：［+有生性］［+终点性］
受事：［+具体性］［-有生性］［+可控性］［-自立性］

可控性可描述为同一动作行为运动属性关联的主体事物对施及客体事物行为的可调控性①，及物性是动作的基本特征，主体事物的行为能及与客体事物的行为所及都是一个完整及物化过程的有机组成部分，即如能有效地控制事件结局的夺事因不能控制动作的发生则游离于这一及物化过程之外，因而事物是否可有基于同一动作行为运动属性的类别表达首先与动作的及物性关系及动作的可控性相关。与事在典型的三价动词句中常以受益或受损的对象身份存在，作为受益者是事物所有权转移的终点目标，作为受损者夺事则处于事物所有权转移的起点位置，因而与事成分还可以是处所成分或机构名称，如"他们每天清早起床，把一车新鲜的蔬菜卖给饭店。""夫妻二人攒了半年，把三万元还给学校。"（林艳，2013：171）。这说明与事只是动作的伴随因素，其受动性与受事的被支配性不同，只是表现在事物所有权的被夺或被动地接收，因不属同一及物性关系结构成分，故而难以有相应的动作属性关系类别。

7.1.1.2 关系化、被动化和话题化

同与事的受动性有关的另一个问题是双及物构式成分的关系化、被动化和话题化。同一及物性关系结构中如某一结构成分能关系化、被动化和话题化，说明这一成分有指称相应动作属性事物类别的能力，反之则不然。刘丹青（2001：388）指出凡有宾格和与格区别的语言中与格是动词更为疏远、更有标记的论元。汉语双及物构式中的主语和直接宾语可以关系化、直接宾语可以被动化和话题化。关系化是指主语和直接宾语无须复指代词的帮助成为关系从句修饰的中心语，而间接宾语不能这样关系化，

---

① 马庆株（1988/1996：16）、袁毓林把能否进入祈使句的动词称为可控动词和非可控动词，邵敬敏、罗晓英（2004：20）修正为能单独接受"别"的否定的是可控动词，不能是非可控动词。自主或非自主动词都可以是可控动词，可控指通过人的努力可以加以调控。

加了复指代词也只是勉强可以。刘文的例子是：

(1) a. 老师给学生一本书。→
    b. 给学生一本书的老师（主语关系化）
    c. 老师给学生的一本书（直接宾语关系化）
    d. ＊老师给一本书的学生（间接宾语关系化）
    e. 老师给他一本书的学生（借助复指代词的间接宾语关系化）

汉语中普通及物结构中的客体宾语一般都能被动化和话题化，而间接宾语很难被动化和话题化。

(2) a. 老师给了这名学生这些书。→
    b. 这些书被老师给了这名学生。（直接宾语被动化）
    c. ＊这名学生被老师给了这些书。（间接宾语被动化）
    d. 这些书老师给了这名学生。（直接宾语话题化）
    e. 这名学生老师给了这些书。（间接宾语话题化）

话题化与关系化、被动化相关，能关系化、被动化的成分往往也能话题化。徐烈炯、刘丹青（1998：77）曾用吴语和粤语加话题标记的测试证明间接宾语可以作话题成分而直接宾语不行。刘丹青（2001：393）指出多数有双宾句的语言里间接宾语前置于直接宾语都体现了话题或旧信息居前原则，因统计表明与事总体上强烈倾向已知、有定而客体倾向新信息、无定，故汉语典型双宾结构的出现动因主要是间接宾语的话题性。看来话题性虽与话题化相关，但并非话题性成分一定会有最终实现话题化的结果，这与动词及物性关系的性质有关，支配与被支配的事物双方都能提取出同一动作的运动属性，因处于同一运动属性范畴的矛盾对立关系之中。动作发生有处所、方式、结果、原因等环境因素致使，与事也是致使动作发生的环境要素之一，话题化意味着能作为同一运动属性范畴矛盾对立关系事物中的一方或者说能提取出动作属性特征表达动态属性关系类别，与事甚至只指示动作发生源点和目标（如与事是处所成分或机构名称的情形），难以话题化就可想而知了。因而双及物结构的与事与受事跟动词的概念距离并不等价，受事是必然所及，本源于事物的运动属性；与事是可能的波及，受制于事物的活动范围。张敏（2011）对此作过注解，双及物事件在句法表层可以用不同的形式去编码，双宾结构只是其中的一种。介宾补语式是另一种双及物结构式，如"送一本书给他"里的客体由动词"送"直接赋元，类似单及物式里的受事，但与事却是由额外的介词"给"赋元。

7.1.2 与事成分的句位实现

与事成分难以话题化前置于双宾语句主语的位置上，难以关系化与被动化同样如此。话题的语用功能是提供言谈的起点（袁毓林，1996：248），汉语中的关系结构有的是从非话题结构转变而来的，如"旅行团提早出发了～提早出发的旅行团""小王请来了客人～小王请来的客人"；有的是话题化话题结构转变而来的，如"那些事你们不知道～你们不知道的那些事""这棵树叶子大～叶子大的这棵树"（陈平，1996：28），关系化了的论元无疑都可作为话题提供言谈的起点，从根本上说与论元的及物性程度相关。汉语里作为言谈起点的话题主语往往排斥无定无指词语，间接宾语与事虽在生命度和有定性两方面的话题性比直接宾语受事更强（刘丹青，2001：393），但并非话题性成分都能话题化，因话题主语由述语动词直接赋元，与事成分往往由介词赋元。李大勤（2001：128）讨论关系化移位对论元成分话题化的影响时举过两个例子：

（3）a. 读过这本书的人不多～　a′. 读过这本书的不多
　　　b. 读过这本书的人来了～　b′. 读过这本书的来了

指出删略关系化成分"人"后得到的（3）a′仍然是个可接受性很强的句子，但（3）b′可接受性就有所降低。原因在于（3）a中的"人"是无定的，与"读"的［+述人］语义特征表达一致；而（3）b中的"人"是有定的，受其约束的语迹也应当是有定的，删除同指的"人"后这个语迹的具体所指难以确定，不联系语境便会增加确定其所指的难度。

综合前人关于三价动词句的讨论，与事成分的句位实现情况可概括为：

(4) a. 双宾 A 式：老师给了学生一本书。
　　b. 双宾 B 式：〈广州〉老师畀本书个学生。（刘丹青，2001：389）
(5) 与格单宾式：老师把这本书给了学生。
(6) 介宾状语式：张三向李四借一本书。
(7) 介宾补语式：老师送一本书给他。

刘丹青（2001：390—394）敏锐地指出普通话及许多方言中的双宾 A 式是受"重成分后置倾向"严重制约的比与事由介词赋元的介宾补语式更有标记的句式，因在所用动词相同的情形下双宾 A 式都能变换为介宾补语式，而许多介宾补语式难以变换为双宾 A 式。其中经济原则对双宾 B 式的作用最直接，双宾 A 式除了经济原则的作用，间接宾语的话题性和重成分原则扮演着重要角色。双及物结构句式意义的差别受观念复杂度像似性的制约，如转移和达到是两个分离过程的给予句用分离的赋元方式表示，客体和与事分别由动词和"给"赋予题元；转移和达到是一个统一过程的给予句用统一的赋元方式表示，客体和与事由同一个动词同时赋予不同的题元。

张国宪（2001：508）指出夺事成分可以在动词前充当状语，可以在动词后充当间接宾语，二者存在着一种不完全对称变换关系，句法成分不可能在不发生价值变化的前提下完成移动，夺事的受动性、施动者的控制力以及动词的及物性强度决定着夺事成分的句位实现。

介宾状语式中的与事贴近主语具有较弱的受动性，介宾补语式中的与事是新信息的焦点，具有较强的受动性，双宾式中的间接宾语与事的受动性介于二者之间。不能被动化、话题化和关系化成为句子的陈述对象主语从根本上说是由动词的及物性关系结构的性质决定的，与事由介词赋元的事实很好地说明了这一点。

三价动词直接作定语的定中构式难以出现与事成分及其论元角色的类指表达情形，因由介词赋元意味着与事只能提取与动词意义相对的另一个动词的属性义特征，如"张三向李四收 100 元钱"中"张三"的"收"其实是"李四"的"给"，"老师送一本书给他"中"老师"的"送"其实是"他"的"收"。这样由动词赋元的双宾语句"老师给了学生一本书"中"老师"的"送"也是"学生"的"收"，与介词赋元的情形没什么两样。刘丹青（2001：393）认为不用介词可能是经济原则起了一定的作用，因毕竟省了个介词；更可能是为了兼顾观念距离象似性，因为间接宾语在前时再用介词就成了最不符合距离象似性的复合词式双宾语句（"送给他书"）。

这样双及物结构中的与事因处于与双及物动词意义相对待的另一个动词的及物性关系框架内，自然得不出以双及物动词属性义特征为分类或归类标准的类指情形。

7.2 V^3N 构式的形成

如此与 V^3N 构式类指相应的构式话题与 V^2N 构式一样也只是动作的施事论元或施事论元角色和受事论元或受事论元角色类别，构式意义可以表达施事论元或施事论元角色话题事物和受事论元或受事论元角色话题事物的分类类指或归类类指。表 2-17 的 [-前名、-后名] 类动词没有检索到能产的 VN 和 N_1VN_2 结构样本语料，但不排除将主客体事物间的行为"关系"作为指称对象或构式话题的可能。与二价动词一样，以行为关系特征为类指对象的具有非能产性的构式的分类类指或归类类指表达也列入我们的考察范围。

我们把表 2-18 至表 2-20 所列 19 个三价动词按不同属性类别列为表 7-1（其中不出现 [-主、-宾] 类动词，三类中均没有 [+前名] 属性动词情形）：

表 7-1

[+主、+宾]		[+主、-宾]		[-主、+宾]	
动词	属性	动词	属性	动词	属性
安排	+前名、+后名	辅导	+前名、+后名	补充	+前名、+后名
答复	+前名、+后名	回答	+前名、+后名	分配	+前名、+后名
		奖励	+前名、+后名	偿还	+后名
		招待	+前名、+后名	退还	-前名、-后名
		支援	+前名、+后名		
		帮助	+后名		
		救济	+后名		
		赔偿	+后名		

续表

[＋主、＋宾]		[＋主、－宾]		[－主、＋宾]	
		请示	＋后名		
		通知	＋后名		
		委托	＋后名		
		答应	－前名、－后名		
		请教	－前名、－后名		

我们以表7-1所列不同属性类别动词的构语情形入手讨论 V^3N 构式类指型式。

7.2.1 ［＋主、＋宾］动词构语型式

7.2.1.1 施事论元角色话题事物类指

依前所述，VN类指构式的形成基于构式类指对象话题事物与宿主事物之间领属关系的存在，分类类指还是归类类指分别依类指对象话题事物的［±个体性］语义特征决定。

［＋主、＋宾］动词既能指称主语（主体）又能指称宾语（宾体），表7-1所列两个［＋主、＋宾］动词"安排、答复"又均为［＋前名、＋后名］属性动词，理论上应该有能产的施事论元话题事物的类指情形，但在CCL语料库中输入"答复人员""答复代表""答复机构/部门/单位"进行检索，只检索到一例"答复人员"的施事论元话题事物归类类指情形：

（8）他们紧紧握着答复人员的手动情地说："这样的答复意见，我们非常满意。"

显然构式话题事物是"答复"的施事论元，受事"这样的答复意见"个指限制施事论元的个指，构式表达施事论元话题事物的归类类指。从定语动词的降格表述"人员—答复—他们—意见"看，"意见"通过"答复"转移给"他们"的过程是构式类指表达提取动作属性特征的语义关系侧面，与事成分"他们"是事件句的施事主语，构式作为事件句谓语动词的关联语义成分存在。

输入"答复代表"检索到的 48 例语料中有 1 例"代表"作间接宾语的情形("答复代表提案"），5 例"代表"直接作定语的情形("代表团口头答复代表的质询"），1 例"代表"作主语的情形("一府两院及其部门必须及时办理、答复代表提出的建议意见"），其余全部为"代表"单独作宾语的述宾结构。"答复机构/部门/单位"未检出定中结构类例。

63 条"安排人员"语料中有 5 例"人员"作定语、4 例直接作宾语的情形，其余都是"安排人员值班"类的述宾结构。

从 V^1N、V^2N 类指构式的讨论可以看出，类指对象话题事物与构式宿主事物间广义领属关系的存在是类指构式形成的前提，构式分类类指和归类类指分别由这一广义领属关系的两种下位类别——同一性领属关系和属种关系的性质决定，前者实现为属性关系语用所指结构，后者实现为狭义的领属关系语用所指结构。构式话题事物可作为句子成分存在，也可在句中默认缺省，不影响与宿主事物之间语义上的领属关系存在的前提，判断句本就是种典型的归类句式。

VN 构式的句位实现依托不同的句子场景，与事作为双及物结构转移过程中的重要一环，自然会作为句子结构成分存在且会影响到 V^3N 构式的类指分别及句位实现。如（8）中"答复"的与事"他们"是事件场景句的施事主语，"答复人员"是"握"语义框架内的客体成分。上述双及物结构式中与事成分的介词赋元其实也是另一场景介入的后果，只不过构式事件主体、客体分别是三价动词的施事、受事，事件过程是客体事物所有权的转移罢了。

V^1N、V^2N 构式既作为另一场景句的句式论元出现，则构式类指分别与场景句的不同类别及定语动词相关的语义成分在场景句中的句位实现相关。(8) 中的"答复意见"是动词受事论元话题事物的类指情形，受谓语中心语动词"满意"支配，属句式配价成分；而表达施事论元话题事物归类类指的"答复人员"却不受谓语中心语动词"说"支配，不属句式配价成分。如此可知 V^3N 构式缺乏能产的施事论元话题事物的类指情形，与三价定语动词的三个必有论元的不同场景句中的句位实现有关。

V^3N 构式施事论元角色话题事物的类指情形常见，因凸显的话题事物与宿主事物之间的领属语义关系侧面使得转移过程成了表达背景：

（9）a. 人民日报读者来信版的"答复反应"栏目，是专门刊登有关单位对舆论监督的处理结果的。

a′. 领导机关和领导同志怎么运用舆论监督来推动工作，公民怎样正确运用舆论监督的权利，写实、写准批评稿件以维护自己和他人的合法权益，本版发表的这组答复反应（包括过去发表的和今后将要发表的），给我们提供了启示。

b.《两岸挂号函件查询、补偿事宜协议》包括开办范围，联系方式，传递方法，查询期限，答复期限等十二个方面的内容。

b′. 德国代表团立即将和约草案转报柏林，随后接连发出照会请求延长答复时间。但前几次均遭到克里孟梭的断然拒绝。

（9）a 判断句中"答复"的论元结构可描述为"人民日报读者来信版栏目—答复—读者—有关单位对舆论监督的处理结果"，蕴含的降格表述意义可分解为受事"有关单位对舆论监督的处理结果"向与事"读者"的转移过程；其中受事论元"处理结果"类指，规定类指对象话题事物的类指；"反应"属施事"栏目"，"答复反应"属施事论元角色话题事物的分类类指情形。（9）a′事件场景句中"答复"的论元结构可描述为"本版—答复—读者—领导机关和领导同志怎么运用舆论监督来推动工作，公民怎样正确运用舆论监督的权利，写实、写准批评稿件以维护自己和他人的合法权益"，蕴含的降格表述意义可分解为受事答复内容向默认与事"读者"的转移过程；因"反应"属施事"本版"，受"这组"约束可知答复内容受事个指，"答复反应"属施事论元角色话题事物的归类类指情形。（9）b 判断句中"答复"的论元结构可描述为"协议双方—答复—两岸挂号函件邮寄者—函件查询、补偿事宜"，蕴含的降格表述意义可分解为受事"函件查询、补偿事宜"向与事"两岸挂号函件邮寄者"的转移过程；受事类指，宿主"期限"属协议双方规定，"答复期限"也属施事论元角色话题事物的分类类指情形。（9）b′事件场景句中"答复"的论元结构可描述为"克里孟梭—答复—德国代表团—和约草案"，蕴含"和约草案"向"德国代表团"的转移过程，"答复时间"因是具体的，因而属施事论元角色话题事物的归类类指情形。再如：

（10）a.（经营户作为市场主体，对摊位使用权的获得应该是平等的。）不管是哪一种摊位安排方式，都必须引入竞争机制，以增加摊位安排的透明度，提高摊位安排的公平性。

　　a′. 这三种生活安排方式是——同配偶一道过日子的已婚人士；单身一个人独居的；以及跟某一位非配偶相依为命的人。

　　b. 由于今年高校毕业生是新中国成立以来人数最多的一年，也是毕业生就业制度改革进入重点突破、整体推进的一年，就业安排工作十分艰巨。

　　b′. 在英国，有些公职采用世袭制，因此常常在一些人事安排工作上出现墨守成规的情况，有的甚至还很荒唐。

（10）a、（10）b中受事"摊位""就业"表类别事物，"摊位安排方式""就业安排工作"分别蕴含市场管理部门、人事部门"安排""摊位（使用权）"向与事"经营户"的转移过程、"就业"向与事"高校毕业生"的转移过程，"方式""工作"为"安排"的施事论元领有，构式意义表达施事论元角色话题事物分类类指；（10）a′、（10）b′中的受事"生活""人事"表个体事物，由"同配偶一道过日子、单身一个人独居、跟某一位非配偶相依为命""一些"分别限定，"生活安排方式""人事安排工作"分别蕴含"生活"向与事"有着三种不同生活安排方式的人"的转移过程、"人事"向与事"需要安排工作的人"的转移过程，宿主事物同样为施事论元领有，构式意义表达施事论元角色话题事物的归类类指情形。

7.2.1.2　受事论元与受事论元角色话题类指

受事论元或受事论元角色话题事物的类指情形同样基于话题事物与宿主事物之间广义领属关系的存在，分类类指或归类类指也以话题成分的[±个体性]语义特征决定。

先看以受事论元为话题事物的VN类指构式的形成：

（11）a. 内地和澳门特区关于对所得避免双重征税和防止偷漏税的安排事宜，是通过内地和澳门特区商贸联系委员会机制进行磋商的。/每间机构都应该成立一个特别委员会，处理机构本身的薪酬政策及安排事宜，和检讨行政总裁的工作表现和薪酬，并向其董事局或管理委员会提出建议。

a′. 广大留学人员在听取了国内有关情况的介绍后,很受鼓舞,有些即将完成学业的人员当即与有关单位洽谈回国工作安排事宜。/双方于1999年7月15日就澳门政权交接仪式的传媒采访安排事宜进行了磋商。

b. 如上访人员对处理结果不满意,信访室认为无须再查,可出具答复意见书,同意上访人到上级纪检机关上访。/工会和纪检等部门采取信息反馈单等形式,督察答复意见的落实,掌握职工对答复意见的满意程度。

b′. 市人大常委会立即召开了主任会议,对代表们反馈不满意的这20份答复意见进行专门研究,并提出初步的处理意见。/对上述答复意见,村大多数群众不满意

(11) a 两例中构式话题成分是类指的受事论元"所得避免双重征税和防止偷漏税""处理机构本身的薪酬政策",分别与宿主"事宜"存在同一性领属关系,构式表达受事论元话题事物的分类类指;(11) a′两例中的受事论元"回国工作""澳门政权交接仪式的传媒采访"个指,构式表达受事论元话题事物的归类类指。"事宜"是"关于事情的安排、处理(多用于公文、法令",相应的话题成分都是动词性词语表达的活动或事件)。(11) b 两例"答复意见"表达受事论元话题事物的分类类指,因受事论元话题成分与类指宿主可同形同指,表达中通常默认缺省。(11) b′两例中"答复意见"的个体受事论元话题成分分别由"20份""上述"指示,构式表达受事论元话题事物的归类类指。

受事论元话题事物的类指情形要求宿主事物与受事论元空位同形同指,异形同指的受事论元话题事物可与宿主事物同现,同形同指的受事论元不能实现为句法成分与宿主事物同现。再如:

(12) 双方已就叙以和谈于本月24日继续在美国举行达成一致,同时决定叙以代表团分别增加一名军事专家,以协助讨论有关安全安排事宜。/为协商安排事宜,你或许要跟内政大臣联系一下。

(12) 两例中的"安排事宜"的类指对象受事论元都默认缺省,由语境可推知表达具体或个体"事宜",构式都属受事论元话题事物的归类类

指情形。

受事论元角色话题事物类指情形常见,话题事物与构式同现且与宿主事物具有非同一性的领属关系,往往出现在 N_1VN_2 结构的 N_1 的位置上。上述"安排事宜""安排意见"如受事论元话题事物与宿主事物存在属种关系,则成了受事论元角色话题事物的类指情形:

(13) a. 团中央对各级团委提出学习安排意见。
　　　a′. 目前,国务院已批准国家计委提出的两批投资项目安排意见。
　　　b. 只要你说出来,我们现在就可以完成你们结婚的一切安排事宜。
　　　b′. 论坛的地点、人数及其他具体安排事宜,两会可以经充分讨论商定。

(13) a"学习安排意见"中动词降格表述为"团中央—安排—各级团委—学习",构式凸显宿主"意见"向与事"各级团委"的转移过程;受事论元"学习"提供行为对象范围,重音位置落在了"安排"上,即"安排"与"—安排"的语义特征对立凸显,构式表达受事论元角色话题事物的分类类指;(13) a′"安排意见"属"两批投资项目",构式表达受事论元话题事物的归类类指。同理,(13) b 受事论元"结婚"与"事宜"存在领有关系,"一切"指示话题事物类指,构式表达受事论元角色话题事物的分类类指;(13) b′受事论元"论坛的地点、人数及其他具体的"个指,构式表达受事论元角色话题事物的归类类指。再如:

(14) a. 事实上,航空公司都有自己的运力安排计划。/各部门要精打细算,调整支出安排计划,大力压缩办公费、会议费、差旅费、邮电费、交通费等项开支。
　　　a′. 国家开发银行也及时了解了所有在建水电工程每一阶段资金需求情况,并以此做出了相应的资金安排计划。/财政、金融部门初步拿出的农业资金安排计划,对农业的投入比去年增长 10%以上。
　　　b. 按照专题询问的有关程序要求,政府部门的答复情况将作为审议意见和建议转送政府研究处理，审议意见的落实情况也要报告全体常委会组成人员。/贵阳市人大还制定了一系列"特殊"的规定：每月向政府部门通报人大信访信息并监督答复结果的制度。/办理单位不能直接听取代表呼声和意见，存在着回答代表不及时，答复内容可操作性差，影响了议案、建议办理的实际效果。

b′. 环保组织将视政府对这次诉讼的答复情况做出反应。/阿总统府公布的答复结果表明，（各政党）支持上述建议的为58%，反对的为5%，其余的对建议采取不同程度的保留。/园林绿化部门立即着手承办，并及时将办理结果答复了李铎委员。李铎委员……建议有计划更换"毛白杨"。但是，答复内容却没有涉及更换树种问题。

(14) a 两例中"安排计划"分别与动作的类指受事论元"运力""支出"存在领有关系，构式受事论元角色话题事物的分类类指情形；(14) a′两例中"安排计划"分别与动作的个体受事论元"相应的资金""初步拿出的计划"存在领有关系，因而均属受事论元角色话题事物的归类类指情形。(14) b 各例中"答复情况""答复内容"的领有者分别为类指受事论元"专题询问""人大信访信息""议案、建议"，构式表达受事论元角色话题事物的分类类指；(14) b′各例中"答复情况"的领有者为个体受事论元"这次诉讼"，具体的"答复结果"约束了受事论元"建议"的个指，"答复内容"是关于"李铎委员的建议"，构式表达受事论元角色话题事物的归类类指。构式意义都凸显动词降格表述中宿主事物向与事成分的转移过程。

受事论元角色话题事物类指构式凸显的转移过程可以作为事件场景的活动背景出现：

(15) a. 12月8日晚7时许，就在此次比赛的安排内容之一——热气球之夜活动开始时，阳江市区突然下起雨来。
b. 各级民政部门要根据《灾民救助花名册》和救助对象生活安排情况进行监督检查。

(15) a 构式降格表述中的与事缺省，(15) b 中的与事"救助对象"

也只是受事"生活"的范围修饰成分。

7.2.2　[+主、-宾] 动词构语型式

我们从 [+主、-宾] 类动词的不同属性类别入手考察构式类指表达分别。

7.2.2.1　[+前名、+后名] 属性动词的构语情形

表 7-1 中收集的 13 个 [+主、-宾] 动词中具有 [+前名、+后名] 属性的动词有"辅导、回答、奖励、招待、支援"5 个。从表 2-15 的语料统计结果看，5 个动词都有相应的 VN 结构，除"回答、招待"外的 3 个动词都能构成相应的 NV 或 NVN 结构，只"奖励"一个动词有构成能产的 VN、NV 或 NVN 三种构式的能力。

陈昌来（2002：169）将给予类动词分出与事优先动词、受事优先动词两类，认为动作相关的三个实体中给予者施事最为重要，受事或与事必须保有一项才能构成给予关系。而什么时候缺省受事或与事跟动词的语义控制力和动作预期目的相关。但动词的语义控制力和动作预期目的作用于动作的实施过程，而动词的指称化或事物化与动作主体或宾体事物的运动属性相关。与事成分难以关系化、被动化或话题化的原因正缘于此，其作为事件主体必有 VN 构式作为另一事件场景句的论元出现的前提，这也是三价动词指称化或事物化结构类型中与事成分均不能作为参照体出现的原因所在（参看 2.1.3.3.2 节的分析）。

吕叔湘（1979：57）将双宾语分出三种情况：第一种情况是双宾语可同时出现，也可只出现其中的一个；第二种情况是可以单独出现指人的宾语而不能单独出现指物的，第三种情况是可以单独出现指物的而不能单独出现指人的。如果把第二种情况归入与事优先动词，第三种情况归入受事优先动词，则双宾语可同现也可单独出现其中任何一个的第一种情况应跟动作预期目的即表达需要相关。陈亚川、郑懿德（2015：306）又补列了两个宾语必须同时出现的第四种情况：表示称叫类的、间接宾语也是指人的动词。如"人们叫她祥林嫂""我们都骂他傻瓜"，按结构同现标准又不好归入与事或受事优先动词中的某一类。难以构成相应的 NV 或 NVN 结构的"回答、招待"显然属于上述第一种情况，如：

(16) a. 几乎每一部心理咨询的著作都要回答这样一个问题：心

理咨询与心理治疗之间的关系是怎样的？

　　b. 如果他能很坦诚地来回答你，他应该会说我不知道。

　　c. 墨子也回答了孔子没有想到的一个问题，就是，为什么人应当行仁义？

（17）a. 几名军官还热诚地招待了午餐。

　　b. 祖逖举行宴会招待当地父老。

　　c. 隋唐之际，冷淘非常吃香，皇帝设朝时，经常于中午招待文武官员一餐冷面。

（16）、（17）中的 a 例都只出现直接宾语，b 例只出现间接宾语，c 例是双宾语同现的例子。然更多的语料显示"回答、招待"更倾向于双宾语都缺省的表达情形：

（18）a. 陈俊生把问题交给新华社回答。

　　b. 正处在写作寂寞中的作家一下子找到了聊天儿的对象，拿出好酒好菜招待。

石毓智（2004：84、86）按照客体移动方向标准将汉语双宾动词分为右向的"给予"类、左向的"取得"类和左右向的"借"类三类，认为具体句子的意义主要是由动词自身的方向义决定。动词是右向的，句子的意义表示可以由主语向间接宾语转移，动词是左向的，句子就表示客体向左转移。左右向动词结构表达上则有歧义。表达再清楚些，右向动词句表示客体事物所有权由主语向间接宾语转移，左向动词句表示客体事物所有权由间接宾语向主语转移，左右向动词则是两可的。动向与动词的语义控制力并不必然相关，无论是左向动词还是右向动词，与事作为受益者或受损者都并不必然优先或凸显，(18) a 与事缺省显然是受事优先，(18) b 与事优先于同现的受事，句法成分位置与凸显程度相关。张国宪（2016：204）指出"索取"义双宾结构即左向动词句中的近宾比"给予"义双宾结构中的近宾更有资格充当宾语，可理解为其中的近宾更多地会优先于远宾；黄正德（2007：11）将"给予类"的双宾结构分析为包含一个宾语（受事）跟两个主语（致事大主语、历事小主语）的三元非宾格结构，将"抢偷类"的双宾结构分析包括一个主语（施事）跟两个宾语

（受事内宾语、蒙事外宾语）的三元非作格结构，与张国宪（2001：49—51）关于夺事受动性的强弱影响句法构造的观点较为一致，可知左向动词对与事或受事的语义控制力明显较右向动词要强，或者说受损者比受益者的凸显度要高。但这也都只是概率上的说明，与事凸显度的高低还是要取决于动作的预期目的。"偷"和"抢"词义的理想认知模型中受事和与事分别是凸显角色很容易说明问题（参见沈家煊，2000a：294）。同为右向动词的"奖励"（陈昌来视为与事优先动词）与"回答、招待"有相同的句法分布位置，但前者后者却有极强的构语能力，可见动向并非构语强弱差异的决定性因素。

客观上存在的构语能力强弱应与动词词义的理想认知模型相关，或许是关于属性相同动词的不同构语表现的较具说服力的一种解释。无论是否凸显或优先，与事都只是三价动词词义的理想认知模型中的一个受影响者角色，即通常以受益或受损的对象身份作为动词论元的一个实例存在于动词 ICM 的背景知识之中，因语义一致而由受影响者角色升格为参与角色进而与句式论元匹配的成分。如"王冕死了父亲"之类的领主属宾句，动词"死"本来只有一个参与角色，因"死"的 ICM 中还包含一个"受损者"角色，即"死"的 ICM 不仅仅是"失去生命"，还包括诸如"幼年丧父是人生的一大不幸"等背景知识，这个"受损者"角色虽然不是"死"的参与角色，但在语义上只与句式的论元"领有者"相匹配（参看沈家煊，2000a：295），这也是与事无法作为构式话题事物存在的原因之一。

7.2.2.1.1 施事论元与施事论元角色话题事物类指

"辅导、回答、奖励、招待、支援"都属于右向动词，与事成分都可描述为受益者。我们在 CCL 语料库中输入匹配施事论元话题事物的宿主"人员"进行检索，发现 5 个动词的检索结果可分三种情况，一是"辅导、招待、支援（人员）"构式可有分类类指和归类类指情形：

(19) a. 很多艾滋病患者刚开始都很难接受这个事实，一些人会产生自杀的念头，还有人想要报复社会。这时候就需要有专业心理辅导人员帮助他们度过最困难的时期。/这次拍片，剧组没给她请功课辅导老师。

a′. 迪威特太太的书桌上放着一首露丝写的诗，她打算星期一把这首诗拿给学校的辅导人员看看,露丝的诗写的是我。/我打算把他请到家里做客,顺便也做一回他的中文辅导老师。

b. 法国巴黎的鲁道夫创办了一家代客招待雇佣公司,受雇人员全是年轻漂亮的青年男女,专门为那些需要招待人员的宴会、酒席、婚丧嫁娶、舞会等提供服务。

b′. 商会会长、剧场经理和招待人员都快步赶过来,点头哈腰地把他们接到楼上第三厢去。

c. 韩国在派遣后勤支援人员、参加伊拉克战后重建、救助难民等问题上还没有具体计划。

c′. 阿尔巴尼亚军方派出了300名后勤支援人员。

(19) 两例中动作受事论元"心理""功课"的凸显度明显低于分别作为句式的主、客体论元存在的与事成分"很多艾滋病患者""她","心理""功课"类指,规定类指对象话题成分的类指性质,构式表达施事论元话题事物的分类类指情形;(19) a′两例中"辅导"的与事成分"露丝""他"较受事"这首诗""中文"凸显度要低,都充当构式的定语,受事"这首诗""中文"特指,构式均表达施事论元话题事物的归类类指情形。(19) b、(19) b′两例中"招待"的与事成分"客""他们"与默认缺省受事相较凸显度要高,缺省受事分别类指和特指,"招待人员"分别表达施事论元话题事物的分类和归类类指情形。(19) c、(19) c′两例中"支援"的受事论元"后勤"都较与事凸显度要高,前者受事类指后者特指,构式分别表达施事论元话题事物的分类类指和归类类指情形。

"奖励"没有施事论元话题事物的类指情形,这是另一种情况。输入"奖励人员"检出的语料只有两例动词前可隐显受动标记"被"或"受"的情形:

(20) a. 专项奖励人员申报资格是:在上述外商投资企业中担任副董事长、副总裁、副总经理以上(含)或同等职务的中、外籍人员,申报人员须在申报企业连续任职满2年。

b. 《办法》还规定了预备金审批程序:由被奖励人员所在县市纪检机关和州直属部门或单位向德宏州纪委报送情况材料。

(20)两例中"奖励人员"前隐显受动标记"被"或"受"说明"人员"表达受事论元角色话题事物的类指而不是与事话题事物的类指情形。"人员"本应与"奖励"的与事成分匹配对应,如果视为与事话题事物的类指情形,则构式应跟与事具有相同的表达功能,双及物动词结构中凸显度更高的受事论元如不介入便不能满足结构的语义表达需要,而"专项奖励人员""被奖励人员"实际都已话题化了,这首先跟与事难以话题化的性质相悖,受动标记"被"或"受"的存在起码证明了受事性的凸显是类指的前提。这样与事成分话题事物的类指情形只有在满足受事性凸显的情况下也就是作为非典型受事论元时方可存在,可归入有标记的受事论元话题事物的类指情形。尹世超(2002b:3)将"留用人员""试用人员""推荐人员"中的"人员"归入"其他受事中心语"一类,也说明其中"人员"对应非典型受事话题事物的性质,"留用人员""试用人员""推荐人员"其实也就是"被留用人员""被试用人员""被推荐人员";而(20)a 动作受事是缺省的"奖金"("专项"只是奖金种类范围)、(20)b 动作受事"预备金"均与"人员"有领属关系,满足现象结构存在的前提,构式均表达受事论元话题事物的分类类指(归类类指情形未检出)。"被"或"受"的隐显是"人员"对应受事论元话题事物的表达标记。

第三种情况是"回答"检不出施事论元话题事物的类指语料。"回答"后指人的名词通常只是个体与事成分宾语。用能否进入"用于(进行、作为)V 的 N"的非价组合"属性—实体"语义框架,"辅导、招待、支援(人员)"能进入这一框架而"奖励、回答"不能:

辅导/招待/支援人员——负责辅导/招待/支援的人员
奖励人员——*用于(进行、作为、负责)奖励的人员
*回答人员——*用于(进行、作为、负责)回答的人员

但 5 个动词都有施事论元角色话题事物的类指情形:

(21)a. 一分之差,在高考成绩的名册上有可能相差二三十名。因此,在印度也出现了与中国类似的现象,即形形色色的辅导班、辅导中心。/(考生)选择适合自己的辅导方式可以缩短自己与成功的

距离。

a′. 学院拥有自己较强的师资力量和相当规模的教学基地。在全国各地三十余所高等院校中设立辅导中心，组织面授实习。/这也说明大多数学生已经接受了心理咨询这种辅导方式。

b. 试卷分两部分，第一部分全是看图题，第二部分是36道问答题。回答方式全是托福、GRE那种在正确的答案处涂黑圆圈。

b′. 他的回答和回答方式是对她的迎合、配合，是技巧。

c. 奖励方式分一次性奖励、晋升工资或上浮一级工资、授予科技兴企标兵称号。/科研管理最重要的一条，是确立必要的奖励制度，对于优秀成果，应敢于给予重奖。

c′. 不要把岗位晋升当成对职工的主要奖励方式，应建立更有效的奖励机制，更多地以加薪、休假等方式作为奖励手段。/海口市民踊跃举报假发票，缘于税务机关公诸社会的一项奖励制度。

d. 这是俩人去吃饭，他这么招待；要是一个人去吃呀，他的招待方法又换啦！/在机关实行来客招待报告制度，统一制定招待标准，推行工作餐和分餐制。

d′. 除了玩一会儿，她想不出再好的招待方法与更正当的交际。/招待标准日餐为30元，陪客人数一律不得超过来宾人数，职工食堂和职工俱乐部为定点招待场所。

e. 社会福利署以前推出的就业支援计划，参加者就业成功率达4成。/到贫困地区支教的教学和管理人员经费由支援地区负担。

e′. 目前，参加今年"西部开发人才支援计划"的其余30名香港志愿者已开始陆续抵达新疆。/新疆阿克苏地区是上海的对口支援地区。

（21）a中的"辅导中心"凸显由谁创办的、"辅导方式"凸显"考生选择的"、(21) b中的"回答方式"是"在正确的答案处涂黑圆圈"的行为选择方式、(21) c中的"奖励方式""奖励制度"、(21) d中的"招待方法""招待标准"、(21) e中的"支援计划""支援地区"都是人为设定、划定的，其中的定语动词都表达中心语宿主事物的属性值，动作受事类指或泛指且宿主事物与施事间存在领属关系，构式表达施事论元角色话题事物的分类类指；(21) a′中的"辅导中心""辅导方式"表达凸显施事活动场所和行为方式选择、(21) b′中的"回答方式"只就"对她的迎合、配合，是技巧"而言，(21) c′中的"奖励方式"只就"岗位晋升"而言，"奖励制度"表达凸显与"税务机关"的领属关系、(21) d′中的"招待方法""招待标准"、(21) e′中的"支援计划""支援地区"也都是人为制订或划定的，也都凸显宿主与施事论元间的领属关系，其中的定语动词的受事都定指或特指，具有 [+个体性]，动词都是对选择已定的受事事物下位类别的属性内涵确认，构式表达施事论元角色话题事物的归类类指。

7.2.2.1.2 受事论元与受事论元角色话题事物类指

因受事原型范畴成员的性质，(N_1) V^3N_2构式的形成同样有受事论元不能充当N_1的前提约束：N_1要么是指称活动范围、目的、功能等的语义成分，要么不出现，宿主直接与受事论元话题事物相应。如：

(22) a. 网络课堂教学模式一定要辅之以必要的答疑辅导课程，答疑辅导课程可以在线进行，也可以根据需要在传统课堂上进行。

　　a′. 她在家里通过互联网和电视上的辅导课程，顺利完成了各门作业。

　　b. 先辅导培训，后立即考核，考核内容与辅导内容大致相同。

　　b′. 大会组委会安排了……名家辅导讲座十几场，辅导内容涉及太极拳健身价值、文化内涵、技法原理、风格特点及怎样练习等。

(22) a中的"答疑辅导课程"分别出现在两个分句的主宾语位置上，"答疑"表活动目的，"辅导课程"与"-辅导课程"相对待，表达受事论元话题事物的分类类指；(22) a′中的"辅导课程"属"互联网和电视上的"，表达受事论元话题事物的归类类指。同样，(22) 两例中的"辅导内容"前不能出现已知的如"课程"之类的受事论元信息，"内容"可以回答"什么"即可作为受事论元的类指情形存在，如果是"课程辅导内容"则成了受事论元角色话题事物的类指情形。(22) b的"辅导内容"有与"-辅导内容"语义上的对立，因无范围限制成分，表达受事论元的分类类指情形；(22) b′的"辅导内容"是"太极拳健身价值、文化内涵、技法原理、风格特点及怎样练习等"，构式表达受事论元话题事物的归类类指。又如：

（23）a. 财政拨款部分包括基础工资、职务工资、工龄工资、奖励工资、班主任津贴、教龄津贴等。/在评分标准的侧重点上，可能会更注重考生回答内容的创新和完整性、逻辑性以及语言的流畅上。/不管是富裕地区还是贫困地区，每年的财政支出花在公款招待吃喝上是一个惊人的数目。/每一份慰问电报、每一份支援物资都使首都人民深受鼓舞，信心倍增。

b. 工资随效率而变动，完成作业标准的员工给予30%—60%的奖励工资，完不成的则要根据惩罚规则减少他的工资。/他回答了检察官提出的所有问题，但他不愿透露回答内容。/近年来，我省有不少扶贫资金转到了沿海的非家产业，还有的挪用扶贫款建房买小车，甚至用于招待吃喝等。/朝方将在30天内向韩方书面通报有关支援物资的使用情况。

（23）a中的"奖励工资""回答内容""招待吃喝""支援物资"均匹配相应的类指动作受事论元话题事物，（23）b中的"奖励工资""回答内容""招待吃喝""支援物资"均匹配相应的个体动作受事论元话题，分别表达受事论元话题事物的分类类指和归类类指情形。

受事论元角色话题事物的类指情形常见。已知受事论元同现或默认缺省，常可出现在 N_1 的位置上。如：

（24）a. 望子成龙的家长们，……开始暗地里自己请家教，买各类辅导练习材料，自行布置作业，依然不断地给孩子"加码""上发条"。/严格管理学生用书，堵住那些不符合教育行政部门审批要求的书籍和学习辅导材料流入学校。/学校的书本费是少了，但商店里的辅导教材和教学参考书的价格却涨了。/该出版社的教学辅导读物被大量盗版盗印。

b. 这里说的四级卷子仅指往年的真题，而非什么辅导练习，买一本带详细解释的真题集足矣。/市教委与市司法局编印了几十万册学习辅导材料，配合《教育法》的宣传月活动。/第一部电视党章辅导教材摄制完成。/许多教学辅导读物情况相同。

跟"保卫"默认缺省的受事论元"安全"一样,"辅导"默认的受事论元是"学习","安全保卫""学习辅导"是常见的"对象N+V"造名结构简式。(24)各例中的"练习""材料""教材""读物"均与动作受事论元存在领属关系,如(24)a中"辅导练习""辅导材料""辅导教材"属"学习"或"课程"的、"辅导读物"属"教学"的,受事论元类指,构式表达受事论元角色话题事物的分类类指;(24)b中"辅导练习"针对"这里说的四级卷子"、"辅导材料"是"学习"的、"辅导教材"属"党章"的、"辅导读物"属"教学"的,受事论元属个体事物,构式表达受事论元角色话题事物的归类类指。又如:

(25) a. (口语考试)形式上也不会有太大的变化,但是在评分标准的侧重点上,可能会更注重考生回答内容的创新和完整性、逻辑性以及语言的流畅上。

a′. 回收调查问卷后,对被试的回答内容进行分析,简单归类后挑选出频数列前八位的8个主要原因,将它们随机排列,构成体育运动成就情境归因问卷。

b. 表彰办法和奖励标准由市、县、自治县、市辖区人民政府决定。

b′. 每期我们都会对几个非常好的问答给予奖励,奖励标准一定超过杂志一字两元的标准数十倍。

c. 但群众对前几年少数村的集体非生产性开支失控,吃喝招待费用日渐增长等问题反映强烈。

c′. 尉氏县小陈乡过去全乡每年吃喝招待费用高达30余万元。

d. 大会呼吁各国海关、特别是发展中国家海关之间加强合作,……借助双边或多边技术支援机制,更加有效地履行海关管理职责。

d′. 他们建设的部分主战新型装备的远程故障诊断和技术支援系统,使传统修理手段焕然一新,实现了智能化和自动化。

(25) a 与（25）a′两例中的"回答内容"分别与类指受事论元"口语考试"与个体受事论元"调查问卷"间存在领属关系，因而表达受事论元角色话题事物的分类类指和归类类指；（25）b、（25）b′中的"奖励标准"是"奖励"受益者与事成分具体表现的"标准"，或者说与事成分的具体表现充当受事论元，如（25）b′中的"几个非常好的问答"，语境分别限制受事论元的类指和个指，构式分别表达受事论元角色话题事物的分类类指和归类类指；同样，（25）c、（25）c′中的"招待费用"分属类指的和个指的受事论元"吃喝"，（25）d、（25）d′中的"支援机制""支援系统"分属类指的和个指的受事论元"技术"，分别表达受事论元角色话题事物的分类类指和归类类指。

7.2.2.2　[+后名]属性动词的构语情形

表 7-1 中收集的 13 个 [+主、-宾] 动词中具有 [+后名] 属性的有"帮助、救济、赔偿、请示、通知、委托"6 个，从表 2-16 的语料统计结果与表 2-19 的构语能力强弱看，6 个动词都有相应的 VN 结构，其中"救济""委托"可以构成能产的 VN 结构，"通知"可以构成能产的 NV 结构，6 个动词都没有构成能产的 NVN 结构的能力。

7.2.2.2.1　施事论元与施事论元角色话题事物

我们以 6 个动词中可以构成能产的 VN 结构的"救济""委托"为例说明构式施事论元与施事论元角色话题事物的类指情形。"人员"通常可作为施事论元话题事物的宿主出现，CCL 语料库中只"救济人员"有合乎条件的语料，且有施事论元话题事物类指与有标记的受事论元话题事物类指两种情形：

（26）a. 国家有关部门应该成立"户外运动急救援助小组"，配备专门的救济人员、担架、直升机。

a′. 一队准备返回卢旺达的儿童正等待联合国救济人员分发食品。

b. 对个体工商户中的残疾人员、社会救济人员、因遭受自然灾害和其他原因而生产经营困难人员，税务、工商等部门应依法减、缓、免征税费。

b′. 从去年 7 月 1 日起，他们还对全市 4 万多优抚对象和社会救济人员也平均每人每月增加了 20 元的抚恤费或救济费。/今年前三季度，全国失业救济人员达 85 万人。

(26) a、(26) a′中"救济"的与事是需要救助的受损者，宿主"人员"对应定语动词的施事论元话题，前者受事论元"户外运动"类指，后者受事论元缺省，因特定救助对象与事"一队准备返回卢旺达的儿童"可知属个体事物，构式分别表达施事论元话题事物的分类和归类类指情形。(26) b、(26) b′中"救济"的与事是获得救助的受益者，宿主"人员"对应定语动词的受事论元话题，"救济人员"与"受（被）救济人员"表达一致。(26) b 与"人员"相应的受事缺省，"社会救济人员"前可加"所有的"全量成分约束受事类指，构式表达受事论元话题事物的分类类指；(26) b′两例中"社会救济人员""失业救济人员"都有特定的数量范围限制，定语动词的缺省受事因属个体事物，构式表达受事论元话题事物的归类类指情形。

"委托"是"请人或机构代办"，其后出现指人或机构的光杆名词时却有两种结果出现，指人名词宿主对应非典型受事论元话题事物，"机构"类宿主对应施事论元话题事物：

(27) a. 委托律师和其他代理人进行仲裁活动的，应当向仲裁委员会提交授权委托书。

a′. 第一被告、第二被告均以法人代表和委托律师已经出国和快要出国为由而缺席。

b. 最近几年来，猎头公司在为委托企业猎才时，越来越多地关注候选人的职业生涯规划。/代理发售企业债券的机构对委托企业的经营状况不承担责任。

b′. 另一位候选人……与委托企业认真地接触过几次之后，逐渐对新的职位产生了较大的兴趣。……猎头公司又安排了职业生涯规划的专家为其进行了职业生涯规划咨询。/猎头公司锁定了两位候选人。在与他们初步接触后，其中一位候选人对此职位表示出了很大的兴趣，而委托企业也对该候选人的情况非常满意。

(27) a、(27) a′中"委托"的降格述谓结构可描述为"被告等—委托—律师—进行申诉活动"，动词前隐显受动标记"被"或"受"，即

"委托律师"也就是"受委托律师",这与"奖励人员"的情形相同。前者受事论元"仲裁活动"类指,后者缺省受事属于"第一被告、第二被告"特指,构式分别表达受事论元话题事物的分类类指和归类类指;(27) b、(27) b′各例中"委托"的降格述谓结构可描述为"企业—委托—猎头公司/企业—猎才/寻找候选人",动词前不能出现受动标记"被"或"受",(27) b 两例中受事论元类指,(27) b′两例中受事论元个指,构式分别表达施事论元话题事物的分类类指和归类类指。

我们同样以"救济""委托"为例说明构式施事论元角色话题事物的类指情形。

(28) a. 国家高度重视抗灾救灾和救济工作,切实解决受灾群众的生存问题。/我国公务员的权利救济机关包括做出处理决定的原行政机关、原行政机关的上级机关、行政监察机关、人事争议仲裁委员会以及人民法院。/各地要认真核实灾情,制订出切实可行的灾民生活救济方案。

a′. 卢旺达难民的救济工作是数十年来世界所面临的最困难和最复杂的任务。/联合国巴难民救济机构表示将提供以军犯罪材料。/美国日前公布的"进口钢铁 201 保障措施调查案最终救济方案"成为与会听众提问的焦点。

b. 除承销机构或者其委托机构外,任何单位和个人不得发放、转售股票认购申请表。/工商银行将根据委托代理业务需要,确定相应的机构和专门人员负责办理(贷款项目)委托业务。/现行民事诉讼法对拍卖机构的(财产)委托方式没有做出明确的规定,各地方法院在实践中的做法也不一致。

b′. 日本国际协力事业团作为日本政府的委托机构,今天在这里为代表团举行了欢送会。/人民银行还扩大了经办住房委托业务的金融机构范围。/(证券营业部)自助委托是一种自主性强并充分体现无形席位之高效率的委托方式。

(28) a 各例中的"救济工作""救济机关""救济方案"分别与动作施事论元"国家""我国""各地"存在领有关系,受事论元"受灾群众""公务员""灾民生活"类指,构式表达施事论元角色话题事物的分类类指情形；(28) a′各例中的"救济工作""救济机构""救济方案"分别与动作施事论元"世界""联合国""美国"存在领有关系，受事论元"卢旺达难民""巴难民""进口钢铁"特指，构式表达施事论元角色话题事物的归类类指情形；(28) b 各例中的"委托机构""委托业务""委托方式"分别与动作施事论元"承销机构""相应的机构和专门人员""拍卖机构"存在领有关系，受事论元"股票""贷款项目""财产"类指，构式表达施事论元角色话题事物的分类类指情形；(28) b′各例中的"委托机构""委托业务""委托方式"分别与动作施事论元"日本政府""金融机构""证券营业部"存在领有关系，其中"委托机构"与"日本国际协力事业团"有总括关系，"委托方式"与"自助委托"有总括关系，"委托业务"的动作受事论元"住房"专指，构式都表达施事论元角色话题事物的归类类指情形。

"帮助、赔偿、请示、通知"也能构成宿主类型较为单一的施事论元角色话题事物的类指情形，至少都能与搭配场大的"方法""方式"粘合。例如：

(29) a. 职业介绍中心的服务对象大体分 18—24 岁、25—49 岁、50 岁以上三个年龄段，中心针对不同年龄段采取不同的帮助方法，对残疾人还有特别服务。

a′. 解放后，我们党要求机关干部多下基层调查研究，解决实际问题。实践证明，这是克服官僚主义作风，融洽干群关系卓有成效的办法，也是对基层最有效的帮助方式。

b. 凡消费者在汉川县境内商业网点误购了家用电器、农药化肥、日用百货等九大类别的假冒伪劣商品，一年内均可向县工商部门提出赔偿申请。

b′. 米勒 15 日正式向洛杉矶市政府提出 2500 万美元的赔偿申请。

c. 侦查终结和终止侦查案件的请示报告和决定等有关材料，按照备案制度的有关规定报送上级检察院备查。

c′. 村里正式起草了一个"筹建狩猎区请示报告"。

d. 警察机构的通知方式有多种，包括召开社区会议、警官逐户访问、电视流动广告、邮寄告知单，以及设立网站等。

d′. 如果用户需要接入互联网，只需将宽带线接入主机即可，主机则会根据预设的通知方式通知用户。

　　(29) a 的"帮助方法"是施事论元"中心""采取"的，受事"服务对象"类指，表达施事论元角色话题事物的分类类指；(28) a′的"帮助方式"与具体事件"机关干部多下基层调查研究，解决实际问题"存在领有关系，可视为非典型施事论元角色话题事物的归类类指情形。(29) b 的"赔偿申请"是施事论元"消费者""提出"的，受事论元是特定范围内的所有"假冒伪劣商品"，表达施事论元角色话题事物的分类类指；(29) b′受事论元"2500万美元"个指，"赔偿申请"属施事"米勒"提出的，自然表达施事论元角色话题事物的归类类指。(29) c 的"请示报告"与缺省施事存在领属关系，受事论元"侦查终结和终止侦查案件"前可有全量成分"所有"约束，表达施事论元角色的分类类指；(29) c′的"请示报告"与施事"村里"存在领属关系，受事"筹建狩猎区"特指，表达施事论元角色的归类类指。(29) d 的"通知方式"的受事是动作施事"警察机构"行为事件的集合，表达施事论元角色话题事物的分类类指；(29) d′动作受事缺省，由"预设的"可知其个体事物性质，宿主"方式"与施事"主机"存在领有关系，构式表达施事论元角色话题事物的归类类指。

　　"帮助、赔偿、请示、通知"通常被视为动名兼类词，(29) 各例的构式中心语语境中常可默认缺省。

　　7.2.2.2.2　受事论元与受事论元角色话题事物

　　我们仍以"救济""委托"两个动词为例说明构式受事论元与受事论元角色话题事物的类指情形。

　　(30) a. 中国政府提供的救济物资包括药品、医疗器材和日用品。/各级财政要确保抗灾救济资金及时到位。

　　　　b. 中国通过联合国难民署向索马里人民再次提供价值200万元人民币的救济物资。/国家财政部、国家民政部向甘肃地震灾区拨出救济专款700万元，甘肃省政府多方筹措救济资金300万元。

　　(30) a 两例中前一个"救济"的受事论元"药品、医疗器材和日用品"是"物资"的分指项目类别,后一个"救济"相应的类指受事论元话题成分与"物资"同指,"抗灾"只是范围定语。"救济物资""救济资金"均表达受事论元话题事物的分类类指;(30)b两例中的"救济物资"对应个体受事论元"价值200万元人民币的(物资)","救济专款""救济资金"分别对应个体受事"700万元""300万元",构式均表达受事论元话题事物的归类类指情形。

"委托"指人的非典型的受事论元话题类指构式的形成已见上述,其典型的受事通常由动词性成分充任:

(31) a. 在北京,工行设有15处个人理财服务网点,提供委托存款转期和转账、存单核押、理财咨询等服务。/政府机关和其他公共部门(如医院)的物品的集中采购、公共工程的招标投标、土地的有偿使用、营业执照的拍卖、公共服务如环境保护和治安的委托承包等都是将市场机制引入公共部门的具体体现。

b. 1998年2月,张亮……擅自将65万美元公款以委托存款的形式汇入王某指定的账户。/陈旗林业局在去冬、今春采取委托承包的生产形式,与23个单位和个人签订了木材生产承包合同。

(31)a两例中"委托存款"可视为动作受事论元与宿主事物的同形同指,"委托承包"对应的受事论元话题是"治安(承包)",构式均表达行为受事论元话题事物的分类类指;(31)b两例中的"委托存款"对应个体受事论元"65万美元公款","委托承包"对应个体受事论元"23个单位和个人"的"木材生产承包",构式均表达受事论元话题事物的归类类指。

受事论元角色话题事物的类指构式形成的前提是构式宿主与受事论元间领有关系的存在:

(32) a. 建立教师权利救济机制是维护高校教师合法权益的重要途径。/救灾救济工作要……积极推进城市按最低生活线保障线救济的制度,并抓紧研究企业破产后的失业职工的生活救济问题。

a'. 行政司法这种特定的权利救济机制在许多国家和地区的经济和社会生活中起着越来越重要的作用,成为现代市场经济国家加强宏观调控和政府对经济间接干预的重要手段。/除地区安全问题外，他们还讨论了难民及对难民的救济问题。

　　b. 委托代理交易应当办理委托手续。/老人本人或直系亲属申请后事托付服务，需提供有效证件与医院签订委托协议等法律文书，老人去世后将按协议书办理丧葬事宜。

　　b′. 柴月杰口头委托别人为其买卖股票，并未在证券营业部和委托人之间办理委托手续。/深港两地政府自今年2月5日签署港方口岸设计委托协议以来，一线口岸设计工作全面展开，进展顺利。

（32）a 两例中的"救济机制""救济问题"分别与类指受事"教师权利""失业职工的生活"间存在领有关系，构式表达受事论元角色话题事物的分类类指；（32）a′中的"救济机制""救济问题"分别与个指受事"行政司法""难民"间存在领有关系，表达受事论元角色话题事物的归类类指；同样，（32）b 两例中的"委托手续""委托协议"分别与类指受事"交易""后事托付服务"间存在领属关系，（32）b′两例中的"委托手续""委托协议"分别与个指受事"股票""港方口岸设计"间存在领属关系，构式分别表达受事论元角色话题事物的分类类指和归类类指情形。

受事论元与宿主事物的领属关系可通过缺省定语动词的办法进行验证。如（32）各例中的"权利救济机制""生活救济问题""交易委托手续""设计委托协议"等语境中可由其上位类型表达形式"权利机制""救济问题""交易手续""设计协议"来替代，这也说明定语动词"救济""委托"的分类标准属性的存在。

我们用这一标准就其他几个动词的受事论元角色话题事物构式类指情形列举验证如下：

（33）a. 教师对学生的帮助程度越低，学生学得越吃力。/如喝喜酒，往往是通知范围大了人们反感，范围小了没接到通知的人也有意见。/损害发生后，当事人可以协商赔偿费用的支付方式。/上级机关人员下不去（机关事务多）、坐不稳（请示电话多）、上不来（下去以后基层要解决的问题多）。

b. 教师的这种帮助程度可以用"单位时间内为学生节约时间的长度"来度量。/一些单位并不在供电局的一类用户停电通知范围内，但他们却在李庆长自己的停电通知表上。/（本次严重中毒事故）直接经济损失及医疗赔偿费用达四万元左右。/领到了红包以后我照例会给主任打一个请示电话，而主任的回答千篇一律，都是让我自己处理。

（33）a 各例中"帮助"的受事论元是"学生的学习"，"通知"的受事论元是"喝喜酒的人""赔偿"的受事论元是"损害"，"请示"的受事论元是缺省的"工作"，均与宿主事物"程度""范围""费用""电话"存在领属关系，受事论元均为泛指的活动，构式表达受事论元角色话题事物的分类类指；（33）b 中的"（这种）帮助程度""（一类用户停电）通知范围""医疗赔偿费用""（领到了红包事情的）请示电话"可分别表述为"帮助程度""通知范围""赔偿费用""请示电话"的下位类别表达形式，定语动词表达属性特征，构式表达受事论元角色话题事物的归类类指。

7.2.2.3　[-前名、-后名] 属性动词的构语情形

前文我们说过 [-前名、-后名] 属性的存在意味着动作类指对象范围及宿主事物类别的有限性，即动词受名词直接修饰和直接修饰名词构成定中结构都受到很大限制。表 7-1 中收集的 13 个 [+主、-宾] 动词中具有 [-前名、-后名] 属性的有"答应、请教"两个，李晋霞（2008：187—188）给出了"答应条件""请教对象"两个用例，将二者归入可以直接作定语的动词，而在她对 2000 年全年的《人民日报》进行人工排查的结果及 CCL、BCC 与语料库在线中均未检出"答应条件""请教对象"的定中结构用例，显然"答应、请教"的构语能力很弱。李著（2008：185）指出这样的粘合式结构中间其实可隐现"的"，可能与其所在句子的节奏有着较大的关系，"的"在需要"徐言"时会出现，需要"疾言"时会隐没。这是可粘合，与有些定中构式的只能粘合（如"毕业论文"~*"毕业的论文"）只是存在着粘合度大小的分别。

动词直接作定语是提取事物的动态属性，属性提取与动词指称化或事物化有关。想要指称的事物是一个指称目标，目标的确定是要建立与一个目标的心理联系，这时往往要借助一个参照体来实现（沈家煊、王冬梅，

2000：28）。VN 构式是以 V 为参照体，V 是一个基础论元结构的代体，也就是以一个"事物化了的关系"动词作为目标参照体。凸显关系主体、宾体和关系整体本身是动词事物化的三种主要方式，是由于观察视角或注意方式的不同在人们头脑中形成的不同心理图式或意象（沈家煊、王冬梅，2000：27—28）。施事论元或施事论元角色充当构式话题是关系主体的凸显情形，受事论元或受事论元角色充当构式话题是关系宾体的凸显情形，而关系凸显情形是动作过程作为一个整体凸显出来成为指称对象，以动作随时间展开的变化过程隐退为背景代偿。"答应、请教"属［+主、-宾］类动词，理论上存在关系主体的凸显情形，所以不排除特定表达情境中由施事论元或施事论元角色事物为话题事物的 VN 类指构式出现，如"奶奶关于明子请求的答应条件""学生就这一普遍问题的请教对象"。而［-前名、-后名］属性从概率上说明了这种类型构式的非能产性，实际与人们头脑中难以形成以"答应""请教"的动作变化过程背景相关的不同心理图式或意象相关。

能直接充当定语的三价动词虽没有动作与事论元话题事物的类指情形，但与事成分增加了定语动词指称化或事物化的关系凸显情形出现的概率，作为一个完整的转移过程中的不可或缺的一环，以动词降格表述为参照体的主体事物或宾体事物凸显度高的类指构式都需要与事成分的不被凸显作为代偿。而"答应""请教"类动词词义的 ICM 中与事成分通常是被凸显的参与角色。

因"答应条件""请教对象"类指结构属语义上有标记的特殊现象，这里不再展开讨论。

7.2.3　［-主、+宾］动词构语型式

表 7-1 收集了"补充、分配、偿还、退还"四个［-主、+宾］类动词。从表 2-20 可知两个［+前名、+后名］属性动词"补充、分配"都能构成能产的 VN 定中结构，其中"分配"还能构成能产的 NV 和 NVN 定中结构；［+后名］属性动词"偿还"与［-前名、-后名］属性动词"退还"都不能构成能产的 VN、NV 或 NVN 定中结构。

7.2.3.1　施事论元与施事论元角色话题事物

"补充"是"原来不足或有损失时，增加一部分"。"补充"增加的无论是指人的还是指物的这"一部分"同样有作为类指对象话题事物的

类指表达需要。"人员补充—补充人员"定中结构中"人员"却是动作受事论元的类指情形,以受事论元为已知的确定的构式表达前提(通常是构式的外扩展成分 N_1)则可有能产的施事论元角色话题事物的类指情形,如"人员补充规定/协议/计划/范围/定额/通知/报告/办法"等。如:

(34) a. 凡属于地方性法规条文本身需要进一步明确权限或做补充规定的,由制定法规的省、自治区、直辖市人大常委会进行解释或做出规定。/军区、省军区、军分区和县人民武装部,根据上级的规划,制订本地区的配备与补充计划,并组织实施。

b. 新法应对婚姻无效的原因、确认婚姻无效的程序和无效婚姻的法律后果等做出必要的规定,这些补充规定将使我国的结婚制度更加完善。/就英国的补充计划来说,并不需要考虑重轰炸机和坦克之间何者优先的问题。

(34) a 两例中"补充"的论元结构分别是"人大常委会—补充—地方性法规条文—规定"和"人民武装部—补充—配备—计划","补充规定""补充计划"的领有者都是动作施事论元,受事论元"地方性法规条文"和"配备"类指,构式表达施事论元角色话题事物的分类类指;(34) b 中的"补充规定""补充计划"也都分别与动作施事论元存在领有关系,受事论元"无效婚姻"和"重轰炸机和坦克何者优先"个指,构式表达施事论元角色话题事物的归类类指情形。

"分配"是"按一定的标准或规定分(东西);安排,分派"。不同义项的存在使得"分配人员"有了施事论元角色话题事物与受事论元角色话题事物类指两种情形存在。"分配"可以构成 VN、NV 和 N_1VN_2 三种能产性很强的定中结构(参看表 2-15),不同类型不同作用 N_1 的存在也指示了宿主事物类别的多样性。先看施事论元话题事物的类指情形:

(35) a. 决定年度预算支出的安排,除预算单位实际需要情况以及国家财力等因素外,还存在着预算分配人员对政策的理解和对预算单位有关信息取得的多少、掌握的程度等主观因素的影响。

a'. 所罗门公司的全球资产分配人员建议大量投资于东欧、中东和非洲,尤其是俄罗斯和南非,同时兼顾巴西,马来西亚,新加坡和韩国。

b. 腐败不仅在经济管理和资源分配部门大量发生，而且在文化、科技、教育、司法等传统上认为是"清水衙门"的部门也不断出现。/河北省在进行这项工作中，从省到市层层建立由农业机械制造、商业、农业部门领导干部参加的农业机械配件分配小组。

b′. （全国人才市场第二届高校毕业生供需见面会）3000多个中央、地方及部队的用人部门和部分高校毕业生分配部门到会。/他让社长牵头，让移民自己推选出他们信得过的8个群众代表，组成土地分配小组。

(35) a 中"预算分配人员"缺省的类指对象施事论元类指，构式表达施事论元话题事物的分类类指；(35) a′中"资产分配人员"特指，构式表达施事论元话题事物的归类类指。(35) b 两例中"分配"的论元结构分别是"部门—分配—××—资源"和"小组—分配—××—农业机械配件"，类指受事论元"资源""农业机械配件"与话题事物的类指相谐，构式表达施事论元话题事物的分类类指；(35) b′两例中"分配"的论元结构分别是"部门—分配—××—高校毕业生"和"小组—分配—移民—土地"，受事论元"部分高校毕业生""土地"个指或特指与话题事物的个指相谐，构式表达施事论元话题事物的归类类指。

再看施事论元角色话题事物的类指情形：

(36) a. 由于生产资料公有制是我国经济制度的基础，并以此为前提允许其他经济形式共同发展，这就决定了我国的分配制度不可能是单一的，而是以按劳分配为主体、多种分配方式并存的分配制度。/企业的经营决策、人事任免、分配方案完全应由企业自己决定。

b. 工人不愿提供更多的劳动的一个重要原因是分配制度不合理。/伊拉克将向联合国递交食品分配方案。

(36) a 两例中"分配"的宿主"制度""方案"的领有者分别是施事论元"我国""企业"，默认缺省受事类指，构式都表达施事论元角色话题事物的分类类指。(36) b 中的"分配制度"特指"现有的"意味着动作默认缺省的受事论元特指；"分配方案"是施事论元"伊拉克"递交的，受事论元"食品"专指。构式表达施事论元角色话题事物的归类类指情形。

"偿还"是"归还（所欠的债）"，"退还"是"交还（已经收下来或买下来的东西）"，识别这两种行为不能缺少行为的宾体事物。但"偿还"事件中受事论元"欠款"是注意的中心，"退还"事件中受益者与事论元或受事论元都可以是注意的中心①，如能替代"偿还对方欠款"表述的是"偿还欠款"而不是"偿还对方"，能替代"退还对方利息"表述的可以是"退还对方"也可以是"退还利息"②，因而两个都凸显事物的宾体（与事是非典型的宾体）的[－主、＋宾]类动词事物化的方式便有了大同小异。"偿还"事物化后指称偿还物与人们生活经验中的认识一致，如：

(37) 资金的偿还由引资单位负责。/承包租赁后的企业所有制不变，法人仍然存在，因此承包人、发包人要明确债务的偿还。

(37) 两例中的受事论元"资金""债务"语境中都可以省略而意义表达不变。因有确定的受事论元成为已知的表达前提，以"偿还"作为参照体的目标物理论上可以有施事论元话题事物的类指情形，CCL语料库中只检索到两例有受事论元类指前提的"偿还单位"的施事论元话题事物的分类类指情形：

(38) a. 对于要还款的项目，各级政府要提前做工作，加强偿债意识教育，使偿还单位认识到所要承担的经济和法律责任。
　　　　b. 企业同外商企业合营或合资，其银行贷款问题，应由银行与有关部门落实，明确银行贷款的偿还单位，并办理新的贷款手续。

但施事论元角色话题事物的类指情形常见：

---

① 这或许是"偿还""退还"分属[＋后名]属性、[－前名、－后名]属性动词的依据。
② 非凸显角色可以隐去通常是形式和意义间对应关系的体现（参见沈家煊，2000c：22）。

(39) a. 各专业银行对效益好、有偿还能力的社区服务业，要予以必要的贷款扶持，并在利率上尽可能给予优惠和照顾。/政府赠款就是捐赠国不要求受援国承担偿还义务的政府间无偿援助资金。

b. 三峡工程本身具有强大的资金偿还能力和资金市场的吸引力，多种筹资渠道经过分析都是可行的，集资的前景非常广阔。/如果就一项债权的让与未通知债务人的话，则就该项债权的偿还义务，债务人对受让人享有抗辩权。

(39) a 两例中的"偿还能力""偿还义务"分属于动作施事论元"社区服务业""受援国"，受事论元"贷款""资金"类指，构式表达施事论元角色话题事物的分类类指；(39) b 两例中的"偿还能力""偿还义务"分属于动作施事论元"三峡工程""债务人"，受事论元"资金""债权"专指或特指，构式表达施事论元角色话题事物的归类类指。

"退还"可有凸显受事论元指称"退还物"的事物化方式：

(40) 多缴纳税款的退还是一次性办理，还是分多次办理？/中国乃派崇厚为特使，到俄国去交涉伊犁的退还。

(40) 两例中动作的受事论元"多缴纳税款""伊犁"语境中也可缺省，受句子动词"办理""交涉"支配影响。但"退还"的 ICM 中还可以凸显与事成分，即其事物化后可指称退还对象或退还物，如语境中相应的语义限制信息不足，则需要与事或受事成分同现补足由于缺省可能造成歧义的语义信息：

(41) 大赤包的退还他四十元钱，使他惊异，兴奋，感激。/4月23日，深圳市公安局举行了规模空前的退还被盗抢机动车大会，将78辆汽车和200辆摩托车退还失主。

即如受事论元默认凸显度高的"偿还"的施事论元话题事物的类指情形也很少见，受事和与事往往默认同现的"退还"很难检索出施事论元话题事物的类指情形，因受事论元通常不被凸显成为已知的确定的表达前提。具体语境中也有如 (40) 两例中的受事论元凸显表达情形，因而

理论上也可能出现施事论元角色话题事物的类指情形。我们在 CCL 语料库中各检出一例"退还办法""退还方式":

(42) a. 退伙人在合伙企业中财产份额的退还办法，由合伙协议约定或者由全体合伙人决定，可以退还货币，也可以退还实物。

b. 北京市和洋民用新技术研究所所长何阳，保证……将宁海富达实业有限公司 2 月 3 日汇入该所的捌万元人民币退还。退还方式是用捌万元人民币的现金或汇票交李昌达手中。

(42) a 中的"退还办法"与动作施事论元"退伙人"存在领有关系，受事论元"财产份额"类指，构式表达施事论元角色话题事物的分类类指；(42) b 中的"退还方式"与动作施事论元"何阳"存在领有关系，受事论元"捌万元人民币的现金或汇票"个指，构式表达施事论元角色话题事物的归类类指。

7.2.3.2 受事论元与受事论元角色话题事物

从语料检索结果看，两个 [+前名、+后名] 动词"补充、分配"指人的受事论元话题事物的类指情形多，指物的受事论元话题事物的类指情形类别较为单一。先看指人的：

(43) a. 除涉密岗位外，逐步实现事业单位补充人员面向社会公开招聘，严把人员进口关。/志愿者将作为广东省法律援助的补充力量，为困难群众、弱势群体和青少年提供法律援助服务。

a'. 目前，39 名补充人员已抵达衡阳，投入消防执勤工作。/目前全国农村共有文化户 23 万多户，这是农村尤其是老少边山穷地区文化活动的一支重要的补充力量。

b. 毕业 2 年后在国有企业或科研院所工作的人员不足分配人员的 20%。/这一年，包括国家统一分配人员在内，全国安置了八百万人。/会上，一位分管文教的镇领导正式宣布，新分配人员每人必须为政府推销一套商品房。/他们四处活动，摇唇鼓舌，亲戚串亲戚，朋友串朋友，按等级交了钱，便马上开具分配人员名册，等着分配巨额扶贫款。

(43) a 两例中"补充"的论元结构分别是"社会—补充—事业单位—人员""广东省—补充—法律援助—志愿者",作间接宾语的非典型受事成分"事业单位""法律援助"类指,构式均表达受事论元话题事物的分类类指;(43) a′两例中的"补充人员""补充力量"个指,限定非典型受事论元"消防执勤工作""农村尤其是老少边山穷地区文化活动"特指,构式表达受事论元话题事物的归类类指。(43) b 各例中"分配人员"分别由"20%""统一""新""巨额扶贫款"指明特定范围,构式均表达受事论元话题事物的归类类指。

因"补充""分配"的可以是人也可以是物,我们可以把(43)各例"补充人员""补充力量""分配人员"中宿主"人员""力量"对应的指人话题理解为受事而不是与事论元,动词前实际存在着一个通常不能实现为句法成分的语义标记成分"被"。而与事作为动作的交接对象、称呼对象或协同对象,是具有[+终点性]但不具有可控性的非典型受事范畴成员,动词前能添加受动标记的构式宿主自然不可能同与事论元话题匹配。这也是与事论元难以关系化、被动化及话题化的一个验证途径。

我们以宿主"资金"为例来看"补充""分配"受事论元话题事物的类指情形:

(44) a. 由于其他因素的影响,特别是由于生产资料价格上涨和实行"工效挂钩"政策的反向约束,企业补充资金的实际生产能力与生产发展的资金需求差距越来越大。/要提高资金运营效率,挖掘企业内部资金的潜力,合理筹措分配资金,把有限的资金用在刀刃上。

b. 一批困难企业在法院的帮助下得到了发展生产的补充资金。/占参与分配人数55%的教学科研人员,享受了全73%的分配资金。

(44) a 中"补充资金""分配资金"的动作受事论元与宿主"资金"同形同指,构式表达受事论元话题事物的分类类指;(44) b 中"补充资金""分配资金"的动作受事论元与宿主"资金"同形同指但存在个体与类别差异,构式表达受事论元话题事物的归类类指。

"偿还""退还"的受事论元通常只能指物,且语义类型单一:

(45) a. "泡沫经济"时期企业发行的转换公司债券今年将至偿还高峰,需筹措偿还资金。/各级政府和有关部门要充分运用经济、行政和法律手段,尽快理顺担保机制,落实偿还基金,并按实际情况制定偿还基金的使用办法。

　　　a′. 目前,个别高校已出现贷款期限内偿还资金不足的问题。/上海市投资公司开展信托业务,主要对要求转业的私营企业代为介绍同国营、合营企业的多种方式的合作,接受合营企业委托代募或承募其股票或公司债券,代为保管合营企业的公司债押品及偿还基金。

　　　b. 多层次销售系统必须为参加者退货提供合理的商业条件。衡量其条件是否合理,主要应考虑以下因素:(1)产品的性质;(2)退还产品期限;(3)退款的百分比;(4)退还产品的程序;(5)类似公司退还产品政策的比较。

　　　b′. 近年来,他退还的礼金达4万多元,退还物品折合人民币1.5万元。

(45) a 两例中的"偿还资金""偿还基金"的宿主"资金""基金"与受事论元话题事物同形同指,构式表达受事论元话题事物的分类类指情形。(45) a′两句中"偿还资金""偿还基金"的宿主事物与句法空位同形同指且话题事物分别特指"贷款期限内"的和"合营企业的",构式表达受事论元话题事物的归类类指。(45) b 中的两个"退还产品"的宿主"产品"与句法空位同形同指,构式表达受事论元话题事物的分类类指;(45) b′中的"退还物品"是确定的,宿主"产品"与句法空位同形同指且话题事物个指,构式表达受事论元话题事物的归类类指。

同形的受事论元不能实现为句法成分,句中实际存在着一个容纳类指受事论元的句法空位,这是由宿主事物可具体可抽象的性质决定的,具体事物宿主存在与话题事物同形同指的可能。

因受事论元话题事物的类指宿主既可指抽象的又可指具体的事物,需根据语境判断是否表达构式类指:

(46) a. 偿还利息及纯贷款额达到2287亿比索,占整个预算的28.4%。

b. 借贷虽能增加政府的即时收入，日后却须偿还利息及本金。/政府支出的25%用于还债和偿还利息。

（46）a 中"偿还利息"表达受事论元话题事物的归类类指；（46）b 两例中的"偿还利息"只是述宾结构。

四个［-主、+宾］动词都能构成能产的受事论元角色话题事物的类指构式，但构式生成能力并不匀质，表现在宿主事物及相应的受事论元话题事物类型的多样化差别的显著性上：

（47）a. 我国收到外国提出的引渡请求后，认为尚缺乏必要的材料的，可以通过外交途径要求请求国在指定的期限内提交补充材料。/因为缺少可操作的、浅显易懂、符合当前社会特点的行为教育方面的补充教材，而使许多教师在德育中感到力不从心和困惑。/专利未获批准时，一是属专利合同，双方协商赔偿损失问题的补充条款，原合同继续生效。

a′. 广受关注的债权人申请 ST 猴王破产案有了新进展，华融资产管理公司已于昨天正式向湖北省高级人民法院提交了相关补充材料。/她编写的《儿歌百首》至今仍为世界各地中文学校之补充教材，还出了唱片及音带，畅销海外。/佩林指责这家媒体严重违反了美国宪法补充条款，侵犯了她作为美国公民的言论自由权。

b. 税制结构不尽合理，不适应国民收入分配格局的变化。/对管理人员，包括厂长在内，则按职责和工作成绩进行考核，确定分配指标。/职称评定分配名额少，农村教师晋升难。/各类扶贫资金都要实行项目管理，其分配方案都要报经扶贫领导小组决定。

b′ 因为承包制触及利益问题，改变了那种大锅饭式的分配格局，这对生产者是最有效的刺激。/近年攀钢接受的大学生超过国家分配指标两倍以上。/区属部门按分配名额缺员 1—2 名配备人员。/你们要尽快拿出今年学生的分配方案，我要亲自听汇报。

c. 要建立国债偿还基金，实现债务资金的良性循环。/新货币的大部分会被通货膨胀吃掉，不可能刺激经济增长。只有在企业支付危机缓解和外债偿还问题基本解决后，货币改革才有实际意义。/面对沉重的债务负担，一些非洲国家不得不要求债权国重新安

第七章　"V$_{双}^3$+N$_双$"构式类指

排债务偿还期限。

　　c′. 公司以服务为宗旨，盈利部分作为外资偿还基金。/不过就是在美国那样一个贷款回收机制较为有效和完善的国家，学生贷款偿还问题仍然未能解决好，过度的债务负担和违约率成为普遍现象。/这笔买方信贷偿还期限较长，是中国银行与外国签署的同类协议中金额较大的一笔。

　　d. 国家税务总局……对外商投资企业改征增值税、消费税后多缴纳税款的退还问题做出具体规定。/先按综合征收率缴纳保证金，待（职工）新购进住房后，再办理保证金退还手续。

　　d′. 南昌市郊区人民法院已投入力量进行先期准备工作，力争在水产场的配合、协助下，尽快解决好扣划款的退还问题。/原莆田地区的领导同志……还表示把折价归己的家具，退还公家，以挽回影响。有些同志回去后立即办了退还手续。

（47）a中的"补充材料""补充教材""补充条款"分别与动作的泛指类别受事论元"引渡请求""行为教育方面""赔偿损失问题"存在领有关系，构式表达受事论元角色话题事物的分类类指；（47）a′中的"补充材料""补充教材""补充条款"则分属于动作特定的受事论元"破产案""《儿歌百首》""美国宪法"，构式表达受事论元角色话题事物的归类类指；同样，（47）b中的"分配格局""分配名额""分配方案"分别与动作的泛指类别受事论元"国民收入""职称评定""各类扶贫资金"存在领有关系，（47）c中的"偿还基金""偿还问题""偿还期限"分别与动作泛指类指受事论元"国债""外债""债务"存在领有关系，（47）d中的"退还问题""退还手续"分别与泛指的类别受事论元"多缴纳税款""保证金"存在领有关系，构式表达受事论元角色话题事物的分类类指；（47）b′中的"分配格局"是"大锅饭式的""分配名额"是特定的、"分配方案"是"今年学生的"，（47）c′中的"偿还基金"是"外资"中的"盈利部分"，"偿还问题"专指"学生贷款"，"偿还期限"属"这笔买方信贷"的，（47）d′中的"退还问题""退还手续"分别与特定的受事论元"扣划款""折价归己的家具"存在领有关系，构式均表达个体受事论元角色话题事物的归类类指。

7.3 本章小结

三价动词关联行为动作的施事、受事和与事三种性质的语义成分，与"$V_双^2+N_双$"类指构式一样，"$V_双^3+N_双$"构式也只有施事论元或施事论元角色、受事论元或受事论元角色事物充当构式话题事物的类指表达情形。与事成分难以关系化、被动化，自然也难以话题化。2.1.3.3 节从 V^3 前后名词的性质角度业已讨论过 V^3N 构式类指的 OV-N 和 SV-N 两种扩展形式及与事成分的句位实现情况。

从 7.2 节分析来看，V^3N 构式都构不成能产的施事论元和受事论元话题事物的类指情形，但一般都能构成能产的施事论元角色和受事论元角色话题事物的类指情形，虽然不同次范畴类别的三价动词存在构语能力强弱的不同。这与三价动词的属性义提取有关。V^3 已知是一个基础论元结构的代体，属性义特征的提取有其降格述谓结构中宾体事物所有权转移过程的表达背景，过程中动作不同论元角色的凸显影响构式话题事物的选择，类指构式形成不同的次范畴类别。转移过程包括转移和达到两个阶段，无论转移和达到是个统一的过程还是两个分离的过程；受事成分是转移对象事物，与事成分可以是事物达到的终点（给予类双宾句）也可以是转移的起点（索取类双宾句），施事成分是动作的发出者，在索取类转移过程里又是事物达到的终点。转移过程可分解为两个关联动作的相继发生，如张三的"给"致使李四的"受"，张三的"夺"致使李四的"失"，与事成分只指示转移过程中的受事事物的起点或终点位置，自然也就难以话题化。而转移过程背景的存在也是施事论元和受事论元话题事物类指情形缺乏能产性的直接原因，因只从致使动词的事物化过程中提取一个包含行为结果意义的上位转移过程动词的属性义类指标准需要语境补足更多的语义成分信息来实现。

定语动词不同属性义的提取与动词的事物化方式相关。V^3N 构式类指是以 V^3 为参照体事物来确定目标事物 N，表 7-1 所列能直接作定语的 19 个三价动词的 [+主、+宾]、[+主、-宾] 和 [-主、+宾] 三种类别即由主体事物或宾体事物的凸显度标准划分出来的，或者说是定语动词相关论元角色的凸显度及句位实现是由动词的不同事物化方式决定的。施事论元或施事论元角色话题事物的类指情形中主体事物凸显度高，受事论元往往作为定语动词降格表述中已知的确定的支配对象存在，与定语动词一起构成类指构式的现象结构表达前提。话题事物类指，构式表达话题事物的分类类指；话题事物个指，构式表达话题事物的归类类指。受事论元或受事论元角色话题事物的类指情形中受事宾体事物的凸显度高。受事论元话题事物的类指情形中定语动词降格表述里的受事论元不与构式同现，可视为客观存在着一个受事论元的句法空位。宿主事物可与句中受事论元空位同形同指，二者如系外延一致的同形同指，构式表达话题事物的分类类指；如系外延不一致同形同指，构式表达话题事物的归类类指（参见6.2.1.1.2节）。宿主事物自然也有与异形同指的受事论元同现的情形，如"这些治疗人员首先通过谈访和观察的方法确定自闭症儿童喜欢的活动项目（拼图片、数钱，或整理餐具等）和奖励物品（巧克力和小玩具等）"。受事论元角色话题事物的类指情形同施事论元或施事论元角色话题事物的类指情形一样，受事论元可与构式同现并且可作为构式的外扩展成分存在。

相同属性动词的构语能力也有强弱之分，与其 ICM 中相关论元角色的信息度、可及度或凸显度[①]有关。

话题事物类指或个指往往与受事论元类指（泛指）或个指表达一致。分类类指构式中话题事物类指，要求受事论元类指或泛指，包括受事论元话题事物的类指情形；归类类指构式中话题事物个指或特指，受事论元的个指或类指不改变构式的归类类指表达。

[①] 信息度、可及度或凸显度的描述见沈家煊、王冬梅（2000：29—32）。

第八章

VN 定中构式的语法化

将"$V_{双}+N_{双}$"定中结构视为构式有两个必要条件,其一是成分粘合,其二是构式意义的整体性。本章讨论如下几个大的问题:

(一)粘合有只粘合与可粘合的分别,即 VN 构式有粘合度大小之别,也就有典型性强弱之分;

(二)概念组合的规约性与构式的典型性;

(三)构式的语法化过程。

8.1 VN 构式的粘合度

8.1.1 只粘合的分类类指构式与可粘合的归类类指构式

我们把 VN 定中构式定义为没有相应扩展式的定中粘合式结构,能否扩展只在语用表达层面有可操作性。如离开特定语境纠结"讨论结果"与"讨论的结果"是否句法同义现象实无必要,具体表达中则很容易界定清楚:

(1) a. 哥本哈根学派的成就不仅在于自身的学术讨论结果,还在于他们同以爱因斯坦为代表的科学大师们的尖锐论战。

b. 村委会要将议案提交村民代表会议讨论,并严格按讨论结果执行。

(1) a 的"讨论结果"中间不好加一个结构助词"的",(1) b 可以。这里"讨论结果"是否定指、是否类指并不是结构能否扩展的决因素,是否具有分类性起着关键作用。(1) a 中的"讨论结果"包含了哥本哈根学派不同时期的、不同看法等的结果类聚,(1) b 中的"讨论结果"凸显定指、个指意义表达,不具有可分类性,与"讨论的结果"表达一致。"讨论"通常有"结果"的,"的"的隐现并不影响结构成分具有相同的概念距离,看来概念距离的远近也不是粘合和组合的决定性因素。

"的"的隐现并不影响"讨论结果"的类指表达,因"结果"是光杆名词。(1) a 中的"讨论结果"表达施事论元角色话题的分类类指,动作受事论元"学术"类指,"结果"与动作施事论元间存在领有关系;(1) b 中的"讨论结果"表达受事论元角色话题的归类类指,"结果"与个体受事论元存在领有关系。"的"通常被视为定中粘合式结构与组合式结构的鉴定标记,归类类指构式与带"的"的组合式结构属同义表达形式,也就意味着比分类类指构式结构粘合度要弱。这样我们可以首先给出一个粘合度大小公式:

分类类指构式>归类类指构式

而分类和归类是以同类异质或异类同质事物的存在为前提的,分类类指用于同类事物的异质分拣,归类类指用于异类事物的同质认定,而粘合定语语义上的区别性只是构式的类指前提,只有语用上实现为着眼于异质选择的限制性定语或着眼于同质认定的描写性定语才能知道是从一个认知域划分出成员或是从成员类别中择定出一种(参见3.3节)。因而 VN 构式粘合度大小的决定因素在于定语动词的定量与非定量性质,而归根结底是在语用表达层面判定一个动态属性量幅是由记述属性的总括扫描还是描写状态的次第扫描方式致使的结果。

"的"的描写入场是次第扫描方式致使的结果,可隐显"的"的 VN 构式是粘合度低的归类类指构式。

8.1.2 VN 构式及构式变体

VN 构式表达施事论元、施事论元角色话题或受事论元、受事论元角色话题的类指情形。从前文分析来看,不同价类动词均可构成 N_1VN_2 外扩展结构形式,这说明 VN 构式中的 V 是一个基础论元结构的代体,动作属性义的提取与凸显的话题论元与非凸显的论元或论元角色成分的配位方式密切相关。假定 VN_2 是缺省 N_1 的 N_1VN_2，N_1V 是缺省 N_2 的 N_1VN_2，如果能证明 VN_2 类指结构中能明确补出且补出的只有一种可能的 N_1，或 N_1V 类指结构中能明确补出且补出的只有一种可能的 N_2，则可知 VN_2 与 N_1V 分别是 N_1VN_2 的两个简式。邢福义（1994）业已给出了很好的证明。这就意味着汉语里不存在独立的只有独用的 VN 定中结构，也不存在独立的 NV 定中结构。如要证明这一结论成立，则需分别给出两个简式中 N_1 或 N_2 的缺省条件。

8.1.2.1　$N_1V^1N_2$ 及其简式 V^1N_2 及 N_1V^1

一价动词只有施事论元或施事论元角色话题事物的类指情形。就第五章讨论的结果来看，如 V^1 是宿主 N_2 的施成角色，N_1 指示活动范围；如 V^1 是宿主 N_2 的功用角色，N_1 指示活动内容。

8.1.2.1.1　施事论元话题事物类指构式的粘合度

先看 V^1 是宿主 N_2 的施成角色、N_1 指示活动范围的施事论元话题事物的类指情形。宿主对应施事论元话题事物的构式类指情形中的活动范围成分 N_1 往往默认缺省：

（2）a. 尽管俄在坎特基地部署的人员不多，但在那里修建的飞机跑道将是高质量的，一旦需要将迅速增派战斗力量。

a′. 作为一种战斗力量的装甲部队，在那里将大大失掉它的优越性。

b. 美国要求韩国向伊拉克派遣战斗部队，韩国则表示将派遣总数为 3000 人的非战斗部队。

b′. 师以下战斗部队也批、也整，热闹了几个月也就完了。

"力量""部队"都有"战斗的"和"非战斗的"之分，缺省活动范围的（2）a 中的"战斗力量"、（2）b 中的"战斗部队"分别表达施事论元话题事物的分类类指；（2）a′中的"战斗力量"对应的施事论元话题是"装甲部队"、（2）b′中的"战斗部队"特指"师以下的"，分别表达施事论元话题事物的归类类指。如果活动范围成分 N_1 出现，如"工作人员"默认的活动范围成分是"机构""单位"，则表达中会有两可的情形出现：能默认缺省的可以是施事论元话题事物的从一个认知域划分出成员的分类类指也可以是从成员类别中择定出一种的归类类指情形,不能默认缺省的只是施事论元话题事物从一个认知域成员类别中择定出一种的归类类指情形。如:

(3) a. 这个数字,只能保工资和吃饭,困难的时候甚至不能保证政府工作人员出差费用的报销。

a′. 有些地方社会治安情况不好,少数政府工作人员存在着官僚主义和腐败现象。

b. 政府工作人员、企业职工可享受退休金待遇,上述人员的大部分医疗费均由政府和企业支付。

b′. 在被调查的众多消费者、经营者和政府工作人员中,半数以上的人都建议应"多建立保护消费者组织"。

(3) a、(3) a′中的"政府工作人员"均可缺省"政府",分别对应类指的和个指的施事论元话题,外扩展成分"政府"与宿主"人员"具有范围领属关系,构式分别表达施事论元话题事物的分类类指和归类类指;(3) b、(3) b′中的"政府工作人员"均不可缺省"政府",

"政府"与宿主"人员"间具有领有领属关系[①](范围领属与领有领属见沈阳,1995:85。领有领属关系下文简称领有关系),无论"人员"相应的构式施事论元话题事物类指还是个指,构式都只表达话题事物的归类类指。

活动范围 N_1 能否默认缺省受语境制约:

(4) a. 如果银行工作人员利用职务收受贿赂,并为不法分子违法办理信用卡,或提供透支便利,构成犯罪的,应以受贿罪论处。

a′. 该书对银行工作人员、金融大专院校师生及科研部门的研究人员具有较大的参考价值。

b. 对经常入住宾馆的客人,宾馆服务人员已利用电脑管理网络为他们建立了一份档案。

---

① 领有领属关系中的领有者作为对象事物存在,范围领属关系中的领有者只是指明对象事物范围。领有领属关系构式中的动词凸显功用角色特征,范围领属关系构式中的动词凸显施成角色特征。

　　　　b′. 我连续好几天，吃完午饭出发，请董老的公务员或宾馆服务人员领路，一同骑自行车观光游览。

　　（4）a中"银行工作人员"中的"银行"可以缺省，因能"办理信用卡、提供透支便利"的工作人员通常是"银行"的，"银行"与"人员"间具有范围领属关系；（4）a′中的"银行"不能缺省，因该书对其他行业的工作人员没有参考价值，"银行"与"人员"间具有领有关系。（4）b中"宾馆服务人员"可缺省"宾馆"，利用网络为客人建立档案是"宾馆"服务人员的工作，"宾馆"与"人员"间具有范围领属关系；（4）b′中的"宾馆"不能缺省，因"董老"的服务人员可以不是宾馆的，"银行"与"人员"间具有领有关系。能缺省 N_1 的（4）a、（4）b中的"银行工作人员""宾馆服务人员"表达施事论元话题事物的分类类指，不能缺省 N_1 的（4）a′、（4）b′中的"银行工作人员""宾馆服务人员"表达施事论元话题事物的归类类指。

　　V^1 是宿主 N_2 的功用角色、N_1 指示活动内容的 $N_1V^1N_2$ 构式表达施事论元话题事物的类指情形时通常要求 N_1 同现，因缺省 N_1 会致使动词的功用义消蚀甚至消失。但宿主对应类指施事论元话题时表达有两可的情形。如：

　　（5）a. 前者由精神病医学专家鉴定，后者由司法工作人员判断。
　　　　a′. 管理工作人员应当坚守岗位，强化检查制度，特别是散场后，要仔细检查火险隐患。
　　　　b. 在实践中如果遇此类情形，司法工作人员也能妥善地加以解决，不致因法律无明文规定而束手无策。
　　　　b′. 为了适应审计法制建设的需要，保障各级审计工作任务的顺利完成，必须充分注重提高审计法制机构的人员素质，对审计工作人员加强政治素质教育和业务培训。

　　（5）a、（5）a′中的"司法工作人员""管理工作人员"结构表达重音只能落在"司法""管理"上，构式表达施事论元话题事物的归类类指，"司法""管理"与"人员"间具有领有关系。（5）b、（5）b′中的"司法工作人员""审计工作人员"如重音位置落在"司法""审计"上，

"司法""审计"指示活动内容本身,与"人员"间具有领有关系,构式表达施事论元话题事物的归类类指;如重音位置落在"工作"上,则"司法""审计"只指示活动内容范围,与"人员"间具有范围领属关系,构式表达施事论元话题事物的分类类指。前者可表述为"负责司法/审计工作的人员",后者可表述为"司法/审计方面的工作人员"。表活动内容范围的 N_1 可以缺省,缺省信息由语境信息补足。

宿主对应个体施事论元话题时构式只表达施事论元话题事物的归类类指:

(6) a. 这起交通肇事案最终得到公正的审理,涉案的 7 名司法工作人员均受到严肃惩处。

b. 中山医院的防保科有专职医学科普管理工作人员。

如果将具有施成角色特征的定语动词构成的 (N_1) V^1N_2 构式称为施成结构,具有功用角色特征的定语动词构成的 (N_1) V^1N_2 构式称为功用结构,我们可以得出一价定语动词施事论元话题事物类指构式粘合度大小的分别:

$N_1V^1N_2$ 施成结构可以有 VN 简式而没有 NV 简式。能缺省 N_1 的 $N_1V^1N_2$ 可以有 V^1N_2 简式,定语动词与宿主事物的粘合度高;不符合 N_1 表活动及活动内容范围且与宿主 N_2 存在范围领属关系这一缺省条件的施成结构没有 V^1N_2 简式。功用结构同样没有 NV 简式。独用的 V^1N_2 简式默认有活动或活动内容范围成分 N_1 的缺省存在。

8.1.2.1.2 施事论元角色话题事物类指构式的粘合度

先看 V^1 是宿主 N_2 的施成角色、N_1 指示活动范围的施事论元角色话题事物的类指情形。

(7) a. 政府工作部门中存在的门难进、脸难看、话难听事难办等行政行为,一直是群众反映强烈的问题。

a′. 我们单位属于政府工作部门,有位党员干部在经济方面违反纪律,需给予党纪和政纪双重处分。

b. "机会"问题不是孤立的,它与人的生活目标,与人对自己的认识把握,与社会的动态发展密切联系。

b′. 在温饱问题解决了以后，城市人很重要的一个生活目标就是"健康"。

宿主对应施事论元角色话题事物的类指构式要求 N_1 作为领有者语义成分同现，(7) a、(7) a′ "政府工作部门"中的"政府"与宿主"部门"间是范围领属关系，(7) b 中的"人"、(7) b′ 中的"城市人"是"生活"的施事论元，也是扩展式"N_1 的 V^1N_2"中的 N_1，与宿主"目标"间是领有关系。(7) a 的"工作部门"、(7) b 的"生活目标"对应类别话题事物，构式表达施事论元角色的分类类指；(7) a′ 的"工作部门"、(7) b′ 的"生活目标"分别对应个体话题事物"我们单位""健康"，构式表达施事论元角色的归类类指。

再看 V^1 是宿主 N_2 的功用角色、N_1 指示活动内容的 $N_1V^1N_2$ 构式表达施事论元角色话题事物的类指情形。如果 N_1 指示活动内容范围，即与宿主间是范围领属关系，则 N_1 与宿主均须同现，缺省任何一个都会致使动词的功用义消蚀甚至消失：

(8) a. 景区联合体内的每个成员单位，都将成为联合体内其他景区在当地的售前、售中、售后服务机构。

a′. ……甚至还想把我调去售后服务部门接电话。

b. 筹办海外金融服务中心，建立综合自由贸易区。

b′. 新的金融服务协议对证券市场的开放提出了更具体的要求。

(8) a 构式表达施事论元角色话题事物的分类类指，(8) a′ 构式表达施事论元角色话题事物的归类类指，宿主分别对应类别的和个体的施事论元角色话题，"售后"表活动内容范围"售后方面"；(8) b 的"金融服务中心"表达施事论元角色话题事物的分类类指不是归类类指需要更多的语境信息支持，(8) b′ 的"金融服务协议"表达施事论元角色话题的归类类指。

N_1 指称活动内容本身，如与宿主构成同一性的领有关系则可缺省宿主 N_2：

(9) a. 售后服务工作是质量保证体系的重要一环。/越是质量不过关，越需要花足力气搞好售后服务工作。

a′. 他们在注重产品质量的同时，对售后服务工作倾注了大量心血。

a″. 一般而言，企业都比较重视产品的售后服务。

b. 尽快把专业银行改造成真正的商业银行，使金融企业树立信誉观念、效益观念、竞争观念，增强风险感、危机感、不断改进金融服务手段，提高服务质量。

b′. 高新区建行以支持高新区建设为己任，不断强化金融服务手段，投入140多万元实现了业务处理电算化。

b″. 要进一步改进金融服务，按照国家确定的目标，调整信贷方向。/工商银行山东省潍坊市分行严格执行国家货币信贷政策，积极融通资金，强化金融服务，促进了这个地区企业的发展。

（9）a中的主宾位置上的两个"售后服务工作"都对应类别施事论元角色话题，（9）a′中的"售后服务工作"对应个体施事论元角色话题，分别表达施事论元角色话题的分类类指和归类类指，宿主"工作"与话题事物是领有关系，与"售后"是同一性范围领属关系，因而其中的"工作"都可缺省，"售后"可事物化为"工作"。这可与（9）a″的"售后服务"后可补出"工作"而不影响构式意义表达相较；（9）b、（9）b′中的两个"金融服务手段"分别对应类别的和个体的施事论元角色话题，表达施事论元角色话题的分类类指和归类类指，与"金融"存在同一性领属关系的宿主"手段"都可默认缺省，这可与（9）b″中的两个"金融服务"后可补出默认缺省的"手段"相较。"手段"可"改进"可"强化"，即在"改进"或"强化"的语义框架内"金融"表达"手段"的活动内容。因而（9）各例中的"售后服务工作""金融服务手段"在特定的事件情景中实际可表述为"售后工作服务""金融手段服务"。再如：

(10) ……，而且还特别介绍他们的独特售后服务方式："在保修期内，电话通知，上门服务，若有误时，按价罚款。"有这样的售后服务，顾客自然愿意购买。

(10) 中的"售后服务"承前省略了中心语"方式",其实可表述为一种"售后方式服务"。

由此可得出一价定语动词施事论元角色话题事物类指构式粘合度大小的分别:

$N_1V^1N_2$ 功用结构可以有 N_1V^1 简式而没有 V^1N_2 简式。能缺省 N_2 的 $N_1V^1N_2$ 可以有 N_1V^1 简式,定语动词与宿主事物的粘合度低;不符合 N_1 表活动内容且与宿主 N_2 存在同一性领属关系这一缺省条件的功用结构没有 N_1V 简式。施成结构没有 N_1V 简式。独用的 N_1V 简式默认有活动内容成分 N_2 的缺省存在。

8.1.2.2 $N_1V^2N_2$ 及其简式 V^2N_2 及 N_1V^2

我们表 6-1 的"保护、指导、应用、联系"四个"+前名、+后名"属性动词为例来说明二价动词直接作定语的类指构式的粘合度。四个动词分属 [+主、+宾]、[+主、-宾]、[-主、+宾] 及 [-主、-宾] 四类动词且都具有较强的构语能力,以求结论具有较强的普适性。

8.1.2.2.1 施事论元与施事论元角色话题事物类指构式粘合度

施事论元话题事物的类指构式 $N_1V^2N_2$ 指宿主事物与定语动词施事论元间存在领有关系,动作受事论元通常充当构式的粘合的外扩展成分 N_1,也可以作为组合成分与 VN 分离,表达中还可默认缺省。如果构式没有特定的活动范围成分限制,构式宿主对应的施事论元话题往往默认缺省,需要受事论元必现来补偿构式表达需要的语义信息,话题成分类指还是个指依受事论元的指称而定。受事论元指称类别事物的构式宿主对应类指施事论元话题事物,构式表达分类类指;受事论元指称个体事物的构式宿主对应个体施事论元话题事物,构式表达归类类指。如果有特定的活动范围成分限制,则构式宿主对应的施事论元话题必现,施事论元类指则构式表达施事论元话题事物的分类类指,施事论元个指或特指构式表达施事论元话题事物的归类类指。分类类指构式凸显动词的功用义,归类类指构式凸显动词的施成义:

(11) a. 它印刷精美,是集邮爱好者、野生动物保护人员和艺术家收藏品。/(湖北大学自然地理专业)各研究方向均以指导老师为主,并与有关老师一起成立硕士生指导小组。/发展软件产业的核心在于培养人才,对高水平的技术研发人才和各领域的软件应用人员的培养和教育培训是发展软件产业的重要基础。/应加强两会各层级人员对话与交流，恢复指定紧急事故联系人员及联系方法，针对紧急事件或突发状况，立即相互通报。

b. 西班牙生态保护人员不久前将2000多只绵羊赶至马德里市中心，借此活动呼吁恢复昔日的牧羊古道。/我在美国的指导老师找我谈，非常真诚地希望我留下来。/软件开发人员约10万人，计算机应用人员约40万人。/联系人员对饲养场的饲养、防疫管理等方面要做详细记录，年终写出本联系的总结材料及下一年的发展计划。

（11）a中的"野生动物保护人员""紧急事故联系人员"前都有一个隐性的全量外延限制成分存在，与"指导老师""软件应用人员"前的"各研究方向""各领域"相同。受事论元"野生动物""硕士生""软件""紧急事故"指称类别事物约束与宿主"人员"相应的施事论元的类指，因有全量外延限制的"人员"只能与指称类别事物的施事论元匹配，动词功用义凸显，构式表达施事论元话题的分类类指；（11）b中的"生态保护人员""指导老师""计算机应用人员""联系人员"分别受特定的范围成分"西班牙""美国""约40万人""饲养场"限制，约束宿主事物指称特定范围内的个体施事论元，受事成分"生态""我""计算机""饲养动物"都分别凸显"生态方面的""属于我的""计算机领域的""有关饲养动物的"范围领属义，动词凸显施成角色特征，构式表达施事论元话题事物的归类类指。

再看施事论元角色话题动词论元的句位实现问题：

（12）a. 旅游资源的开发在注意经济效益的同时，必须注重环境效益，拟定好环境保护措施。/指导儿童写作是一件重要的工作，……，不同的环境，也应有不同的指导方式和应变能力。/随着互联网的不断发展，网络应用的多样化，以及硬件设施的飞速发展，网络应用技术也向着更多样、更复杂的方向发展。/来稿请注明作者姓名及详细联系方式。

b. 西藏的罗布莎、香卡山铬铁矿产资源开发项目，都把生态环境保护措施作为资源开采的重点工作加以落实。/面临新形势，传统的就业指导方式已不能很好地适应开放的、竞争的、"双向选择"的就业要求。/如果唱片公司不能提供良好的替代服务，越来越多熟练电脑和网络应用技术的乐迷会倾向于非法下载。/神经元之间的联系方式是相互接触，而无细胞质的沟通。

（12）中构式的宿主是动作施事论元行为的"措施""方式""技术"等，构式均表达施事论元角色话题的类指情形。（12）a 各例中动作的施事论元"人"默认缺省，受事论元"环境""儿童写作""网络""作者"都充当构式的外扩展成分 N_1（或可由语境信息明确补出），N_1 指称类别对象事物，构式表达施事论元角色话题的分类类指；（12）b 各例中的"生态环境保护措施""就业指导方式""网络应用技术""联系方式"因宿主对应个体施事论元角色话题，则均表达施事论元角色话题事物的归类类指。其中"保护""指导"的施事论元默认缺省，"应用"的施事论元"乐迷"、"联系"的施事论元"神经元"同现，受事论元"生态环境""就业""网络""细胞质"因构式宿主对应个体施事论元角色话题同样指称活动内容范围，如（12）a 中的"环境保护措施"可扩展为"对/对于环境的保护措施"，（12）b 中的"生态环境保护措施"只能扩展为"关于生态环境的保护措施"或"生态环境方面的保护措施"。分类类指构式中定语动词凸显功用角色特征，归类类指构式中定语动词凸显施成角色特征。

由此可以得出二价定语动词施事论元或施事论元角色话题事物类指构式粘合度大小的分别：

$N_1V^2N_2$ 功用结构表达定语动词施事论元或施事论元角色话题事物的分类类指，$N_1V^2N_2$ 施成结构表达定语动词施事论元或施事论元角色话题事物的归类类指。无论哪种类指情形，构式宿主均不能缺省；表活动对象或活动内容范围的受事论元可作为构式的外扩展成分 N_1（或可由语境信息明确补出），功用结构中的 N_1 后不能出现"的"，施成结构中的 N_1 后可有"的"出现，则功用结构的外扩展结构粘合度高于施成结构，功用结构和施成结构都属粘合度高的 VN 构式。

8.1.2.2.2　受事论元与受事论元角色话题事物类指构式粘合度

受事论元话题事物的类指构式 $N_1V^2N_2$ 指宿主事物与定语动词受事论元间存在同一性领属关系，依受事论元话题事物的类指和个指对应构式的分类类指和归类类指表达。与宿主事物异形同指的话题事物与 VN 同现，与宿主事物同形同指的话题事物只有独用的 VN 结构，因受事论元句法空位与宿主事物同形同指；构式如出现外扩展成分 N_1 也只是宿主 N_2 的范围领属成分：

（13）a. 一些相关的法律法规还不健全，乱砍滥伐、捕杀国家保护动物、破坏珍稀植物资源等现象时有发生。/书面调查即问卷法，是研究者根据研究课题的要求，设计出问题表格让被调查者自行填写，用来收集资料的一种方法。/应用研究更需要对应用对象的工艺过程、材料性质、技术关键等有清楚的了解。/该区各级计划生育协会普遍采取定对象、定任务、定时间的三定方法，使协会每个会员都有联系对象、把计划生育工作做到村镇、巷口、田头、人头。

　　b. 白鹭是国家保护动物，对生活环境要求较高。/合成更重的超重核仍然是最有吸引力的研究课题。/建议继续支持"八五"期间已展开的低速磁悬浮列车的研制及试验线的建设，进行试验性及演示性运行，并寻求合适的应用对象，建设示范性市内或市郊客运线，取得实际运营经验。/小迪淘汰了其他重点联系对象而独钟情于姬小姐了。

（13）a 各例中指称实体的宿主事物"动物""课题""对象"与受事论元话题事物（实现为句法空位）同形同指且外延一致，构式表达受事论元话题事物的分类类指。VN 前可出现范围领属成分，如"国家保护动物""各党派联系对象"中的"国家""各党派"；独用的 VN 常用作句子的主宾语或介词宾语。（13）b 各例中指称实体的宿主事物"动物""课题""对象"与受事论元话题事物"白鹭""合成更重的超重核""示范性市内或市郊客运线""其他重点的"异形同指且外延不一致，构式都表达受事论元话题事物的归类类指，与宿主异形的归类对象动作的个体受事论元与构式同现，通常实现为句子的主宾语或介词宾语。构式同样允许范围领属 N_1 同现，如"国家保护动物"。

　　受事论元角色话题事物类指构式需要满足定语动词受事论元与构式宿主同现且存在领属关系的前提条件。受事论元可实现为外扩展成分 N_1，更多的情形是作构式的组合定语。受事论元与构式宿主如存在领有关系，构式表达受事论元角色话题事物的分类类指；受事论元与构式宿主如存在范围领属关系，构式则表达受事论元角色话题事物的归类类指。

动词事物化方式决定了 NV 简式或 VN 简式的存在。如动词事物化后把"关系"（包括"关系"所关联的事物）作为指称对象则可有缺省宿主事物的 NV 简式，前提是受事论元与宿主事物间同一性领属关系的存在：

(14) a. 早在 1979 年，知识产权保护问题就被立法机关提上议事日程。/在有非典疫情发生的地区，应严格执行应急管理措施，聘请有空调通风和卫生消毒等方面专业知识的技术人员成立专家组，负责技术指导工作。/自主知识产权的开发量和应用情况将作为国有或国有控股企业经营管理人员业绩考核的必要指标。/当以结构图来表达程序结构时，我们最关心的是模块内部的联系和各模块之间的联系问题。

b. 我们将承担起全国地震应急搜救业务的牵头及技术指导工作，加强管理和培训地震现场工作队伍，研发地震搜救技术。/这次演习的目的是考察应变测试计划内各项措施的应用情况，提高一线人员的警觉性。/目前内地和香港正在加紧就建立更加紧密的经贸联系问题进行磋商。

(14) a 各例中的构式宿主均对应指称类别的受事论元角色话题事物，(14) b 各例中的构式宿主均对应个体受事论元角色话题事物，构式分别表达受事论元角色话题事物的分类类指和归类类指。两种表达形式的分别从根本上说是由动词的事物化方式决定的。动词事物化后由本来陈述"关系"变为把行为过程本身作为指称对象，(14) a 中的"知识产权保护""技术指导""自主知识产权应用""各模块之间的联系"分别与宿主与"问题""工作""情况""问题"间都存在同一性领有关系，因受事论元都指称类别事物，动词的功用角色特征凸显；(14) b 中的"技术指导""各项措施的应用""经贸联系"分别与宿主"问题""工作""情况""问题"都存在同一性范围领属关系，因受事论元定指或特指，动词的施成角色特征凸显。受事论元充当构式的外扩展成分 N_1 时与 V^2 构成了事物化动词的最简类指表达式，便形成 $N_1V^2N_2$ 结构的简式 N_1V^2。

如动词事物化后凸显这一关系事物的宾体则可有缺省受事论元 N_1 的 VN 简式与受事论元不存在同一性领属关系的宿主则不能缺省，缺省后会造成话题事物对象类指或对象范围意义的缺失：

（15）a. 积极培育农村市场，建立健全粮食保护价格和粮食风险基金制度及粮食储备体系。/建立市场信息和监测系统，及时掌握商品供求和价格信息，定期发布指导价格，为舆论监督和社会监督提供依据。/国家指令性的技术应用项目的经济往来，必须按国家下达的指标签订合同。/（生产企业）直接或间接向消费者提供服务单位的名单（含单位名称、地址、联系电话、法人代表等内容）和维修凭证。

b. 市场粮价低于定购粮价时，要按当地政府规定的保护价格收购。/成都肉类产品批发市场的价格，已成为全国公认的产区指导价格。/利用核辐射进行杀菌、消毒以及疾病的诊断治疗是人们首先想到的应用项目，发展至今已形成了巨大的核医学产业。/也有的局实行维护包区制后，直接将包区人的姓名、联系电话用名片告知该区用户。

（15）a 各例中的构式宿主均对应指称类别的受事论元角色话题事物，（15）b 各例中的构式宿主均对应个体受事论元角色话题事物，构式分别表达受事论元角色话题事物的分类类指和归类类指。（15）a 中的受事论元和宿主如"粮食"与"价格""商品"与"价格""技术"与"项目""服务单位"与"电话"间都存在领有关系，因受事论元都指称类别事物，动词的功用角色特征凸显；（15）b 中的"粮价"与"价格""成都肉类产品批发市场的价格"与"价格""利用核辐射进行杀菌、消毒以及疾病的诊断治疗"与"项目""包区人"与"电话"都存在范围领属关系，因受事论元定指或特指，动词的施成角色特征凸显。同样因动词的事物化包括了"关系"所关联的事物，如寻求事物化动词的最简类指表达式，领有者受事论元在具体的上下文中都能默认缺省，上述分类类指与归类类指情形中的独用的 VN 构式证明受事论元缺省的可能性存在，也说明受事论元与宿主事物不存在同一性领属关系的受事论元角色话题事物的类

指情形存在 $N_1V^2N_2$ 结构的简式 V^2N_2。

综上所述，受事论元角色话题事物类指构式因受事论元与宿主事物间领属关系的存在可以有功用结构和施成结构两种表达形式。受事论元是定语动词的支配对象，与宿主间存在领有领属关系的类指构式是表达分类类指、凸显动词功用角色特征的功用结构；受事论元表达定语动词支配对象的范围，与宿主间存在范围领属关系的类指构式是表达归类类指、凸显动词施成角色特征的施成结构。由此可以得出二价定语动词受事论元或受事论元角色话题事物类指构式粘合度大小的分别：

受事论元话题事物类指构式因 N_1 位置上不出现受事论元，N_1 只是话题事物的范围领属成分且常默认缺省或充当构式的组合定语，因而以独用的 VN 简式为常。受事论元角色话题事物类指构式中的受事论元如与宿主事物间存在领有关系，构式表达受事论元角色话题的分类类指，如二者之间存在范围领属关系构式则表达受事论元角色话题事物的归类类指；N_1 可以是受事论元也可以是范围领属成分［如（15）b 中的"产区指导价格"］，二者在受事论元与宿主事物间存在范围领属关系时表达一致。受事论元话题事物类指构式只有 VN 简式，受事论元角色话题事物类指构式可以有 NV 简式也可以有 VN 简式，由动词事物化方式决定。如动词事物化后把"关系"作为指称对象则可有缺省宿主事物的 NV 简式；如动词事物化后凸显这一关系事物的宾体则可有缺省受事论元 N_1 的 VN 简式。可以推测 VN 简式出现的范围远超 NV 简式出现的范围，因受事论元角色的类别数量多则相应的宿主事物类型也多，自然凸显关系事物宾体的动词事物化方式使用的范围更大。

8.1.2.3　$N_1V^3N_2$ 及其简式 V^3N_2 及 N_1V^3

我们以表 7-1 中的"安排、辅导、分配"三个"+前名、+后名"属性动词为例来说明三价动词直接作定语的类指构式的粘合度。三个动词分属［+主、+宾］、［+主、-宾］、［-主、+宾］三类动词且都具有较强的构语能力，可以检出分析所需的可能性构式分布情形。

8.1.2.3.1　施事论元与施事论元角色话题事物类指构式粘合度

可以构成具有能产性的施事论元话题事物类指构式的三价动词并不常见，三个动词中"辅导、分配"可以有施事论元话题事物类指构式（参见 7.2 节）。

(16) a. 春节，创作辅导人员都深入各区、县，组织扭大秧歌，进行巡回演出，使油田上的职工有了自己的文艺活动中心。/辅导人员应具有较高的职业素质。/机械排灌设备所需要的燃料，各地应尽量自力更生解决，无力解决部分，物资分配部门和商业部门应当协助解决。/分配部门数目增加了，则会加强资源的稀缺性，使统一边际效益值上升。

b. 迪威特太太的书桌上放着一首露丝写的诗，她打算星期一把这首诗拿给学校的辅导人员看看。/她率先提出并施行把用人单位和人事部门请到学校来与毕业生供需见面的办法，……赢得了国家和省毕业生分配部门的好评。

（16）a 是施事论元话题事物的分类类指情形，（16）b 是施事论元话题事物的归类类指情形。两种情形中定语动词的受事论元与宿主事物要求与动词同现，施事、与事论元都可缺省。分类类指构式可表现为由类别受事论元充当 N_1 的 $N_1V^3N_2$，没有 N_1V^3 简式但可有独用的默认缺省受事论元的 V^3N_2 简式；受事论元与宿主事物间存在领有关系，定语动词凸显功用角色特征。归类类指构式也有个体受事论元充当 N_1 的 $N_1V^3N_2$，如（16）b 的"毕业生分配部门"，但"毕业生"凸显对象范围，与"部门"间存在范围领属关系，与另一例"学校的辅导人员"中"学校"与"人员"间的范围领属关系一致；定语动词凸显施成角色特征，同样不可能存在 N_1V^3 简式。

三个动词都有能产的施事论元角色话题事物类指构式情形：

(17) a. 民政部日前发出通知，要求做好今冬明春灾区群众生活安排工作。/举办辅导讲座，指导各地少先队工作。/清算组对核定破产企业的财产、清理债权债务关系评估及变价破产财产、制订分配方案等方面全面负责。

b. 各级民政部门，一定要把今冬明春灾区群众生活安排工作作为一件大事来抓，发现问题，及时解决，不留漏洞。/目前，贺秉发已为爱好书画的官兵作了十余场绝技表演和专题辅导讲座。/根据债权人会议通过的分配方案，按照企业破产法的清偿顺序，对破产财产进行了分配。

（17）a 各例中的构式均表达施事论元角色话题事物的分类类指，构式宿主"工作""讲座""方案"分别与定语动词的施事论元存在领有关系，N_1可出现或缺省类别受事论元，缺省受事由上下文语境补足，因而有 $N_1V^3N_2$（如"灾区群众生活安排工作"）和独用的V^3N_2（如为"各地少先队"举办的"辅导讲座"、因"财产"制订的"分配方案"）两种存在形式；（17）b 各例中的构式均表达施事论元角色话题事物的归类类指，构式宿主"工作""讲座""方案"也分别与定语动词的施事论元存在领有关系，N_1可出现或缺省个体受事论元，缺省受事由上下文语境补足，因而同样有 $N_1V^3N_2$（如"灾区群众生活安排工作"）和独用的 V^3N_2（如为"爱好书画的官兵"作的"专题辅导讲座"、因"破产财产"通过的"分配方案"）两种存在形式。分类类指构式中类别受事论元与宿主间存在领有关系，定语动词凸显功用角色特征；归类类指构式中个体受事论元与宿主间存在范围领属关系，（17）b 中的"灾区群众生活安排工作"特指"今冬明春"的，与"专题辅导讲座"的语义结构关系一致，定语动词凸显施成角色特征。

施事论元角色话题事物类指构式也可有缺省宿主 N_2 的 N_1V^3 简式：

（18）a. 做好毕业生的就业安排工作。
　　　b. 大中专毕业生的就业安排工作顺利完成。

条件是 N_1 与宿主间存在个体和类别事物对应的范围领属关系。如（18）两例中的"就业"是毕业生安排"工作"的一种，"工作"都可默认缺省。当然分类类指和归类类指仍然依受事论元的类别或个体性质决定，（18）a 句式意义表达未然祈使，语境限制施事论元表达一般意义上的类指，"就业工作"也就不止一种，构式表达施事论元角色话题事物的分类类指，定语动词凸显功用角色特征；（18）b 句式意义表达行为的已然发生，"大中专毕业生"是特定范围内的，构式表达施事论元角色话题事物的归类类指，定语动词凸显施成角色特征。

8.1.2.3.2　受事论元与受事论元角色话题事物类指构式粘合度

同 $N_1V^2N_2$ 一样，$N_1V^3N_2$ 受事论元话题事物类指构式只有 VN 简式，受事论元角色话题事物类指构式可以有 NV 简式也可以有 VN 简式，由动词事物化方式决定。

先看受事论元话题事物的类指情形：

（19）a. 安徽省财政安排项目不要县乡资金配套。/网络课堂教学模式一定要辅之以必要的答疑辅导课程，答疑辅导课程可以在线进行，也可以根据需要在传统课堂上进行。/各种合同分配资金存在"贪污"和"重大"错误，安全费用占总体费用的比例过高。

b. 东盟工业计划一项项在落实，特惠贸易安排项目日益增多，文教科技交流活动日趋频繁。/如果去考英语证书，我就需要去参加一些高强度的辅导课程，每天的时间就会被上课、做题占据。/这一年他们实际上交国家税收988万元，占可分配资金的47.6%。

$N_1V^3N_2$受事论元话题事物类指构式中的N_1只能与宿主存在范围领属关系，受事论元话题事物的类别与个体性质决定构式的分类类指和归类类指。（19）a各例中表达实体的宿主事物"项目""课程""资金"分别与受事论元句法空位同形同指且外延一致，构式表达受事论元话题事物的分类类指；（19）b各例中的宿主"项目""课程""资金"分别与个体受事论元话题事物"特惠贸易的""一些高强度的""988万元"同形同指或异形同指且外延不一致，构式表达受事论元话题事物的归类类指。（19）b"可分配资金"中的"可"其实可以作为受事论元话题事物类指构式的形成标记，其余两例也都可视为定语动词前有一个隐性的"可"的存在。分类类指构式的定语动词凸显功用角色特征，归类类指构式的定语动词凸显施成角色特征。

三价动词受事论元角色话题事物类指构式同样需要满足定语动词受事论元与构式宿主同现且存在领属关系的前提条件。受事论元可实现为外扩展成分N_1，更多的情形是作构式的组合定语。受事论元与构式宿主如存在领有关系，构式表达受事论元角色话题事物的分类类指；受事论元与构式宿主如存在范围领属关系，构式则表达受事论元角色话题事物的归类类指。

动词事物化方式决定了NV简式或VN简式的存在。如动词事物化后把"关系"作为指称对象则可有缺省宿主事物的NV简式，前提是受事论元与宿主事物间同一性领属关系的存在：

(20) a. 中直机关九四年度预算安排工作会议今天在此间召开。/双职工最愁孩子入学后的接送、吃饭、辅导问题，而全寄宿制学校每年费用动辄一两万元，普通职工根本支付不起。/中国公司的利润分配方法有送股、配股和派发红利等，股东可以通过利润分配情况，掌握公司的生产经营效益及预测公司的发展前景。

b. 中直管理局副局长徐烈源在讲话中……提出了做好今年预算安排工作的具体措施。/针对辅导问题，司法部重申：各地司法行政机关不举办、不委托任何单位举办今年的国家司法考试考前辅导。/从今年的分配情况看，毕业生的就业选择热点不再局限于外企公司、三资企业，一些效益较好、人才使用合理的国有大、中型企业，以及一些国家事业单位也得到了毕业生的青睐。

(20) a 各例中指称事物化"关系"的"预算安排""孩子的辅导""利润分配"分别与宿主"工作""问题""情况"存在同一性领属关系，受事论元"预算""孩子""利润"指称类别事物，构式分别表达受事论元角色话题的分类类指；(20) b 各例中指称事物化"关系"的"预算安排""今年的国家司法考试辅导""毕业生分配"分别与宿主"工作""问题""情况"存在同一性领属关系，受事论元"预算""今年的国家司法考试""毕业生"都指称个体事物，构式分别表达受事论元角色话题的归类类指。受事论元充当 N_1 的 $N_1V^3N_2$ 都可有 N_2 缺省的 N_1V^3 简式，定语动词负载构式表达重音，凸显功用角色特征。

如动词事物化后凸显这一关系事物的宾体则可有缺省受事论元 N_1 的 VN 简式：

(21) a. 每年年初，根据需要和可能，制定本年度审议法律草案的安排意见，对每次常委会会议审议哪些法律草案做出具体部署。/培训中心要充分利用现代化教学手段，将优秀辅导教师的辅导内容制作成录像带或多媒体软件，进行电视教学或多媒体教学。/企业的经营决策、人事任免、分配方案完全应由企业自己决定。

b. 常委会认为这两个计划安排意见是适宜的，予以通过。/今天晚上授课老师必定辅导，辅导内容必与试题有瓜葛。/公共政策是一种权威性的价值分配方案。

(21) a 中的宿主"意见"与类别受事论元"法律草案"、"内容""方案"分别与缺省的类别受事论元"课程""利润"之间存在领有关系，构式表达受事论元角色话题事物的分类类指，动词凸显功用角色特征；(21) b 中的宿主"意见""内容""方案"分别与个体受事论元"计划""课程（默认缺省）""公共政策"间存在范围领属关系，构式表达受事论元角色话题事物的归类类指，动词凸显施成角色特征。两种类指构式都允许受事论元分布在 N_1 或句中的其他位置上或默认缺省，可有缺省 N_1 的 VN 简式而没有缺省 N_2 的 NV 简式。

8.1.2.4 本节小结

能直接作定语的不同价类动词都作为一个论元结构的代体形式进入 VN 构式，或者说 VN 构式的形成有一个下位的降格表述存在的背景。VN 构式不同的类指表达形式是施事论元或受事论元与动作的语义关系侧面凸显的结果，其中凸显的施事论元或受事论元是构式的类指对象话题事物，通常实现为句法成分或可默认缺省。话题成分可作为构式的外扩展成分 N_1 构成 N_1VN_2 及其变体形式" N_1 的 VN_2 "，但 N_1 常由构式类指的范围限制成分充任；及物动词直接作定语时除受事论元话题事物的类指情形外，定语动词的受事论元通常出现在 N_1 的位置上，无论受事论元是否作为构式的话题成分存在，因构式表达需要受事论元与动词构成的活动或现象结构存在的前提。典型的 N_1VN_2 结构是造名结构，只有受事论元充当 N_1 时才可出现 N_1V 简式和 VN 简式，独用的 VN 构式并非都是 VN 简式。

VN 类指构式可表述为非典型参照体事物 V 与目标体事物 N 之间的"参照体—目标"关系，论元或论元角色话题事物类指情形的不同由 V 的事物化方式决定，V 的事物化总是处于一个动态的语法化过程中或者说处于语法化过程中的某个特定的阶段或占据某个特定的位置。

动作施事论元或施事论元角色、受事论元或受事论元角色都能作为句子的陈述对象也都无须复指代词的帮助成为关系从句修饰的中心语，也就都可以被动化或关系化，自然都能作为构式的话题事物存在或都能话题化。

构式分类类指和归类类指由类指对象话题事物的个指与类指性质决定，也跟话题事物与宿主事物之间广义领属关系的下位类型相关。话题事物与宿主间存在同一性领属关系的类指构式表达分类类指，存在属种关系的类指构式表达归类类指。

V^1N 构式只有施事论元或施事论元角色话题事物的类指情形，V^2N 与 V^3N 构式中施事论元或施事论元角色、受事论元或受事论元角色话题事物的类指情形。分类类指与归类类指表达与定语动词的功用角色和施成角色特征的凸显分别对应。

可定动词事物化方式的不同意味着不同的事物指称表达形式的存在，表现在构成组合式结构"N 的 V""N 的 VN""V 的 N"和粘合式结构 NV、VN、(N_1) VN_2 结构间的分别。粘合式结构前置或后置的 N 与 V 之间依概念距离的远近存在粘合度大小的分别，如"我哥哥"与"*我书包"之间存在的可让渡与不可让渡特征分别一样。NV 与 VN 都有独立的或独用的结构形式分别，独用的结构是造名结构是 N_1VN_2 结构的 NV 或 VN 简式。

8.2 构式语法化

杨永龙（2016：52—53）把语法化公式化为 X 实现为 Y 的语法演变过程（其中 X 为源点或输入端，Y 为目标或输出端），将构式代入 X 或 Y 的位置都是构式的语法化：构式代入 X 研究源构式的发展演变，代入 Y 研究目标构式的来源和产生过程。

本章讨论 (N_1) VN_2 构式的形成，自然涉及构式代入 X 位置后的历时演变问题和代入 Y 的位置作为目标构式的来源或产生过程。我们关心的主要问题是，汉语从古至今都有动词直接作定语的类指结构，古今汉语的 (N_1) VN_2 构式的结构形式与语义关系类型是否存在有规律的对应关系，有哪些显著的发展变化，构式语法化的动因和机制是什么。

8.2.1 共时结构分类

8.2.1.1 语义类别：范畴化结构与去范畴化结构

有种代表性的说法是 (N_1) VN_2 构式由一个含有关系从句定语的偏正结构转换而来，如"车辆检测员/人员""车辆检测仪/仪器""车辆检测场/车间""车辆检测法/程序"都可视为通过"技术人员在车间通过电脑程序用仪器检测车辆"这个包含动词和五个不同意义名词的论元结构的成分位置变化构成的（顾阳、沈阳，2001：125）；"服装加工企业"和"加工服装的企业"存在转化关系（陈玉洁，2006：51）；在中心语作为述宾短语定语逻辑上的主语（不一定是施事）时，"稳定物价的措施"可以转换为"物价稳定措施"或"稳定物价措施"，"保护妇女儿童的政策"可转换为"妇女儿童保护政策"或"保护妇女儿童政策"（陈满华，1997：9）。但这样首先忽略了定中结构作定语与述宾结构作定语两种不同性质结构的对立。述宾结构作定语可带"的"可不带"的"，朱德熙（1982：112—113）指出粘合式述宾结构往往可以直接作定语，组合式述宾结构必须加上"的"字体词化后才能作定语。如"造船技术～造大船的技术""看电视时间～看完电视的时间""招收研究生办法～招收这批研究生的办法"。如果作定语的述宾短语或其他类型的动词短语（无论带不带"的"）中有一个句法空位（如"开车的人"中的"人"是"开车"的潜主语、"他开的车"中的"车"是"他开"的潜宾语），中心语都与空位同指，则"开车""他开"都是关系从句，"开车人"是由一个含有关系从句定语的偏正结构转换而来的（参见刘丹青，2005：194），而刘丹青（2008：12）指出"鱼塘守护人员"与"守护鱼塘（的）人员"相较定语的外延或内涵性质发生了改变，汉语中带"的"的定语语序规则与常规小句相同，而不带"的"的内涵定语，其语序规则不同于常规小句，不是真正的小句，也称不上关系从句。

郭继懋（1996：18）明确指出了能否视为关系从句定语的偏正结构转换而来的（N_1）VN_2结构的句法语义区别，把"石油输出国""熊猫保护组织"视为一种带递加定语的体定短语，把"洗脸（的）人""保护熊猫的组织"视为述宾结构作定语的动宾定短语，体定短语中的定语是对中心语所指的事物进行分类限定，动宾定短语中的定语也可以表示不必十分稳定也不一定有重要意义的分类（如"吃过狗肉的人"有与"没吃过狗肉的人"的表达对立）[①]，还可以表示描写性意义（如"那个长着一脸又密又浓的络腮胡子的人"）；动宾定短语中的定语表义上是独立的，能单独回答问题（如"测试硬度的工具—这是干什么的工具？—测试硬度的"）；体定短语中的定语是名称的组成部分，不能单独回答问题，表义缺乏独立性（如硬度测试设备—这是什么设备？—*硬度测试）。

能作为关系从句定语存在的不限于动宾定短语中的定语，如李铁根（2015：15）列出的几种动词短语直接作定语的结构：

[①] 张伯江（2011：7）认为定语身上加不加"的"往往反映的是临时属性和稳定属性的差别。

楼盘降价事宜　列车相撞事件　汽车追尾事故　学校老师骂人事件（主谓短语作定语）

首次辩论日期　电话订票时间　自由讨论阶段　自我反省时期（状中短语作定语）

买官卖官行为　打人骂人行为　上台下台动作　行贿受贿行为（并列短语作定语）

可以发现与动宾定短语"教育孩子问题""乱倒垃圾问题"一样，其中动词的及物性依然存在或动词尚未去范畴化（事物化）。

如果把状中短语作定语与并列短语作定语的情形视为独用的 VN 定中结构，则客观上存在着粘合度不等的范畴化和去范畴化[①]两种 VN 构式，前者属动词（包括陈述"关系"关联的事物）直接作定语的范畴化结构，表达中心语所指事物的临时分类或归类，定语动词表示不必十分稳定也不一定有重要意义的分类前提或具有描写性意义归类前提，动词与中心语名词间可缺省"的"；后者属事物化了的动词（包括指称"关系"所关联的事物）直接作定语的去范畴化结构，表达中心语所指事物稳定的或恒常的分类或归类，定语动词能作为异类事物的同质分拣标准或同类事物的异质认定标准存在，动词与中心语名词间不能有"的"。前面我们论证过语用上着眼于异质选择的定语是限制性定语，着眼于同质认定的是描写性定语，也就意味着去范畴化结构中动词定语可限制事物的外延也可描写事物的内涵，因而可有给事物分类和归类的作用；而范畴化结构中的动词定语通常只有描写事物的内涵的归类功能。

如把表达事物临时归类类指的范畴化结构看作可粘合结构，把表达事物恒常分类或归类类指的去范畴化结构看作只粘合结构，则 VN 构式的典型性程度可描述为：

去范畴化结构>范畴化结构

典型的 VN 构式不是由带定语小句的 NP 结构转换而来的去范畴化结

[①] 范畴化（categorization）是对认知对象进行分类和归类的过程，范畴化的结果就是范畴（categories）；去范畴化（de-categorization）又叫非范畴化，是指在一定语境下范畴逐渐失去其典型特征的过程。

构，非典型的是由带定语小句的 NP 结构转换而来的范畴化结构。去范畴化结构和范畴化结构都有 N_1VN_2 外扩展形式，去范畴化结构 N_1VN_2 是递加定语结构，可有"N_1 的 VN_2"和"N_1V 的 N_2"两种结构变体形式，自然可有 VN 和 NV 两种定中结构简式；范畴化结构 N_1VN_2 不是定语递加结构，只有"N_1V 的 N_2"一种结构变体形式。去范畴化结构中的 VN_2 简式与 N_1V 简式语义可同指，VN_2 是 N_2 的下位类别，也就意味着 N_1V 也可以是 N_2 的下位类别；范畴化结构中的 N_1V 可以粘合，但却不能作为 N_2 的下位类别存在，因 N_2 与定语小句中的句法空位同指，不存在缺省 N_2 的 N_1V 简式。

范畴化结构及 NV 简式表达事物的临时归类类指，去范畴化结构及 VN 简式表达事物的恒常分类或归类类指。分类类指基于客观存在的事物的可分类性质，归类类指可以是基于客观存在的事物的可分类性质，也可以是基于事物的可描摹性质，二者作用于概念整合的不同层面。因概念的无限可分性对应概念的无限可归性。

8.2.1.2 结构类别：独立的和独用的 VN 与 NV 构式

8.2.1.2.1 独立的 VN 与 NV 构式

承认汉语中存在独立的 VN 构式和 NV 构式，建立在动词可以直接作定语和作粘合式结构的中心语功能的基础之上。造名结构存在独用的 NV 和 VN 简式，可以解释为独用的 VN 构式里有缺省的受事 N_1 存在，独用的 NV 构式里有缺省的宿主事物 N_2 存在。但 N_1VN_2 结构中 N_1 与 N_2 的多样性说明动词（短语）作定语的类指结构的多样性的存在，动词可以吸附受事论元 N_1 形成造名结构指称多种多样的 N_2，同样可以吸附其他语义成分 N_1 形成非典型的造名结构指称多种多样的 N_2。动词进入 NV、VN 还是 N_1VN_2 类指结构后其动词范畴由于表达指称的需要必然会受到磨损。吴为善、高亚亨（2015：208）认为 NV 构式中的 N 都是双音节的通指类名，V 是双音节的行为动词（非动作动词），语义都有不同程度的抽象。而储泽祥、王艳（2016：323）指出并非只有动词性低的 V 可以 NV 定中结构（原文为 OV）构造名词性成分，V 是名词兼动词时 NV 独立结构只是更容易成立而已。由此可知，由带定语小句的 NP 结构转换而来的范畴化结构中的动词的动性受磨损的程度更低，但并不影响构成指称临时的或非稳定的事物类别的类指结构。

承认汉语中存在独立的 VN 构式和 NV 构式，也就意味着 VN 构式前存在着一个不必然能补出的缺省成分 N_1，或 NV 构式后存在着一个不必然能补出的缺省成分 N_2。大量的语言事实表明，即使确实隐含类指表达需要的语义信息成分，有的能有的却不能实现为句法成分，因而有的结构可以用缺省来识解，有的只能用语义隐含与语用暗示来识解（参见范开泰，1990）。看来问题的关键在于作定语或作中心语的动词吸附语义成分的能力。显而易见的是，名动词兼有名词性质，构成独立的 VN 或 NV 构式的能力最强。在"从事语法研究""作为指导老师"中甚至不好补出"研究"的宿主"活动"与"指导"的确定的对象，因"研究"本就指称一种活动，"指导"对象可以是学生也可以是论文等。因而 N_1 越抽象越易形成独立的 VN 构式，N_2 越抽象越易形成独立的 NV 构式，N_1VN_2 的存在显然与 N_1、N_2 的抽象程度紧密相关。如"论文指导老师""硕士生指导老师"缘于具体表达的需要，可知独立的 VN 构式或 NV 构式是比 N_1VN_2 类指表达更为抽象的结构形式。N_2 为抽象名词是构式成立的前提，动词词义的 ICM 中携带有 N_2 的语义信息便形成独立的 NV 结构；N_1 是双音节的通指类名，动词词义的 ICM 中携带有泛指的 N_1 对象信息则形成独立的 VN 结构。

独立的 VN 或 NV 构式都是核心后置结构。陆丙甫（2005b：136）明确指出核心后置结构比核心前置结构更紧凑，如"复印文件"核心在后表达指称时可看作复合词，而"复印文件"把"复印"看作核心时就是动宾短语；这也意味着定语在前可构成复合词，有"前紧后松"的倾向，定语后置根本就不构成类指表达结构。

承认有独立的 VN 构式存在，可以解释没有受事论元充当 N_1 的 V^1N 构式的分类类指和归类类指的对立；也可解释与带定语小句的 NP 结构存在转换关系的指称临时的或非稳定的事物类别的类指结构的对立。承认有独立的 NV 构式存在，可以解释为什么受事论元与动词的语义关系侧面的凸显能广泛地用于指称以及动词中心语的去范畴化程度。

8.2.1.2.2 独用的 VN 与 NV 构式

N_1VN_2 结构不只是受事论元充任 N_1 的造名结构，我们把独用的 VN 与 NV 构式的源结构限制在造名结构 N_1VN_2 的类别范围内，是因构式的形成和识解都有一个 N_1 或 N_2 默认缺省的表达前提存在，这与独立的 NV、VN 构式区别开来。独立的 NV 这 VN、NV 构式典型的情形是一价动词直接作定语或定语的中心语，因动词只一个必有论元施事，这首先与动词的价类相关；非典型的情形是及物动词直接作定语或定语的中心语的 VN 或 NV 构式，是因独立运用的性质提取出的类别共性，表现在动作的施事论元或受事论元其中的一个不能与构式同现，通常只出现在关系场景句中，这与动词的事物化方式相关，也与动词词义的理想认知模型相关。

独用的 VN 或 NV 构式分别是 N_1VN_2 缺省 N_1 的 VN 简式和缺省 N_2 的 NV 简式，两种简式与源结构语义同指，可以指称抽象的也可以指称具体的事物类别。类别越抽象越易缺省 N_1 或 N_2 形成 VN 或 NV 简式，类别越具体越不易用简式指称。独立的 VN 或 NV 构式不是造名结构的简式。

8.2.1.3 整合与整合方式

去范畴化结构 NV 或 VN 简式都是名词性核心后置结构，N_1VN_2 是定中结构 N_1V 作 N_2 定语粘合式结构，范畴化结构是动词短语直接作定语的结构，二者都只有指称功能，指称固有的事物类别和临时的不稳定的事物类别的对立以形式上是否可插入"的"分别开来。有一点是清楚的，去范畴化结构与范畴化结构中的定语动词的动性都会受到不同程度的磨损，意味统一的构式意义不能从构成成分中得到完全预测，这是将二者都视为构式的基础。

虽然组合方式不同的构式的浮现意义具有不同程度的"难测性"（参见杨永龙，2016：50），通过构式显见的成分组合方式的不同与构式意义分别的对应关系被证明依然是行之有效的解释路径。储泽祥、王艳（2016：323—328）认为 OV（即 NV）定中结构有三种存在形式，OV 独立结构只表指称，没有陈述功能，在汉语的词法和句法层面发生作用；中间状态是既有指称功能又有修饰功能，这就是 OV 直接作定语的造名结构，处于"指称—陈述"的中间过渡状态①；最弱的表现是表示性状的 OV 结构，主要出现在三种句法环境中：句中有助动词、状语、补语时态助词；对举环境；特定的句子构式环境（如周遍句、"连"字句、数量配比句）。三种环境中的 OV 结构 V 的范畴磨损需要分别利用不同的方式来修复才能提高其陈述性。

沈家煊（2006：5—6）用整合来解释结构的浮现意义产生过程，将整合视为构词和造句的共同方式，依参与整合的两个概念间的相似性还是相关性联系进一步把整合分出糅合与截搭两种类型。独立的 NV 结构因用

---

① 张国宪（1997：177）认为动词用作定语是在谓语功能的基础上又增殖了定语功能。

行为动作来指称行为相关的一种活动，整合方式显然是截搭，独用的 NV 简式因能缺省宿主 N_2，与源结构 N_1VN_2 同指说明是把 N_1V 看作一种 N_2，即将行为动作喻为事物，这种整合方式是糅合。凡 N_1 与宿主存在同一性领属关系的情形如上述例句中的"售后服务工作""产权保护问题""利润分配情况"等都属此类情形。而这种糅合情形也正因 N_1 与宿主间同一性领属关系的存在同样可以自由缺省 N_1 形成独用的 VN 简式，形成具体表达中的同义结构：

售后服务工作—售后工作—售后服务—服务工作
就业安排工作—就业工作—就业安排—安排工作
产权保护问题—产权问题—产权保护—保护问题
利润分配情况—利润情况—利润分配—分配情况

也就是说具体表达中概括的"售后工作""售后服务""服务工作"都可以是同一种具体的"售后服务工作"，"售后"是"服务"，"服务"是"工作"，"服务"与"售后""工作"彼此间的联系都通过隐喻方式建立起来。同样，概括的"就业工作""就业安排""安排工作"都是同一种具体的"就业安排工作"，概括的"产权问题""产权保护""保护问题"都是同一种具体的"产权保护问题"，概括的"利润情况""利润分配""分配情况"都是同一种具体的"利润分配情况"。

只有受事论元 N_1 与宿主间存在可能的同一性领属关系，受事论元充当 N_1 且与宿主间存在同一性领属关系的 N_1VN_2 构式有施事论元角色话题事物类指结构与受事论元角色话题事物类指结构两种出现环境，也就是说在这两种出现环境中受事论元充当 N_1 且与宿主间存在同一性领属关系的 N_1VN_2 构式既可有独用的 NV 简式又可有独用的 VN 简式，结构整合方式是糅合；其余出现环境中受事论元充当 N_1 的 N_1VN_2 构式因受事论元与宿主间不存在同一性领属关系，可能的 VN 或 NV 简式的整合方式是截搭。如：

英语辅导课程—英语课程—辅导课程—﹡英语辅导
财政安排项目—财政项目—安排项目—﹡财政安排
毕业生分配部门—﹡毕业生部门—分配部门—﹡毕业生分配

包区人联系电话—包区人电话—联系电话—＊包区人联系

因受事论元与宿主间或存在领有关系或存在范围领属关系，定语动词不能与受事论元或宿主隐喻同指，所以没有缺省 N_2 的 NV 简式存在，独用的 VN 简式属截搭整合。

范畴化结构也有糅合与截搭两种整合方式。因通常是动词短语作定语的情形，所以可存在动词或动词短语与宿主隐喻同指的糅合方式，动词与短语中可能出现的组成成分受事论元并不同指：

教育孩子问题—教育问题—教育孩子
汽车追尾事故—追尾事故—汽车追尾
自由讨论阶段—讨论阶段—自由讨论
买官卖官行为—买官卖官

动词与宿主隐喻同指是高层次概括的类指构式，动词短语与宿主隐喻同指是下位具体的类指构式。如"教育孩子""汽车追尾""自由讨论""买官卖官"具体语境中都可缺省宿主"问题""事故""阶段""行为"，而"教育孩子（问题）"是"教育问题"中的一种，上义结构是特定语境中下义结构的缺省表达形式。宿主是具体事物时与动词或动词短语不能隐喻同指，结构属截搭整合：

教育孩子过程—教育过程—＊教育孩子
汽车追尾原因—追尾原因—＊汽车追尾
电话订票时间—订票时间—＊电话订票
买官卖官人员/心理/案件/风气—＊买官卖官

8.2.2　历时考察——由董秀芳（2007）的研究说开去

董秀芳（2007）对动词直接作定语的历时变化作了系统阐述。她依动词与中心语的语义关系将动词作定语的定中短语分为"动作+受事""动作+施事""动作+非直接论元成分"三类，可以分别对应我们界定的受事论元话题事物的类指情形、施事论元话题事物的类指情形与施事/受事论元角色话题事物类指情形。古代汉语中的三类 VN 结构都是定中短语，相当于我们所说的范畴化结构；"动作+受事"类型在现代汉语中使用最为受限，只存在于词汇层面，其他两种类型都有转入词汇层面的。转入词汇层面的相当于我们所说的去范畴化结构，往往受节律制约。下面分开来说（例句主要选自董秀芳，2007）。

8.2.2.1 "动作+受事"——受事论元话题事物类指构式

董文所谓的"动作+受事"定中结构中的受事已知是受事论元充任话题成分的动作属性宿主，结构表达受事论元话题事物类指，动作时间特征意义表达成为背景。

(22) a. 不狩不猎，胡瞻尔庭有县貆兮？（《诗·魏风·伐檀》）

b. 平公即位……命归侵田。（《左传·襄公十六年》）

c. 今长大美好，人见而悦之者，此吾父母之遗德也。（《庄子·盗跖》）

d. 夫鼠涉饭中，捐而不食。捐饭之味，与彼不污者钧，以鼠为害，弃而不御。（《论衡·累害》）

e. 主者穷竭酷惨，无复余方，乃卧就覆船下，以马通熏之。（《后汉书·戴就传》）

f. 如居烧屋之下！如坐漏船之中！（《朱子语类》卷八"总论为学之方"）

董文认为上述宾语、定语、定语中心语位置上的 VN 语义上可以粗略表示为"被 V 之 N"，如"侵田"义为"被侵之田"，施事通常不出现或根本就无从确定，因而 V 的施动力较弱，语义上类似于形容词，但即使由动词转为形容词的情况发生通常也是句法性的，因组合的出现频率具有偶发性；而现代汉语中的"单音动词+受事"型结构都是固化了的词汇化结构，如"遗"在现代汉语中只能作为形容性语素使用，出现在"遗言、遗像、遗作、遗体、遗产、遗址、遗物"等复合词中，属古汉语中用法的遗留和固化。而动词短语作定语的情形又该如何处理呢？董文指出中古开始出现了动词短语作定语、中心语是述语动词受事的情形：

(23) a. 济从骑有一马绝难乘,少能骑者。济聊问叔:"好骑乘不?"曰:"亦好尔。"济又使骑难乘马,叔姿形既妙,回策如萦,名骑无以过之。(《世说新语·赏誉》)

b. 唐内供奉沙门法琳撰碑文,德宗皇帝谥号大弘禅师大和之塔。(《祖堂集》卷二,祖师慧可禅师)

c. 人有尽记得一生以来履历事者,此是智以藏往否?(《朱子语类》卷三"鬼神")

d. 至亭,亭长以韩征君当过,方发人牛修道桥。及见康柴车幅巾,以为田叟也,使夺其牛。康即释驾与之。有顷,使者至,夺牛翁乃征君也。(《后汉书·韩康传》)

(23) a "难乘马"是状中短语作定语,(23) b "沙门法琳撰碑"是主谓短语作定语,(23) c "一生以来履历事"状中短语定语中的状语的中心语是动词性联合短语,(23) d "夺牛翁"董文分析为双宾结构"夺翁牛"的间接宾语"翁"充当了动宾短语定语"夺牛"的中心语。与事是非典型的受事,因而(23) 各例中的定中结构与(22) 各例的"单音动词+受事"型定中结构一样都是受事作中心语。现代汉语中受事成分作粘合式定中结构的中心语的情形董文作两种处理,一种归入"动作+非论元成分",如"学习材料、研究资料"中的"资料"不作受事而作工具成分理解,另一种是"考察对象""关注焦点""研究课题""遗留问题"等的少量例外情形。关键是以"对象""焦点""课题""问题"为中心语的定语动词不可能是少量的例外,正如绝大多数动词都可直接作"法儿"的定语一样,绝大多数动词似乎也都可直接用作"问题"的定语。如把这种情形视为受事论元话题事物类指构式,中心语表面上为受事的"学习材料、研究资料"视为受事论元角色话题事物的类指构式,则是在大类里分出小类来,避免了不合理的"大量例外"的产生。(22)、(23) 各例中 VN 定中结构的存在也证明了古今汉语中受事论元话题事物类指结构及一个可能的语法化过程的客观存在。(22) 各例中的 VN 定中结构属表达事物恒定类别的去范畴化结构,(23) 各例中动词短语作定语的定中结构属表达事物临时类别的范畴化结构。古汉语中还有一种个体受事论元作中心语的"所 V(之)N"式偏正结构:

(24) a. 仲子所居之室，伯夷之所筑与？抑亦盗跖之所筑与？所食之粟，伯夷之所树与？抑亦盗跖之所树与？（《孟子·滕文公下》）

b. 天所立大单于敬问皇帝无恙。（《史记·匈奴列传》）

"所V（之）N"显然是凸显施事论元领有关系的固定格式。

现代汉语中的"$V_单+N_单$"与"$V_双+V_单$"定中结构有很强的词化趋向（张国宪，1989：188、石定栩，2003：494），"$V_单+N_双$"是介于词组与词之间的一种中间状态结构，主要是一些菜肴名称（邵敬敏，1995：218）。这是因为三种结构都允许不成词语素进入得出的词化或惯用语趋向的结论，根本上还居于共时层面的构成。现代汉语里的受事论元话题事物类指结构与古汉语"动作+受事"定中结构表达一致，也存在着词汇化而来的定中复合词，董文已指出现代汉语中一般只在词汇层面保存的"遗风、爱将、余钱"都是古汉语里的"动词+受事"定中短语。

现代汉语里同样存在着由动宾结构词汇化而来的动宾复合词。当符合动词动作性弱，宾语具体性低，动宾影响度小这些语义条件的动宾短语才能由句法单位转变成词汇单位，如"随时、虚心、对策、关怀、从事、注意、设计、著名、宣言"等（董秀芳，2002：181—195），宾语是典型受事时动宾结构难于发生词汇化，非受事语义角色宾语越多动宾式复合词也就越多（董秀芳，2009：405）。词汇化的动宾复合词可以是动词（如"关心""怀疑"），可以是名词（如"宣言""对策"），可以是形容词（如"著名""任性"），可以是副词（如"尽力""随时"），或者说分别具有了名词、形容词、副词的功能。一个明显的事实是，现代汉语中的粘合式述宾结构往往作为事件性称谓结构出现在句子的主语、宾语或定语的位置上，如（25）各例中的"吃饭"：

(25) a. 他认为吃饭是一种交际手段，是"很累的工作"。

b. 生活的基本问题是吃饭，但生活质量问题却不仅仅是吃饭，还应该包括良好的教育、健康的身心和较高水准的文化娱乐，等等。

c. 有的地方农民吃饭问题还未解决，他还能想别的吗？

古汉语中同样有相同的表达情形：

（26）a. 适然之数，而行必然之道，故万举而无遗策矣。（《淮南子》卷九·主术训）
　　　　b. 是以主无遗忧，下无邪慝，百官能治，臣下乐职……（《说苑》卷第一）
　　　　c. 诗云："彼有遗秉，此有滞穗，伊寡妇之利。"言不尽物也。（《盐铁论》卷一·错币第四）

（26）各例中的"遗策""遗忧""遗秉"都是"有""无"的宾语，分析为述宾短语或如（22）c 的"遗德"一样视为定中结构并不影响句义表达。无论哪种结构类型，充当粘合式结构的动词和名词都有不同程度的去范畴化特征表现。杉村博文（2006：59—62）讨论了 VN 述宾结构的"现象"和"事例"表达分别，认为现代汉语语法更倾向于采用 VN 形式给现象取名，谁对"现象"最具象征性，就让谁来充当 V 和 N；"事例"只是一个遵照语言表达的经济原则临时搭配起来的述宾结构。如"洗衣服"代表了一种高度概括的抽象行为"现象"，包括了"洗床单""洗袜子"等"事例"；"解决吃饭问题"不能说成"解决吃面条问题"。"洗"行为域中的"衣服"具有突出的象征性，"吃"行为域中的"饭"具有突出的象征性，可见象征性与概括力相关。杉村的结论是，为现象命名的 VN 述宾结构的 V 和 N 之间形式上存在述宾关系语义上可以不存在述宾关系，它们是以"现象"为中介才发生形式上的述宾关系的。

现象和事例对应活动和事件的性质。活动是没有内在终止点的无界动作，事件是有内在终止点的有界动作。活动的内部是同质的，具有伸缩性，没有可重复性；事件的内部是异质的，没有伸缩性，具有可重复性（沈家煊，1995：370—372）。（22）中的定中结构"悬貆""侵田""遗德""捐饭""覆船""烧屋""漏船"也都表达了现实中的或说话人虚拟出来的一种现象或活动，如"悬貆"于"庭"可以是种常见的现象，"覆船""烧屋""漏船"虽不常见但可作为现象或活动存在。似乎可以得出这样一个结论，古代汉语中的 VN 去范畴化定中结构与现代汉语里的 VN "现象"或"活动"结构（下文简称"现象结构"）具有相同的表达功能，"现象"或"活动"结构中的 V 和 N 最具象征性，只是去范畴化结构；"事例""事件"结构（下文简称事件结构）中的 N 是不具象征性的具体事物，其中的 V 与（23）中的动词短语定语用法相同，属范畴化结构。范畴化 VN 结构表达临时类别，V 可扩展为动词短语，因具体事物 N 匹配有时间性约束的 V；去范畴化 VN 定中结构表达事物恒定类别，只有外扩展结构 N_1VN_2 形式，V 不可扩展为动词短语，因 V 的时间意义弱化空间性增强。

VN 定中结构是核心后置结构，现象结构和事件结构是核心前置结构，前者较后者结构上更紧凑，指称事物的能力更强。

8.2.2.2 "动作+施事"——施事论元话题事物类指构式

董文所谓的"动作+施事"定中结构中的施事已知是施事论元充任话题成分的动作属性宿主，结构表达施事论元话题事物类指，动作时间特征意义表达成为背景。

（27）a. 十曰国小无礼，不用谏臣，则绝世之势也。（《韩非子·十过》）

b. 心如涌泉，意如飘风。（《庄子·盗跖》）

c. 其父为长安丞，出，汤为儿守舍。还而鼠盗肉，其父怒，笞汤。汤掘窟得盗鼠及余肉，劾鼠掠治，传爰书，讯鞫论报，并取鼠与肉，具狱磔堂下。（《史记·酷吏列传》）

d. 此精舍中有二比丘诤起，一比丘骂，一者默然。时，骂比丘寻向悔谢，而彼不受。（刘宋求那跋陀罗译《杂阿含经》卷三十九）

（27）中的"谏臣""涌泉""飘风""盗鼠""骂比丘"都属我们所谓的施事论元话题事物的类指情形。董文认为古代汉语中存在"及物动词+施事"的偏正组合，如上述的"盗鼠""骂比丘"，现代汉语中一般要使用"及物动词+受事（+的）+施事中心语"的形式表达相同的语义，如要说成"盗肉的老鼠""骂人的比丘"。古今汉语中不及物动词都可以直接作定语，如上述的"涌泉""飘风"；可以说"示威群众"，但不能说"抗议群众"，因会造成歧义。这与我们统计的施事论元话题事物的类指表达结果不符，现代汉语中有可定动词和不可定动词之分，可定动词中又有只能作粘合定语、只能作组合定语和两可的情形，这与动词词义的

ICM 和中心语事物的类型直接相关。此不赘述。

"动作+施事"型定中结构也应有表恒定类别事物的去范畴化结构与表临时类别事物的范畴化结构之分。如上述的"谏臣""涌泉""飘风"都可表恒定类别事物,现代汉语中都词汇化了;"盗鼠""骂比丘"表临时类别事物。董文认为这一结构类型的动词与中心语之间可以添上结构助词"之"与定语动词可由短语替代恰好支持这一分别:

(28) a. 何惜疾足一骑,而不济垂死之命乎!(《后汉书·列女传·董祀妻》)
　　　b. 攻人主之长短,谏诤之徒也。(《颜氏家训·省事》)
　　　c. 臣向以为战国时游士,辅所用之国,为之策谋,宜为《战国策》。(《战国策》序)
(29) a. 匈奴使答曰:"魏王雅望非常;然床头捉刀人,此乃英雄也。"(《世说新语·容止》)
　　　b. 山人曰:"陛下真识宝人也。"(《祖堂集》卷三,慧忠国师)

(28)对应现代汉语动词短语作组合定语的类指情形,即"快要死的人""敢直言进谏的人",动词短语具有描写性,结构表达施事论元话题事物的归类类指;(29)对应现代汉语动词短语作粘合定语的类指情形,如"公司售楼人员""抗衰老专家""修路大军""酿酒师傅"等,结构表达施事论元话题事物的分类类指或归类类指。

董文指出有些单音节动词作定语的定中结构已进入词汇层面,如"飞鸟、流水、看客、行人、食人鱼、吸血鬼、食蚁兽、看家狗、放牛娃"等。

8.2.2.3 "动作+非直接论元成分"——施事或受事论元角色话题事物类指构式

施事论元角色话题事物的类指情形常见,与现代汉语类指表达情形趋同,因受事论元角色话题事物类指情形通常出现在有标记的句式里:

(30) a. 必有寝衣,长一身有半。(《论语·乡党》)
　　　b. 吾今羁旅,身若浮云,竟未知何乡是吾葬地;唯当气绝

便埋之耳。(《颜氏家训·终制》)

　　c. 祭肉不出三日。出三日，不食之矣。(《论语·乡党》)

　　d. 憎心见则下怨其上，妄诛则民将背叛。(《韩非子·八说》)

　　e. 凡有血气，皆有争心。(《左传·昭公十年》)

　　f. 曰："人也。夺伯氏骈邑三百，饭疏食，没齿无怨言。"(《论语·宪问》)

(30) 中的"寝、葬""祭、憎""争、怨"分属一价、二价、三价动词，中心语均与施事论元存在领有关系，提供行为发生的工具、处所、材料等语义角色。① 动词短语作定语也有可加可不加"之"两种情形：

(31) a. 遗陆生为饮食费。(《史记·郦生陆贾列传》)

　　b. 汝若坐佛，却是杀佛。若执坐相，非解脱理也。(《祖堂集》卷三，怀让和尚)

　　c. 问："如何是祖师西来意？"师曰："汝问不当。"(《祖堂集》卷三，先径山和尚)

　　d. 谢镇西经船行，其夜清风朗月，闻江诸间估客船上有咏诗声，甚有情致。(《世说新语·文学》)

(32) a. 一岁婴儿无争夺之心，长大之后，或渐利色，狂心悖行，由此生也。(《论衡·本性》)

　　b. 明利害之乡，以文修之，使务利而避害，怀德而畏威，故能保世以滋大。(《国语·周语上》)

动词短语作定语具有描写性，定中结构均表达话题事物的归类类指。(31) a 中的"饮食费"表达受事论元角色话题事物的归类类指，"费"与受事论元"吃的、喝的"存在领有关系；其余的定中结构均表达施事论元角色话题事物的归类类指，中心语都与施事论元存在领有关系。

---

① "憎心""争心""怨言"的中心语大致可表述为抽象的工具成分，即"用心憎、用心争、用言怨"，不像"寝衣""祭肉"中的"衣、肉"有着明确的题元角色（参见石定栩，2003：488）。

董文指出中心语属非论元成分的 VN 和 VON 型定中结构在现代汉语里使用广泛，进入词汇层面的数量也很多，如"靠垫、蒸锅、居室、睡衣、躺椅、砍刀、听力、嗅觉、自豪感、显示器、护肤霜、卷笔刀、推土机、晾衣竿、分界线、洗发液、洗脸盆、饮水机、抽水马桶"等。

董文认为"动作+非论元成分"这一语义类型也是历时发展中最为稳定的一个类型，从古至今一直使用广泛。"动作+施事"型现代汉语中使用也比较多，但一般要求受事同现，而古汉语没有这种限制。"动作+受事"型在现代汉语中最为受限，一般只存在于词汇层面。

这与我们统计的 VN 构式类别分布范围基本一致。因中心语与作为论元结构代体的动词互为直接组成成分，动词论元实际是定语的结构组成成分，其中施事论元和施事论元角色、受事论元和受事论元角色成分都能作为构式话题存在，中心语只要求同一层面的定语动词同现，下层的构式话题成分自然可因表达需要而缺省。

古今汉语中都存在动词或动词短语直接作定语的类指情形，也都有只粘合、可粘合和只组合的结构形式存在，古汉语的 VN 定中结构都是词与词的组合形式短语，语义上可统一视为范畴化结构，虽然组合成分都具有不同程度的去范畴化特征。现代汉语里的去范畴化结构与范畴化结构由古汉语的范畴化结构分化而来，去范畴化结构中的一部分已词汇化了，因源句法结构组成成分的语素化，其粘合方式固化为现代汉语的词法结构类型，VN 或 VON 是其中最能产的两种方式，与音节数目直接相关。需要指出的是，词汇化与双音节词的格局直接相关，古汉语句法结构成分存在着的不同的去范畴化特征与现代汉语一样，并不意味着去范畴化结构就是词汇化了的结构。去范畴化结构是结构的语法化，存在于共时和历时两个层面且贯穿结构演变的始终，词汇化结构的形成只是结构语法化的一种结果。

词汇化结构的形成受多种因素制约。

8.2.3 语法化 VN 构式形成的制约因素

8.2.3.1 形变滞后

语形的变化总是滞后于语义变化，伴随着语义的虚化（包括泛化、简化、抽象化等），语形的变化是由大变小，由繁变简，由自由变为粘着（沈家煊，1994：20）。汉语复合词、短语和句子的构造原则具有一致性是大家都承认的，依一种流行的观点，句法成分是章法成分"句法化"的产物，词法成分又是句法成分"词汇化"的结果，则组合方式也应该假设具有承继性。如果这一假设成立，则词汇化 VN 定中结构的形变滞后可由不同结构单位构造原则的一致性来解释。董秀芳（2004：131）曾指出汉语中双音节的经常发生词汇化的形名组合与动宾组合词汇化结构有可能转化为词法模式，因而形名与动宾两种结构都在一定程度上接近于词法模式，虽然单独看或站不住（如"丹顶""食人"）或者是短语（如"白皮""切菜"），但在定中复合词"丹顶鹤""白皮书""食人鱼""切菜刀"中都可以看作临时具有了词的功能。邢福义（1995：422—423）"小句中枢说"的"词，受控于小句""短语，从属于小句"的论断指明词或短语功能变化的句规约因素，也间接证明了不同结构单位组合方式承继关系的存在可能。

通常认为音节数量是区别词和短语的重要因素①，双音节形式并非词法结构专有，因而采用语素化标准来判定词和短语应该是一种比较简便可行的办法，因语素是构词单位，词是句法结构单位。如结构中至少有一个语素（包括构成派生词的词缀）存在则可视为词法结构，如"飞禽、走兽、杀手、收藏家、贷款方、汽车修理工"等，否则可粘合的"烤白薯"、只粘合的"毕业论文"等不好硬性地归入词法结构或句法结构。

在研究共时语言现象的时候引入语言演变的历时因素是从语用法的语法化来解释语法（沈家煊，1998：7）。我们从作用于共时和历时两个层面结构的语法化而不是只作用于历时层面的结构的词汇化角度入手，依施事论元和施事论元角色话题类指、受事论元和受事论元角色话题类指构式分别将石定栩（2003）所列定中复合词的多样性类别重新排队分列，包括不同音节的词法结构类型和句法结构类型。部分构式类例取自石定栩（2003）和顾阳、沈阳（2001）。

施事论元话题事物类指构式：

  a. 飞鸟 流水 乘客 牧童 游人 杀手 伴郎 舞女 演员 保人

  b. 旁听生 狙击手 饲养员 筑路工 过路客 未亡人 食蚁

---

① 王淑华（2014：204）论证了用重音标准区分汉语的复合词和短语是行不通的。复合词只能有一个重音，而短语中的每个词都可能携带重音。

兽　流行病

　　c. 监听专家　监考老师　伐木工人　设计大师　联络人员　致癌物质　变质食品

　　d. 节目主持人　服装设计师　肠道寄生虫　汽车修理工　古董收藏家　宿舍管理员

　　e. 时装设计大师　海洋调查专家　仪表装配工人　指纹识别系统　物业管理公司

施事论元角色话题事物类指构式：

　　a. 刨刀　挂钩　跑道　忍术　唱法　叫声
　　b. 暂居地　急救箱　会客日　隐身术　人行道　炒菜锅　登机牌
　　c. 养殖基地　选举办法　研究机构　旅游季节　教育工作　记事手册　药检方式
　　d. 汽车修理厂　流感多发季　垃圾清运车　产品展销会　温度测量仪　团体购票处
　　e. 帆布旅行背包　海洋调查技术　新生报到地点　企业宣传标语　语料检索程序

受事论元话题事物类指构式：

　　a. 存款　雇工　烤鸭　熏肉　唱词　弃儿　吃食　饮品　司机
　　b. 复印件　涮羊肉　红烧肉　送审件　拆迁房　勾兑酒　杂交稻　冲积层　军需品
　　c. 复印文件　研究问题　调查对象　出租汽车　下载软件　省管干部　鲜榨果汁
　　d. 非法出版物　随身携带品　日本进口货　货运出租车　银杏提取物　病毒攻击点
　　e. 敌机空袭目标　警察追捕对象　资方雇佣人员　服装设计产品　海洋保护动物

受事论元角色话题事物类指构式：

  a. 含量　销量　出口　处方　存单　过季　汇率　制式　保费
  b. 客运室　含绒量　发芽率　出水口　养老院　展览馆　保养期　晾衣架　存钱罐
  c. 复印效果　研究资料　学习内容　安排资金　销售情况　设计图纸　监测报告
  d. 煤炭堆放处　文件存放柜　环保宣传月　车辆检测仪　食品包装袋　尾气排放量
  e. 车辆保养费用　油气分离程度　蔬菜种植季节　服装展销柜台　良种筛选原则

几点说明：
（一）上述 a 组都有明显的成词倾向。构成成分虽都可单独成词，受合成词双音化格局约束又都有明显的语素化趋向，因通常没有"V 的 N"组合形式。中心语成分有的已词缀化了，如"作家、雇工、饮品、汇率"等，可视为由派生词构词模式生成的合成词。
（二）b、d 两组构式通常也被视为定中复合词，单音节中心语都是现代汉语里的一个语素，语素是构词成分，不允许动词（短语）定语后有"的"同现，或者说有绑定不同音节不同类型的动词短语成为词汇单位的能力。如：

施事论元话题事物宿主"者""工"：

  "～者"：作者　胜出者　醉驾者　购房者　租赁者　同性恋者　最得宠者　泄私愤者　离经叛道者　麻烦制造者　酒精中毒者　环境保护论者　单营果子狸者　非法寄递信函者
  "～工"：护工　焊接工　电镀工　扳道工　设备安装工　隧道量测工　义务摆渡工

施事论元角色话题事物宿主"法""日"：

  吃法　活法　记谱法　瘦身法　沙压法　轮盘赌法　等额还款法

活柳篱笆挡沙法

祭日　比赛日　轮休日　赶集日　领导接待日　碘缺乏病防治日　观音菩萨出家日

受事论元话题事物宿主"物""品"：

读物　充填物　呕吐物　易碎物　定情物　圣诞装饰物　易燃易爆物　内分泌干扰物　胰蛋白酶抑制物　汉方美白精华提取物

拍品　纪念品　试炼品　高仿品　食用品　护肤品　皮制品　非卖品

受事论元角色话题事物宿主"器""率"：

浏览器　起爆器　雨刷器　对讲器　外储存器　烤面包器　通马桶器　火焰喷射器　硬水软化器　能量贮存器　水下呼吸器　高压灭菌器　计算机控制器　电车轨道调换器

赔率　击杀率　控球率　含钙率　钉穿出率　废物利用率　主机设备运转率

"者"本就"表示从事某项工作或信仰某个主义的人"，"工"可表示做工的人；"法"是行为的方法、方式，"日"可泛指一段时间或特指某一天；"物"可泛指一类东西、事物，"品"可泛指一类物品；"器"指器具，"率"是两个相关的数在一定条件下的比值。不同行为类别可以有相同性质的行为关涉成分参与，同一类别行为也可以有不同性质的行为关涉成分参与，自然需要有提取关涉成分类别共性的类指结构表达形式的存在。可泛指一类事物的不同类别的中心语成分使整个类指结构获得了词汇上的完整性，粘合是词汇化结构形成的形式表征。单一动词作定语因意义的抽象性更易抽取行为特征共性，越易形成分类类指表达构式；动词短语作定语抽取的是特定范围内的行为特征共性，往往对应构式的个体或个体类别话题事物，短语越复杂越易形成归类类指表达构式。

（三）c、e 两类构式中双音节中心语宿主也有绑定不同音节不同类型的动词短语成为词汇单位的能力。如"部队"有不同的行为分工类别：

起义部队　增援部队　掩护部队　驻防部队　参战部队　侦察部队　围点打援部队

可见"部队"也有使整个类指结构获得词汇上的完整性的能力，或者说整个类指结构处于一个动态的词汇化过程之中。因"部队"只是词，且定中结构间通常可插入一个"的"①，可表述为由组合方式生成的自由短语形式的词汇化结构。如此可用语素化标准将"（节目）主持人、（汽车）修理厂、（非法）出版物、（文件）存放柜"之类的结构视为由词法模式生成的定中复合词，可用词汇化标准将"（时装）设计大师、（帆布）旅行背包、（敌机）空袭目标、（车辆）保养费用"之类的结构视为依句法模式生成的词汇化结构。去范畴化结构和范畴化结构体现在语法化的程度上。能产性为词法结构和句法结构共同的结构生成机制，与语法化程度相关，但不能作为复合词与短语分别的特征标准。

（四）由于中心语宿主类别对应动作论元或论元角色话题事物类别，有的宿主可有不同性质的指称类别，不同的句式意义约束构式意义凸显语义关系侧面：

（33）a. 眼下，民主、共和两党都在使尽一切手段争取有利于自己一方的计票方式。

a′. 本次会议选举采用人工计票方式。/他是第一次看到中国农村的选举，画"正"字的计票方式很有特色，能让村民对选举结果一目了然。

b. 近些年，有奖销售已成为商家促销的一个重要手段。五花八门的奖励方式及令人目眩的巨额奖品吸引了众多的消费者。

b′. 对于优秀的农村教师，以免费培训作为奖励方式，提升农村优秀教师的水平，以带动整个农村师资的良性发展。

（33）a、（33）a′中的"计票方式"都是"选举""采用"的，宿主"方式"均与施事论元存在领有关系，前者表达施事论元角色话题事物的分类类指，后者表达施事论元话题事物的归类类指；（33）b、（33）b′中

---

① 也有不能插入"的"的情形，如"毕业论文、保卫干事、劳动模范、生产资料、循环定义、赔偿事宜、垄断企业"等。

的"奖励方式"虽也是施事主体选择的，但句式意义凸显与受事论元的领属关系，前者指称"五花八门"的"有奖销售"，后者指称特定的"免费培训"，分别表达受事论元话题事物的分类类指和归类类指。句式表达与谓语中心语动词的选择紧密相关，这样通过添加句子谓语中心语动词设定句式表达环境的途径可以预测出 VN 构式可能的指称类别：

（34）a. 遴选首长保卫人员—*遴选首长保卫（施事论元话题事物分类类指）

b. 作为首长保卫人员—*作为首长保卫（施事论元话题事物归类类指）

c. 负责首长保卫工作—负责首长保卫（施事论元角色话题事物分类类指）

d. 负责团部保卫工作—负责团部保卫（施事论元角色话题事物归类类指）

e. 讨论首长保卫问题—讨论首长保卫（受事论元话题事物分类类指）

f. 讨论团部保卫问题—讨论团部保卫（受事论元话题事物归类类指）

g. 制定安全保卫措施—*制定安全保卫（受事论元角色话题事物分类类指）

h. 采取安全保卫措施—*采取安全保卫（受事论元角色话题事物归类类指）

这也可以解释尹世超（2002b：2—3）把"陪同人员、管理人员、留学人员"和"留用人员、试用人员、推荐人员"分别归入施事中心语和受事中心语两类中去的现象存在。凭定语动词的性质预测的构式类指结果可表述为构式的能指，用构式表达环境预测的构式类指结果可表述为构式的所指。

8.2.3.2 语义先行

VN 构式的词汇完整性表达是由中心语宿主的类指义绑定的结果，或者说构式类指首先得有中心语事物的类指前提，这是语义先行。类指事物范围有大小之分，可知动词短语定语有缩小事物类指范围的作用，外扩展

结构成分 N_1 无论是作为外围的递加定语还是主谓短语定语里的主语都是作为事物的具体类指对象或类指对象范围限定成分存在的。

前面我们就 VN 构式概念整合问题给出了如下一些相关的假设：

限制性定语与描写性定语在语义能指和语用所指上都存在对立。限制性定语具有区别作用，语义上都作用于事物分类，由限制性定语构成的定中结构语用上可表达事物的分类类指、归类类指或个指；描写性定语具有描写作用，语义上都作用于事物的属性特征认定，由描写性定语构成的定中结构语用上可表达事物的归类类指或个指。汉语动词定语属内涵定语，VN 粘合式定中结构可表达事物的分类类指或归类类指，"V 的 N"组合式定中结构可表达事物的归类类指或个指。

我们从构式组成成分概念间语义联系的紧密度将 VN 构式分为强规约系联、次规约性系联与非规约性系联结构。强规约性系联如"飞鸟、走兽、爬虫、游鱼、浮萍、滚动轴承、储蓄银行、旅游景点"等属于只粘合的 VN 构式，因动词定语并未使中心语事物的外延发生改变即不能作为事物分类标准存在，构式只实现为语用上的归类类指。能使事物外延发生改变的是次规约性系联与非规约性系联结构，一般属于可粘合的 VN 构式，也有只粘合的情形。次规约性系联结构是最适宜于事物次范畴分类的语义模式，通常是截搭组合，语义上表达事物的恒常分类，可实现为语用上的分类或归类类指；非规约性系联结构因概念组合成分语义特征不能互析，语义上表达事物的临时分类，通常实现为语用上的临时分类或归类类指。

典型的 VN 构式是次规约性系联结构，强规约性系联结构与次规约性系联结构构成非典型的 VN 构式。

外扩展结构可作为构式次规约性存在的测试框架。就施事论元或施事论元角色话题事物的类指情形而言，典型的去范畴化结构是受事作为 N_1 的递加定语结构，如果 N_1V 的中心语不止一种，则构式属宿主具有 [+可有性] 的次规约性系联结构。具体表达语境中 N_1V 与 VN_2 同义，同义条件下有的可提取 N_1 作为 N_2 的下位分类标准形成 N_1N_2：

(35) N_1VN_2　　　　N_1V　　　VN_2　　　N_1N_2
药物测试样本—药物测试—测试样本—药物样本
药物测试工作—药物测试—测试工作—＊药物工作

第八章 VN定中构式的语法化

实习指导老师—实习指导—指导老师—实习老师
实习指导方法—实习指导—指导方法—＊实习方法
实证研究方法—实证研究—研究方法—实证方法
实证研究目标—实证研究—研究目标—＊实证目标
意识流表现手法—意识流表现—表现手法—意识流手法
意识流表现过程—意识流表现—表现过程—＊意识流过程
军马饲养方法—军马饲养—饲养方法—＊军马方法
军马饲养人员—军马饲养—饲养人员—＊军马人员
首长保卫人员—首长保卫—保卫人员—＊首长人员
首长保卫条例—首长保卫—保卫条例—＊首长条例
土壤调查过程—土壤调查—调查过程—＊土壤过程
土壤调查小组—土壤调查—调查小组—＊土壤小组
路灯维修电话—路灯维修—维修电话—＊路灯电话
路灯维修工作—路灯维修—维修工作—＊路灯工作
课程研究小组—课程研究—研究小组—＊课程小组
课程研究中心—课程研究—研究中心—＊课程中心

N_1N_2结构成立，VN构式属强规约性系联结构，组合方式是截搭。如"药物样本"一定是"测试样本"，"实习老师"一定是"指导老师"，"实证方法"一定是一种"研究方法"，"意识流手法"一定是一种"表现手法"。N_1N_2结构不成立的原因是提取不出一个［+必有性］规约的隐含的动词，只在有一个［+可有性］的次规约性动词存在的前提下才能建立起N1与N2的相关性联系。这说明具有［+必有性］的强规约性系联VN构式如"飞鸟"一样是不改变事物外延的归类类指结构，具有［+可有性］的次规约性系联VN构式如"飞行物"一样是既能表达分类类指又能表达归类类指的典型类指结构。而N_1N_2结构成立与否的原因在于N_1、N_2之间是否存在领有关系：

（36）N_1VN_2　　　N_1V　　　VN_2　　　N_1N_2
语言表达能力—语言表达—表达能力—语言能力
语言表达艺术—语言表达—表达艺术—语言艺术
语言表达效果—语言表达—表达效果—语言效果

语言表达形式—语言表达—表达形式—语言形式
语言表达手段—语言表达—表达手段—语言手段
语言表达水平—语言表达—表达水平—语言水平
语言表达问题—语言表达—表达问题—语言问题
语言表达技巧—语言表达—表达技巧—语言技巧
语言表达过程—语言表达—表达过程—语言过程

如此可以得出结论，在施事论元与宿主事物存在领有关系的施事论元话题、施事论元角色话题类指构式中，受事论元与宿主事物也存在领有关系的（N$_1$）VN$_2$构式是规约性程度高的典型类指构式，受事论元与宿主事物不存在固有领有关系[①]的（N$_1$）VN$_2$构式是规约性程度低的非典型类指构式。依前文分析，受事论元如指称行为对象，N$_1$VN$_2$作"N$_1$V 的 N$_2$"理解，构式表达归类类指；受事论元如指称行为对象范围，N$_1$VN$_2$作"N$_1$的 VN$_2$"理解，构式表达分类类指。

受事论元话题事物类指情形没有同义的 N$_1$V 简式存在，可有由施事论元充当 N$_1$ 的外扩展结构形式，施事论元与宿主虽存在领有关系，但通常不能作为分类标准形成同义 N$_1$N$_2$ 结构：

(37) N$_1$VN$_2$　　　　N$_1$V　　　　VN$_2$　　　　N$_1$N$_2$
国家保护动物—＊国家保护—保护动物—＊国家动物
敌机攻击目标—　敌机攻击—攻击目标—　敌机目标
警察追捕对象—＊警察追捕—追捕对象—＊警察对象
资方雇佣人员—　资方雇佣—雇佣人员—　资方人员
单位奖励物品—　单位奖励—奖励物品—＊单位物品
干部学习文件—＊干部学习—学习文件—＊干部文件

"资方雇佣人员"与"资方人员"、"敌机攻击目标"与"敌机目标"有上下义包含关系，"资方""敌机"仍指称领属者范围而并非提取领有者对象属性，只表达归类类指。

[①] 像"首长保卫人员""军马饲养方法"也可以说"人员"与"首长"、"方法"与"军马"具有广义的领属关系，但这种领属关系不是必然存在的或者说是非固有的，也就影响到特定认知域内"保卫人员""饲养方法"的规约性程度表达。

受事论元角色话题事物的类指情形都有受事论元充当 N_1 的 N_1VN_2 结构，均可有 N_1V、VN_2 和 N_1N_2 简式。N_1N_2 与 N_1VN_2 也有上下义包含关系，但领有者受事 N_1 可以提取领有者对象属性也可以提取对象范围属性，N_1N_2 可表达 N_1VN_2 上位类别的分类类指或归类类指。受定语动词事物化方式约束，如果 V 与 N_2 的语义联系是通过概念隐喻建立起来的糅合组合，则 N_1V 可表述为是一种 N_2，否则是通过概念转喻建立起来的截搭组合：

(38) N_1VN_2　　　　N_1V　　　　VN_2　　　　N_1N_2
课程研究问题—课程研究—研究问题—课程问题
课程研究内容—课程研究—研究内容—课程内容
课程研究领域—课程研究—研究领域—课程领域
课程研究范式—课程研究—研究范式—课程范式
课程研究丛书—课程研究—研究丛书—课程丛书
课程研究方案—课程研究—研究方案—课程方案
课程研究指南—课程研究—研究指南—课程指南

如"研究"可以是特定的一个"问题"、一种"内容"或一个"领域"，因而具体语境中"课程研究""研究问题/内容/领域"均可作为"课程研究问题/内容/领域"的简式存在，而具体的"范式、丛书、方案、指南"语境中往往不能缺省。

V^1N 构式只有施事论元或施事论元角色话题事物的类指情形，外扩展结构成分 N_1 都表活动范围，构式话题施事论元可以与 N_1 重合，N_1 位置上的施事论元表达活动主体的范围：

(39) N_1VN_2　　　　N_1V　　　　VN_2　　　　N_1N_2
群众游行队伍—*群众游行—游行队伍—群众队伍
火炬游行队伍—*火炬游行—游行队伍—火炬队伍
客户服务代表—*客户服务—服务代表—客户代表
就业服务干部—*就业服务—服务干部—*就业干部
审计工作人员—*审计工作—工作人员—审计人员
现场工作人员—*现场工作—工作人员—现场人员
思想工作方法—*思想工作—工作方法—思想方法

野外工作方法—*野外工作—工作方法—*野外方法
社会生活方式—*社会生活—生活方式—社会方式
居民生活方式—*居民生活—生活方式—*居民方式
市场服务功能—*市场服务—服务功能—市场功能
干部服务机构—*干部服务—服务机构—干部机构

因 N_1V 不能作为 $N_1V^1N_2$ 的简式存在，也不能作为 N_1N_2 的下位结构类型存在，所以 $N_1V^1N_2$ 的"N_1 的 V^1N_2"扩展形式才是典型的递加定语去范畴化结构，大致可表述为"具有 N_1 性质特征方面的 V^1N_2"；如果是"N_1V^1 的 N_2"扩展形式如"市场服务的功能"，则是定中结构作定语的范畴化结构。前者可实现为语用上的分类类指或归类类指，后者只实现为归类类指结构。

8.2.3.3 语用驱动

VN 类指构式有去范畴化结构与范畴化结构两个源结构，外扩展结构 N_1VN_2 有 VN 和 NV 两种去范畴化结构简式，或者说 VN 和 NV 两种简式只源于去范畴化结构。去范畴化结构和范畴化结构都只是语用结构，因只在语用表达层面才能认定。"首长保卫人员"如识解为"首长的保卫人员"是去范畴化结构，"保卫人员"表达施事论元话题事物的分类类指或归类类指取决于"首长"的类别泛指还是个体特指；"首长保卫的人员"的表达形式受"保卫"词义的 ICM 限制实际并不存在，但"首长举荐的人员"是主谓短语作定语的范畴化结构，"首长"指称个体事物，"举荐（的）人员"只表达个体施事论元话题事物的归类类指。"军马饲养方法"如识解为"军马的饲养方法"是去范畴化结构，"饲养方法"表达施事论元角色话题的分类类指或归类类指取决于"军马"的类别泛指还是个体特指；如识解为"军马饲养的方法"只表达个体施事论元角色话题的归类类指，"军马"指称个体事物的性质对应施事论元角色话题事物的个体性质。

通常用功能游移来解释词类多功能现象，如陈宁萍（1987/1989：62）用"施事名词+的+动词"的测定框架来确定动作动词名性的强弱，得出双音节动词普遍能向名词一侧移动的结论；张国宪（1989/2016：31、36）指出 $V_双$ 有光杆充当定语的能力，即使当 $V_双$ 是单向动词且后面的名词是施事名词时（如"飞翔的海燕""奔腾的骏马"）其中的"的"不能删略，但非施事名词作中心语时删略"的"的结构成立（如"飞翔高度""奔腾速度"），因而 $V_双$ 处于向名词一端漂移的进程中。而漂移到何等程度与 $V_双$ 内部的构成方式有关，"附加式—补充式—陈述式—支配式—联合式"大致是由纯粹动词向动/名双功能词漂移速度快慢的连续统。张国宪（1994：48、54）用功能增殖来描写这一现象，指出所有的动词双音化后功能都会有或多或少的增殖或变异，增加音节的同时也增加了句法功能和交际功能；动词增殖指称功能至少有两条语义限制，词的义项越少、动作性强度越弱越易增殖转化。朱德熙（1985：5）指出汉语动词作主宾语的时候并没有改变性质，张伯江（1994b：344—345）缘此指出典型词类实现基本功能时跟句法成分对应，而偏离基本功能时总要丧失一些特点；谓词间的游移比较自由，而谓词向体词游移却不那么容易，现代汉语词法平面上谓词的体词化已经几乎没有非形式化的能产途径了。

　　无论是功能游移还是功能增殖，都说明能直接作定语的动词动作性的减弱，即意义上表现为时间性减弱空间性增强的变化过程。动性强的单音节动词作定语需要借助标记"的"，说明"的"的有无可作为定语动词动性强弱的一个分别标记。需要借助"的"实现定语功能的动词动性强，可隐显"的"的次之，只粘合的情形最弱。

　　从语用法的语法化大致可以解释 $V_双$ 由于内部的构成方式带来的动性强弱变化。附加式以动词为中心通常表动作发生，所以处于连续统的左端；补充式次之，因动作结果凸显动作致使义；陈述式居中，受离心结构性质的影响，事件或活动场景图式表达需要建立起动作与其相关的主客体事物的联系；支配式如构成成分有突出的象征性便表达一种现象或活动，汉语更倾向于采用 VN 形式给现象取名；联合式也是种离心结构，并列的两个动词相互抵消各自的动性来表示一种活动，因而处于连续统的右端。

　　不同构成方式动词的动性强弱自然会影响到 VN 构式的粘合度大小变化，但从共同的功能增殖角度也还可列出另一种粘合度大小或构式典型性的连续统。第一种是双音节动词短语作粘合定语的情形，如"吃饭（问题）""救急（人员）""人造（皮革）""大考（经验）""进出（通道）、走高（趋势）"等，两个单音节词合起来表达一种现象或活动，分开来都可单独充当句法成分。这种情形普遍存在可充当粘合定语、概念组合成分选择不自由因而类推受限等的形式语义特征，与上述的动词短语作组合定语的情形相比显然动性要弱；因短语性质还是可以与具有内部扩展性质的自由短语一起归入范畴化结构，共同的特征是不构成递加定语。第二种情形是可视为用语素化标准约束的词汇化结构，如"省管（干部）、质检人员、提速（能力）、调研（现场）、闪击（战术）"等，两个音节中至少含一个语素，通常可认为是缩略式动词短语作定语。最后一种情形是两个语素构成的复合词定语，如"研究人员、调查对象、保护动物、浏览胜地、毕业论文、监察机关、测量方法、组成成分"等，与第二种情形可并称去范畴化结构，因通常不加"的"构成话题事物的分类类指或归类类指结构，可加"的"的只构成话题事物的归类类指结构。这样可大致列出一个 VN 构式的语法化过程或典型性程度的连续统：

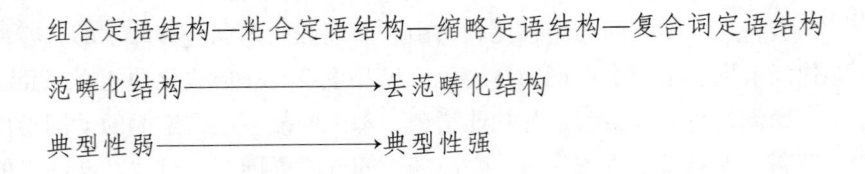

组合定语结构—粘合定语结构—缩略定语结构—复合词定语结构

范畴化结构──────→去范畴化结构

典型性弱──────→典型性强

有几点需要说明：

（一）结构语法化程度越高越易构成外扩展结构形式 N_1VN_2，因要补足表达需要的论元或论元角色信息。

（二）从语料统计结果来看，受事论元充当外扩展成分的 VN 构式典型性最强，因事件或活动表达都是以施事论元为动作主体，支配关系侧面的凸显是提取动作相关语义成分的支点，即如受事论元话题事物的类指情形也可视为有一个已知的确定的受事论元句法空位存在，因受事论元充当构式的话题事物。类指构式只是作为事件场景或活动场景句的构成成分存在的，其句位实现与语义表达要服从不同的场景表达需要。从逻辑上说动作必由事物主体发出，也必有支配对象才会有相应的行为结果，不及物动词无非动作及于事物主体自身而已。与运动着的事物主体相关联的事物的指称介入需要有一个具体的事件场景或活动场景存在的前提，行为和行为所及物的关联又是具体事件场景或活动场景的结构图式语义基础。

（三）因而以受事论元为基点可以得出表达需要的与动作相关的所有语义成分的类别。

8.2.4 韵律因素

8.2.4.1 VN$_单$构式

汉语里单音节语素是基础构词单位，反过来说单音节是语素的基本语音单位。"（节目）主持人、（汽车）修理厂；（汽车）修理工、（文件）存放柜；（古董）收藏家、（宿舍）管理员"跟离合词一样都可以说是处于复合词和短语的中间状态的结构单位，都有相同的"（2+）2+1"韵律模式。从复合词角度出发，中心语"人、厂"属能单独成词的自由语素，"工、物"属不能单独成词的半自由语素，"家、员"属词缀化了的不自由语素，受表达一类人或物意义绑定的结构又具有一定程度的能产性。整齐的形式与统一的意义具备了作为一个共性范畴存在的前提条件，这是我们上述的语素化范畴标准①。从这一标准出发，可以发现这一中心语语素不仅有绑定上述"受—动"主谓短语作定语的能力，同时有绑定不同音节不同结构的动词或动词短语作定语的能力；意义也由典型的指人指物到指处所、时间、方式、工具等语义成分。如：

1+1：
牧童、杀手；说词、烤烟；刨刀、拖网；站点、跑道；祭日、生年

2+1：
　　a. 执行人　雇佣兵　辅导课　铺垫物　联络站　居住地　接待日　洗涤剂　管理员
　　b. 零售商　旁听生　土焙工　刀削面　抢答题　暂居地　急救箱　热敷法　露宿者
　　c. 国产片　军需品　干休所　民营厂　客流量　案发日　人造丝　舰载机　狗爬式
　　d. 宣誓人　筑路工　入场券　出门证　报名表　修车厂　建军节　隐身术　收银员

---

① 石定栩（2003：490）从形式句法的修饰结构的生成方式出发认为可以建立一套在短语规则将词条组建成短语之前应用的词汇生成规则，词汇规则的原料是从词库里挑选出来的成分，词汇规则的功能是将这些原料组合成复合词。在复合词的形成过程中，粘着语素、自由语素以及不可分解的复合词具有相同的地位。

　　　　e. 说唱团　管控力　购销点　调研处　开关声　推拉式　进出闸　谈笑间　订阅号
　　　2+2+1：
　　　　a. 锋线摇摆人　都市清运工　非法出版物　网上洽谈室　临时存放处　户外养生法
　　　　b. 节目主持人　汽车修理工　服装设计师　重症监护室　问卷调查法　宿舍管理员
　　　　c. 企业担保人　单位调查组　政府采购额　银行分理处　鱼类产卵地　领导接待日

几点说明：

（一）我们把1+1模式看作从一个定中短语中提取的中心语，如"制品"是"音像制品""熟食制品""塑料制品""印刷制品""禽蛋制品""皮革制品"的中心语，可以看出"制品"的定中式复合词性质，语素"品"没有绑定前三个音节成为短语的能力。"制"看成抽取"制造"中的一个语素没有问题，则三音节的"塑制品、印制品、蛋制品、皮制品"也应视为由相同的抽取语素的办法得出的合成词。需要指出的是，提取语素构词会受到包括表达习惯在内的不同因素制约，如"制式""制法"可以是"制造模式""制造方式"中提取的两个语素，但"制造商""制造局"为什么须用动性弱的双音节动词作定语却不能从类别属性上得出一个合理的结论，如"牧童""杀手"也都是施事论元话题事物的类指情形。

（二）2+1型结构有一个共同的特点，中心语语素前的双音节成分是都能站得住的词或短语，且不能抽取其中的任何一个语素与中心语构成另一个双音节新词。因属只粘合的定中结构，因而均可视为只提取中心语语素的非典型的词汇化结构合成词。这里的只粘合首先与音节单双有关，如果中心语是双音节词，则结构通常可隐显"的"，如"辅导（的）课程""抢答（的）题目""国产（的）影片""筑路（的）工人""开关（的）声音"；其次语义组合特异性的存在同样会增加结构的词汇性赋值。虽然其中有一定的规律可循，如c类能站得住的主谓结构需要中心语宿主是受事论元论元或受事论元角色话题事物的类指表达成分，d类能站得住的述宾结构需要中心语宿主是施事论元或施事论元角色话题事物的类指表达成分，而其余各类因缺少已知的"施—动"或"受—动"凸显的语义侧面则中心语宿主两种性质的类指表达情形都有。但有"谈笑间"无"谈笑处"，有"干休所"无"干休处"，有"宣誓人、宣誓者"没有"宣誓物"，有"军需品、军需物"没有"军需粮、军需服装、军需弹药"等，可以肯定的是，中心语语素的提取不是任意的，在可能的范围内也需要是动作认知域内的具有突出象征性的语义成分。张国宪（2016：33）指出 $V_双$ 在中心语名词音节的选择上是相当自由的，也表现在完全可以同 $N_单$ 搭配构成 2+1 音组模式的偏正结构，如"书写纸、封锁沟、申诉人、降落伞、嫁接树、创作假"等，也说明 $V_双$ 定语与双音节动词短语定语在 $N_单$ 中心语选择上的自由度差别，从根本上说是特定语义关系侧面凸显的结果。但反过来说明 $N_单$ 有把双音节动词短语绑定为直接成分能力。

吴为善（1986：1）解释过单音节中心语成分的语素性质。吴文认为三音段音组模式是四音节段缩减来的。动宾结构是"斩头"将前一个双音节压缩为单音节，其结果必然是 1+2，如"修建马路"可说成"修马路"却不说"修建路"；偏正结构必然是"去尾"将后一个双音节压缩为单音节的 2+1 形式，如"长毛兔子——长毛兔""防风眼镜——防风镜"等。有时一个四音节段可能是个动宾和偏正的同形异构体，缩减为三音节时，如果将前面的双音节压缩为单音节必定是动宾，如果将后面的双音节压缩为单音节则必定为偏正，如：

  选择题目——选题目（动宾）——选择题（偏正）
  复印文件——印文件（动宾）——复印件（偏正）
  测量仪器——测仪器（动宾）——测量仪（偏正）
  筹备经费——筹经费（动宾）——筹备费（偏正）
  运输箱子——运箱子（动宾）——运输箱（偏正）[①]

齐沪扬（1989：107—110）进一步给出了结构成立的限制条件，认为"斩头""去尾"后造成两种不同结构的原因是动词必须具有及物性且抽取出的双音节动词语素可以作为单音节动词存在。而从与压缩相对的扩

[①] 齐沪扬（1989：107）认为吴文中的"复印文件、运输箱子"只能理解为动宾结构。若是偏正结构则要加"的"。如：a. 他在看复印文件。/工人们整理运输箱子。b. 他在看复印的文件。/工人们整理运输的箱子。a 组不加"的"的句子不通或有歧义。

展角度出发，扩展的原结构是 1+1，都是由单音节动词和单音节名词充当结构成分的自由语素，且分别可以构成一个同义的双音节动词或双音节名词，扩展是"加头"和"添尾"，"加头"后成为 2+1 偏正结构，"添尾"后成为 1+2 动宾结构，扩展后的结构与原结构语义表达一致。齐文把 2+1 动宾结构和 1+2 偏正结构看作三音节 V+N 结构音节搭配规律中的例外。这也证明了单音节中心语语素有绑定不同结构的双音节动词或动词短语充任定语的能力。

（三）2+2+1 型结构的中心语语素前是都能站得住的短语，有的可按上述方法在两个双音节词中各抽取出一个成词语素形成 2+1 型结构，如"汽车修理工——汽修工""宿舍管理员——宿管员"，这是 $N_单$ 绑定不同结构的双音节动词短语充任定语的能力体现。$N_单$ 能把"汽修""宿管"绑定，也就能把"汽车修理""宿舍管理"绑定为一个直接成分，因语义表达一致且不允许两个双音节词中只抽取一个语素构成"*车修理工""*宿舍管员"之类的不合格结构。

吕叔湘（1963：15）曾指出单音节和双音节都有通过扩充和压缩互相转换的可能，同一内容有时用四个字有时用两个字来说也就是有伸缩的可能，但并不是所有的组合都能这样伸缩，如何表达完全是习惯问题或熟语性问题；四音节很少有能改成三音节的。这也说明 $N_单$ 有绑定双音节、四音节而不能绑定三音节成为直接成分的能力。能通过扩充和压缩进行音节转换说明双音节结构或四音节结构都作为一个先行组合的单位再与 $N_单$ 相对待的性质。

因 $N_单$ 的语素化倾向，绑定双音节和绑定四音节的定中结构也都可视为词汇化结构，前者更接近于双音节词，粘合度显然比后者要高。绑定单音节动词作定语构成双音节结构则词汇化更彻底，用法上起码与一个双音节名词相同。

8.2.4.2 $VN_双$ 构式

$VN_双$ 构式有如下三组音组模式：

1+2：

烤白薯　涮羊肉　腌萝卜　视神经　降结肠　吊眼皮　垂杨柳

"$V_单$+$N_双$"是介于词组与词之间的一种中间状态结构，主要是一些菜肴名称（邵敬敏，1995：218）。菜肴可有制作属性类别，定语动词凸显制作方式属性；"神经"有"视、听、触"等不同的感官运动形式，定语动词凸显动作位置属性；"结肠"有上下位置之分，因其非固定的性质可分出"升、降"或"上行、下行"，定语动词凸显动作位置及运动功能属性；"吊眼皮""垂杨柳"因行为特征非"常"定语动词都凸显与"众"不同的运动形式属性。1+2 型结构有音步形式不对称标记，除菜肴名称外通常是意义上具有特异性的组合，如"飞人"是异于常人奔跑速度的人。因而类推范围有限。不对称形式与意义特异性的概念组合，可视为不同于 2+1 型结构的另一种模式的词汇化结构。中心语 $N_{双}$ 没有绑定功能，1+2 型定中结构词汇化程度明显弱于 1+2 型定中结构。

2+2：
  a. 监考老师 调查对象 研究机构 复印效果 出租汽车
  b. 省管干部 舰载战机 机耕水田 车载雷达 港产电影①
  c. 针织内衣 现磨咖啡 鲜榨果汁 零售商场 慢驶路段
  d. 脱水酒精 磨砂玻璃 贷款条件 练功秘诀 开馆时间

  a 组是双音节动词直接作定语，因缺少已知的"施—动"或"受—动"凸显语义侧面，中心语宿主既可表达施事论元或施事论元角色话题事物也可表达受事论元或受事论元角色话题事物的类指情形。b、c 组分别是石定栩（2003：486—487）列出的四音节的"施—动—受"和"状—动—受"结构。b 组中的"省管、舰载、机耕、车载、港产"因不是词，显然都是通过一个主谓短语压缩而来的粘着结构与双音节名词中心语构成的四音节结构，"施—动"语义侧面规定构式的受事论元话题事物类指表达；c 组与 b 组一样，不同在于"针织、现磨、鲜榨、零售、慢驶"是从一个状中短语压缩而来的，可表达不同论元或论元角色话题事物的类指情形。d 组是石定栩（2003：487）列出的四音节"动—受—受/方式/时间"等的结构类型，有"受—动"语义侧面表达前提，构式表达

---

① 石定栩（2003：486）列出的"施—动—受"结构还有"银行贷款、名人作品、疑犯供词、观众留言、专家处方"一类，其中的中心语"贷款、作品、供词、留言、处方"都是动宾式复合词，不能分解为通过压缩而成的双音节短语，因而也不存在"款"绑定"*银行贷"、"方"绑定"*专家处"之类的结构。

施事论元或施事论元角色话题事物的类指情形。

2+2 型结构都是依句法模式类推而成的自由短语，定语由双音节动词或一个压缩而成的双音节粘着动词短语构成，受与 $N_双$ 搭配的韵律模式制约。虽粘着动词短语中允许语素进入，因都属能产性强的句法模式，可视为语法化程度弱的去范畴化结构，因作粘合定语的动词（短语）意味着其范畴功能的缺失。功能增殖是格式制约、表达恒常类指的需要，并非功能固化致使的范畴改变。动词（短语）作组合定语的结构属范畴化结构，形式上没有韵律模式制约，语义上表达事物的临时类指或个指，动词短语不允许语素进入。

2+2+2：
a. 首长保卫人员　物业管理公司　军马饲养方法　服装展销柜台　蔬菜种植季节
b. 敌机空袭目标　资金流动方式　新生报到手续　环境变化因素　政府管理职能
c. 重点保护对象　国家发明专利　田野调查方式　安全保卫工作　教师出版基金

2+2+2 型结构由三个双音节词粘合而成，都是受韵律模式、构式类指约束而成的可粘合通常都有 NV 或 VN 简式存在。a、b、c 三组中的 NV 结构分别是动词性的定中结构、主谓结构和状中结构。动词事物化方式的不同形成不同的论元或论元角色话题事物的类指结构，反过来事物化动词的存在赋予了动词可粘合的性质，这与只组合的情形区别开来，如"逃跑的人""颤抖的手""哭的冲动"等。

能单独存在的双音节 NV 结构有可能是现代汉语里的同形异构情形，如"物业管理""资金流动""国家发明"等通常都认为有主谓结构与定中结构的并存分立，"田野调查""安全保卫"有状中短语和定中短语的并存分立。而 a、b、c 三组的 N_1VN_2 结构都宜分析为递加定语结构，或者说共时层面上有粘合而成的 N_1VN_2 结构和组合而成的 N_1V（的）N_2 结构的并存分立，组合而成的 N_1V（的）N_2 结构依然是定中结构、主谓结构、状中结构作定语的范畴化结构，指称事物临时类别或个体类别；粘合而成的 N_1VN_2 结构是通过组合而成的 N_1V（的）N_2 结构进一步粘合或语法化而来的，表达事物恒定类指，原定中结构、主谓结构、状中结构作定语结构都语法化为多层递加定语结构，构式意义类指表达与事物化动词可分类的动作属性的存在使得构式中的不同结构类型的 NV 定语有了结构趋同变化。因而不必单独把"首长保卫人员""军马饲养方法""服装设计大师""服装加工企业"等的受事论元居前的递加定语结构视为由带有定语从句的 NP 结构转化而来的词法模式生成结构，似可统一解释为由事物类指框架约束的去范畴化结构，即因类指表达需要定语位置上的原动词性范畴化结构定中短语、主谓短语、状中短语结构发生异变，成为表达指称的定中短语，其中动词的事物化起着决定性作用。而"学习文件""研究问题""筹备经费"等同形异构并行分立，定中结构不由动宾结构语法化而来，因不同结构中的名词的语义角色有了改变。

汉语自古至今都有的 NV（或 OV）指称化语序手段（参见储泽祥、王艳，2016；吴为善、高亚亨，2015）支持这一解释思路。

"$V_{双}+N_{双}$"粘合而成的去范畴化结构与组合而成的范畴化结构都属由句法模式生成的能产性很强的自由短语，有单双音节搭配限制的"$V_{单}+N_{双}$""$V_{双}+N_{单}$"构式有进一步词汇化的倾向。

参考文献

（一）中文著作

陈昌来：《现代汉语动词的句法语义属性研究》，学林出版社2002年版。

陈亚川、郑懿德：《吕叔湘著〈汉语语法分析问题〉助读》，商务印书馆2015年版。

程琪龙：《概念框架和认知》，上海外语教育出版社2006年版。

戴耀晶：《泰和方言的领属结构》，复旦大学汉语言文字学科《语言研究集刊》编委会编《语言研究集刊》第10辑，上海辞书出版社2013年版。

董秀芳：《词汇化：汉语双音词的衍生和发展》，四川民族出版社2002年版。

——：《汉语的词库与词法》，北京大学出版社2004年版。

——：《汉语词汇化和语法化的现象与规律》，学林出版社2017年版。

范晓：《短语》，商务印书馆1991年版。

方立：《逻辑语义学》，北京语言文化大学出版社2000年版。

郭熙煌：《语言认知的哲学探源》，华中师范大学出版社2009年版。

贺阳：《现代汉语欧化语法现象研究》，商务印书馆2008年版。

侯福莉：《戏剧语篇的策略泛指研究》，中国传媒大学出版社2014年版。

胡裕树、范晓：《动词研究》，河南大学出版社1995年版。

黄锦章：《汉语格系统研究——从功能主义的角度看》，上海财经大学出版社1997年版。

蒋绍愚：《汉语历史词汇学概要》，商务印书馆2015年版。

李临定：《现代汉语动词》，中国社会科学出版社1990年版。

李绍群：《现代汉语"名$_1$+（的）+名$_2$"定中结构研究》，厦门大学出版社 2011 年版。

李文：《矛盾哲学》，知识产权出版社 2013 年版。

林艳：《汉语双宾构式句法语义研究》，北京语言大学出版社 2013 年版。

刘顺：《功能—类型学视角下无标记受事前置句研究》，学林出版社 2018 年版。

刘月华、潘文娱、故韡：《实用现代汉语语法》，商务印书馆 2001 年版。

陆丙甫：《核心推导语法》（第 2 版），上海教育出版社 2015 年版。

吕叔湘：《汉语语法分析问题》，商务印书馆 1979 年版。

孟琮等：《动词用法词典》，商务印书馆 1987 年版。

——：《汉语动词用法词典》，商务印书馆 1999 年版。

潘先军：《现代汉语羡余现象研究》，北京语言大学出版社 2012 年版。

齐沪扬等：《与名词动词相关的短语研究》，北京语言大学出版社 2004 年版。

沈家煊：《不对称和标记论》，江西教育出版社 1999 年版。

——：《名词和动词》，商务印书馆 2016 年版。

石定栩：《名词和名词性成分》，北京大学出版社 2011 年版。

全国斌：《现代汉语粘合式结构范畴化研究》，安徽大学出版社 2009 年版。

完权：《"的"的性质与功能》，商务印书馆 2016 年版。

王寅：《认知语言学》，上海外语教育出版社 2007 年版。

文炼：《处所、时间和方位》，上海教育出版社 1984 年版。

吴为善：《构式语法与汉语构式》，学林出版社 2016 年版。

吴早生：《汉语领属结构中被领者的句法、语义和语用研究》，贵州大学出版社 2010 年版。

徐烈炯、刘丹青：《话题的结构与功能》，上海教育出版社 1998 年版。

杨永龙：《实词虚化与结构式的语法化》，学林出版社 2017 年版。

俞士汶等：《现代汉语语法信息词典详解（第 1 版）》，清华大学出版社 1998 年版。

袁毓林：《汉语配价语法研究》，商务印书馆 2010 年版。

曾小红：《现代汉语个体动词的多角度研究：以过+宾语结构为个案》，厦门大学出版社 2007 年版。

张伯江：《从施受关系到句式语义》，商务印书馆 2009 年版。

——：《什么是句法学》，上海外语教育出版社 2013 年版。

张斌：《现代汉语描写语法》，商务印书馆 2010 年版。

张国宪：《现代汉语动词的认知与研究》，学林出版社 2016 年版。

张敏：《认知语言学与汉语名词短语》，中国社会科学出版社 1998 年版。

张清源、田懋勤：《同义词词典》（第 2 版），四川人民出版社 2002 年版。

章宜华：《语义·认知·释义》，上海外语教育出版社，2009 年版。

张豫峰：《现代汉语句子研究》，学林出版社 2006 年版。

周国光：《汉族儿童句法习得研究》，广东高等教育出版社 2016 年版。

朱德熙：《定语和状语》，上海教育出版社 1958 年版。

——：《语法讲义》，商务印书馆 1982 年版。

——：《语法答问》，商务印书馆 1985 年版。

——：《朱德熙文集》（第一卷），商务印书馆 1999 年版。

（二）中文论文

陈满华：《"VO 的 N"转化为同义粘合式偏正短语的规则》，《汉语学习》1997 年第 1 期。

陈宁萍：《现代汉语名词类的扩大——现代汉语动词和名词分界线的考察》，载中国语文编辑部编《中国语文 200 期纪念刊文集》，商务印书馆 1989 年版。

陈平：《汉语中结构话题的语用解释和关系化》，《国外语言学》1996 年第 4 期。

陈琼瓒：《修饰语和名词之间的"的"字研究》，《中国语文》1955 年第 10 期。

陈玉洁：《联系项居中原则与 $N_1 VN_2$（NP）结构》，《世界汉语教学》2006 年第 4 期。

——：《汉语形容词的限制性和非限制性与"的"字结构的省略规则》，《世界汉语教学》2009 年第 2 期。

储泽祥、王艳：《汉语 OV 语序手段的指称化效用》，《世界汉语教学》2016 年第 3 期。

崔希亮：《空间方位场景的认知图式与句法表现》，《中国语言学报》2001 年第 10 期。

——：《汉语空间方位场景与论元的凸显》，《世界汉语教学》2001 年第

4 期。

董秀芳：《动词直接作定语功能的历时考察》，《燕赵学术》2007 年秋之卷。

——：《汉语的句法演变与词汇化》，《中国语文》2009 年第 5 期。

——：《汉语光杆名词指称特性的历时演变》，《语言研究》2010 年第 1 期。

范继淹：《形名组合间"的"字的语法作用》，《中国语文》1958 年 5 月号；载《范继淹语言学论文集》，语文出版社 1986 年版。

——：《"的"字短语代替名词的语义规则》，《中国语文通讯》1979 年第 3 期；载《范继淹语言学论文集》，语文出版社 1986 年版。

范开泰：《型式语义琐议》，《中国语言学报》（9），商务印书馆 1999 年版。

范开泰：《省略、隐含、暗示》，《语言教学与研究》1990 年第 2 期。

范晓：《关于"被"字句谓语动词的语义特征》，载邵敬敏、张先亮主编《汉语语法研究的新拓展（三）》，东北师范大学出版社 2007 年版。

冯胜利：《动宾倒置与韵律构词法》，《语言科学》2004 年第 3 期。

傅爱平：《黏合式名词短语结构关系的考察和分析》，《中国语文》2004 年第 6 期。

傅雨贤：《"Vt+N"式偏正结构》，《语法研究和探索4》，北京大学出版社 1988 年版。

郭继懋：《"熊猫保护组织"与"保护熊猫的组织"的句法语义区别》，《汉语学习》1996 年第 5 期。

郭锐：《述结式的配价结构与成分的整合》，载沈阳、郑定欧主编《现代汉语配价语法研究》，北京大学出版社 1995 年版。

——：《表述功能的转化和"的"字的作用》，《当代语言学》2000 年第 1 期。

顾阳：《论元结构理论介绍》，《国外语言学》1994 年第 1 期。

顾阳、沈阳：《汉语合成复合词的构造过程》，《中国语文》2001 年第 2 期。

何元建：《回环理论与汉语构词法》，《当代语言学》2004 年第 3 期。

——：《汉语合成复合词的构词原则、类型学特征及其对语言习得的启示》，《外语教学与研究》2013 年第 4 期。

贺阳：《定语的限制性和描写性及其认知基础》，《世界汉语教学》2013年第2期。

——：《定语的限制性和描写性刍议》，《苏州大学学报》2013年第1期。

胡裕树、范晓：《动词形容词的"名词化"和"名物化"》，《中国语文》1994年第2期。

黄正德：《汉语动词的题元结构与其句法表现》，《语言科学》2007年第4期。

李大勤：《"关系化"对"话题化"的影响》，《当代语言学》2001年第2期。

李晋霞：《制约"V双+N双"优先理解方式的因素》，《中国社会科学院研究生院学报》2004年第1期。

——：《论典型性对定中"V双+N双"结构构成的影响》，《语言研究》2005年第4期。

李铁根：《"VP的N"与"VP+N"的语义类型及功能考察》，《对外汉语研究》2015年第1期。

——：《"V的N"与"VN"》，《汉语学习》1995年第4期。

李先银：《定名组合的指称功能与汉语多项定语的顺序》，《语言与翻译》2016年第1期。

李珠：《意义被动句的使用范围》，《世界汉语教学》1989年第3期。

刘春卉：《属性值与属性特征语义语法差异考察》，《汉语学习》2008年第3期。

刘大为：《领属关系的约束性》，《语文研究》1992年第3期。

刘丹青：《汉语给予类双及物结构的类型学考察》，《中国语文》2001年第5期。

——：《汉语类指成分的语义属性和句法属性》，《中国语文》2002年第5期。

——：《语法调查与研究中的从属小句问题》，《当代语言学》2005年第3期。

——：《汉语名词性短语的句法类型特征》，《中国语文》2008年第1期。

刘宁生：《汉语怎样表达物体的空间关系》，《中国语文》1994年第3期。

——：《汉语偏正结构的认知基础及其在语序类型学上的意义》，《中国语文》1995年第2期。

刘永耕：《试论名词性定语的指称特点和分类》，《福建师范大学学报》1999年第3期。

陆丙甫：《定语的外延性、内涵性和称谓性及其顺序》，载《语法研究和探索》（四），北京大学出版社1988年版。

——：《从"跳舞"、"必然"的词性到"忽然"、"突然"的区别》，《语言研究》1992年第1期。

——：《"的"的基本功能和派生功能——从描写性到区别性再到指称性》，《世界汉语教学》2003年第1期。

——：《语序优势的认知解释（上）：论可别度对语序的普遍影响》，《当代语言学》2005年第1期。

——：《语序优势的认知解释（下）：论可别度对语序的普遍影响》，《当代语言学》2005年第2期。

陆俭明：《再谈"吃了他三个苹果"一类结构的性质》，《中国语文》2002年第4期。

陆俭明：《确定领属关系之我见》，鲁国尧主编《南大语言学·第1编》，商务印书馆2004年版。

陆汝占、靳光瑾：《领属关系与逻辑语义解释——兼议形式化方法》，《世界汉语教学》1996年第1期。

吕叔湘：《现代汉语单双音节问题初探》，《中国语文》1963年第1期。

马庆株：《多重定名结构中形容词的类别和次序》，《中国语文》1995年第5期。

木村英树：《"的"字句的句式语义及"的"字的功能扩展》，《中国语文》2003年第4期。

齐沪扬：《三音节V+N结构组合规律的初步考察》，《淮北煤师院学报》1989年第2期。

秦裕祥：《英语名词词组中前置修饰语使用限制的次范畴化解释》，《外语教学与研究》2008年第2期。

任鹰：《动词语义特征对共现名词指称方式的制约和影响》，《世界汉语教学》2007年第3期。

——：《动词词义在结构中的游移与实现》，《中国语文》2007年第5期。

杉村博文：《"VN"形式里的"现象"和"事例"》，《汉语学报》2006年第1期。

邵敬敏：《双音节 V+N 的结构的配价分析》，载沈阳、郑定欧主编《现代汉语配价语法研究》，北京大学出版社 1995 年版。

邵敬敏、罗晓英：《"别"字句语法意义及其否定项的选择》，《世界汉语教学》2004 年第 4 期。

沈家煊：《"语法化"研究综观》，《外语教学与研究》1994 年第 4 期。

——：《有界和无界》，《中国语文》1995 年第 5 期。

——：《语用法的语法化》，《福建外语》1998 年第 2 期。

——：《"在"字句和"给"字句》，《中国语文》1999 年第 2 期。

——：《句式和配价》，《中国语文》2000 年第 4 期。

——：《认知语法的概括性》，《外语教学与研究》2000 年第 1 期。

——：《说"偷"和"抢"》，《语言教学与研究》2000 年第 1 期。

——：《"糅合"和"截搭"》，《世界汉语教学》2006 年第 4 期。

——：《汉语里的名词和动词》，《汉藏语学报》2007 年第 1 期。

——：《"糅合"和"截搭"》，《世界汉语教学》2016 年第 4 期。

沈家煊、王冬梅：《"N 的 V"和"参照体—目标"构式》，《世界汉语教学》2000 年第 4 期。

沈阳：《领属范畴及领属性名词短语的句法作用》，《北京大学学报》1995 年第 5 期。

沈阳、顾阳：《汉语合成复合词的词库和句法界面特征》，《自然语言理解与机器翻译——全国第六届计算语言学联合学术会议论文集》，清华大学出版社 2001 年版。

沈阳、洪爽：《再论论元结构与汉语合成复合词的构造形式》，《学术交流》2014 年第 12 期。

石定栩：《复合词与短语的句法地位——从谓词性定中结构说起》，载中国语文杂志社编《语法研究与探索》（十一），商务印书馆 2002 年版。

——：《汉语的定中关系动—名复合词》，《中国语文》2003 年第 6 期。

——：《限制性定语和描写性定语》，《外语教学与研究》2010 年第 5 期。

石毓智：《汉语的有标记和无标记语法结构》，《语法研究和探索（十）》，中国语文杂志社编，商务印书馆 2000 年版。

——：《论"的"的语法功能的同一性》，《世界汉语教学》2002 年第 1 期。

——：《汉英双宾结构差别的概念化原因》，《外语教学与研究》2004年第2期。

宋作艳：《类词缀与事件强迫》，《世界汉语教学》2010年第4期。

——：《功用义对名词词义与构词的影响》，《中国语文》2016年第1期。

——：《从语言关联看生成词库的认知取向》，《北京大学学报》2017年第2期。

唐正大：《汉语名词性短语内部的话题性修饰语》，《当代语言学》2018年第2期。

完权：《语篇中的"参照体—目标"构式》，《语言教学与研究》2010年第6期。

——：《超越区别与描写之争："的"的认知入场作用》，《世界汉语教学》2012年第2期。

——：《结构助词"底"的语法化环境——是"N底N"还是"V底N"》，载吴福祥、邢向东主编《语法化与语法研究（六）》，商务印书馆2013年版。

王冬梅：《动词的控制度和谓宾的名物化之间的共变关系》，《中国语文》2003年第4期。

王洪君：《音节单双、音域展敛（重音）与语法结构类型和成分次序》，《当代语言学》2001年第4期。

王红旗：《功能语法指称分类之我见》，《世界汉语教学》2004年第2期。

王远杰：《再探多项定语"的"的隐现》，《中国语文》2008年第3期。

吴为善：《现代汉语三音节组合规律初探》，《汉语学习》1986年第5期。

吴为善、高亚亨：《事件称谓性NV构式及其指称功能解析》，载《语法研究的深化与拓展》，商务印书馆2015年版。

吴早生：《领属关系研究的方法与视野》，《中国社会科学院研究生院学报》2010年第3期。

——：《现代汉语光杆被领者的指称性质》，《语文研究》2012年第1期。

萧国政：《隐蔽性施事定语》，《语文研究》1986年第4期。

肖娅曼：《OV式与汉语的一种指称性语法手段》，《汉语学习》2007年第5期。

邢福义：《NVN造名结构及其NV/VN简省形式》，《语言研究》1994年第2期。

——：《小句中枢说》，《中国语文》1995 年第 6 期。

徐阳春、钱书新：《"N1 的 N2"与"N1N2"内部语义关系辨析》，上海师范大学《对外汉语研究》编委会编《对外汉语研究》第 3 期，商务印书馆 2007 年版。

杨永龙：《结构式的语法化与构式演变》，《古汉语研究》2016 年第 4 期。

姚振武：《本体及相关问题》，《江西社会科学》1999 年第 8 期。

——：《论本体名词》，《语文研究》2005 年第 4 期。

尹世超：《动词直接作定语与动词的类》，《语法研究和探索》（11），中国语文杂志社编，商务印书馆 2002 年版。

尹世超：《动词直接作定语与名词中心语的类》，《语文研究》2002 年第 2 期。

袁毓林：《谓词隐含及其句法后果》，《中国语文》1995 年第 4 期。

——：《话题化及相关的语法过程》，《中国语文》1996 年第 4 期。

——：《论元角色的层级关系和语义特征》，《世界汉语教学》2002 年第 3 期。

——：《论元结构和句式结构互动的动因、机制和条件——表达精细化对动词配价和句式构造的影响》，《语言研究》2004 年第 4 期。

——：《基于生成词库论和论元结构理论的语义知识体系研究》，《中文信息学报》2013 年第 6 期。

——：《汉语名词物性结构的描写体系和运用案例》，《当代语言学》2014 年第 1 期。

袁毓林、李湘、曹宏、王健：《"有"字句的情景语义分析》，《世界汉语教学》2009 年第 3 期。

袁毓林、詹卫东、施春宏：《汉语"词库—构式"互动的语法描写体系》，《语言教学与研究》2014 年第 2 期。

詹卫东：《关于"NP+的+VP"偏正结构》，《汉语学习》1998 年第 2 期。

——：《论元结构与句式变换》，《中国语文》2004 年第 3 期。

詹人凤：《说领属关系》，载《语言学论文选集》，黑龙江教育出版社 2001 年版。

张伯江：《领属结构的语义构成》，《语言教学与研究》1994 年第 2 期。

——：《词类活用的功能解释》，《中国语文》1994 年第 5 期。

——：《汉语名词怎样表现无指成分》，中国语文编辑部编《庆祝中国社会科学院语言研究所建所 45 周年学术论文集》，商务印书馆 1997 年版。

——：《现代汉语的双及物结构式》，《中国语文》1999 年第 3 期。

——：《汉语的句法结构和语用结构》，《汉语学习》2011 年第 2 期。

张国宪：《"动+名"结构中单双音节动作动词功能差异初探》，《中国语文》1989 年第 3 期。

——：《双音节动词功能增殖探讨》，邵敬敏主编《语法研究和语法应用》，北京语言学院出版社 1994 年版。

——：《"V$_{双}$+N$_{双}$"短语的理解因素》，《中国语文》1997 年第 3 期。

——：《现代汉语形容词的典型特征》，《中国语文》2000 年第 5 期。

——：《动词的动向范畴》，中国语文杂志社编《语法研究和探索 9》，商务印书馆 2000 年版。

——：《制约夺事成分句位实现的语义因素》，《中国语文》2001 年第 6 期。

——：《典型补语的非可控句位义》，《中国语言学报》（12），商务印书馆 2006 年版。

——：《性质形容词重论》，《世界汉语教学》2006 年第 1 期。

——：《性质、状态和变化》，《语言教学与研究》2006 年第 3 期。

——：《形容词下位范畴的语义特征镜像》，《汉语学报》2007 年第 2 期。

张梅、段建勇：《概念与属性间语义约束知识的获取方法研究》，《语言文字应用》2012 年第 1 期。

张敏：《汉语方言双及物结构类型差异的成因：类型学研究引发的新问题》，载《中国语言学集刊》第四卷第 2 期，中华书局 2011 年版。

张卫国：《三种定语、三类意义及三个槽位》，《中国人民大学学报》1996 年第 4 期。

周国光：《现代汉语陈述理论述略》，《暨南大学华文学院学报》2004 年第 3 期。

周韧：《共性与个性下的汉语动宾饰名复合词研究》，《中国语文》2006 年第 4 期。

——：《信息量原则与汉语句法组合的韵律模式》，《中国语文》2007 年第 3 期。

——:《论韵律制约句法移位的动因和手段》,《世界汉语教学》2010年第1期。

朱德熙:《现代汉语形容词研究》,载《现代汉语语法研究》,商务印书馆1956/2001年版。

——:《说"的"》,《中国语文》1961年第12期。

——:《与动词"给"相关的句法问题》,《方言》1979年第2期。

——:《变换分析中的平行性原则》,《中国语文》1986年第2期。

朱彦:《复合词的格关系》,《语言教学与研究》2004年第5期。

(三) 中译著作、外文著作

[美] Adele E. Goldberg, 1995/2007,《构式:论元结构的构式语法研究》,吴海波译,北京大学出版社。

[美] Adele E. Goldberg, 2006/2013,《运作中的构式:语言概括的本质》,吴海波译,北京大学出版社。

Bernd Heine, 1997, Possession: Cognitive Sources, Forces, and Grammaticalization. London: Cambridge University Press.

Halliday, Michael, 1994, An Introduction to Functional Grammar (2nd edition), London: Edward Arnold.

Lyons, John, 1977, Semantics. Cambridge: Cambridge University Press.

Pustejovsky, James, 1995, The Generative Lexicon. Cambridge, MA: MIT Press.

Pustejovsky, James, 2001, Type construction and the logic of concepts. In Bouillon, Pierrette and Federica Busa (eds.), The Language of word Meaning. Cambridge: Cambridge University Press.

(四) 外文论文

Duanmu San (端木三), 1997, Phonologically motivated word order movement: Evidence from Chinese compounds. Studies in the Linguistic Sciences Vol. 27, No. 1. 49-77.

Lu Bingfu and Duanmu San (陆丙甫、端木三), 1991, A case study of the relation between rhythm and syntax in Chinese. Paper presented at the Third North America Conference on Chinese Linguistics, May 3-5, Ithaca.

Pustejovsky, James, 1991, The generative lexicon. Computational Linguistics

17. 4.

Pustejovsky, James, 1998, Generativity and explanation in semantics: A reply to Fodor and Lepore. Linguistic inquiry 29, 2: 289-311.

Taylor, J. R., 1994, "Subjective" and "objective" readings of possessor nominals. Cognitive Linguistics 5: 3.

后　　记

　　2009 年安徽大学出版社出版了我的博士学位论文《现代汉语粘合式结构范畴化研究》，付梓前其实一直惶恐着并踯躅过，因知道其中还有许多问题未能想得清楚。之后也一直浸润其中，2015 年主持承担的国家社科基金项目"汉语 $V_{定}N_{中}$ 构式的形成与语法化研究"实际是问题思考的延续，选取动词直接作定语的类指结构这一点来窥结构"全豹"，无疑有利于讨论的进一步深入。本书是在项目最终结项成果形式的基础上润色而成的。

　　事物有动态属性便有相应的次范畴类别表达形式，动态属性并非事物的本质属性，可见 $V_{定}N_{中}$ 构式是种非典型的次范畴类别表达形式。而语义上的次范畴类别表达事物的分类，语用层面除表达事物的下位分类类指外还能表达事物的上位归类类指。前者我们称语义能指，后者称语用所指，是能指称和所指称（指称的实现）的分别，与索绪尔关于符号能指形式和所指内容的界定范围不尽相同。区分语义能指和语用所指是从表义上找寻同一结构形式的下位类别，是结构语义关系意义和语用关系意义两个层面上的表达分别。

　　定中结构的认知基础是物体的空间关系，VN 类指结构当属非典型的"参照体—目标"构式，V 的参照体事物功能实际由构式的类指对象话题成分承担。如此定语 V 的降格述谓结构便参与了构式的语义合成，N 不是 V 的论元而只是类指对象话题事物动作属性的宿主，构式话题与宿主的领属关系或属性关系侧面的凸显是构式类指分别的决定因素。这样不同价类的 V 动作属性选择与提取、N 的多样性与物性角色选择、结构语义合成的制约因素、VN 与"V 的 N"概念组合的规约性程度等一系列相关的问题都不同程度地影响着构式的生成与语法化。前人关于定中结构类指问题的著述颇丰，为我们进一步思考奠定了坚实的基础。

分类和归类其实是人们认识事物的两个角度，虽处于事物基本层次范畴的不同层次，如只体现类别存在时人们甚至会将其作同义处理。《现代汉语词典》给"分类"下的定义是"根据事物的特点分别归类"，给"归类"下的定义是"把性质或特征相同、相似的事物归并到一个类别中"，显见分类与归类有用法一致时。我们这里将分类与归类视为构式的两种对立类指功能，或者说是构式类指表达的两个相对的角度和结果。分类是因异而分，作用于同类事物的异质分拣；归类是因同而合，作用于异类事物的同质认定。二者的对立存在于语用所指结构中，说话人分类类指与归类类指表达分别与定语的限制性和描写性的对立匹配对应，我们的讨论便一直围绕限制性和描写性定语不同层面上的意义分别与句法结构的粘合与组合形式的对应关系展开。

张国宪老师在我博士学位论文付梓时的赐序中说过这样一段话："粘合式结构典型形式和语义特征的给出只是建构了一个识解词法结构和组合式结构的基础参项，其参项值还须置于'词法结构—粘合式结构—组合式结构'这一连续统中去评估和验证，这是一项更具艰辛的研究，我们期待着作者在不久的将来有更新的研究成果问世。"恩师的语重心长一直是我努力的方向和动力，知不足而后勇，也权当给老师补交的一份新的作业吧。只是老师期望中的"不久"着实是"久"了些，况有些细节问题的处理虽觉不尽如人意当下并未能找到更合适的解决途径，有些问题如物性角色的选择、结构的语法化对构式类指的影响等也未能作进一步的深究。好在作业的目的在于问题的提出与问题讨论方案的设计，权当求索路上的一个路标吧。

本课题的研究得到了课题组成员李艳博士、马红波博士、李琳博士、贾欣烨同学的通力支持，崔应贤先生通读了课题论证大纲并提出了许多中肯的意见和建议，得张生汉先生、李宗江先生、刘钦荣先生、高顺全先生、刘永华先生、司罗红先生、陈卫恒先生等师友颇多助益，访杨荣祥先生、杨永龙先生受惠良多，蒙中国社会科学出版社慨允鼎助，特一并致以诚挚的谢意！

全国斌
2021 年 6 月